2025

사회조사분석사

[필기]
빈출 1000제

전예정

2025

사회조사분석사 2급
[필기] 빈출 1000제

인쇄일 2025년 2월 1일 초판 1쇄 인쇄		**발행처** 시스컴 출판사	
발행일 2025년 2월 5일 초판 1쇄 발행		**발행인** 송인식	
등 록 제17-269호		**지은이** 전예정	
판 권 시스컴2025			

ISBN 979-11-6941-544-6 13330
정 가 20,000원

주소 서울시 금천구 가산디지털1로 225, 514호(가산포휴) | **홈페이지** www.nadoogong.com
E-mail siscombooks@naver.com | **전화** 02)866-9311 | **Fax** 02)866-9312

사회조사분석사란 다양한 사회정보의 수집 · 분석 · 활용을 담당하는 직종으로서 기업, 정당, 지방자치단체, 중앙정부 등 각종 단체의 시장조사 및 여론조사 등에 대한 계획을 수립하고 조사를 수행하며 그 결과를 분석하고 보고서를 작성하는 전문가입니다.

사회조사분석사는 앞으로 사무관리 분야의 필수적인 자격이 될 것으로 예상되는데, 어떤 직장이든 조사 · 자료관리 · 분석능력 등이 사무관리직의 필수적 구비요건이 될 것이기 때문입니다.

이 책의 특징을 정리하면 다음과 같습니다.

첫째, 문제은행식 출제유형에 맞추어 문제를 출제하였습니다.

둘째, 자주 출제되는 빈출문제들로 반복 학습하도록 하였습니다.

셋째, 각 영역 별로 빠짐없이 문제를 수록하였습니다.

넷째, 문제마다 꼼꼼한 해설을 수록하여 풀면서 익히도록 하였습니다.

본 교재는 자ㄴ 격증을 준비하며 어려움을 느끼는 수험생분들께 조금이나마 도움을 드리고자 필기시험에서 빈출되는 문제들을 중심으로 교재를 집필하였습니다. 지난 기출문제를 취합 · 분석하여 출제경향에 맞춰 구성하였기에 본서에 수록된 빈출 모의고사 필기 총 10회분을 반복하여 학습한다면 충분히 합격하실 수 있을 것입니다.

예비 사회조사분석사님들의 꿈과 목표를 위한 아낌없는 도전을 응원하며, 시스컴 출판사는 앞으로도 좋은 교재를 집필할 수 있도록 더욱 노력할 것입니다. 모든 수험생 여러분들의 합격을 진심으로 기원합니다.

사회조사분석사 시험안내

🔍 개요

사회조사분석사란 다양한 사회정보의 수집·분석·활용을 담당하는 새로운 직종으로 기업, 정당, 지방자치단체, 중앙정부 등 각종 단체의 시장조사 및 여론조사 등에 대한 계획을 수립하고 조사를 수행하며 그 결과를 분석, 보고서를 작성하는 전문가이다. 사회조사를 완벽하게 끝내기 위해서는 '사회조사방법론'은 물론이고 자료분석을 위한 '통계지식', 통계분석을 위한 '통계패키지 프로그램' 이용법 등을 알아야 한다. 또, 부가적으로 알아야 할 분야는 마케팅관리론이나 소비자 행동론, 기획론 등의 주변 관련분야로 이는 사회조사의 많은 부분이 기업과 소비자를 중심으로 발생하기 때문이다. 사회조사분석사는 보다 정밀한 조사업무를 수행하기 위해 관련분야를 보다 폭넓게 경험하는 것이 중요하다.

🔍 수행직무

기업, 정당, 정부 등 각종단체에 시장조사 및 여론조사 등에 대한 계획을 수립하여 조사를 수행하고 그 결과를 통계처리 및 분석보고서를 작성하는 업무

🔍 관련부처

통계청

🔍 실시기관명

한국산업인력공단

🔍 실시기관 홈페이지

http://www.q-net.or.kr

🔍 진로 및 전망

각종 연구소, 연구기관, 국회, 정당, 통계청, 행정부, 지방자치단체, 용역회사, 기업체, 사회단체 등의 조사업무를 담당한 부서 특히, 향후 지방자치단체에서의 수요가 클 것으로 전망된다.

🔍 응시 절차

필기원서 접수
① Q-net을 통한 인터넷 원서접수 ② 사진(6개월 이내에 촬영한 3.5cm*4.5cm, 120*160픽셀 사진파일(JPG)) 수수료 전자결제

⋮

필기시험
수험표, 신분증, 필기구(흑색 싸인펜등) 지참

⋮

합격자 발표
① Q-net을 통한 합격확인(마이페이지 등) ② 응시자격 제한종목은 응시자격 서류제출 기간 이내에 반드시 응시자격 서류를 제출하여야 함

⋮

실기원서 접수
① 실기접수기간내 수험원서 인터넷(www.Q-net.or.kr) 제출 ② 사진(6개월 이내에 촬영한 3.5cm*4.5cm픽셀 사진파일JPG), 수수료(정액)

⋮

실기시험
수험표, 신분증, 필기구 지참

⋮

최종합격자 발표
Q-net을 통한 합격확인(마이페이지 등)

⋮

자격증 발급
① (인터넷)공인인증 등을 통한 발급, 택배가능 ② (방문수령)사진(6개월 이내에 촬영한 3.5cm*4.5cm 사진) 및 신분확인서류

사회조사분석사 시험안내

🔍 시험과목 및 수수료

구분	시험과목	수수료
필기	1과목: 조사방법과 설계(30문제) 2과목: 조사관리와 자료처리(30문제) 3과목: 통계분석과 활용(40문제)	19,400원
실기	사회조사실무(설문작성, 단순통계처리 및 분석)	33,900원

🔍 출제문항수

구분	검정방법	시험시간	문제수
필기	객관식 4지 택일형	150분	100문항
실기	복합형	작업형 2시간 정도(40점)	
		필답형 2시간(60점)	

🔍 합격기준

필기	실기
100점을 만점으로 하여 과목당 40점 이상 전 과목 평균 60점 이상	100점을 만점으로 하여 60점 이상

🔍 종목별 검정현황

2024년 합격률은 도서 발행 전에 집계되지 않았습니다.

연도	필기			실기		
	응시	합격	합격률(%)	응시	합격	합격률(%)
2023	11,310	5,454	57.1%	6,596	4,263	64.6%
2022	10,000	6,912	62.8%	7,867	4,911	62.4%
2021	14,315	9,472	66.2%	9,334	6,222	66.7%
2020	10,589	7,948	75.1%	8,595	6,072	70.6%
2019	9,635	6,887	71.5%	6,921	4,029	58.2%

필기시험 출제기준

(2023.1.1~2026.12.31)

필기 과목명	문제수	주요항목	세부항목	세세항목
조사방법과 설계	30	1. 통계조사계획	1. 통계조사목적 수립	① 조사목적의 설정
			2. 조사내용 결정	① 조사내용의 결정
			3. 조사방법 결정	① 조사방법의 종류 ② 조사방법의 특징 ③ 조사방법의 결정
		2. 표본설계	1. 조사대상 선정	① 모집단의 정의 및 분석 ② 표본추출틀과 조사대상 결정
			2. 표본추출방법 결정	① 표본추출방법 ② 표본추출절차 수립 ③ 표본추출 오차와 비표본추출 오차의 개념
			3. 표본크기 결정	① 표본의 크기 결정 ② 표본오차의 크기 결정
		3. 설문설계	1. 분석설계	① 설명적/기술적 조사설계의 개념과 유형 ② 횡단적/종단적 조사설계의 개념과 유형 ③ 양적/질적 연구의 의미와 목적
			2. 개별 설문항목 작성	① 개별 질문항목과 응답항목의 작성 ② 질문항목과 응답항목 간의 일관성 검토
			3. 설문지 작성	① 설문 항목의 구조화 ② 설문지 작성 ③ 설문지 점검 및 보완

사회조사분석사 시험안내

필기 과목명	문제수	주요항목	세부항목	세세항목
		4. FGI 정성조사	1. FGI 정성조사의 이해	① FGI의 개념 ② FGI 설계 ③ FGI 실시 ④ FGI 자료 분석
		5. 심층인터뷰 정성조사	1. 심층인터뷰 정성조사의 이해	① 심층인터뷰의 개념 ② 심층인터뷰 설계 ③ 심층인터뷰 실시 ④ 심층인터뷰 자료분석
조사관리와 자료처리	30	1. 자료수집방법	1. 자료의 종류와 수집방법의 분류	① 자료의 종류 ② 자료수집방법의 분류
			2. 질문지법의 이해	① 질문지법의 의의 ② 질문지법의 구성 ③ 질문지법의 적용방법
			3. 관찰법의 이해	① 관찰법의 이해 ② 관찰법의 유형 ③ 관찰법의 장단점
			4. 면접법의 이해	① 면접법의 의미 ② 면접법의 종류
		2. 실사관리	1. 실사준비	① 조사방법별 조사원 선발 ② 조사원의 유형별 직무 교육 ③ 조사원의 유형별 직무범위와 역할
			2. 실사진행 관리	① 실사진행 시 점검사항 ② 점검결과에 따른 필요조치
			3. 실사품질 관리	① 수집된 자료 정합성 점검
		3. 2차 자료 분석	1. 2차 자료의 이해	① 2차 자료의 종류 및 유형 ② 2차 자료의 수집방법 ③ 실사자료와 2차 자료의 특성

필기 과목명	문제수	주요항목	세부항목	세세항목
		4. 측정의 타당성과 신뢰성	1. 개념과 측정	① 변수의 개념 및 종류 ② 개념적 정의 ③ 조작적 정의
			2. 변수의 측정	① 측정의 개념 ② 측정의 수준과 척도
			3. 측정도구와 척도의 구성	① 측정도구 및 척도의 의미 ② 척도구성방법 ③ 척도분석의 방법
			4. 측정오차의 의미	① 측정오차의 개념 ② 측정오차의 종류
			5. 타당성의 의미	① 타당성의 개념 ② 타당성의 종류
			6. 신뢰성의 의미	① 신뢰성의 개념 ② 신뢰성 추정방법 ③ 신뢰성 제고방법
		5. 자료처리	1. 부호화	① 자료값 범위의 설정 ② 무응답 처리 방법 ③ 응답내용의 부호화
			2. 자료입력 및 검토	① 자료의 입력 ② 입력된 자료의 정합성 판단 ③ 입력된 자료의 오류 값 수정

사회조사분석사 시험안내

필기 과목명	문제수	주요항목	세부항목	세세항목
통계분석과 활용	40	1. 확률분포	1. 확률분포의 의미	① 확률변수와 확률분포 ② 이산확률변수와 연속확률변수 ③ 확률분포의 기댓값과 분산
			2. 이산확률분포의 의미	① 이항분포의 개념
			3. 연속확률분포의 의미	① 정규분포의 개념 ② 표준정규분포의 개념
			4. 표본분포의 의미	① 평균의 표본분포 ② 비율의 표본분포
		2. 기술통계분석	1. 추정 · 가설검정	① 모평균, 모비율, 모분산의 추정 ② 모평균, 모비율, 모분산의 구간추정 ③ 평균차의 추정 ④ 표본크기의 결정 ⑤ 가설검정의 개념 ⑥ 모평균, 모비율, 모분산의 가설검정
			2. 기술통계량 산출	① 중심경향값의 이해 ② 산포의 정도 ③ 분포의 모양과 평균, 분산, 비대칭도
			3. 평균차이 분석	① 두 모집단 평균차의 가설검정 ② 대응 모집단의 평균차의 가설검정 ③ 두 모집단 비율의 가설검정 ④ 분산분석의 기본가정 ⑤ 일원분산분석의 의의 ⑥ 일원분산분석의 결과해석
			4. 교차분석	① 교차분석의 가설설정 ② 교차분석의 가설검정 ③ 교차분석의 결과해석

필기 과목명	문제수	주요항목	세부항목	세세항목
		3. 회귀분석	1. 회귀분석의 개념	① 회귀모형 ② 회귀식
			2. 상관분석	① 상관계수의 의미 ② 상관계수의 산출 ③ 상관계수의 검정
			3. 단순회귀분석	① 단순회귀분석의 가설설정 ② 단순회귀분석의 가설검정 ③ 단순회귀분석의 적합도 검정 ④ 단순회귀분석의 결과해석
			4. 중회귀분석	① 중회귀분석의 가설설정 ② 중회귀분석의 가설검정 ③ 중회귀분석의 적합도 검정 ④ 중회귀분석의 결과해석

구성 및 특징

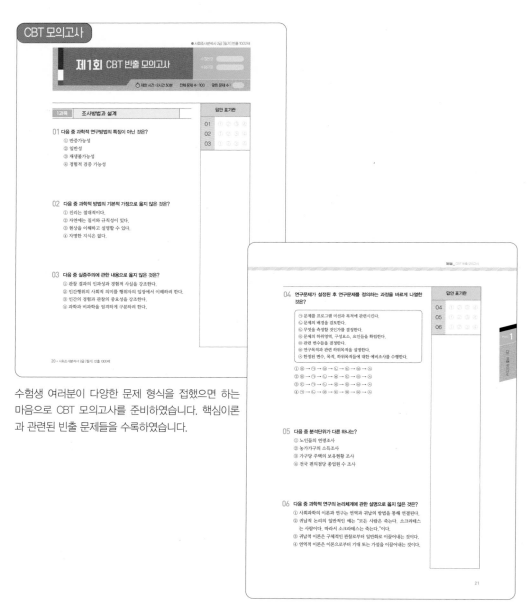

수험생 여러분이 다양한 문제 형식을 접했으면 하는 마음으로 CBT 모의고사를 준비하였습니다. 핵심이론과 관련된 빈출 문제들을 수록하였습니다.

실제 CBT 필기시험과 유사한 형태의 실전모의고사를 통해 실제로 시험을 마주하더라도 문제없이 시험에 응시할 수 있도록 10회분을 실었습니다.

빠른 정답 찾기로 문제를 빠르게 채점할 수 있고, 각 문제의 해설을 상세하게 풀어내어 문제 개념을 이해하기 쉽도록 하였습니다.

빈출 개념을 모아서 시험 전 꼭 보고 들어가야 할 1000 문제를 수록하였습니다. 동일 페이지에서 정답을 바로 확인할 수 있도록 우측에 답안을 배치하였습니다.

목 차

| PART | 1 | CBT 빈출 모의고사 |

PART	2	정답 및 해설

Study Plan

영역		학습일	학습시간	정답 수
CBT 빈출 모의고사	1회			/100
	2회			/100
	3회			/100
	4회			/100
	5회			/100
	6회			/100
	7회			/100
	8회			/100
	9회			/100
	10회			/100

사회조사분석사 2급 [필기]
빈출 1000제

Survey Analyst

PART 1

CBT
빈출 모의고사

제1회 CBT 빈출 모의고사

수험번호

수험지명

⏱ 제한 시간 : 2시간 30분   전체 문제 수 : 100   맞힌 문제 수 :

1과목	조사방법과 설계

답안 표기란

01	① ② ③ ④
02	① ② ③ ④
03	① ② ③ ④

01 다음 중 과학적 연구방법의 특징이 아닌 것은?

① 반증가능성
② 일반성
③ 재생불가능성
④ 경험적 검증 가능성

02 다음 중 과학적 방법의 기본적 가정으로 옳지 않은 것은?

① 진리는 절대적이다.
② 자연에는 질서와 규칙성이 있다.
③ 현상을 이해하고 설명할 수 있다.
④ 자명한 지식은 없다.

03 다음 중 실증주의에 관한 내용으로 옳지 않은 것은?

① 관찰 결과의 인과성과 경험적 사실을 강조한다.
② 인간행위의 사회적 의미를 행위자의 입장에서 이해하려 한다.
③ 인간의 경험과 관찰의 중요성을 강조한다.
④ 과학과 비과학을 엄격하게 구분하려 한다.

04 연구문제가 설정된 후 연구문제를 정의하는 과정을 바르게 나열한 것은?

> ㉠ 문제를 프로그램 미션과 목적에 관련시킨다.
> ㉡ 문제의 배경을 검토한다.
> ㉢ 무엇을 측정할 것인가를 결정한다.
> ㉣ 문제의 하위영역, 구성요소, 요인들을 확립한다.
> ㉤ 관련 변수들을 결정한다.
> ㉥ 연구목적과 관련 하위목적을 설명한다.
> ㉦ 한정된 변수, 목적, 하위목적들에 대한 예비조사를 수행한다.

① ㉣ → ㉠ → ㉤ → ㉡ → ㉢ → ㉥ → ㉦
② ㉤ → ㉠ → ㉡ → ㉥ → ㉢ → ㉣ → ㉦
③ ㉢ → ㉠ → ㉡ → ㉣ → ㉥ → ㉤ → ㉦
④ ㉠ → ㉡ → ㉣ → ㉢ → ㉤ → ㉥ → ㉦

05 다음 중 분석단위가 다른 하나는?
① 노인들의 연령조사
② 농가가구의 소득조사
③ 가구당 주택의 보유현황 조사
④ 전국 편의점당 종업원 수 조사

06 다음 중 과학적 연구의 논리체계에 관한 설명으로 옳지 않은 것은?
① 사회과학의 이론과 연구는 연역과 귀납의 방법을 통해 연결된다.
② 귀납적 논리의 일반적인 예는 "모든 사람은 죽는다. 소크라테스는 사람이다. 따라서 소크라테스는 죽는다."이다.
③ 귀납적 이론은 구체적인 관찰로부터 일반화로 이끌어내는 것이다.
④ 연역적 이론은 이론으로부터 기대 또는 가설을 이끌어내는 것이다.

답안 표기란				
04	①	②	③	④
05	①	②	③	④
06	①	②	③	④

PART **1**

CBT 빈출 모의고사

07 다음 중 보기에 해당하는 연구유형으로 적절한 것은?

- 연구목적 : 현상에 대한 이해, 중요한 변수를 확인하고 발견, 미래 연구를 위한 가설도출
- 연구질문 : 지금 일어나고 일이 무엇입니까? 뚜렷한 주제, 패턴, 범주는 무엇입니까?

① 탐색적 연구　　　　　　② 기술적 연구
③ 종단적 연구　　　　　　④ 설명적 연구

08 다음 중 사례연구에 관한 설명으로 옳지 않은 것은?

① 사례에는 개인, 프로그램, 의사결정, 조직, 사건 등이 있다.
② 사례연구는 기존 문서의 분석이나 관찰 등과 같은 방법으로 자료를 수집한다.
③ 사례연구는 질적 조사방법으로 양적인 방법을 사용하여 수집한 증거는 이용하지 않는다.
④ 사례연구는 특정한 사례에 대해 집중적으로 연구한다.

09 다음 중 기술적 조사의 연구문제로 적합하지 않은 것은?

① 농촌 인구의 연령별 분포는 어떠한가?
② 어느 가구의 주당 닭고기 구입 횟수는 몇 번인가?
③ 남북통일에 찬성하는 사람의 비율은 얼마인가?
④ 가족 내 영유아 수와 의료비 지출은 어떤 관계를 가지는가?

10 다음 (　) 안에 알맞은 조사방법으로 옳은 것은?

- (　㉠　)는 특정 조사대상을 사전에 선정하고 이들을 대상으로 반복조사를 하는 방식이다.
- (　㉡　)는 다른 시점에서 반복조사를 통해 얻은 시계열조사를 이용하는 방식이다.

① ㉠ : 전문가조사,　　　㉡ : 종단조사
② ㉠ : 패널조사,　　　　㉡ : 추세조사
③ ㉠ : 종단조사,　　　　㉡ : 추세조사
④ ㉠ : 패널조사,　　　　㉡ : 횡단조사

답안 표기란				
07	①	②	③	④
08	①	②	③	④
09	①	②	③	④
10	①	②	③	④

11 다음 중 횡단적 연구와 종단적 연구에 관한 설명으로 틀린 것은?

① 횡단적 연구는 한 시점의 관찰을 통해 얻은 자료를 바탕으로 하는 연구이다.

② 종단적 연구는 일정 기간에 여러 번의 관찰로 자료를 이용하는 연구이다.

③ 횡단적 연구는 동태적이며, 종단적 연구는 정태적이다.

④ 종단적 연구에는 코호트연구, 패널연구, 추세연구 등이 있다.

12 다음에서 질적연구의 조사도구에 관한 설명으로 옳은 것을 모두 고르시오.

> ㉠ 서비스평가에서 정성적 차원에서 분석할 수 있다.
> ㉡ 양적도구가 아니므로 신뢰도를 따질 수 없다.
> ㉢ 연구자 자신이 연구도구가 된다.
> ㉣ 구조화와 조작화의 과정을 거친다.

① ㉠, ㉡, ㉢   ② ㉠, ㉢

③ ㉡, ㉣   ④ ㉠, ㉡, ㉢, ㉣

13 정당 공천에 앞서 당선 가능성이 높은 후보를 알아보고자 할 때 가장 적합한 조사 방법은?

① 단일사례 관찰조사

② 델파이 조사

③ 표본집단 설문조사

④ 초점집단 면접조사

14 다음 중 표본추출에 대한 설명으로 옳지 않은 것은?

① 전수조사가 불가능한 경우 적용할 수 있다.

② 관찰단위와 분석단위가 반드시 일치하는 것은 아니다.

③ 표본설계가 복잡한 경우 시간과 비용의 낭비를 가져온다.

④ 단순무작위추출방법은 일련번호와 함께 표본간격이 중요하다.

답안 표기란				
11	①	②	③	④
12	①	②	③	④
13	①	②	③	④
14	①	②	③	④

PART 1

CBT 빈출 모의고사

15 다음 중 표집틀(sampling frame)을 평가하는 주요 요소가 아닌 것은?

① 포괄성   ② 안정성

③ 효율성   ④ 추출확률

16 연구자가 확률표본을 사용할 것인지, 비확률표본을 사용할 것인지를 결정할 때 고려요인으로 볼 수 없는 것은?

① 모집단위 수

② 비용 대 가치

③ 연구목적

④ 허용되는 오차의 크기

17 다음 중 표집방법에 관한 설명으로 옳지 않은 것은?

① 편의표집은 손쉽게 이용 가능한 대상만을 표본으로 추출한다.

② 할당표집에서는 조사결과의 오차 범위를 계산할 수 있다.

③ 층화표집에서는 모집단이 의미 있는 특징에 의하여 소집단으로 분할된다.

④ 확률표집과 비확률표집의 차이는 무작위 표집 절차 사용여부에 의해 결정된다.

18 다음 중 표집방법들 간의 표집효과를 계산할 때 준거가 되는 표집방법은?

① 눈덩이표집   ② 체계적 표집

③ 단순무작위표집   ④ 편의표집

답안 표기란				
15	①	②	③	④
16	①	②	③	④
17	①	②	③	④
18	①	②	③	④

19 다음에서 체계적 표집(systematic sampling)에 대한 설명으로 옳은 것을 모두 고르시오.

> ㉠ 주기성이 없는 경우 모집단을 잘 반영한다.
> ㉡ 모집단에서 무작위 표집 이후 K번째마다 표본을 추출한다.
> ㉢ 추출간격이 되는 K는 모집단의 크기를 표본의 크기로 나눈 값이다.
> ㉣ 모집단의 배열이 주기성을 보일 때는 중대한 오류를 범할 수 있다.

① ㉠, ㉡

② ㉠, ㉡, ㉢

③ ㉠, ㉢, ㉣

④ ㉠, ㉡, ㉢, ㉣

20 다음 상황에 가장 적절한 표집방법은?

> 국내에 거주하는 외국인노동자가 약 100명에 이른다고 할 때 이들 외국인노동자와 일반 시민을 각각 10명씩 확률표집하여 차별에 대한 태도를 비교하려 한다.

① 판단표집

② 가중표집

③ 군집표집

④ 층화표집

21 다음 중 일정한 특성을 지니는 모집단의 구성비율에 일치하도록 표본을 추출함으로써 모집단을 대표할 수 있는 표집방법은?

① 할당표집

② 눈덩이표집

③ 판단표집

④ 편의표집

22 다음 중 판단표본추출법에 대한 내용으로 바르지 않은 것은?

① 선정된 표본이 모집단을 적절히 대표하지 못할 경우에 효과적이다.

② 조사자의 사전지식을 바탕으로 표본을 추출하는 방법이다.

③ 본조사보다는 예비조사, 시험조사 등 탐색적 조사에 주로 이용된다.

④ 조사자의 개입에 한계가 있어 결과의 일반화가 용이하다.

답안 표기란				
19	①	②	③	④
20	①	②	③	④
21	①	②	③	④
22	①	②	③	④

PART 1

CBT 빈출 모의고사

23 모집단에 대한 대표성과 표본오차의 수준을 동일하게 하고 싶을 때 표본추출방법 중 표본의 크기가 상대적으로 커야 하는 방법부터 차례대로 나타낸 것은?

① 층화표본추출 > 군집표본추출 > 단순무작위표본추출
② 군집표본추출 > 단순무작위표본추출 > 층화표본추출
③ 단순무작위표본추출 > 층화표본추출 > 군집표본추출
④ 군집표본추출 > 층화표본추출 > 단순무작위표본추출

24 다음 중 표본크기의 결정에 관한 설명으로 옳지 않은 것은?

① 표본의 크기는 작을수록 좋다.
② 허용오차가 작을수록 표본크기는 커야 한다.
③ 조사연구에서 수집될 자료의 양은 표본의 크기에 의해 결정된다.
④ 표본크기가 커질수록 모수와 통계값의 유사성이 커진다.

25 다음 중 질문지의 구성요소로 보기 어려운 것은?

① 응답에 대한 사전요청
② 지시사항
③ 필요정보 수집을 위한 문항
④ 식별자료

26 다음 질문의 응답항목으로 가장 적합한 것은?

> 당신의 연령은 만으로 몇 세입니까?

① ㉠ 20 미만 ㉡ 20~30 ㉢ 30~40 ㉣ 40 이상
② ㉠ 20 이하 ㉡ 20~30 ㉢ 30~40 ㉣ 40 이상
③ ㉠ 20 미만 ㉡ 20~29 ㉢ 30~39 ㉣ 40 이상
④ ㉠ 20 이하 ㉡ 20~29 ㉢ 30~39 ㉣ 40 이상

답안 표기란				
23	①	②	③	④
24	①	②	③	④
25	①	②	③	④
26	①	②	③	④

27 조사자가 소수의 응답자 집단에게 특정주제에 대하여 토론하게 한 다음 필요한 정보를 알아내는 자료수집방법은?

① 표적집단면접
② 비지시적 면접
③ 현지조사법
④ 델파이 서베이

답안 표기란				
27	①	②	③	④
28	①	②	③	④
29	①	②	③	④
30	①	②	③	④

28 다음 중 경험적 연구의 조사설계에서 고려되어야 할 핵심적인 구성요소를 모두 고르면?

> ㉠ 조사대상 — 누구를 대상으로 하는가
> ㉡ 조사항목 — 무엇을 조사할 것인가
> ㉢ 조사방법 — 어떤 방법으로 조사할 것인가

① ㉠, ㉡   ② ㉡, ㉢
③ ㉠, ㉢   ④ ㉠, ㉡, ㉢

29 다음 중 실험설계의 타당성을 높이기 위한 외생변수 통제방법이 아닌 것은?

① 상쇄   ② 균형화
③ 성숙   ④ 무작위화

30 다음의 사례에서 나타날 수 있는 타당도 저해요인은?

> 2008년 경제위기로 인해 결식아동이 급격히 증가하였고 이에 자치단체와 사회단체에서 2009년 결식아동에 대한 지원을 크게 강화하였다. 2010년 결식아동은 급속히 떨어졌고 지방자치단체들은 결식아동에 대한 지원이 결식아동의 하락에 크게 영향을 미쳤다고 발표하였다.

① 성숙효과   ② 도구효과
③ 시험효과   ④ 통계적 회귀

PART **1**

CBT 빈출 모의고사

답안 표기란				
31	①	②	③	④
32	①	②	③	④
33	①	②	③	④
34	①	②	③	④

2과목 조사관리와 자료처리

31 다음 중 2차 자료에 관한 설명으로 바른 것은?

① 1차 자료에 비하여 시간과 비용을 절약할 수 있다.

② 현재 연구중인 자료를 조사목적에 따라 평가할 수 있다.

③ 1차 자료에 비해 조사목적에 적합한 정보를 의사결정이 필요한 시기에 적절히 이용하기 쉽다.

④ 조사자가 현재 수행중인 연구의 목적을 달성하기 위해 직접 수집한 자료이다.

32 인간의 무의식 속에 내재되어 있는 동기, 가치, 태도 등을 알아내기 위하여 모호한 자극을 응답자에게 제시하여 반응을 알아보는 방법은?

① 우편조사   ② 면접법

③ 투사법   ④ 관찰법

33 다음 중 우편조사, 전화조사, 대면면접조사에 관한 비교사항으로 옳은 것은?

① 우편조사의 응답률이 가장 높다.

② 대면면접조사에서는 추가 질문하기가 가장 어렵다.

③ 자기기입식 자료수집 방법에는 우편조사와 전화조사가 있다.

④ 대면면접조사는 어린이나 노인에게 가장 적절하다.

34 다음 중 질문지를 설계할 때 폐쇄형 질문의 장점으로 옳은 것은?

① 조사자가 시간적 여유를 갖고 응답지를 제시할 수 있다.

② 특정 견해에 대한 탐색조사에 유용하다.

③ 응답이 끝난 후 코딩이나 편집 등이 간편하다.

④ 가능한 한 모든 의견을 얻어낼 수 있다.

35 다음 중 우편설문법과 비교한 대인 면접법의 특성으로 옳지 않은 것은?

① 복잡한 질문지를 사용할 수 있다.
② 응답환경을 구조화하기 어렵다.
③ 설문과정에서의 유연성이 높다.
④ 잘못된 표기를 방지할 수 있다.

답안 표기란				
35	①	②	③	④
36	①	②	③	④
37	①	②	③	④
38	①	②	③	④

36 다음 중 전화조사의 장점과 가장 거리가 먼 것은?

① 비용이 적게 든다.
② 광범위한 표본을 추출할 수 있다.
③ 응답자 추출, 질문, 응답 등이 자동처리될 수 있다.
④ 복잡한 문제들에 대한 의견을 파악하기 용이하다.

37 A기업의 사회연구소에서는 해마다 신입사원에 대한 인성검사를 실시하고 있다. 이 경우 시간과 비용면에서 효율적으로 조사를 하는데 가장 적합한 조사양식은?

① 전화조사
② 대면적인 면접조사
③ 자기기입식 집단설문조사
④ 개별적인 질문지 조사

38 다음 중 관찰자료 수집의 장점으로 볼 수 없는 것은?

① 관찰자의 주관성 개입방지
② 비협조적이거나 면접을 거부할 경우 유용
③ 무의식적 행동 관찰 가능
④ 종단분석 가능

39 다음 중 연구대상에 영향을 미칠 가능성이 가장 적은 사람은?

① 완전참여자　　　　　　② 완전관찰자
③ 참여자로서의 관찰자　　④ 관찰자로서의 참여자

40 다음에서 비구조화(비표준화)된 면접에 관한 옳은 설명을 모두 고르면?

> ㉠ 계량화 및 부호화가 어렵다.
> ㉡ 면접의 신축성과 유연성이 높다.
> ㉢ 타당성이 높은 자료를 수집할 수 있다.
> ㉣ 면접자의 편의가 개입할 가능성이 많다.

① ㉠, ㉡, ㉢　　　　　　② ㉠, ㉢, ㉣
③ ㉡, ㉢, ㉣　　　　　　④ ㉠, ㉡, ㉢, ㉣

41 다음 중 프로빙(probing)에 대한 설명으로 옳지 않은 것은?

① 정확한 답을 얻기 위해 방향을 지시하는 기법이다.
② 비구조화 면접에 적합하다.
③ 개방형 질문에 대한 답을 비교하는 절차로서 활용된다.
④ 응답자가 폐쇄식 질문에 답하였다면 이 답에 관련된 의문을 탐색하는 방법이다.

42 다음의 사회조사에서 내용분석을 실시하기에 적합한 경우를 모두 고르시오.

> ㉠ 자료 원천에 대한 접근이 어렵고 자료가 문헌인 경우
> ㉡ 실증적 자료에 대한 보완적 연구가 필요할 경우 무엇을 자료로 삼을 것인가 검토하는 경우
> ㉢ 정책, 매스미디어 내용의 경향이나 변천 등이 필요한 경우
> ㉣ 분석자료가 방대할 때 실제 분석자료를 일일이 수집하기 어려운 경우
> ㉤ 연구대상자의 언어, 문체 등을 분석할 경우

① ㉠, ㉡, ㉢, ㉣　　　　　② ㉠, ㉡, ㉣, ㉤
③ ㉡, ㉢, ㉣, ㉤　　　　　④ ㉠, ㉡, ㉢, ㉣, ㉤

답안 표기란				
39	①	②	③	④
40	①	②	③	④
41	①	②	③	④
42	①	②	③	④

43 다음의 척도 구성방법 중 비교척도 구성에 해당하는 것을 모두 고르면?

> ㉠ 쌍대비교법　　　　　㉡ 고정총합척도법
> ㉢ 항목평정법　　　　　㉣ 비율분할법
> ㉤ 단일평정법　　　　　㉥ 연속평정법

① ㉠, ㉢, ㉢
② ㉠, ㉡, ㉣
③ ㉡, ㉢, ㉣, ㉤, ㉥
④ ㉠, ㉡, ㉢, ㉣, ㉤, ㉥

답안 표기란				
43	①	②	③	④
44	①	②	③	④
45	①	②	③	④
46	①	②	③	④

44 다음의 가설을 검증하기 위해 국가별 통계 자료를 수집한다고 할 때 부동산 가격은 어떤 변수인가?

> 1인당 국민소득(GNP)이 올라가면 부동산의 가격은 점차 상승한다.

① 외생변수　　　　　② 독립변수
③ 조절변수　　　　　④ 종속변수

45 두 변수 간의 관계를 보다 정확하게 이해할 수 있도록 밝혀주는 역할을 하는 검정요인이 아닌 것은?

① 예측변수　　　　　② 매개변수
③ 선행변수　　　　　④ 구성변수

46 개념이 사회과학 및 기타 조사방법에 기여하는 역할로 옳지 않은 것은?

① 개념은 이론의 핵심적 구성요소이며 특정 대상의 속성을 나타낸다.
② 인간의 감각에 의해 감지될 수 있는 현상에 대해서만 이해할 수 있는 방법을 제시해 준다.
③ 개념은 언어나 기호로 나타내어 지식의 축적과 확장을 가능하게 해준다.
④ 순환적인 정의는 지양해야 한다.

47 다음 중 조작적 정의에 관한 설명으로 적절한 것은?

① 현실세계에서 가시적이고 경험적으로 표현할 수 없다.

② 개념적 정의에 앞서 사전에 이루어진다.

③ 개념적 정의에 최대한 일치하도록 정의해야 한다.

④ 경험적 지표를 추상적으로 개념화하는 것이다.

48 다음 보기에서 이론의 기능을 모두 고르면?

> ㉠ 연구주제 선정 시 아이디어 제공
> ㉡ 현상 개념화 및 분류
> ㉢ 지식의 결함 지적
> ㉣ 연구 전반에 대한 지침 제공

① ㉠, ㉡, ㉢

② ㉠, ㉡, ㉣

③ ㉠, ㉢, ㉣

④ ㉠, ㉡, ㉢, ㉣

49 처음부터 버릴 것을 예상하는 가설로, 대립가설과 논리적으로 반대되는 입장을 취하는 가설은?

① 귀무가설

② 연구가설

③ 대안가설

④ 해석적 가설

50 어떤 사물의 속성을 표현하는 본질적인 법칙에 따라 숫자를 부여하는 측정은?

① 추론측정

② 본질측정

③ 임의측정

④ 오류측정

답안 표기란				
47	①	②	③	④
48	①	②	③	④
49	①	②	③	④
50	①	②	③	④

51 다음은 어떤 척도에 관한 설명인가?

> • 관찰대상의 속성에 따라 관찰대상을 상호배타적이고 포괄적인 범주로 구분하여 수치를 부여하는 도구
> • 변수 간의 사칙연산은 의미가 없음
> • 주민등록번호, 도서분류번호, 자동차번호 등이 있음

① 명목척도 ② 비율척도
③ 등간척도 ④ 평정척도

52 다음 중 측정의 수준이 다른 것은?

① 국민총생산 ② 생활수준
③ 회사근속연수 ④ 청년실업자수

53 다음에서 어떤 개념을 측정하기 위해 여러 개의 문항으로 이루어진 척도를 사용하는 이유를 모두 고르시오.

> ⓐ 하나의 지표로서는 제대로 측정하기 어려운 복합적인 개념들을 측정하는데 유용하다.
> ⓑ 측정의 신뢰도를 높일 수 있다.
> ⓒ 여러 개의 지표를 하나의 점수로 나타내어 자료의 복잡성을 줄일 수 있다.
> ⓓ 단일지표를 사용하는 경우보다 측정값의 오류를 줄일 수 있다.

① ⓐ, ⓑ, ⓒ ② ⓐ, ⓒ, ⓓ
③ ⓑ, ⓒ, ⓓ ④ ⓐ, ⓑ, ⓒ, ⓓ

54 다음 중 리커트 척도의 단점으로 볼 수 없는 것은?

① 엄밀한 의미에서의 등간척도가 될 수 없다.
② 문항 간의 내적 일관성을 확인할 수 없다.
③ 척도가 개념을 제대로 측정하고 있는지의 문제가 여전히 남는다.
④ 각 문항의 점수를 더한 총점으로는 응답의 강도를 정확히 알 수 없다.

답안 표기란				
51	①	②	③	④
52	①	②	③	④
53	①	②	③	④
54	①	②	③	④

PART **1**

CBT 빈출 모의고사

55	① ② ③ ④
56	① ② ③ ④
57	① ② ③ ④
58	① ② ③ ④

55 다음 중 의미분화 척도의 특성으로 옳지 않은 것은?

① 응답자의 태도를 측정하는 데 적당하지 않다.

② 다변량 분석에 적용이 용이하도록 자료를 얻을 수 있게 해주는 방법이다.

③ 척도의 상반되는 형용사나 표현을 이용해서 측정한다.

④ 의미적 공간에 어떤 대상을 위치시킬 수 있다는 이론적 가정을 사용한다.

56 다음 중 측정오차에 관한 설명으로 옳은 것은?

① 체계적 오차의 값들이 상호 상쇄되는 경향이 있다.

② 타당성은 비체계적 오차와 관련된 개념이다.

③ 신뢰성은 체계적 오차와 관련된 개념이다.

④ 비체계적 오차는 인위적이지 않아 오차의 값이 다양하게 분산되어 있다.

57 다음 중 측정의 타당성에 대한 설명으로 틀린 것은?

① 동일한 대상을 반복적으로 측정할 때 동일한 측정결과를 가져올 수 있는 정도를 말한다.

② 측정의 타당성을 평가하는 방법에는 표면타당성, 내용타당성, 개념타당성 등이 있다.

③ 측정의 타당성을 경험적으로 검증하는 것은 측정의 신뢰성을 검증하는 것보다 어렵다.

④ 측정의 타당성을 높이기 위해서는 조작적 정의를 갖는 것이 중요하다.

58 다음에서 설명하고 있는 타당도는?

> 통계적인 유의성을 평가하는 것으로, 속성을 측정해줄 것으로 알려진 기준과 측정도구의 측정 결과인 점수 간의 관계를 비교하는 타당도

① 이해타당도　　　　　　　② 기준 관련 타당도

③ 판별타당도　　　　　　　④ 내용타당도

59 다음의 내용과 관련이 있는 타당성은?

> 암기력을 측정하기 위해 암기한 것들을 모두 종이 위에 쓰도록 하는 방법과 암기한 것을 모두 말하도록 하는 방법을 사용하는 경우, 서로 다른 두 가지 측정방법을 측정한 결과 값들 간에 상관관계의 정도를 나타내는 타당성

① 동시타당성
② 기준타당성
③ 예측타당성
④ 집중타당성

60 신뢰도 추정방법 중에서 동일한 측정도구를 동일 상황에서 동일 대상에게 서로 다른 시간에 측정한 결과값을 비교하는 것은?

① 복수양식법
② 재검사법
③ 반분법
④ 내적일관성 분석

3과목	통계분석과 활용

61 다음 중 산포의 측도로 볼 수 없는 것은?

① 변동계수
② 평균편차
③ 분산
④ 중위수

62 표본자료가 다음과 같을 때 대푯값으로 가장 적합한 것은?

> 5, 15, 25, 35, 90

① 최빈수
② 중위수
③ 조화평균
④ 가중평균

답안 표기란

59	① ② ③ ④
60	① ② ③ ④
61	① ② ③ ④
62	① ② ③ ④

PART 1

CBT 빈출 모의고사

63 다음 중 이상점 자료에 관한 설명으로 옳지 않은 것은?

① 이상점 자료에 의한 산술평균의 변화는 중위수의 경우보다 훨씬 더 심하다.

② 자료의 수가 적을 경우 이상점 자료는 산술평균에 민감하게 영향을 미친다.

③ 이상점 자료는 반드시 제외하고 분석하는 것이 바람직하다.

④ 상자그림 요약에서 안쪽 울타리를 벗어나는 자료는 이상점 자료이다.

64 다음의 자료를 기초로 내릴 수 있는 결론으로 옳은 것은?(단, 토익 만점은 990점이다.)

> A기업의 사무직과 생산직의 토익점수는 평균과 범위가 모두 동일하고 사무직은 800점, 생산직은 750점이었다.

① 사무직의 점수가 생산직보다 평균점수 근처에 더 많이 몰려있다.

② 생산직의 점수가 사무직보다 평균점수 근처에 더 많이 몰려있다.

③ (평균점수±1×표준편차)의 범위 안에 들어있는 직원의 수는 사무직이 생산직보다 2배가 더 많았다.

④ (평균점수±1×표준편차)의 범위 안에 들어있는 직원의 수는 사무직이 생산직에 비해 1/2밖에 되지 않았다.

65 고등학생과 대학생 용돈의 평균과 표준편차가 다음과 같을 때 변동계수를 비교한 결과로 옳은 것은?

구분	용돈평균	표준편차
고등학생	100,000	2,000
대학생	150,000	3,000

① 고등학생 용돈이 대학생 용돈보다 상대적으로 더 평균에 밀집되어 있다.

② 대학생 용돈이 고등학생 용돈보다 상대적으로 더 평균에 밀집되어 있다.

③ 고등학생 용돈과 대학생 용돈의 변동계수는 같다.

④ 평균이 다르므로 비교할 수 없다.

답안 표기란

63	①	②	③	④
64	①	②	③	④
65	①	②	③	④

66 다음 중 첨도가 가장 큰 분포는?

① 표준정규분포

② 자유도가 1인 $t-$분포

③ 평균＝0, 표준편차＝1인 정규분포

④ 평균＝0, 표준편차＝6인 정규분포

PART **1**

CBT 빈출 모의고사

67 다음의 전기제품이 정상적으로 작동할 확률은 얼마인가?

> 어떤 전기제품의 내부에는 부품 3개가 병렬로 연결되어 있다. 적어도 하나가 정상적으로 작동하면 전기제품은 정상적으로 작동한다. 각 부품이 고장 날 사건은 서로 독립이며, 각 부품이 정상적으로 작동할 확률은 모두 0.85로 알려져 있다.

① 0.0021

② 0.3251

③ 0.7834

④ 0.9966

68 눈이 오는 날은 임의의 한 여객기가 연착할 확률이 $\frac{1}{10}$이고, 눈이 안 오는 날은 여객기가 연착할 확률이 $\frac{1}{50}$이다. 내일 눈이 올 확률이 $\frac{2}{5}$일 때 비행기가 연착할 확률은?

① 0.012

② 0.042

③ 0.052

④ 0.069

69 다음 중 이산확률변수에 해당하는 것은?

① K대학교 학생들의 몸무게

② 습도 50%의 대기 중에서 빛의 속도

③ 장마기간 동안 A도시의 강우량

④ 어느 프로축구 선수가 한 시즌 동안 넣은 골의 수

70 자료 x_1, x_2, $\cdots$, x_n의 표준편차가 3일 때, $-3x_1$, $-3x_2$, $\cdots$, $-3x_n$의 표준편차는?

① 9

② 12

③ 15

④ 18

71 다음 중 초기하분포와 이항분포에 대한 설명으로 옳지 않은 것은?

① 이항분포는 베르누이 시행을 전제로 한다.

② 초기하분포는 유한모집단으로부터의 복원추출을 전제로 한다.

③ 이항분포는 적절한 조건 하에서 정규분포로 근사될 수 있다.

④ 초기하분포는 모집단의 크기가 충분히 큰 경우 이항분포로 근사될 수 있다.

72 성공확률이 0.5인 베르누이 시행을 독립적으로 10회 반복할 때 성공이 1회 발생할 확률 A와 성공이 9회 발생할 확률 B 사이의 관계는?

① $A < B$

② $A > B$

③ $A = B$

④ $A + B = 1$

73 확률변수 X는 이항분포 $B(n, p)$를 따른다고 하자. $n = 10$, $p = 0.5$일 때, 확률변수 X의 평균과 분산은?

① 평균 2, 분산 1.0

② 평균 3, 분산 1.5

③ 평균 4, 분산 2.0

④ 평균 5, 분산 2.5

답안 표기란				
70	①	②	③	④
71	①	②	③	④
72	①	②	③	④
73	①	②	③	④

74 A공장에서 생산되는 전자계산기의 10%가 불량품이라고 한다. A공장에서 만든 전자계산기 중 400개를 임의로 뽑았을 때 불량품 개수 X의 평균과 표준편차는?

① 평균 : 20, 표준편차 : 2

② 평균 : 30, 표준편차 : 4

③ 평균 : 40, 표준편차 : 6

④ 평균 : 50, 표준편차 : 8

75 IQ점수는 $N(100, 15^2)$를 따른다고 할 때 IQ점수가 100 이하인 경우는 전체의 몇 $\%$인가?

① 25% ② 50%

③ 75% ④ 90%

76 토익시험에 응시한 응시자들이 시험문제를 모두 풀이하는데 걸리는 시간은 평균 60분, 표준편차 10분인 정규분포를 따른다고 한다. 토익시험의 시험시간을 50분으로 정한다면 시험에 응시한 1000명 중 시간 내에 문제를 모두 푸는 사람은 몇 명이 되겠는가? (단, $P(Z<1)=0.8413$, $P(Z<2)=0.9772$, $P(Z<3)=0.9987$이다.)

① 158명 ② 161명

③ 169명 ④ 172명

77 다음 중 표본평균($\overline{X}=\dfrac{1}{n}\sum\limits_{i=1}^{n}x_i$)의 분포에 관한 설명으로 옳지 않은 것은?

① 표본평균의 분포 분산은 표본의 크기에 따라 달라진다.

② 표본의 크기가 어느 정도 크면 표본평균의 분포는 근사적 정규분포를 따른다.

③ 표본평균의 분포 평균은 모집단의 평균과 동일하다.

④ 표본평균의 분포는 모집단의 분포와 동일하다.

답안 표기란				
74	①	②	③	④
75	①	②	③	④
76	①	②	③	④
77	①	②	③	④

PART 1

CBT 빈출 모의고사

78 $X_1, X_2, \cdots, X_n$이 정규분포 $N(\mu, \sigma^2)$에서 얻은 확률표본일 때의 설명으로 옳은 것은?

① $\dfrac{\overline{X}-\mu}{\dfrac{\sigma}{\sqrt{n}}}$ 는 $N(\mu, 1)$에 따른다.

② $\dfrac{\overline{X}-\mu}{\dfrac{\sigma}{\sqrt{n}}}$ 는 $N(0, 1)$에 따른다.

③ $\dfrac{\overline{X}-\mu}{\dfrac{\sigma}{\sqrt{n}}}$ 는 $N(1, \sigma^2)$에 따른다.

④ $\dfrac{\overline{X}-\mu}{\dfrac{\sigma}{\sqrt{n}}}$ 는 $N(0, \sigma^2)$에 따른다.

79 A기업 신입사원의 신장은 평균이 168cm이고, 표준편차가 6cm인 정규분포를 따른다고 한다. A기업 신입사원 100명을 임의 추출할 때, 표본평균이 167cm 이상 169cm 이하일 확률은? (단, $P(Z \leq 1.67)=0.9525$)

① 0.6050 ② 0.7050

③ 0.8050 ④ 0.9050

80 모수의 추정에서 추정량의 분포에 대하여 요구되는 성질 중 표본오차와 관련 있는 것은?

① 불편성 ② 충분성

③ 유효성 ④ 일치성

81 X가 이항분포 $B(n, p)$를 따를 때, p의 불편추정량 $\hat{p}=\left(\dfrac{X}{n}\right)$의 분산은?

① $\dfrac{p(1-p)}{n}$ ② $p(1-p)$

③ np ④ $np(1-p)$

답안 표기란				
78	①	②	③	④
79	①	②	③	④
80	①	②	③	④
81	①	②	③	④

82 정규분포를 따르는 모집단으로부터 10개의 표본을 임의추출한 모평균에 대한 95% 신뢰구간은 $(74.76,\ 165.24)$이다. 이때 모평균의 추정치와 추정량의 표준오차는? (단, t가 자유도가 9인 $t-$분포를 따르는 확률변수일 때, $P(t>2.262)=0.025$이다.)

① 90, 5

② 100, 10

③ 120, 20

④ 140, 40

83 A시에 살고 있는 주민 중에서 지난 1년간 해외여행을 경험한 비율을 조사하려고 한다. 이 비율에 대한 추정량의 오차가 0.02 미만일 확률이 최소한 95%가 되기를 원할 때 필요한 최소 표본의 크기 n을 구하는 식은? (단, Z가 표준정규분포를 따르는 확률변수일 때, $P(Z>1.96)=0.025$이다.)

① $n\geq\dfrac{1}{4}\left(\dfrac{1.96}{0.02}\right)^2$

② $n\geq\dfrac{1}{2}\left(\dfrac{1.96}{0.02}\right)^2$

③ $n\geq\dfrac{1}{4}\left(\dfrac{1.96}{0.02}\right)$

④ $n\geq\dfrac{1}{2}\left(\dfrac{1.96}{0.02}\right)$

84 어떤 가설검정에서 유의확률($p-$값)이 0.044일 때 검정결과로 옳은 것은?

① 귀무가설을 유의수준 1%와 5%에서 모두 기각할 수 있다.

② 귀무가설을 유의수준 1%와 5%에서 모두 기각할 수 없다.

③ 귀무가설을 유의수준 1%에서 기각할 수 있으나 5%에서는 기각할 수 없다.

④ 귀무가설을 유의수준 1%에서 기각할 수 없으나 5%에서는 기각할 수 있다.

85 다음 중 가설검정에 관한 설명으로 옳지 않은 것은?

① 표본자료에 의해 입증하고자 하는 가설을 대립가설로 세운다.

② 1종 오류와 2종 오류 중 더 심각한 오류는 1종 오류이다.

③ $p-$값이 유의수준보다 크면 귀무가설을 기각한다.

④ 양측검정으로 유의하지 않은 자료라도 단측검정을 하면 유의할 수도 있다.

86 다음의 사례에 맞는 검정방법은?

> 농촌지역의 가족과 어촌지역 가족 간에 가족의 수에 있어서 평균적으로 차이가 있는지를 알아보고자 농촌지역과 어촌지역 중 각각 몇 개의 지역을 골라 가족의 수를 조사하였다.

① F - 검정
② 독립표본 t - 검정
③ x^2 - 검정
④ 분산분석

87 정규분포를 따르는 모집단의 모평균에 대한 가설 $H_0 : \mu = 50\ VS\ H_1 : \mu < 50$을 검정하고자 한다. 크기 $n = 100$의 임의표본을 취하여 표본평균을 구한 결과 $\overline{X} = 49.02$를 얻었다. 모집단의 표준편차가 5라면 유의확률은 얼마인가?
(단, $P(Z \leq -1.96) = 0.025$이다.)

① 0.025   ② 0.050
③ 0.075   ④ 0.100

88 다음 중 3개 이상의 모집단의 모평균을 비교하는 통계적 방법은?

① 평균분석   ② 교차분석
③ 분산분석   ④ 상관분석

89 다음 중 분산분석을 수행하는데 필요한 가정이 아닌 것은?

① 평등성   ③ 독립성
③ 정규성   ④ 등분산성

답안 표기란				
86	①	②	③	④
87	①	②	③	④
88	①	②	③	④
89	①	②	③	④

90 다음 중 일원배치분산분석 모형에 대한 설명으로 틀린 것은?

$$Y_{ij}=\mu+\alpha_1+\varepsilon_{ij}\ (i=1,\cdots,k,\ j=1,\cdots,n)$$

① ε_{ij}는 서로 독립이고, 평균은 0, 분산은 σ^2인 정규분포를 따른다고 가정한다.
② α_i는 각각의 집단평균(μ_i)과 전체평균(μ)과의 차이를 나타낸다.
③ $\sum_{i=1}^{k}\alpha_i>0$을 만족한다.
④ 귀무가설은 $H_0:\mu_1=\mu_2=\cdots=\mu_k$이다.

91 반도체기업들 간 50대 직원의 연봉에 차이가 있는지 알아보기 위해 몇 개의 기업을 조사한 결과 다음과 같은 분산분석표를 얻었다. 총 몇 개 기업이 비교대상이 되었고, 총 몇 명이 조사되었는가?

요인	제곱합	자유도	평균제곱	F-값
그룹 간	777.39	2	388.69	5.36
그룹 내	1,522.58	21	72.50	
계	2,299.97	23		

① 2개 회사, 23명
② 3개 회사, 24명
③ 4개 회사, 25명
④ 5개 회사, 26명

92 4×5 분할지표 자료에 관한 독립성 검정에서 카이제곱 통계량의 자유도는?

① 6
② 8
③ 10
④ 12

93 전화 건수가 요일별로 동일한 비율인지 알아보기 위해 카이제곱(χ^2) 검정을 실시할 경우, 이 자료에서 χ^2값은?

요일	월	화	수	목	금	합계
전화횟수	65	43	48	41	73	270

① 10.96
② 12.96
③ 14.96
④ 16.96

답안 표기란

90 ① ② ③ ④
91 ① ② ③ ④
92 ① ② ③ ④
93 ① ② ③ ④

PART 1

CBT 빈출 모의고사

94 다음 중 상관계수에 관한 내용으로 옳지 않은 것은?

① 상관계수가 0에 가깝다는 것은 두 변수 간의 연관성이 없다는 것을 의미한다.

② 두 변수의 직선관계를 나타내는 척도이다.

③ 상관계수는 공분산을 표준화시킨 값이다.

④ 상관계수가 1이면 기울기가 양수인 직선 위에 모든 자료가 있다는 것을 의미한다.

95 두 확률변수 X와 Y의 상관계수는 0.43이다.
$U = \frac{1}{2}X + 5$, $V = \frac{3}{2}Y + 1$의 상관이라 할 때,
두 확률변수 U와 V의 상관계수는?

① 0.23   ② 0.33   ③ 0.43   ④ 0.53

96 단순회귀분석 모형에서 오차항의 기본가정에 대한 설명으로 틀린 것은?

① 오차항은 정규분포 N을 따른다.

② 오차항은 서로 독립이다.

③ 오차항의 기댓값은 0이다.

④ 오차항의 분산이 다르다.

97 단순회귀모형 $y_i = \beta_0 + \beta_1 x_1 + \varepsilon_i$ $(i = 1, 2, \cdots, n)$의 가정하에 최소제곱법에 의해 회귀직선을 추정하는 경우 잔차 $e_i = y_i - \hat{y}_i$의 성질로 틀린 것은?

① $\sum(e_i) = 0$ ② $\sum e_i = \sum X_i e_i$

③ $\sum e_i^2 = \sum \hat{X}_i e_i$ ④ $\sum X_i e_i = \sum \hat{Y}_i e_i$

98 중회귀모형 $y_i = \beta_0 + \beta_1 x_{1i} + \beta_2 x_{2i} + \varepsilon_i$ $(i=1, 2, \cdots, n)$에서 오차분석 σ^2의 추정량은? (단, ε_i는 잔차를 나타낸다.)

① $\dfrac{1}{n-1}\sum \varepsilon_i^2$

② $\dfrac{1}{n-3}\sum \varepsilon_i^2$

③ $\dfrac{1}{n-2}\sum (y_i - \hat{\beta}_0 + \hat{\beta}_1 X_{1i} + \hat{\beta}_2 X_{2i})^2$

④ $\dfrac{1}{n-4}\sum (y_i - \hat{\beta}_0 + \hat{\beta}_1 X_{1i} + \hat{\beta}_2 X_{2i})^2$

99 매출액과 연구비는 직선의 관계에 있으며, 이때 상관계수는 0.80이다. 만일 매출액을 종속변수 그리고 연구비를 독립변수로 선형회귀분석을 실시할 경우, 추정된 회귀선의 설명력에 해당하는 값은?

① 0.55 ② 0.58

③ 0.61 ④ 0.64

100 중회귀모형 $y_i = \beta_0 + \beta_1 x_{1i} + \beta_2 x_{2i} + \varepsilon_i$에 대한 분산분석표가 다음과 같다.

요인	제곱합	자유도	평균제곱	F	유의확률
회귀	66.12	2	33.06	33.96	0.000258
잔차	6.87	7	0.98		

위의 분산분석표를 이용하여 유의수준 0.05에서 모형에 대한 유의성검정을 할 때, 추론 결과로 가장 적합한 것은?

① 두 설명변수 x_1과 x_2 모두 반응변수에 영향을 주지 않는다.

② 두 설명변수 x_1과 x_2 모두 반응변수에 영향을 준다.

③ 두 설명변수 x_1과 x_2 중 적어도 하나는 반응변수에 영향을 준다.

④ 두 설명변수 x_1과 x_2 중 적어도 하나는 반응변수에 영향을 주지 않는다.

답안 표기란

98	①	②	③	④
99	①	②	③	④
100	①	②	③	④

PART 1

CBT 빈출 모의고사

제2회 CBT 빈출 모의고사

수험번호
수험자명

제한 시간 : 2시간 30분   전체 문제 수 : 100   맞힌 문제 수 :

	답안 표기란
1과목 조사방법과 설계	

1과목   조사방법과 설계

01 다음 중 조사연구의 일반적인 목적으로 옳지 않은 것은?

① 현상의 평가
② 현상의 탐색
③ 현상의 학습
④ 현상의 설명

02 다음에서 과학적 연구의 특징으로 옳은 것을 모두 고르시오.

> ㉠ 인과성
> ㉡ 수정가능성
> ㉢ 경험적 검증가능성
> ㉣ 재생가능성
> ㉤ 상호객관성

① ㉠, ㉡, ㉣
② ㉡, ㉣, ㉤
③ ㉠, ㉡, ㉢, ㉣
④ ㉠, ㉡, ㉢, ㉣, ㉤

03 다음 중 실증주의적 과학관에서 주장하는 과학적 지식의 특징이 아닌 것은?

① 직관성
② 검증가능성
③ 재생가능성
④ 반증가능성

04 다음은 조사연구과정의 일부이다. 이를 순서대로 나열한 것은?

> ㉠ '난민의 수용은 사회분열을 유발할 것이다'로 가설 설정
> ㉡ 할당표집으로 대상자를 선정하여 자료수집
> ㉢ 난민의 수용으로 관심주제 선정
> ㉣ 구조화된 설문지 작성

① ㉢ → ㉠ → ㉡ → ㉣
② ㉠ → ㉢ → ㉣ → ㉡
③ ㉢ → ㉠ → ㉣ → ㉡
④ ㉣ → ㉢ → ㉠ → ㉡

답안 표기란

01	①	②	③	④
02	①	②	③	④
03	①	②	③	④
04	①	②	③	④

05 다음 중 과학적 연구의 분석단위가 다른 것은?

① 20대 청년층에서 대화 시간은 남성보다 여성에게 높게 나타난다.

② T정당 후보에 대한 지지율은 A지역이 B지역보다 높다.

③ Y기업의 A과장은 B과장에 비하여 성격이 훨씬 더 이기적이다.

④ 선진국의 근로자들과 후진국의 근로자들의 근로시간을 국가별로 비교한 결과 후진국의 근로시간이 더 많았다.

답안 표기란				
05	①	②	③	④
06	①	②	③	④
07	①	②	③	④
08	①	②	③	④

06 다음 중 연역적 접근법과 귀납적 접근법에 대한 설명으로 적절하지 않은 것은?

① 기존의 이론이 존재할 때 연역법을 사용한다.

② 연역적 접근법은 탐색적 연구에, 귀납적 접근법은 가설검증에 주로 사용된다.

③ 연역적 접근법과 귀납적 접근법은 사회조사에서 상호보완적으로 사용된다.

④ 귀납적 접근법은 현실세계에 대한 관찰을 통해 경험적 일반화를 추구한다.

07 다음과 같은 목적에 적합한 조사는?

- 중요한 변수를 확인하고 발견
- 사건이나 현상 이해
- 연구주제와 관련된 변수들 사이의 관계에 대한 통찰력 제고
- 여러 가지 문제와 사회 사이의 중요도에 따른 우선순위 파악
- 조사를 시행하기 위한 절차 또는 행위의 구체화

① 기술조사   ② 종단조사

③ 탐색조사   ④ 인과조사

08 다음 중 서베이조사와 비교한 사례연구를 설명한 것으로 옳지 않은 것은?

① 연구대상 집단의 공통분모적 성질인 대표성을 추구한다.

② 소수대상의 복합적 요인에 대한 복합적 관찰을 한다.

③ 연구대상을 질적으로 파악하고 기술한다.

④ 연구대상의 내면적 · 동태적 양상을 수직적으로 파고드는 조사이다.

09 과학적 연구조사를 목적에 따라 탐색조사, 기술조사, 인과조사로 구분할 경우 기술조사에 해당하는 것은?

① 패널조사
② 종단조사
③ 문헌조사
④ 전문가의견조사

10 특정한 시기에 태어났거나 동일 시점에 특정 사건을 경험한 사람들을 대상으로 이들이 시간이 지남에 따라 어떻게 변하는지를 조사하는 방법은?

① 패널조사
② 서베이조사
③ 전문가의견조사
④ 코호트 조사

11 다음 중 종단연구에 비해 횡단연구가 갖는 장점이 아닌 것은?

① 엄밀한 인과관계의 검증에 유리하다.
② 비용이 적게 든다.
③ 검사효과로 인하여 왜곡될 가능성이 낮다.
④ 조사대상자에 대한 사생활침해의 우려가 낮다.

12 다음에 질적연구에 관한 설명으로 옳은 것을 모두 고르시오.

> ㉠ 자료수집 단계와 자료분석 단계는 구별되어 있다.
> ㉡ 사회현상에 대해 폭넓고 다양한 정보를 얻어낸다.
> ㉢ 표준화 면접, 비참여관찰이 많이 활용된다.
> ㉣ 조사자가 조사과정에 깊숙이 관여한다.

① ㉠, ㉡
② ㉡, ㉣
③ ㉠, ㉢, ㉣
④ ㉠, ㉡, ㉢, ㉣

답안 표기란				
09	①	②	③	④
10	①	②	③	④
11	①	②	③	④
12	①	②	③	④

13 다음 중 표본추출과 관련된 설명으로 옳지 않은 것은?

① 관찰단위 : 직접적인 조사대상

② 표집률 : 모집단에서 개별요소가 선택될 비율

③ 통계량 : 모집단에서 어떤 변수가 가지고 있는 특성을 요약한 통계치

④ 모수 : 모집단에서 어떤 변수가 가지고 있는 특성을 요약한 수치

14 다음 중 표집(sampling)의 대표성에 대한 의미로 보기 어려운 것은?

① 표본자료가 계량 통계분석기법을 적용하기에 적합한가의 문제

② 표본을 이용한 분석결과가 일반화될 수 있는가의 문제

③ 표본의 통계적 특성이 모집단의 통계적 특성에 어느 정도 근접하느냐의 문제

④ 표본이 모집단이 지닌 다양한 성격을 고루 반영하느냐의 문제

15 다음 중 표집틀과 모집단과의 관계가 이상적인 경우는?

① 표집틀이 모집단에 일부 포함될 때

② 표집틀과 모집단이 일치할 때

③ 모집단이 표집틀에 포함될 때

④ 모집단과 표집틀의 일부분이 일치할 때

16 다음 중 확률표본추출방법을 적용하기가 가장 용이한 것은?

① 문헌조사

② 현지조사

③ 참여관찰

④ 서베이 조사

답안 표기란				
13	①	②	③	④
14	①	②	③	④
15	①	②	③	④
16	①	②	③	④

PART **1**

CBT 빈출 모의고사

17 다음 중 확률표본추출방법만으로 나열된 것은?

> ㉠ 군집표집(Cluster Sampling)
> ㉡ 할당표진(Quota Sampling)
> ㉢ 편의표집(Convenience Sampling)
> ㉣ 체계적 표집(Systematic Sampling)
> ㉤ 눈덩이표집(Snowball Sampling)
> ㉥ 층화표집(Stratified Random Sampling)
> ㉦ 단순무작위표집(Simple Random Sampling)

① ㉠, ㉡, ㉢, ㉣
② ㉠, ㉣, ㉤, ㉥
③ ㉠, ㉣, ㉥, ㉦
④ ㉠, ㉡, ㉤, ㉦

18 다음의 표본추출방법 중 표집오차의 추정이 확률적으로 가능한 것은?

① 눈덩이표집
② 단순무작위표집
③ 편의표집
④ 판단표집

19 다음 중 계통표집(systematic sampling)에 관한 설명으로 옳지 않은 것은?

① 각 층위별로 정보를 얻을 수 있다.
② 일정한 순서에 따라 표본을 추출한다.
③ 표집틀에 주기성이 없는 경우에 모집단을 반영할 수 있다.
④ 최초 표본집단을 무작위로 선정한 다음 k번째마다 표본을 추출한다.

20 다음 중 비비례층화표집을 사용하는 경우로 적합한 경우는?

① 조사자의 편의에 따라 표본을 추출하고 싶을 때
② 유권자 지지율 조사 시 모집단의 지역별 구성비율을 정확히 반영하고 싶을 때
③ 영국시민권자의 민족적(ethnic) 특성을 비교하고 싶을 때
④ 대규모 조사에서 최종표집단위와 다르게 군집별로 1차 표집하고 싶을 때

답안 표기란				
17	①	②	③	④
18	①	②	③	④
19	①	②	③	④
20	①	②	③	④

21 인구통계학적, 경제적, 사회적, 문화적, 자연적 요인 등의 분류 기준에 따라 전체 표본을 여러 집단으로 구분하고 집단별로 필요한 대상을 사전에 정해진 크기만큼 추출하는 표본추출방법은?

① 편의표본추출법
② 할당표본추출법
③ 판단표본추출법
④ 단순무작의표본추출법

22 어느 컴퓨터매장에서 그 매장에 오는 고객들을 대상으로 제품 선호도 설문조사를 실시하여 신상품을 개발한 경우, 설문조사 표본을 구성하는 과정에 해당하는 표집방법은?

① 눈덩이표집
② 판단표집
③ 편의표집
④ 할당표집

23 다음 중 표본오차(Sampling Error)에 관한 내용으로 옳은 것은?

① 조사연구의 모든 단계에서 발생한다.
② 모집단 표본의 차이에 의하여 발생하는 오류이다.
③ 표본의 크기가 커지면 늘어난다.
④ 조사원의 훈련부족으로 다른 성격의 자료가 수집되는 경우에 발생한다.

24 표본추출과정에서 표본크기의 결정에 영향을 미치지 않는 것은?

① 조사지역의 지리적 여건
② 모집단의 크기
③ 조사목적
④ 표본추출형태

답안 표기란				
21	①	②	③	④
22	①	②	③	④
23	①	②	③	④
24	①	②	③	④

PART **1**

CBT 빈출 모의고사

25 다음 중 질문지 설계 시 고려할 사항이 아닌 것은?

① 지시문의 내용
② 표본추출방법
③ 질문의 유형
④ 자료수집방법

답안 표기란				
25	①	②	③	④
26	①	②	③	④
27	①	②	③	④
28	①	②	③	④

26 다음의 질문은 어떤 오류를 범하고 있는가?

> "최근 텔레비전에 등장하고 있는 폭력적 장면과 선정적 장면에 대해서 어떻게 생각하십니까?"

① 부적절한 언어의 사용
② 지나치게 세부적인 질문
③ 응답자의 응답을 가정한 질문
④ 이중적 질문

27 조사자가 동질의 소수 응답자 집단을 대상으로 특정한 주제에 대하여 자유롭게 토론하는 가운데 필요한 정보를 수집하는 방법은?

① 표적집단면접법
② 패널 의견조사
③ 표본연구
④ 사례연구

28 다음 중 실험설계를 위하여 충족되어야 하는 조건으로 보기 어려운 것은?

① 실험집단과 통제집단의 균형화
② 인과관계의 일반화
③ 외생변수의 제거
④ 실험대상의 무작위화

29 다음에서 설명하는 외생변수의 통제방법은?

> 하나의 실험집단에 두 개 이상의 실험변수가 가해질 때 사용하는 방법으로, 두 가지 정책 대안의 제시순서나 조사지역에 따라 선호도에 차이가 발생한다고 판단된다면 제시순서를 달리하거나 지역을 바꿔 재실험하는 경우가 해당한다.

① 상쇄
② 제거
③ 균형화
④ 무작위화

30 측정이 반복됨으로써 얻어지는 학습효과로 인해 실험 대상자의 반응에 영향을 미치는 경우는?

① 성숙효과
② 도구효과
③ 시험효과
④ 실험대상의 탈락

답안 표기란				
29	①	②	③	④
30	①	②	③	④
31	①	②	③	④
32	①	②	③	④

PART 1

CBT 빈출 모의고사

2과목 조사관리와 자료처리

31 다음 중 면접조사, 전화조사, 우편조사를 비교한 것으로 옳지 않은 것은?

① 조사자의 영향을 가장 적게 받는 것은 전화조사이다.
② 어린이나 노인에게는 면접조사가 가장 바람직하다.
③ 3가지 방법 모두 개방형 질문을 활용할 수 있다.
④ 면접조사는 추가 질문하기가 가장 쉽다.

32 조사자료를 1차 자료와 2차 자료로 구분할 때, 1차 자료에 대한 설명으로 옳지 않은 것은?

① 조사목적에 적합한 정보를 필요한 시기에 제공한다.
② 자료수집에 인력, 시간, 비용이 많이 소요된다.
③ 수행 중인 문제를 해결하기 위해 직접 수집한 자료이다.
④ 1차 자료를 얻은 후 조사목적과 일치하는 2차 자료의 존재 및 사용가능성을 확인하는 것이 경제적이다.

33 다음 중 가장 높은 응답률을 보이는 조사방법은?

① 전화조사
② 면접조사
③ 인터넷조사
④ 우편조사

34 다음 중 폐쇄형 질문의 단점으로 옳지 않은 것은?

① 응답이 끝난 후 코딩이나 편집 등의 번거로운 절차를 거쳐야 한다.
② 응답자들이 말하는 내용을 구체적으로 도출해 낼 수가 없다.
③ 개별 응답자들의 특색 있는 응답내용을 보다 생생하게 기록해 낼 수가 없다.
④ 미리 제시된 응답 항목이 한가지로 제한되어 있는 경우 동일한 응답으로 잘못 처리될 위험성이 있다.

35 다음 중 우편조사에 관한 설명으로 옳지 않은 것은?

① 응답 대상자가 직접 응답했는지에 대한 통제가 어렵다.
② 광범위한 지역에 걸쳐 조사가 가능하다.
③ 응답자의 익명성을 보장하기 어렵다.
④ 회수율이 낮아 전화 등으로 협조를 구하는 것이 좋다.

36 다음 중 전화조사의 장점으로 보기 어려운 것은?

① 광범위한 지역에 대한 조사를 할 수 있다.
② 표본의 대표성을 확보할 수 있다.
③ 빠르고 신속한 조사가 가능하다.
④ 면접자에 대한 감독이 용이하다.

답안 표기란				
33	①	②	③	④
34	①	②	③	④
35	①	②	③	④
36	①	②	③	④

37 다음 중 집단조사를 실시할 때 유의해야 할 사항이 아닌 것은?

① 응답자들에 대한 통제가 용이하다.
② 조사기관의 협력이 있어야 가능하다.
③ 집단상황이 응답을 왜곡시킬 가능성이 있다.
④ 조사가 간편하여 시간과 비용을 줄일 수 있다.

답안 표기란				
37	①	②	③	④
38	①	②	③	④
39	①	②	③	④
40	①	②	③	④

38 다음 중 직접관찰과 간접관찰을 분류하는 기준으로 적절한 것은?

① 상황이 의도적 개입인지의 여부
② 관찰시기와 행동발생의 일치 여부
③ 응답자가 관찰사실을 아는지의 여부
④ 관찰주체 또는 도구가 무엇인지의 여부

39 다음과 같은 특성을 갖는 자료수집 방법은?

> 시간과 비용이 많이 들며, 조사원과 응답자의 상호 이해 부족으로 오류가 개입될 가능성이 높고, 질문과정에서 조사원이 응답자의 응답에 영향을 미칠 수 있는 자료수집 방법이다.

① 우편조사법
② 전화면접법
③ 대인면접법
④ 인터넷조사법

40 다음 중 광범위한 개인의 감정이나 생활경험을 알아보고자 할 경우 많이 활용하는 조사방법은?

① 심층면접
② 임상면접
③ 비지시적 면접
④ 구조식 면접

41 다음 중 심층규명(probing)을 하고자 할 때 가장 적합한 조사방법은 무엇인가?

① 비구조화 면접조사　　　　② 우편 설문조사
③ 전화 설문조사　　　　　　④ 온라인 설문조사

42 다음의 사례에서 활용한 연구방법은?

> A연구소는 1990년부터 1992년 사이의 폭행을 당한 이유가 체구가 작다는 것 때문이라는 당시 사람들의 믿음이 사실인지를 확인할 목적으로 이전 10년간 보도된 1,578건의 폭행 관련 기사들을 검토하였다. 그 결과 보도 사례들 가운데 단지 1/3의 경우에만 폭행으로 정식기소가 이루어졌으며 나머지 대부분의 사례들은 체구가 작다는 것이 폭행을 유발한 것이 죄라면 죄였던 것으로 확인되었다.

① 투사법　　　　　　　　　② 내용 분석법
③ 실험 연구법　　　　　　　④ 사회 분석법

43 서열측정을 위한 방법으로 단순합산법을 사용하는 대표적인 척도는?

① 평정 척도　　　　　　　　② 서스톤 척도
③ 커트만 척도　　　　　　　④ 리커트 척도

44 다음 사례에서 성적은 어떤 변수에 해당되는가?

> 고등학교 3학년 학생인 A, B, C군은 학기말 시험에서 모두 95점을 받았다. 3명의 학생은 수업시간에 창가자리에 앉은 공통점이 있다. 학생들의 성적은 수업 시간 중 좌석 위치와 중요한 관련성을 가지고 있다고 생각하게 되어, 이것이 사실인가 확인하기 위해 더 많은 학생들을 관찰하기로 하였다.

① 독립변수　　　　　　　　② 종속변수
③ 조절변수　　　　　　　　④ 통제변수

답안 표기란				
41	①	②	③	④
42	①	②	③	④
43	①	②	③	④
44	①	②	③	④

45 다음 중 인과적 관계의 검정요인에 속하지 않는 것은?

① 독립변수   ② 외재적 변수

③ 조절변수   ④ 억제변수

46 다음 중 개념적 정의에 대한 설명으로 옳지 않은 것은?

① 개념은 조사자에 따라 정의가 달라질 수 있다.

② 순환적인 정의를 해야 한다.

③ 정의하려는 대상이 무엇이든 그것만의 특유한 요소나 성질을 직시해야 한다.

④ 어떤 개념을 보다 명확하고 정확하게 표현하기 위하여 다른 개념을 사용하여 정의한다.

47 다음 중 조작적 정의에 관한 설명으로 옳은 것은?

① 연구자마다 조작적 정의는 동일해야 한다.

② 구성개념에 대한 이론적이고 추상적인 정의를 일컫는다.

③ 조작적 정의가 구체적일수록 후속 연구에서 재현하기가 어렵다.

④ 구성개념에 대한 조작적 정의가 연구마다 다를 경우 연구결과가 달라질 수 있다.

48 다음 중 가설에 관한 설명으로 옳지 않은 것은?

① 가설은 가설의 옳고 그름을 판단할 수 있어야 한다.

② 가설은 동일 연구 분야의 다른 가설이나 이론과 연관이 없어야 한다.

③ 가설은 두 개 이상의 구성개념이나 변수 간의 관계에 대한 진술이다.

④ 가설은 검증 가능한 형태로 진술되어야 한다.

답안 표기란				
45	①	②	③	④
46	①	②	③	④
47	①	②	③	④
48	①	②	③	④

PART 1

CBT 빈출 모의고사

49 다음 중 연구가설에 대한 설명으로 옳지 않은 것은?

① 모든 연구에는 연구가설을 설정해야 한다.
② 연구가설은 독립변수와 종속변수로 구성된다.
③ 연구가설은 경험적으로 검증되지 않은 이론이라 할 수 있다.
④ 연구가설은 잠정적인 해답으로 간주되는 가설이다.

답안 표기란				
49	①	②	③	④
50	①	②	③	④
51	①	②	③	④
52	①	②	③	④

50 다음 ( ) 안에 들어갈 말로 알맞은 것을 고르시오.

> 연속적 변수든 불연속적 변수든 간에 이 변수들을 측정하기 위해서는 반드시 다음 두 가지를 고려해야 한다. 첫째는 (㉠)인데 이는 각 관찰자가 변수의 단 하나의 범주에만 해당되도록 해야 하는 것을 말한다. 둘째는 (㉡)인데 이는 모든 관찰자가 빠짐없이 변수의 어느 한 범주에 속하도록 범주를 만들어야 한다는 뜻이다.

① ㉠ 포괄성, ㉡ 외부성
② ㉠ 이질성, ㉡ 상호배타성
③ ㉠ 상호배타성, ㉡ 포괄성
④ ㉠ 상호배타성, ㉡ 독립성

51 다음 중 명목척도에 관한 내용으로 옳지 않은 것은?

① 응답 범주들이 상호 배타적이어야 한다.
② 절대영점이 존재한다.
③ 특성을 분류하거나 확인할 목적으로 숫자를 부여하는 것이다.
④ 하나의 측정 대상이 두 개의 값을 가질 수는 없다.

52 자료에 대한 통계분석 방법 결정시 가장 중요하게 고려해야 할 측정 요소는?

① 타당도   ② 신뢰도
③ 선호도   ④ 부가도

53 다음 중 척도와 지수에 관한 설명으로 옳지 않은 것은?

① 지수는 개별적인 속성들에 할당된 점수들을 합산하여 구한다.

② 척도는 속성들 간에 존재하고 있는 강도 구조를 이용한다.

③ 지수는 척도보다 더 많은 정보를 제공해준다.

④ 척도와 지수 모두 변수에 대한 서열측정이다.

54 다음과 같은 척도를 구성하는 방법은?

> 각 문항이 척도상의 어디에 위치할 것인가를 평가자들로 하여금 판단
> 케 한 다음 조사자가 이를 바탕으로 하여 대표적인 문항들을 선정하여
> 척도를 구성한다.

① 서스톤척도   ② 거트만척도

③ 리커트척도   ④ 의미분화척도

55 다음 중 의미분화척도에 관한 설명으로 옳지 않은 것은?

① 어떠한 개념에 함축되어 있는 의미를 평가하기 위한 방법으로 고안되었다.

② 자료의 분석과정에서 다변량분석에 적용하는 것이 용이하지 않다.

③ 일반적인 형태는 척도의 양극단에 서로 상반되는 형용사를 배치한다.

④ 하나의 개념을 주고 여러 가지 의미의 차원에서 그 개념을 평가한다.

56 다음 중 측정오류에 관한 설명으로 옳은 것은?

① 편향에 의하여 체계적 오류가 발생한다.

② 무작위 오류는 측정의 타당도를 저해한다.

③ 표준화된 측정도구를 사용하더라도 체계적 오류를 줄일 수 없다.

④ 측정과정, 측정수단, 측정자, 측정 대상자 등에 일관성이 없어서 생기는 오류는 체계적 오류이다.

답안 표기란				
53	①	②	③	④
54	①	②	③	④
55	①	②	③	④
56	①	②	③	④

PART **1**

CBT 빈출 모의고사

57 다음 중 측정의 오차를 줄이는 전략으로 옳지 않은 것은?

① 측정항목의 수를 가능한 늘린다.
② 측정내용을 복잡하게 구성한다.
③ 다각적인 측정방법을 수행한다.
④ 신뢰할 수 있는 측정도구를 사용한다.

58 다음 중 기준관련타당도에 관한 설명으로 옳지 않은 것은?

① 입사성적이 우수한 신입사원이 업무능력이 뛰어나다면 기준관련
타당도가 높다고 할 수 있다.
② 타당성의 통계적 유의성을 평가한다.
③ 측정도구의 측정값 간의 상관관계를 확인한다.
④ 심리학적 특성의 측정과 관련된 개념이다.

59 서로 다른 개념을 측정했을 때 얻어진 측정치들 간의 상관관계가 낮게 형성되어야 하는 타당성의 유형은?

① 동시타당성
② 판별타당성
③ 예측타당성
④ 이해타당성

60 다음에서 설명하는 신뢰성 측정방법은?

> 대등한 두 가지 형태의 측정도구를 이용하여 동일한 측정 대상을 동시에 측정한 뒤 두 측정값의 상관관계를 분석하여 신뢰도를 측정하는 방법이다.

① 반분법
② 재검사법
③ 내적일관성 분석
④ 복수양식법

답안 표기란				
57	①	②	③	④
58	①	②	③	④
59	①	②	③	④
60	①	②	③	④

3과목 통계분석과 활용

답안 표기란

61	①	②	③	④
62	①	②	③	④
63	①	②	③	④
64	①	②	③	④

61 다음 중 중심위치의 측도가 아닌 것은?

① 중앙값 ② 표준편차
③ 조화평균 ④ 최빈수

62 다음 중 중앙값과 동일한 측도는?

① 최빈수 ② 평균
③ 제2사분위수 ④ 제3사분위수

63 이상치를 탐지하는 기능을 가지고 있고 최솟값, 제1사분위수, 중앙값, 제3사분위수, 최댓값의 정보를 이용하여 자료를 도표로 나타내는 방법은?

① 히스토그램 ② 원형그래프
③ 리그레쏘그램 ④ 상자수염그림

64 다음은 A식당과 B식당에서 각각 6명의 손님을 상대로 손님이 식당에 도착하여 식사를 하기까지의 대기시간(단위 : 분)을 조사한 것이다. 두 식당의 식사 대기시간에 대한 비교로 옳은 것은?

A식당	17	32	5	19	20	9
B식당	10	15	17	17	23	20

① A식당의 평균＝B식당의 평균, A식당의 분산＜B식당의 분산
② A식당의 평균＝B식당의 평균, A식당의 분산＞B식당의 분산
③ A식당의 평균＞B식당의 평균, A식당의 분산＜B식당의 분산
④ A식당의 평균＜B식당의 평균, A식당의 분산＞B식당의 분산

PART **1**

CBT 빈출 모의고사

65 A공사의 인문사회계열 출신 종업원 평균급여는 150만원, 표준편차는 40만원이고, 공학계열 출신 종업원 평균급여는 200만원, 표준편차는 46만원일 때의 설명으로 틀린 것은?

① 공학계열 종업원의 평균급여 수준이 인문사회계열 종업원의 평균급여 수준보다 높다.
② 인문사회계열 종업원 중 공학계열 종업원보다 급여가 더 높은 사람도 있을 수 있다.
③ 공학계열 종업원들 급여에 대한 중앙값이 인문사회 계열 종업원들 급여에 대한 중앙값보다 크다고 할 수는 없다.
④ 인문사회계열 종업원들의 급여가 공학계열 종업원들의 급여에 비해 상대적으로 산포도를 나타내는 변동계수가 더 작다.

66 다음 중 왜도가 0이고 첨도가 3인 분포의 형태는?

① 좌우 대칭인 분포
② 왼쪽으로 치우친 분포
③ 오른쪽으로 치우친 분포
④ 왼쪽으로 치우치고 뾰족한 모양의 분포

67 A전자에서 생산된 스마트폰 제품 중 5개의 표본에서 1개 이상의 부적합품이 발견되면, 그 날의 생산된 전제품을 불합격으로 처리하고 그렇지 않으면 합격으로 처리한다. 이 공장의 생산공정의 모부적합품률이 0.1일 때, 어느 날 생산된 전제품이 불합격 처리될 확률은? (단, $9^5 = 59,049$이다.)

① 0.20951
② 0.30951
③ 0.40951
④ 0.50951

68 직장인 K는 버스 또는 지하철로 출근하는데 버스를 이용하는 경우가 40%, 지하철을 이용하는 경우가 60%이다. 버스로 출근하면 지각하는 경우가 10%이고, 지하철로 출근하면 지각하는 경우가 4%이다. A가 어느 날 지각하였을 때 버스로 출근하였을 확률은?

① 13.7%
② 27.9%
③ 41.3%
④ 62.5%

답안 표기란				
65	①	②	③	④
66	①	②	③	④
67	①	②	③	④
68	①	②	③	④

69 다음은 K프로팀 야구선수가 임의의 한 시합에서 치는 안타수의 확률분포이다. 이 야구선수가 내일 시합에서 2개 이상의 안타를 칠 확률은?

안타수(X)	0	1	2	3	4	5
$P(X=x)$	0.30	0.15	0.25	0.20	0.08	0.02

① 0.23

② 0.37

③ 0.55

④ 0.61

70 확률변수 X는 평균이 2이고, 표준편차가 2인 분포를 따를 때, $Y=-2X+10$의 평균과 표준편차는?

① 평균 : 4, 표준편차 : 2

② 평균 : 6, 표준편차 : 4

③ 평균 : 8, 표준편차 : 6

④ 평균 : 10, 표준편차 : 8

71 $100m$당 평균 1개의 흠집이 나타나는 인터넷선이 있을 경우 이 인터넷선 $100m$를 구입하였을 때 발견되는 흠집수의 확률분포는?

① 이항분포

② 초기하분포

③ 기하분포

④ 포아송분포

72 공정한 동전 10개를 동시에 던질 때 앞면이 정확히 1개만 나올 확률은?

① $\dfrac{5}{1024}$

② $\dfrac{10}{1024}$

③ $\dfrac{15}{1024}$

④ $\dfrac{25}{1024}$

답안 표기란

69	① ② ③ ④
70	① ② ③ ④
71	① ② ③ ④
72	① ② ③ ④

PART 1

CBT 빈출 모의고사

73 확률변수 X는 시행횟수가 n이고, 성공할 확률이 p인 이항분포를 따를 때 옳은 것은?

① $E(X)=np(1-p)$

② $V(X)=\dfrac{p(1-p)}{n}$

③ $E\left(\dfrac{X}{n}\right)=p$

④ $E\left(\dfrac{X}{n}\right)=\dfrac{p(1-p)}{n^2}$

74 반도체부품을 생산하는 회사에서 품질을 관리하기 위하여 생산된 제품 가운데 100개를 추출하여 조사하였다. 그 중 부적합품수를 X라 할 때, X의 기댓값이 5이면, X의 분산은?

① 0.15

② 3.25

③ 3.94

④ 4.75

75 확률변수 X는 표준정규분포를 따를 때 $2X$의 확률분포는?

① $N(0, 1)$

② $N(0, 2)$

③ $N(0, 4)$

④ $N(0, 6)$

76 사회조사분석사 2급 필기의 성적은 평균 70, 표준편차 10인 정규분포를 따른다고 한다. 상위 5%까지를 1등급으로 분류한다면, 1등급이 되기 위해서는 최소한 몇 점을 받아야 하는가? (단, $P(Z\leq1.645)=0.95$, $Z\sim N(0, 1)$이다.)

① 86.45점

② 86.65점

③ 86.69점

④ 86.73점

답안 표기란				
73	①	②	③	④
74	①	②	③	④
75	①	②	③	④
76	①	②	③	④

77 표본평균과 표준오차에 관한 내용으로 옳지 않은 것은?(단, 모집단의 분산은 σ^2, 표본의 크기는 n이다.)

① n이 커질 때 표본평균의 분포는 정규분포에 가까워진다.

② 표준오차는 모평균을 추정할 때 표본평균의 오차에 대하여 설명한다.

③ 표준오차는 모집단의 분산 및 표본의 크기에 영향을 받는다.

④ 표준오차의 크기는 $\sqrt{n}$에 비례한다.

78 평균이 8이고 분산이 0.6인 정규모집단으로부터 10개의 표본을 임의로 추출하는 경우, 표본평균의 평균과 분산은?

① (2, 0.02) ② (5, 0.04)

③ (8, 0.06) ④ (10, 0.10)

79 A전자에서 생산하고 있는 계산기는 10%가 불량품이라고 한다. A전자에서 생산되는 계산기 중에서 임의로 100개를 취할 때, 표본불량률의 분포는 근사적으로 어느 것을 따르는가? (단, N은 정규분포를 의미한다.)

① $N(0.1, 9 \times 10^{-4})$

② $N(0.5, 3 \times 10^{-4})$

③ $N(10, 3)$

④ $N(15, 9)$

80 평균이 μ이고 표준편차가 σ인 모집단에서 임의 추출한 100개의 표본평균 $\overline{X}$와 1,000개의 표본평균 $\overline{Y}$를 이용하여 μ를 측정하고자 한다. 두 추정량 $\overline{X}$와 $\overline{Y}$ 중 어느 추정량이 더 좋은 추정량인지를 올바르게 설명한 것은?

① $\overline{X}$의 표준오차가 더 크므로 $\overline{X}$가 더 좋은 추정량이다.

② $\overline{X}$의 표준오차가 더 작으므로 $\overline{X}$가 더 좋은 추정량이다.

③ $\overline{Y}$의 표준오차가 더 크므로 $\overline{Y}$가 더 좋은 추정량이다.

④ $\overline{Y}$의 표준오차가 더 작으므로 $\overline{Y}$가 더 좋은 추정량이다.

답안 표기란				
77	①	②	③	④
78	①	②	③	④
79	①	②	③	④
80	①	②	③	④

PART 1

CBT 빈출 모의고사

81 다음 중 추정에 대한 설명으로 옳은 것은?

① 모든 다른 조건이 동일하다면 표본의 수가 클수록 신뢰구간의 길이는 짧아진다.

② 신뢰구간은 넓을수록 바람직하다.

③ 표본의 수는 통계적 추론에 영향을 미치지 않는 표본조사 시의 문제이다.

④ 검정력은 작을수록 바람직하다.

82 스마트폰에 넣는 배터리 16개의 수명을 측정한 결과 평균이 2년이고 표준편차가 1년이었다. 이 배터리 수명의 95% 신뢰구간을 구하면? (단, $t_{0.025}(15) = 2.13$)

① (1.35, 2.47)

② (1.47, 2.53)

③ (1.72, 2.84)

④ (1.89, 2.91)

83 어느 여행사에서 앞으로 1년 이내에 해외여행을 원하는 주민들의 비율을 조사하기를 원한다. 95% 신뢰수준에서 참 비율과의 오차가 3% 이내가 되도록 하기 위하여 최소한 몇 명의 대학생을 조사해야 하는가? (단, $Z_{0.05} = 1.645$, $X_{0.025} = 1.96$이고, 표본비율 p는 0.5로 추측한다.)

① 764   ② 831

③ 902   ④ 1,068

84 귀무가설이 참임에도 불구하고 이를 기각하는 결정을 내리는 오류를 무엇이라고 하는 가?

① 제1종 오류

② 제2종 오류

③ 제3종 오류

④ 제4종 오류

답안 표기란				
81	①	②	③	④
82	①	②	③	④
83	①	②	③	④
84	①	②	③	④

85 다음 중 가설검정에 관한 설명으로 옳은 것은?

① 유의수준이 커질수록 기각역은 넓어진다.

② 제2종의 오류를 유의수준이라고 한다.

③ 제1종 오류의 확률을 작게 하면 제2종 오류의 확률도 작아진다.

④ $p-$값은 귀무가설 또는 대립가설을 입증하는 정도와 상관없는 개념이다.

86 50명의 헬스클럽 회원들이 한 달간 헬스 프로그램에 참가하여 프로그램 시작 전 체지방과 한 달 후 체지방의 차이를 알아보려고 할 때 적합한 검정방법은?

① 대응표본 $t-$검정   ② 단일표본 $t-$검정

③ χ^2-검정   ④ $F-$검정

87 모평균 θ에 대한 95% 신뢰구간이 $(-0.042, 0.522)$일 때, 귀무가설 $H_0 : \theta = 0$과 대립가설 $H_1 : 0 \neq 0$을 유의수준 0.05에서 검정한 결과에 대한 설명으로 옳은 것은?

① 신뢰구간의 상한이 0.522로 0보다 크므로 귀무가설을 기각한다.

② 신뢰구간과 가설검정은 무관하므로 신뢰구간을 기초로 검증에 대한 어떠한 결론도 내릴 수 없다.

③ 신뢰구간을 계산할 때 표준정규분포의 임계값을 사용했는지 또는 $t-$분포의 임계값을 사용했는지에 따라 해석이 다르다.

④ 신뢰구간이 0을 포함하고 있으므로 귀무가설을 기각할 수 없다.

88 다음 (　) 안에 들어갈 분석방법으로 옳은 것은?

독립변수(X) / 종속변수(Y)	범주형 변수	연속형 변수
범주형 변수	(㉠)	
연속형 변수	(㉡)	(㉢)

① ㉠ : 교차분석, ㉡ : 분산분석, ㉢ : 상관분석

② ㉠ : 교차분석, ㉡ : 회귀분석, ㉢ : 분산분석

③ ㉠ : 상관분석, ㉡ : 분산분석, ㉢ : 회귀분석

④ ㉠ : 회귀분석, ㉡ : 교차분석, ㉢ : 분산분석

답안 표기란				
85	①	②	③	④
86	①	②	③	④
87	①	②	③	④
88	①	②	③	④

PART **1**

CBT 빈출 모의고사

89 다음 중 분산분석의 기본가정이 아닌 것은?

① 반응변수의 분산은 모든 모집단에서 동일하다.
② 관측값들은 독립적이어야 한다.
③ 독립변수는 $F-$분포를 따른다.
④ 반응변수는 정규분포를 따른다.

90 다음 중 분산분석표에 나타나지 않는 것은?

① 평균제곱
② 자유도
③ $F-$값
④ 표준편차

91 다음은 처리의 각 수준별 반복수이다. 오차제곱합의 자유도는?

수준	반복수
1	7
2	4
3	6

① 14
② 16
③ 18
④ 20

92 행의 수가 3, 열의 수가 4인 이원교차표에 근거한 카이제곱 검정을 하려고 한다. 검정통계량의 자유도는 얼마인가?

① 2
② 4
③ 6
④ 8

답안 표기란				
89	①	②	③	④
90	①	②	③	④
91	①	②	③	④
92	①	②	③	④

93 교차표를 만들어 두 변수 간의 독립성 여부를 유의수준 0.05에서 검정하고자 한다. 검정 결과 유의확률이 0.55로 나왔을 때의 해석으로 옳은 것은?

① 두 변수는 아무런 관계가 없다.
② 두 변수 간에는 연관 관계가 있다.
③ 이것만으로 어떤 관계가 있는지 말할 수 없다.
④ 한 변수의 범주에 따라 다른 변수의 변화 패턴이 다르다.

94 두 변수 사이의 피어슨 상관계수에 관한 내용으로 옳지 않은 것은?

① 상관계수의 절댓값이 1에 가까울수록 직선관계가 강하다고 할 수 있다.
② 두 변수의 표준편차로 나누어 계산한다.
③ 두 변수의 직선관계를 측정한 값이다.
④ 두 변수는 독립변수와 종속변수이어야 한다.

95 두 변수 X, Y의 상관계수가 0.5일 때 $(2X+3, -3Y-4)$와 $(-3X+4, -2Y-2)$의 상관계수는?

① 0.1, −0.1
② 0.2, −0.2
③ −0.3, −0.3
④ −0.5, 0.5

96 Y의 X에 대한 회귀직선식이 $\hat{Y}=3+X$라 한다. Y의 표준편차가 5, X의 표준편차가 3일 때, X와 Y에의 상관계수는?

① 0.4
② 0.6
③ 0.8
④ 1.0

답안 표기란				
93	①	②	③	④
94	①	②	③	④
95	①	②	③	④
96	①	②	③	④

PART 1

CBT 빈출 모의고사

97 k개의 독립변수 $x_i(i=1, 2, \cdots, n)$와 종속변수 y에 대한 중회귀모형 $y=\beta_0+\beta_1 x_1+\cdots+\beta_k x_k \varepsilon$을 고려하여, n개의 자료에 대해 중회귀분석을 실시하고자 한다. 총 편차 $y_i-\overline{y}$를 분해하여 얻을 수 있는 3개의 제곱합 $\sum_{i=1}^{n}(y_i-\overline{y})^2$, $\sum_{i=1}^{n}(y_i-\hat{y}_i)^2$, $\sum_{i=1}^{n}(\hat{y}_i-\overline{y})^2$의 자유도를 각각 구하여 순서대로 나열한 것은?

① $n-1$, $n-k$, $k-1$ ② n, $n-k-1$, $k-1$
③ $n-1$, $n-k-1$, k ④ $n-1$, $n-k-1$, $k-1$

98 다음 중 결정계수에 대한 설명으로 옳지 않은 것은?

① 결정계수가 취하는 범위는 0과 1사이다.
② 종속변수에 미치는 영향이 적은 독립변수가 추가되어도 결정계수는 변하지 않는다.
③ 모든 측정값들이 추정회귀직선상에 있는 경우 결정계수는 1이다.
④ 단순회귀의 경우 독립변수와 종속변수 간의 표본상관계수의 제곱과 같다.

99 두 변수 직원 수와 인건비 간의 상관계수가 0.7이라면 인건비 변동의 몇 %가 직원 수로 설명되어진다고 할 수 있는가?

① 36% ② 40%
③ 45% ④ 49%

100 독립변수가 $2(=k)$개인 중회귀모형 $y_i=\beta_0+\beta_1 x_{1i}+\beta_2 x_{2i}+\varepsilon_i$ $(i=1, 2, \cdots, n)$의 유의성 검정에 대한 내용으로 틀린 것은?

① $H_0 : \beta_1=\beta_2=0$이다.
② $H_1 :$ 회귀계수 β_1, β_2 중 적어도 하나는 0이 아니다.
③ $\dfrac{MSR}{MSE}<F(k, n-k-1, \alpha)$이면 H_0을 기각한다.
④ 유의확률 p가 유의수준 α보다 작으면 H_0을 기각한다.

답안 표기란				
97	①	②	③	④
98	①	②	③	④
99	①	②	③	④
100	①	②	③	④

제3회 CBT 빈출 모의고사

수험번호

수험자명

⏱ 제한 시간 : 2시간 30분   전체 문제 수 : 100   맞힌 문제 수 :

| 1과목 | 조사방법과 설계 |

답안 표기란

01	① ② ③ ④
02	① ② ③ ④
03	① ② ③ ④

01 다음 중 과학적 조사방법의 일반적인 과정을 바르게 나열한 것은?

> ㉠ 조사설계
> ㉡ 자료수집
> ㉢ 연구주제의 선정
> ㉣ 연구보고서 작성
> ㉤ 자료분석 및 해석
> ㉥ 가설의 구성 및 조작화

① ㉤ → ㉠ → ㉡ → ㉢ → ㉥ → ㉣
② ㉠ → ㉤ → ㉢ → ㉡ → ㉥ → ㉣
③ ㉢ → ㉥ → ㉠ → ㉡ → ㉤ → ㉣
④ ㉡ → ㉢ → ㉠ → ㉥ → ㉤ → ㉣

02 다음 중 과학적 연구방법의 특징에 해당하지 않는 것은?
① 경험적 검증가능성과 추상성
② 재생가능성과 체계성
③ 구체성과 논리성
④ 상호주관성과 반증가능성

03 가급적 적은 수의 변수로 보다 많은 현상을 설명하는 원칙은?
① 객관성의 원칙
② 포괄성의 원칙
③ 체계성의 원칙
④ 간결성의 원칙

04 다음 중 연구주제의 선정요령으로 옳지 않은 것은?

① 연구자가 흥미를 느끼는 주제를 선정한다.

② 새로운 학문적 기여를 위해 연구를 뒷받침해줄 이론적 배경이 없
는 주제를 선정한다.

③ 사전지식이 있거나 경험이 있는 주제를 선정한다.

④ 평가를 철저히 한 뒤 선택 여부를 결정한다.

05 다음 중 분석단위와 관련된 잠재적 오류가 아닌 것은?

① 생태학적 오류   ② 개인주의적 오류

③ 행위반복적 오류   ④ 환원주의적 오류

06 다음 중 연역적 연구방법과 귀납적 연구방법의 논리체계의 연결이
바른 것은?

> ㉠ 연역적 : 관찰 → 가설검증 → 유형발전 → 일반화
> 　귀납적 : 유형발전 → 가설형성 → 관찰 → 임시결론
> ㉡ 연역적 : 일반화 → 관찰 → 유형발전 → 임시결론
> 　귀납적 : 이론형성 → 관찰 → 가설검증 → 일반화
> ㉢ 연역적 : 가설검증 → 가설형성 → 관찰 → 임시결론
> 　귀납적 : 가설형성 → 유형발전 → 가설검증 → 일반화
> ㉣ 연역적 : 가설형성 → 관찰 → 가설검증 → 이론형성
> 　귀납적 : 관찰 → 유형발전 → 임시결론 → 이론형성

① ㉠   ② ㉡   ③ ㉢   ④ ㉣

07 다음 중 탐색적 조사에 관한 설명으로 옳은 것은?

① 어떤 현상을 정확하게 기술하는 것이 주목적이다.

② 연구문제의 발견, 변수의 규명, 가설의 도출을 위해서 실시하는
조사로서 예비적 조사로 실시한다.

③ 동일한 표본을 대상으로 시간의 간격을 두고 반복적으로 측정하
는 조사이다.

④ 시간의 흐름에 따라 대상집단의 변화를 관찰하는 조사이다.

답안 표기란				
04	①	②	③	④
05	①	②	③	④
06	①	②	③	④
07	①	②	③	④

08 다음 중 사례연구의 단계를 바르게 나열한 것은?

> ㉠ 연구문제 선정
> ㉡ 사실 또는 자료수집
> ㉢ 사실 또는 자료의 요약
> ㉣ 사실의 설명
> ㉤ 보고를 위한 기술

① ㉡ → ㉠ → ㉢ → ㉣ → ㉤
② ㉢ → ㉠ → ㉣ → ㉡ → ㉤
③ ㉤ → ㉠ → ㉢ → ㉡ → ㉣
④ ㉠ → ㉡ → ㉢ → ㉣ → ㉤

09 다음 중 종단연구에 관한 내용으로 옳지 않은 것은?

① 패널연구는 특정 조사 대상자들을 선정하여 단 한차례만 실시하는 연구이다.
② 추세분석은 종단연구에 속한다.
③ 조사내용의 시간에 따른 변화를 분석한다.
④ 변화분석은 조사내용의 시간에 따른 변화의 원인에 대한 분석도 포함한다.

10 시간의 변화에 따른 특정 하위모집단의 변화를 관찰하는 연구는?

① 횡단연구
② 추세연구
③ 패널연구
④ 코호트연구

11 다음 중 양적연구와 질적연구에 관한 설명으로 옳지 않은 것은?

① 질적연구는 연역적 과정에 기초한 설명과 예측을 목적으로 한다.
② 질적연구는 현실 인식의 주관성을 강조한다.
③ 양적연구는 연구자와 연구대상이 독립적이라는 인식론에 기초한다.
④ 양적연구는 가치중립성과 편견의 배제를 강조한다.

답안 표기란				
08	①	②	③	④
09	①	②	③	④
10	①	②	③	④
11	①	②	③	④

PART **1**

CBT 빈출 모의고사

12 다음 중 양적조사와 질적조사의 사례로 옳지 않은 것은?

① 질적조사는 수감자의 생활을 연구하기 위해 교도소에서 생활하면서 참여 관찰한다.
② 양적조사는 단일사례조사로 중년 남성들의 흡연 횟수를 3개월 동안 주기적으로 기록한다.
③ 질적조사는 노숙인과 함께 2주간 생활하면서 참여 관찰한다.
④ 양적조사는 초점집단면접을 통해 문제해결방안을 도출한다.

13 다음 중 표집에서 가장 중요한 요인은?

① 대표성과 대립성
② 적합성과 신속성
③ 대표성과 적절성
④ 정확성과 경제성

14 다음 중 전수조사와 비교한 표본조사의 특징으로 옳은 것은?

① 시간과 노력이 많이 든다.
② 비표본오차를 줄일 수 있다.
③ 자료수집, 집계 및 분석과정을 신속히 처리할 수 있다.
④ 표본의 대표성 문제가 제기되는 경우 일반화의 가능성이 낮아진다.

15 다음 중 표집틀이 모집단보다 큰 경우에 해당하는 것은?

① A대학교 학생을 A대학교 학생등록부를 이용해서 표집하는 경우
② A대학교 학생을 교문 앞에서 임의로 표집하는 경우
③ A대학교 학생을 B지역 휴대폰 가입자 명부를 이용해서 표집하는 경우
④ A대학교의 체육과 학생을 A대학교 학생등록부를 이용해서 표집하는 경우

답안 표기란				
12	①	②	③	④
13	①	②	③	④
14	①	②	③	④
15	①	②	③	④

16 다음 중 확률표본추출에서 가장 중요하게 고려해야 할 사항은?

① 표본수를 최대로 증가시킨다.

② 모든 표집단위는 동등한 표집확률이 보장되어야 한다.

③ 표집오차를 완전히 제거해야 한다.

④ 최종표본수의 규모는 모집단의 크기에 비례해서 결정한다.

17 다음 중 확률표본추출방법에 해당하는 것은?

① 눈덩이표집

② 할당표집

③ 편의표집

④ 단순무작위표집

18 다음 중 단순무작위표본추출에 따른 표본평균의 분포가 갖는 특성이 아닌 것은?

① 표본평균의 분포는 모집단 평균을 중심으로 대칭형이다.

② 표본평균 분포의 평균은 모집단의 평균과 같은 것은 아니다.

③ 큰 표본을 사용할수록 표본평균의 분포는 모집단 평균 근처에 집중적으로 나타난다.

④ 표본평균의 분포는 모집단 평균 근처가 가장 밀집되어 있고 평균에서 떨어질수록 적어진다.

19 다음 중 층화표집에 대한 설명으로 옳지 않은 것은?

① 발생률이 낮은 경우 표본을 찾아내기가 어렵다.

② 동질적 대상은 표본의 수를 줄이더라도 정확도를 제고할 수 있다.

③ 단순무작위표본추출보다 시간, 노력, 경비를 절약할 수 있다.

④ 층화 시 모집단에 대한 지식이 없어도 된다.

답안 표기란				
16	①	②	③	④
17	①	②	③	④
18	①	②	③	④
19	①	②	③	④

PART **1**

CBT 빈출 모의고사

20 다음은 군집표집에 관한 내용이다. (   )에 적절한 것은?

> 군집표집에서 표집된 군집들은 가능한 군집 간에는 (㉠)이고 군집 속에 포함한 표본요소 간에는 (㉡)이어야 한다.

① ㉠ 동질적, ㉡ 이질적
② ㉠ 동질적, ㉡ 동질적
③ ㉠ 이질적, ㉡ 이질적
④ ㉠ 이질적, ㉡ 동질적

21 다음 중 무작위표집과 비교할 때 할당표집(quota sampling)의 장점으로 볼 수 없는 것은?

① 신속한 결과를 원할 때 유용하다.
② 표본오차가 적을 가능성이 높다.
③ 모집단에 대한 명확한 표집틀이 없어도 사용할 수 있다.
④ 각 집단을 적절히 대표하게 하는 층화의 효과가 있다.

22 다음 중 편의표본추출에 관한 내용으로 적절하지 않은 것은?

① 편의표본추출에 의해 얻어진 표본에는 표준오차 추정치를 부여할 수 있다.
② 모집단에 대한 정보가 전혀 없는 경우에 사용된다.
③ 편의표본추출로 수집된 자료도 유용한 정보를 제공할 수 있다.
④ 표본의 크기를 확대하여 모집단의 대표성 문제를 해결할 수 있다.

23 다음 중 표집오차를 줄이기 위한 방법으로 옳지 않은 것은?

① 조사자의 주관적 해석을 삼간다.
② 가능한 표본으로 추출될 동등한 기회를 부여한다.
③ 표본의 분산이 작을수록 줄일 수 있다.
④ 동질적인 모집단은 이질적 모집단보다 오차를 줄일 수 있다.

답안 표기란				
20	①	②	③	④
21	①	②	③	④
22	①	②	③	④
23	①	②	③	④

24 표본크기를 결정할 때 고려하는 사항과 가장 거리가 먼 것은?

① 모집단의 동질성 ② 표본추출형태
③ 척도의 유형 ④ 조사자의 능력

25 다음 중 질문지 작성방법으로 가장 적절한 것은?

① 질문지는 가능한 많은 양의 정보가 실릴 수 있도록 작성한다.
② 필요한 정보의 종류, 측정방법, 분석할 내용, 분석의 기법 등이
고려된 상황에서 질문지를 작성한다.
③ 질문지 작성은 일정한 원리와 이론을 숙지한 후 상당한 시간과
노력을 들여 신중하게 작성한다.
④ 설문지의 분량은 가급적 적어야 하므로, 필요한 정보의 획득을
위한 질문문항 외에 다른 요소들은 설문지에 포함시키지 않아야
한다.

26 다음 질문 문항의 문제점에 해당하는 것은?

> 지난 1년 동안 귀댁의 가계지출 중에서 식생활비와 문화생활비는 각
> 각 얼마였습니까?
> 〈식생활비〉 주식비 ( )원, 부식비 ( )원, 외식비 ( )원
> 〈문화생활비〉 TV 구독비 ( )원, 서적비 ( )원, 영화 연극비 ( )원

① 질문의 의미가 전달될 수 있는 최소한의 문장을 간과하였다.
② 연구자가 임의로 응답자에 대한 가정을 하였다.
③ 응답자에게 지나치게 자세한 응답을 요구했다.
④ 지시된 응답범주는 가능한 응답 내용을 벗어나 있다.

27 다음 중 표적집단면접법에 관한 설명으로 옳은 것은?

① 전문적인 집단으로 하여금 특정한 주제에 대하여 자유롭게 토론
하도록 한 다음, 이 과정에서 필요한 정보를 추출하는 방법이다.
② 조사자가 단어를 제시하고 응답자가 단어로부터 연상되는 단어
들을 나열하도록 하여 조사하는 방법이다.
③ 응답자가 조사의 목적을 모르는 상태에서 다양한 심리적 의사소
통법을 이용하여 자료를 수집하는 방법이다.
④ 응답자에게 이해하기 난해한 그림을 제시한 다음, 그 그림이 무
엇을 묘사하는지 물어 응답자의 심리 상태를 파악하는 방법이다.

답안 표기란				
24	①	②	③	④
25	①	②	③	④
26	①	②	③	④
27	①	②	③	④

PART 1

CBT 빈출 모의고사

28 두 변수 X, Y 중 X의 변화가 Y의 변화를 생산해 낼 경우 X와 Y의 관계를 나타낸 것은?

① 상관관계
② 선후관계
③ 인과관계
④ 회귀관계

29 외생변수를 아는 경우 외생변수가 각 집단에 균등하게 영향을 미칠 수 있도록 실험집단과 통제집단을 선정하여 외생변수의 효과를 통제하는 방법은?

① 균형화
② 상쇄
③ 제거
④ 무작위화

30 연구자 A는 정치인들에 대하여 자아존중감 검사를 하였다. 다음 사례에 내재된 연구설계의 타당성 저해요인이 아닌 것은?

> 연구자 A는 정치인들에 대하여 자아존중감 검사를 하였다. 그 결과 정상치보다 지나치게 낮은 점수가 나온 사람들이 발견되었고 이들을 대상으로 자아존중감 향상 프로그램을 실시하였다. 프로그램 종료 후에 다시 같은 검사를 실시하여 자아존중감을 측정한 결과 사람들의 점수 평균이 이전보다 높아진 것으로 나타났다.

① 피실험자 상실
② 통계적 회귀
③ 성숙효과
④ 도구효과

답안 표기란				
28	①	②	③	④
29	①	②	③	④
30	①	②	③	④

2과목	조사관리와 자료처리

답안 표기란

31	① ② ③ ④
32	① ② ③ ④
33	① ② ③ ④
34	① ② ③ ④

PART 1

CBT 빈출 모의고사

31 다음 중 질문지법에 관한 내용으로 옳지 않은 것은?

① 일련의 상호 연관된 질문들로 구성되어 있다.

② 큰 표본에도 적용이 가능하다.

③ 추상적인 개념에 대해 조작적 정의가 필요하다.

④ 응답자가 조사의 목적을 모르는 상태일 때 사용해야 결과에 신뢰성이 높다.

32 다음 중 2차 자료분석의 특징으로 옳지 않은 것은?

① 기존 데이터를 수정이나 편집하여 분석할 수 있다.

② 직접 자료를 수집하지 않아도 된다.

③ 자료의 결측값을 추적할 수 있다.

④ 적은 비용으로 대규모 사례분석이 가능하다.

33 다음 중 질문지법의 단점으로 보기 어려운 것은?

① 비언어적인 행위나 특성을 기록할 수 없다.

② 질문에 대한 무응답률이 높다.

③ 관심도가 낮은 질문 내용은 기록되지 않을 수 있다.

④ 보다 넓은 범위의 표본에서는 쉽게 응답자에게 접근할 수 없다.

34 다음 중 폐쇄형 질문의 응답범주 작성원칙으로 옳지 않은 것은?

① 각 사례는 한 번만 분류되어야 한다.

② 응답범주는 서로 상응하는 관계이다.

③ 제시된 범주가 가능한 모든 응답범주를 포함하고 있어야 한다.

④ 응답범주가 명료하고 간결하다.

	답안 표기란
35	① ② ③ ④
36	① ② ③ ④
37	① ② ③ ④
38	① ② ③ ④

35 다음 중 우편조사의 특징으로 옳지 않은 것은?

① 다른 조사에 비해 응답률이 높다.

② 광범위한 지역과 대상을 표본으로 삼을 수 있다.

③ 응답자에게 익명성에 대한 확신을 부여할 수 있다.

④ 조사자의 개인차에서 오는 영향을 배제시킬 수 있다.

36 다음 중 정치여론조사를 신속하게 실시해야 할 경우 가장 적합한 자료수집방법은?

① 관찰조사 ② 전화조사

③ 우편조사 ④ 집합조사

37 다음 중 집단면접에 의한 설문조사에 대한 설명으로 옳지 않은 것은?

① 조사가 간편하여 시간과 비용을 절약할 수 있다.

② 응답자를 한 곳에 모으기 어렵다.

③ 응답자의 통제가 용의하여 타인의 영향을 배제할 수 있다.

④ 조직체 구성원을 조사할 때 유용하다.

38 다음 중 관찰의 단점으로 볼 수 없는 것은?

① 관찰자의 주관성 개입을 방지할 수 없다.

② 표현능력이 부족한 대상에게 적용이 어렵다.

③ 연구대상의 특성상 관찰할 수 없는 문제가 있다.

④ 관찰결과의 해석에 대한 객관성이 확보되지 않는다.

39 다음 중 조사자의 주관이 개입될 가능성이 가장 높은 자료수집방법은?

① 면접조사　　　　　　② 온라인조사
③ 관찰조사　　　　　　④ 질문지조사

PART **1**

CBT 빈출 모의고사

40 면접조사에서 면접과정의 관리에 대한 설명으로 옳은 것은?

① 면접지침을 작성하여 응답자들에게 배포한다.
② 면접기간 동안에도 면접원에 대한 철저한 통제가 이루어져야 한다.
③ 면접원 교육과정에서 예외적인 상황은 언급하지 않도록 주의한다.
④ 면접원에 대한 사전교육은 면접원에 의한 편향(bias)을 크게 할 수 있다.

41 어떤 대상이나 사람에 대한 일반적인 견해가 그 대상이나 사람의 구체적인 특성을 평가하는데 영향을 미치는 현상은?

① 후광효과
② 동조효과
③ 습관효과
④ 체면치레효과

42 다음 중 독립변수와 종속변수에 대한 설명으로 옳지 않은 것은?

① 독립변수가 변하면 종속변수에 영향을 미친다.
② 종속변수는 독립변수의 원인을 받아 일정하게 변화된 결과를 나타낸다.
③ 독립변수는 원인관계에서 다른 변수에 영향을 주는 변수이다.
④ 종속변수는 독립변수보다 시간적으로 선행한다.

43 다음 중 측정오차에 관한 설명으로 옳지 않은 것은?

① 체계적 오차는 사회 · 경제적 특성, 개인적 성향, 편견 등에 의해 오차가 발생한다.

② 비체계적 오차는 통제하기 어려운 상황에서 발생한다.

③ 측정의 신뢰도는 체계적 오차와 관련성이 크고, 측정의 타당도는 비체계적 오차와 관련성이 크다.

④ 측정의 오차를 피하기 위해 편견이나 모호함을 찾아내기 위해 동료들의 피드백을 얻는다.

44 다음 중 매개변수에 관한 설명으로 적절한 것은?

① 가설변수라고도 하며 사전에 조작되지 않은 변수를 의미한다.

② 개입변수라고도 하며, 종속변수에 일정한 영향을 주는 변수로 독립변수에 의하여 설명되지 못하는 부분을 설명해주는 변수를 말한다.

③ 결과변수에 영향을 미치면서도 그 이유를 설명하지 못하는 변수를 의미한다.

④ 결과변수로 독립변수의 원인을 받아 변화된 결과를 나타내는 기능을 한다.

45 변수의 종류에 관한 다음 설명 중 옳은 것을 모두 고르시오.

> ㉠ 매개변수는 독립변수와 종속변수 사이에서 독립변수의 결과인 동시에 종속변수의 원인이 되는 변수이다.
> ㉡ 억제변수는 두 변수 X, Y의 사실상의 관계를 정반대의 관계로 나타나게 하는 제3의 변수이다.
> ㉢ 왜곡변수는 두 변수 X, Y가 서로 관계가 있는데도 관계가 없는 것으로 나타나게 하는 제3의 변수이다.
> ㉣ 통제변수는 외재적 변수의 일종으로 그 영향을 검토하지 않기로 한 변수이다.

① ㉠, ㉡

② ㉡, ㉢

③ ㉠, ㉢

④ ㉠, ㉣

답안 표기란				
43	①	②	③	④
44	①	②	③	④
45	①	②	③	④

46 다음 중 개념적 정의에 대한 설명으로 옳은 것은?

① 어떤 개념을 보다 명확하고 정확하게 표현하기 위하여 다른 개념을 사용하여 정의하는 것이다.

② 조작적 정의를 현실세계의 현상과 연결시켜주는 역할을 수행한다.

③ 거짓과 진실을 밝히기 위해 정의하는 것이다.

④ 측정 가능성과 직결된 정의이다.

47 다음 중 조작적 정의에 관한 설명으로 옳지 않은 것은?

① 추상적인 개념을 경험세계와 연결시키는 과정이다.

② 특정 개념은 한 가지의 조작적 정의만을 갖는다.

③ 조사목적과 관련하여 실용주의적인 측면을 포함한다.

④ 실행가능성 및 관찰가능성이 중요하다.

48 다음 중 가설에 관한 설명으로 옳지 않은 것은?

① 가설은 아직까지 진실 여부가 확인되지 않은 사실에 대한 진술문이라고 할 수 있다.

② 가설은 방향성을 있을 수도 있고 없을 수도 있다.

③ 가설은 다른 두 개념이나 변수의 관계를 표시한다.

④ '모든 사람은 죽는다'는 좋은 가설의 예이다.

49 다음 중 경험적 연구를 위한 작업가설의 요건으로 옳지 않은 것은?

① 특정화되어 있어야 한다.

② 연구자의 주관이 분명해야 한다.

③ 검정 가능한 것이어야 한다.

④ 잠정적인 해답이어야 한다.

답안 표기란				
46	①	②	③	④
47	①	②	③	④
48	①	②	③	④
49	①	②	③	④

PART 1

CBT 빈출 모의고사

50 질문에 응한 학생들을 수학 점수에 따라 50점 이하, 50점~60점, 60점~70점, 70점 이상 등 네 개의 집단으로 구분하였을 때 어떤 문제가 발생하는가?

① 순환성　　　　　　　② 포괄성

③ 상호배타성　　　　　④ 신뢰성

51 다음과 같은 질문지의 혈액형 변수에 대한 설명으로 옳지 않은 것은?

> 당신의 혈액형은?
> ㉠ O형　　㉡ A형　　㉢ B형　　㉣ AB형

① 혈액형 변수는 명목척도이다.

② A형만을 한 조사에서 혈액형 변수는 포함시킬 필요가 없다.

③ 혈액형 변수는 다른 변수와 결합하여 하나의 새로운 변수로 만들 수 있다.

④ A형에게 1점, B형에게 2점을 부여한 다음 그 평균을 계산하면 B형의 비율을 구할 수 있다.

52 다음 중 측정수준에 따른 척도에 대한 설명으로 옳지 않은 것은?

① 명목척도는 성별과 종교처럼 분류적인 개념만을 내포한다.

② 서열척도는 특정한 성격에 따라 범주를 서열화한다.

③ 등간척도는 IQ처럼 대상 자체가 갖는 속성의 실제값을 나타낸다.

④ 비율척도는 소득과 성비처럼 0이라는 절대적 의미를 갖는 값이 존재한다.

53 다음 중 지수나 척도와 같이 합성 측정을 이용하는 이유로 적절한 것은?

① 측정오차를 줄일 수 있기 때문이다.

② 내적 타당도를 높일 수 있기 때문이다.

③ 외적 타당도를 높일 수 있기 때문이다.

④ 하나의 개념이 갖는 다양한 의미에 대하여 포괄적인 측정을 할 수 있기 때문이다.

답안 표기란				
50	①	②	③	④
51	①	②	③	④
52	①	②	③	④
53	①	②	③	④

54 다음의 내용은 어떤 척도의 특징인가?

> • 대체적으로 11점 척도로 구성되어 있다.
> • 개발하기 위하여 시간과 노력이 많이 든다.
> • 최종적으로 구성된 척도는 동일한 간격을 지닐 수 있다.

① 리커트척도(likert scale)
② 서스톤척도(thurston scale)
③ 보가더스척도(bogardus scale)
④ 오스굿척도(osgood scale)

55 오스굿(Charles Osgood)에 의하여 개발되기 시작한 의미분화척도의 작성시 고려해야 하는 사항으로 볼 수 없는 것은?

① 응답자 의견이나 태도에 관한 차원 선정
② 평가도구의 작성
③ 매개변수의 도입
④ 차원과 대극점의 용어 선정

56 측정오차가 체계적인 패턴을 띠게 된다면 측정도구에 어떠한 문제가 있을 것으로 예상할 수 있는가?

① 타당도
② 신뢰도
③ 표준화
④ 일반화

57 다음 중 측정의 오차를 줄이는 전략으로 옳지 않은 것은?

① 응답자가 모르거나 관심이 없는 내용은 측정하지 않는다.
② 중요한 질문은 2회 이상 유사한 질문을 제공한다.
③ 측정방식은 가능한 수시로 변경해야 한다.
④ 조사자에 대한 사전훈련이 필요하다.

답안 표기란				
54	①	②	③	④
55	①	②	③	④
56	①	②	③	④
57	①	②	③	④

PART **1**

CBT 빈출 모의고사

58 다음 중 기준관련타당도와 관련이 없는 것은?

① 경험 타당도

② 이론 타당도

③ 예측 타당도

④ 동시 타당도

59 다음 중 ( ) 안에 알맞은 타당성은?

> 서로 다른 개념을 측정했을 때 얻은 측정값들 간에는 상관관계가 낮아
> 야만 한다는 것이다. 즉, 서로 다른 두 개의 개념을 측정한 측정값의
> 상관계수가 낮게 나왔다면 그 측정방법은 ( )이 높다고 할 수 있다.

① 이해타당성

② 동시타당성

③ 판별타당성

④ 집중타당성

60 크론바흐의 알파계수는 어떤 것을 나타내는 값인가?

① 반분형 신뢰도

② 내적일관성 신뢰도

③ 검사 — 재검사 신뢰도

④ 평가자 간 신뢰도

답안 표기란				
58	①	②	③	④
59	①	②	③	④
60	①	②	③	④
61	①	②	③	④

3과목　　**통계분석과 활용**

61 다음 중 자료의 산술평균에 대한 설명으로 옳지 않은 것은?

① 이상점의 영향을 받는다.

② 편차들의 합은 1이다.

③ 분포가 좌우대칭이면 산술평균과 중앙값은 같다.

④ 자료의 중심위치에 대한 측도이다.

62 다음 중 5개의 자료값 20, 40, 60, 80, 100의 특성으로 옳은 것은?

① 평균 60, 중앙값 60
② 평균 55, 중앙값 50
③ 평균 60, 최빈값 50
④ 평균 55, 최빈값 60

63 다음 중 상자그림에 대한 설명으로 옳지 않은 것은?

① 이상값에 대한 정보를 알 수 있다.
② 두 집단의 분포 모양에 대한 비교가 가능하다.
③ 상자그림을 보면 자료의 분포를 개략적으로 파악할 수 있다.
④ 상자그림의 상자 길이와 분산과는 아무런 관련이 없다.

64 다음 중 표준편차가 가장 큰 자료인 것은?

① 3 4 5 6 7
② 3 3 5 7 7
③ 3 5 5 5 7
④ 5 6 7 8 9

65 다음 중 비대칭도에 관한 내용으로 옳지 않은 것은?

① 비대칭도의 값이 1이면 좌우대칭형인 분포를 나타낸다.
② 비대칭도는 비대칭성을 나타내는 측도이다.
③ 비대칭도의 값이 음수이면 왼쪽으로 꼬리를 길게 늘어뜨린 모양을 나타낸다.
④ 비대칭의 부호는 관측값 분포의 긴 쪽 꼬리방향을 나타낸다.

66 다음 중 주어진 자료의 통계량에 관한 내용으로 옳지 않은 것은?

> 2 2 2 3 4 5

① 평균이 3이다.
② 왜도는 0보다 작다.
③ 중앙값이 2.5이다.
④ 최빈값이 2이다.

67 $P(A)=\dfrac{1}{3}$, $P(B|A)=\dfrac{1}{5}$일 때 $P(A\cap B)$는?

① $\dfrac{1}{8}$ ② $\dfrac{1}{10}$

③ $\dfrac{1}{15}$ ④ $\dfrac{7}{15}$

68 K기업은 두 대의 기계 A, B를 사용하여 부품을 생산하고 있다. 기계 A는 전체 생산량의 30%를 생산하며 기계 B는 전체 생산량의 70%를 생산한다. 기계 A의 불량률은 3%이고 기계 B의 불량률은 5%이다. 임의로 선택한 1개의 부품이 불량품일 때, 이 부품이 기계 A에서 생산되었을 확률은?

① 20%   ② 25%
③ 30%   ④ 35%

69 두 확률변수 X와 Y의 결합확률분포가 다음과 같을 때 $P(X-Y=1)$은?

X \ Y	1	3	5
2	0.35	0.25	0.05
4	0.25	0.35	0.10

① 0.15   ② 0.35
③ 0.55   ④ 0.70

70 어떤 변수에 5배를 한 변수의 표준편차는 원래 변수의 표준편차의 몇 배인가?

① 2배

② 3배

③ 5배

④ 25배

답안 표기란				
70	①	②	③	④
71	①	②	③	④
72	①	②	③	④
73	①	②	③	④

71 특정 제품의 단위 면적당 결점의 수 또는 단위 시간당 사건 발생수에 대한 확률분포는?

① 포아송분포

② 이항분포

③ 초기하분포

④ 지수분포

72 동전을 던질 때 앞면이 나올 확률을 0.4라고 할 때 동전을 세 번 던져서 두 번은 앞면이, 한 번은 뒷면이 나올 확률은?

① 0.172

② 0.216

③ 0.288

④ 0.316

73 A축구선수는 PK 성공률이 50%로 알려져 있는데 A선수가 PK 20회를 실시하여 몇 번 정도 성공할 것으로 기대되는가?

① 10번

② 11번

③ 12번

④ 14번

PART **1**

CBT 빈출 모의고사

74 확률변수 X가 이항분포 $B\left(36, \dfrac{1}{6}\right)$을 따를 때,

확률변수 $Y = \sqrt{5}X + 2$의 표준편차는?

① $2\sqrt{5}$

② $5\sqrt{5}$

③ 5

④ 10

75 확률변수 X가 정규분포 $N(\mu, \sigma^2)$를 따를 때 $Z = \dfrac{X - \mu}{\sigma}$는

어떤 분포를 따르는가?

① $Z \sim N(0, 1)$

② $Z \sim N(1, 1)$

③ $Z \sim N(\mu, 1)$

④ $Z \sim N(\mu, \sigma^2)$

76 스마트폰 제조업체에서 보증기간을 정하려고 한다. 스마트폰 수명은 3년, 표준편차 9개월인 정규분포를 따른다고 한다. 보증기간 이전에 고장이 나면 무상수리를 해주어야 한다. 이 회사는 출하제품 가운데 5% 이내에서만 무상수리가 되기를 원한다. 보증기간을 몇 개월로 정하는 것이 좋겠는가? (단, $P(Z > 1.645) = 0.05$)

① 19개월

② 20개월

③ 21개월

④ 22개월

77 다음 중 표본평균에 대한 표준오차의 설명으로 옳지 않은 것은?

① 표본평균의 표준편차를 말한다.

② 모집단의 표준편차가 클수록 작아진다.

③ 표본크기가 클수록 작아진다.

④ 항상 0 이상이다.

답안 표기란				
74	①	②	③	④
75	①	②	③	④
76	①	②	③	④
77	①	②	③	④

78 A기업의 신입직원 월 급여는 평균이 2백만원, 표준편차는 40만원인 정규분포를 따른다고 한다. 신입직원들 중 100명의 표본을 추출할 때, 표본평균의 분포는?

① $N(2$백만, 16$)$

② $N(2$백만, 320$)$

③ $N(2$백만, 720$)$

④ $N(2$백만, 1600$)$

79 어떤 연속확률변수 X의 평균이 0이고, 분산이 4이다. 체비셰프(Chebyshev) 부등식을 이용하여 $P(-4 \leq X \leq 4)$의 범위를 구하면?

① $P(-4 \leq X \leq 4) \leq 0.55$

② $P(-4 \leq X \leq 4) \geq 0.75$

③ $P(-4 \leq X \leq 4) \geq 0.95$

④ $P(-4 \leq X \leq 4) \leq 0.96$

80 표본의 크기가 커짐에 따라 확률적으로 모수에 수렴하는 추정량은?

① 할당추정량

② 유효추정량

③ 일치추정량

④ 충분추정량

81 모평균 μ에 대한 구간추정에서 95% 신뢰수준을 갖는 신뢰구간이 100 ± 5라고 할 때 신뢰수준 95%의 의미는?

① 구간추정치가 맞을 확률이다.

② 모평균의 추정치가 100 ± 5 이내에 있을 확률이다.

③ 모평균의 구간추정치가 95%로 같다.

④ 동일한 추정방법을 사용하여 신뢰구간을 100회 반복하여 추정한다면, 95회 정도는 추정신뢰구간의 모평균을 포함한다.

답안 표기란				
78	①	②	③	④
79	①	②	③	④
80	①	②	③	④
81	①	②	③	④

PART 1

CBT 빈출 모의고사

답안 표기란				
82	①	②	③	④
83	①	②	③	④
84	①	②	③	④
85	①	②	③	④

82 여론조사 기관에서 특정 프로그램의 청취율을 조사하기 위하여 100명의 청취자를 임의로 추출하여 청취 여부를 물었더니 이 중 10명이 청취하였다. 이 때 이 프로그램의 청취율에 대한 95% 신뢰구간은? (단, 표준정규분포를 따르는 확률변수 Z는 $P(Z > 1.96) = 0.025$를 만족한다.)

① $(0.0312, 0.1488)$ ② $(0.0412, 0.1588)$
③ $(0.0512, 0.1688)$ ④ $(0.0612, 0.1788)$

83 어떤 도시의 특정 정당 지지율을 추정하고자 한다. 지지율에 대한 90% 추정오차한계를 5% 이내가 되도록 하기 위한 최소 표본의 크기는? (단, Z가 표준정규분포를 따르는 확률변수일 때 $P(Z \le 1.645) = 0.95$, $P(Z \le 1.96) = 0.975$, $P(Z \le 0.995) = 2.576$이다.)

① 271   ② 371
③ 471   ④ 571

84 다음 중 제1종 오류가 발생하는 경우는?

① 참이 아닌 귀무가설(H_0)을 기각하지 않을 경우
② 참이 아닌 귀무가설(H_0)을 기각할 경우
③ 참인 귀무가설(H_0)을 기각하지 않을 경우
④ 참인 귀무가설(H_0)을 기각할 경우

85 가설검정에 대한 다음 설명 중 옳지 않은 것은?

① 주어진 관측값의 유의확률이 5%일 때 유의수준 1%에서 귀무가설을 기각한다.
② 대립가설이 참일 때 귀무가설을 기각하지 못하는 오류를 제2종 오류라고 한다.
③ 유의수준 1%에서 귀무가설을 기각하면 유의수준 5%에서도 귀무가설을 기각한다.
④ 귀무가설이 참일 때 귀무가설을 기각하는 오류를 제1종 오류라고 한다.

86 일정기간 목초지대에서 방목한 가축 소변의 불소농도에 변화가 있는가를 조사하고자 한다. 추출한 **10마리**의 가축소변의 불소농도를 방목 초기에 조사하고 일정기간 방목한 후 다시 소변의 불소농도를 조사하였다. 방목 전후의 불소농도에 차이가 있는지에 관한 분석방법으로 적절한 것은?

① F — 검정
② 단일표본 t — 검정
③ 대응표본 t — 검정
④ 분산분석

87 모집단으로부터 크기가 **100**인 표본을 추출하였다. 이 표본으로부터 표본비율 $\hat{p} = 0.42$를 추정하였다. 모비율에 대한 가설 $H_0 : p = 0.4 \ VS \ H_1 \ p > 0.4$를 검정하기 위한 검정통계량은?

① $\dfrac{0.42 - 0.4}{\sqrt{\dfrac{0.4(1-0.4)}{100}}}$

② $\dfrac{0.4}{\sqrt{\dfrac{0.4(1-0.4)}{100}}}$

③ $\dfrac{0.42 + 0.4}{\sqrt{\dfrac{0.4(1-0.4)}{100}}}$

④ $\dfrac{0.42}{\sqrt{\dfrac{0.4(1-0.4)}{100}}}$

88 두 변량 중 X를 독립변수, Y를 종속변수로 하여 X와 Y의 관계를 분석하고자 할 때 X가 범주형 변수이고 Y가 연속형 변수일 때 가장 적합한 분석 방법은?

① 평균분석
② 교차분석
③ 분산분석
④ 상관분석

89 다음 중 일원배치법에 관한 내용으로 옳은 것은?

① 여러 그룹의 분산 차이를 해석할 수 있다.
② 한 종류의 인자가 특성값에 미치는 영향을 조사하고자 할 때 사용하는 분석법이다.
③ 인자의 처리별 반복수는 동일하여야 한다.
④ 반응변수에 영향을 주는 요인이 3개인 경우에 하나 이상의 모집단 간의 모평균의 차이를 비교한다.

답안 표기란				
86	①	②	③	④
87	①	②	③	④
88	①	②	③	④
89	①	②	③	④

PART **1**

CBT 빈출 모의고사

90 다음 분산분석표에서 빈칸에 들어갈 $F-$값은?

요인	제곱합	자유도	평균제곱	F-값
처리	40	5	***	( )
잔차	60	15	***	
계	100	20		

① 0.5　　　② 1.0　　　③ 1.5　　　④ 2.0

91 일원배치법에서 k개의 각 처리에 대한 반복수가 n으로 모두 동일한 경우, 처리의 자유도와 잔차의 자유도로 옳은 것은?

① $k-1$, $kn-k$ 　　　② $k-1$, $n-k$

③ k, $kn-1$ 　　　④ k, $n-1$

92 다음은 어느 보건소에서 흡연자의 연령과 꽁초투기 위반횟수 사이의 관계를 알아보기 위하여 무작위로 추출한 18세 이상, 60세 이하인 500명의 흡연자 중에서 지난 1년 동안 꽁초투기 위반횟수를 조사한 자료이다. 두 변수 사이의 독립성검정을 하려고 할 때 검정통계량의 자유도는?

위반횟수	연령			합계
	18~25	26~50	51~60	
없음	60	110	120	290
1회	60	50	40	150
2회 이상	30	20	10	60
합계	150	180	170	500

① 2　　　② 4　　　③ 6　　　④ 8

93 "연령과 생수 구매 사이에 관계가 있는가?"를 살펴보기 위하여 설문조사를 실시·분석한 결과 Pearson 카이제곱 값이 32.29, 자유도가 1, 유의확률이 0.000이었다. 이 분석에 근거할 때, 유의수준 0.05에서 "연령과 생수 구매 사이의 관계"에 대한 결론은?

① 연령과 생수 구매 사이에 유의미한 관계가 없다.

② 생수의 종류는 2가지이다.

③ 연령과 생수 구매 사이에 유의미한 관계가 있다.

④ 위에 제시한 통계량으로는 연령과 생수 구매 사이의 관계를 알 수 없다.

답안 표기란

90	①	②	③	④
91	①	②	③	④
92	①	②	③	④
93	①	②	③	④

94 다음 중 상관계수(피어슨 상관계수)에 대한 설명으로 옳지 않은 것은?

① 하나의 변수가 변해감에 따라 다른 변수가 변하는 정도를 나타낸다.
② 상관계수의 값은 변수의 단위가 달라지면 영향을 받는다.
③ 상관계수의 부호는 회귀계수의 기울기(b)의 부호와 항상 같다.
④ 상관계수의 절대치가 클수록 두 변수의 선형관계가 강하다고 할 수 있다.

답안 표기란

94	① ② ③ ④
95	① ② ③ ④
96	① ② ③ ④
97	① ② ③ ④

PART 1

CBT 빈출 모의고사

95 키와 몸무게의 상관계수가 **0.6**으로 계산되었다. 키에 **2**를 곱하고, 몸무게에 **3**을 곱하고 **1**을 더한 후 계산된 새로운 변수들 간의 상관계수는?

① 0.2　　　　　　　　② 0.3
③ 0.6　　　　　　　　④ 0.8

96 어떤 제품의 수명은 특정 부품의 수명과 밀접한 관계가 있다고 한다. 제품수명(Y)의 평균과 표준편차는 각각 13과 4이고, 부품수명(X)의 평균과 표준편차는 각각 12와 3이다. X와 Y의 상관계수가 0.6일 때, 추정회귀직선 $\hat{Y}=\hat{a}+\hat{\beta}X$에서 기울기 $\hat{\beta}$의 값은?

① 0.8　　　　　　　　② 1.0
③ 1.2　　　　　　　　④ 1.4

97 표본의 수가 n이고 독립변수의 수가 k인 중회귀모형의 분산분석표에서 잔차제곱합 SSE의 자유도는?

① $k-1$　　　　　　　② $k+1$
③ $n-1$　　　　　　　④ $n-k-1$

98 다음 중 회귀식에서 결정계수 R^2에 관한 설명으로 옳지 않은 것은?

① 상관계수는 결정계수의 제곱근에 추정회귀계수의 부호를 따른다.

② R^2은 독립변수의 수가 늘어날수록 증가하는 경향이 있다.

③ 모든 측정값이 한 직선상에 놓이면 R^2의 값은 0이다.

④ R^2값은 0에서 1까지의 값을 가진다.

답안 표기란				
98	①	②	③	④
99	①	②	③	④
100	①	②	③	④

99 두 변수 x와 y의 함수관계를 알아보기 위하여 크기가 10인 표본을 취하여 단순회귀분석을 실시한 결과 회귀식 $y = 5 - 0.3x$을 얻었고, 결정계수 R^2은 0.81이었다. x와 y의 상관계수는?

① -0.9

② -1.9

③ -2.9

④ -3.9

100 다음은 스마트폰에 대한 월간 유지비용(원)을 종속변수로 하고 주간 사용기간(시간)을 독립변수로 하여 회귀분석을 한 결과이다.

구분	계수	표준오차	t-통계량
Y절편	6.1092	0.9361	
사용시간	0.8951	0.149	

월간 유지비용이 사용시간과 관련이 있는지 여부를 검정하기 위한 t-통계량의 값은?

① 4.007

② 5.007

③ 6.007

④ 7.007

제4회 CBT 빈출 모의고사

수험번호

수험자명

⏱ 제한 시간 : 2시간 30분   전체 문제 수 : 100   맞힌 문제 수 :

1과목	조사방법과 설계

답안 표기란

01	①	②	③	④
02	①	②	③	④
03	①	②	③	④
04	①	②	③	④

01 다음 중 과학적 지식에 가장 가까운 것은?

① 신비에 의한 지식
② 전문가가 설명한 지식
③ 개연성이 높은 지식
④ 전통에 의한 지식

02 다음 중 과학적 연구의 특징이 아닌 것은?

① 과학적 연구는 직관적이다.
② 과학적 연구는 일반화를 목적으로 한다.
③ 과학적 연구는 구체적이다.
④ 과학적 연구는 경험적으로 검증 가능해야 한다.

03 다음 중 과학적 조사연구의 목적이 아닌 것은?

① 새로운 분야에 대한 평가
② 새롭게 발생한 사실에 대한 설명
③ 새롭게 나타날 현상에 대한 예측
④ 인간 내면의 문제에 대한 가치판단

04 해결 가능한 연구문제가 되기 위한 조건으로 보기 어려운 것은?

① 실증적으로 연구현상이 검증 가능해야 한다.
② 기존의 이론 체계와 연관되어 있어야 한다.
③ 관찰 가능한 현상과 연구문제가 밀접히 연결되어야 한다.
④ 연구대상이 되는 현상에 대한 명확한 규정이 되어야 한다.

05 연구의 단위를 혼동하여 집합단위의 자료를 바탕으로 개인의 특성을 추리할 때 저지를 수 있는 오류는?

① 생태주의적 오류
② 집단주의적 오류
③ 개인주의적 오류
④ 환원주의적 오류

06 연역적 방법과 귀납적 방법에 관한 설명으로 옳지 않은 것은?

① 귀납적 방법은 개별적인 사실로부터 일반원리를 도출해 낸다.
② 연역적 방법은 기존 이론을 확인하기 위해 사용한다.
③ 연역적 방법은 경험의 세계에 투사하여 검증하는 방법이다.
④ 귀납적 방법과 연역적 방법을 조화시키면 상호 배타적이기 쉽다.

07 사회과학 연구방법을 연구목적에 따라 구분할 경우 다음에서 탐색적 연구목적에 해당하는 것을 모두 고르면?

> ㉠ 중요한 변수를 확인하고 발견하기 위하여
> ㉡ 연구문제를 도출하거나 연구가치를 추정하기 위하여
> ㉢ 많은 아이디어를 생성하고 임시적 가설을 개발하기 위하여
> ㉣ 사건의 범주를 구성하고 유형을 분류하기 위하여
> ㉤ 이론의 정확성을 판단하기 위하여

① ㉠, ㉡, ㉢
② ㉠, ㉢, ㉣
③ ㉢, ㉣, ㉤
④ ㉡, ㉢, ㉣, ㉤

08 다음 중 사례조사의 장점으로 볼 수 없는 것은?

① 조사대상이 구체적이고 상세하게 연구할 수 있다.
② 개별적 상황의 특수성을 명확히 파악하는 것이 가능하다.
③ 반복적 연구가 가능하여 비교하는 것이 가능하다.
④ 탐색적 연구방법으로 사용할 수 있다.

답안 표기란				
05	①	②	③	④
06	①	②	③	④
07	①	②	③	④
08	①	②	③	④

09 다음 중 종단적 연구로 보기 어려운 것은?

① 코호트 연구　　　　　② 단면 연구

③ 시계열 연구　　　　　④ 추세연구

10 다음에서 설명하고 있는 연구방법은?

> MZ세대라고 일컬어지는 사회집단이 가진 정치의식이 2015년 이후 3년 단위로 어떠한 변화를 보이고 있는지에 대해 종단분석을 실시했다.

① 코호트연구　　　　　② 패널연구

③ 현장연구　　　　　　④ 추세연구

11 다음 중 질적연구에 관한 설명으로 옳지 않은 것은?

① 연구주제에 따라서 질적연구와 양적연구를 동시에 진행할 수 있다.

② 질적연구는 개별 사례 과정과 결과의 의미, 사회적 맥락을 규명하고자 한다.

③ 질적연구는 어떤 현상에 대해 주관적인 의미를 찾고자 한다.

④ 질적연구는 양적연구에 비하여 연구 대상자를 정확히 이해할 수 있는 더 나은 연구방법이다.

12 다음 설명에 가장 적합한 연구 방법은?

> 이 질적연구는 20명의 여성들이 아동기의 학대 경험을 극복하고 대처해 나가는 과정을 조사한 것이다. 포커스 그룹에 대한 5주간의 심층면접을 통하여 80개가 넘는 개인적인 전략들이 코딩되고 분석되어 극복과 대처전략을 만들어내는 인과조건, 그런 인과조건들로부터 발생한 현상, 전략을 만들어내는데 영향을 주는 맥락, 중재조건 등 그 전략의 결과들을 설명하기 위한 이론적 모델이 개발되었다.

① 근거이론 연구

② 현상학적 연구

③ 민속지학적 연구

④ 내용분석 연구

13 다음 중 표본추출방법에 관한 설명으로 옳지 않은 것은?

① 확률표본추출방법은 모집단의 구성요소가 표본으로 추출될 확률을 알 수 있다.

② 비확률표본추출방법은 표본추출오차를 구하기 쉽다.

③ 확률표본추출방법은 통계치로부터 모수치를 추정할 수 있다.

④ 비확률표본추출방법은 모집단의 구성요소가 표본으로 선정될 확률이 동일하지 않다.

14 다음 중 전수조사 대신 표본조사를 하는 이유가 아닌 것은?

① 광범위한 주제에 걸쳐서 연구하기 위해

② 전수조사에 비해 조사과정을 보다 잘 통제할 수 있어서

③ 시간을 절감하기 위해

④ 표본오류를 줄이기 위해

15 A백화점에서 자사의 마일리지 사용자 중 최근 1년 동안 10만 마일 이상 사용자들을 모집단으로 하면서 자사 마일리지 카드 소지자 명단을 표본프레임으로 사용하여 전체에서 표본추출을 할 때의 표본프레임 오류는?

① 표본프레임이 모집단 내에 포함되는 경우

② 모집단이 표본프레임 내에 포함되는 경우

③ 모집단과 표본프레임의 일부분만이 일치하는 경우

④ 모집단과 표본프레임이 전혀 일치하지 않는 경우

16 다음 중 확률표본추출에서 가장 중요하게 고려해야 할 사항은?

① 모든 표집단위는 동등한 표집확률이 보장되어야 한다.

② 표본수를 최소로 표집해야 한다.

③ 표집오차는 모두 제거해야 한다.

④ 최종표본수의 규모는 모집단의 크기에 비례해서 결정한다.

답안 표기란				
13	①	②	③	④
14	①	②	③	④
15	①	②	③	④
16	①	②	③	④

17 다음 중 표본의 대표성이 가장 큰 표본추출방법은?

① 할당표집
② 판단표집
③ 군집표집
④ 편의표집

18 모집단에 대한 정보를 담은 명부를 표집틀로 해서 일정한 순서에 따라 표본을 추출하는 표집 방법은?

① 단순무작위표집
② 체계적 표집
③ 유의표집
④ 할당표집

19 다음 중 층화표본추출방법에 관한 설명으로 옳지 않은 것은?

① 확률표본추출방법 중에서 시간, 비용, 노력을 가장 절약할 수 있다.
② 표본의 대표성을 높일 수 있는 방법이다.
③ 각 소집단에서 뽑는 표본 수에 따라 비례·불비례층화추출방법으로 나뉜다.
④ 모집단을 특정한 기준에 따라 서로 상이한 소집단으로 나누고 추출하는 방법이다.

20 다음 설명에서 사용한 표집방법으로 적절한 것은?

> 30개 대학교 모집단에서 5개 학교를 임의표집하였다. 선택된 학교마다 2개씩의 학과를 임의선택하고 또 선택된 학과마다 5명씩의 학생들을 임의선택하여 학생들이 도서관에 다니는지 조사하였다.

① 단순무작위표집
② 판단표집
③ 군집표집
④ 층화표집

답안 표기란				
17	①	②	③	④
18	①	②	③	④
19	①	②	③	④
20	①	②	③	④

PART **1**

CBT 빈출 모의고사

21 다음 중 할당표집(quota sampling)의 문제점이 아닌 것은?

① 조사하기 쉬운 사례들을 선택하는 경향이 있다.

② 조사자의 편견이 개입될 여지가 충분히 있다.

③ 확률표집이 아니어서 특정 할당표집의 정확성을 평가하는 것은 어렵다.

④ 확률표집에 비해서 시간과 경비가 많이 드는 편이다.

22 오전 8시부터 9시 사이에 남대문시장을 지나는 행인들 중 접근이 쉬운 사람을 대상으로 신제품에 대한 의견을 물어보는 경우 이에 해당하는 표집방법은?

① 판단표집

② 편의표집

③ 눈덩이표집

④ 군집표집

23 다음 중 모집단이 충분히 큰 경우 표집오차에 작게 영향을 주는 것은?

① 표본률

② 모집단의 특성

③ 표본추출방법

④ 관심 추정량

24 다음 중 표본의 크기를 결정할 때에 고려하여야 할 사항으로 보기 어려운 것은?

① 집단별 통계치의 필요성

② 연구자의 수

③ 조사자의 능력

④ 표본추출방법

답안 표기란				
21	①	②	③	④
22	①	②	③	④
23	①	②	③	④
24	①	②	③	④

25 설문조사로 얻고자 하는 정보의 종류가 결정된 이후의 질문지 작성 과정을 바르게 나열한 것은?

> ㉠ 질문내용의 결정
> ㉡ 질문형태의 결정
> ㉢ 자료수집 방법의 결정
> ㉣ 설문지 초안완성

① ㉠ → ㉡ → ㉢ → ㉣　　② ㉡ → ㉢ → ㉣ → ㉠
③ ㉣ → ㉡ → ㉢ → ㉠　　④ ㉢ → ㉠ → ㉡ → ㉣

26 다음 중 질문지 문항배열에 대한 고려사항으로 옳지 않은 것은?

① 질문 내용의 범위가 넓은 것에서부터 점차 좁아지도록 배열한다.
② 상호관련이 있는 질문은 가능한 모아서 배열하는 것이 좋다.
③ 응답자의 인적사항에 대한 질문은 가능한 한 나중에 한다.
④ 시작하는 질문은 쉽게 응답할 수 있어야 한다.

27 다음 (　) 안에 공통적으로 들어갈 말로 알맞은 것은?

> (　)는 조사자가 제공한 주제에 근거하여 대부분의 과정에서 질문자라기보다는 조정자 또는 관찰자에 가깝다.
> (　)는 자료수집기간을 단축시키고 현장에서 수행하기 용이하나 참여자 수가 제한적인 것으로 인한 일반화의 제한성 또는 집단소집의 어려움 등이 단점으로 지적되기도 한다.

① 델파이조사　　　　　　② 집단실험설계
③ 사례연구조사　　　　　④ 초점집단조사

28 다음 중 실험설계의 내적 타당도 저해요인이 아닌 것은?

① 표본의 편중
② 실험변수의 확산 또는 모방
③ 외부사건
④ 사후검사

답안 표기란				
25	①	②	③	④
26	①	②	③	④
27	①	②	③	④
28	①	②	③	④

PART **1**

CBT 빈출 모의고사

29 다음 중 인과관계의 성립조건으로 볼 수 없는 것은?

① 공변관계   ② 비허위적 관계

③ 회귀관계   ④ 시간적 선행성

30 다음 연구의 진행에 있어 연구자 A가 느낄 수 있는 내적 타당성을 위협하는 요인이 아닌 것은?

> 산악회원들의 도전의식을 파악하기 위해 실험 연구방법을 적용하여 각각 10명의 산악회원들을 실험집단과 통제집단으로 선정하여 1개월 간의 현지실험조사를 실시하려 한다.

① 외부사건   ② 표본의 편중

③ 측정수단의 변화   ④ 실험대상의 탈락

2과목   **조사관리와 자료처리**

31 다음 중 개방형 질문에 대한 내용으로 옳지 않은 것은?

① 응답에 대한 동일한 해석이 가능하므로 응답의 일관성을 유지할 수 있다.

② 강제성이 없으며 다양한 응답을 얻을 수 있다.

③ 특정 견해에 대한 탐색적 질문방법으로 적합하다.

④ 응답의 형태를 제약하지 않고 자유롭게 표현하는 방식이다.

32 다음 중 2차 자료의 이용에 관한 설명으로 옳지 않은 것은?

① 이점은 시간과 비용을 절약할 수 있다.

② 조사목적의 적합성, 자료의 정확성, 일치성 등을 기준으로 평가 될 수 있다.

③ 조사목적을 달성하기 위해서는 반드시 필요하다.

④ 경우에 따라 당면한 조사문제를 평가할 수도 있다.

답안 표기란				
29	①	②	③	④
30	①	②	③	④
31	①	②	③	④
32	①	②	③	④

33 다음 질문지의 형식 중 간접질문의 종류가 아닌 것은?

① 컨틴전시법   ② 오류선택법

③ 정보검사법   ④ 토의완성법

34 다음과 같은 질문의 형태로 적절한 것은?

> 당신의 출생지는 다음 중 어디에 해당합니까? ( )
> ㉠ 서울시 ㉡ 경기도 ㉢ 전라도 ㉣ 경상도 ㉤ 강원도 ㉥ 제주도

① 서열형   ② 다지선다형

③ 양자택일형   ④ 체크리스크형

35 다음 중 우편조사를 실시하는 이유로 보기 어려운 것은?

① 직접 만나기 어려운 대상을 조사할 수 있다.

② 지리적으로 멀리 떨어져 있을 경우 조사비용을 줄일 수 있다.

③ 주소만 알면 어느 지역이든 조사할 수 있다.

④ 조사를 신속하게 할 수 있다.

36 다음은 자료수집방법에 관한 내용이다. 열거한 속성을 모두 충족하는 자료수집방법은?

> • 설문응답과 동시에 코딩이 가능하다.
> • 조사기간이 짧다.
> • 그림, 음성, 동영상 등을 이용할 수 있어 응답자의 이해도를 높일 수 있다.
> • 익명성 보장이 어렵다.

① 면접조사   ② 관찰조사

③ 온라인조사   ④ 전화조사

답안 표기란				
33	①	②	③	④
34	①	②	③	④
35	①	②	③	④
36	①	②	③	④

PART 1

CBT 빈출 모의고사

37 다음 중 참여관찰에 대한 설명으로 옳지 않은 것은?

① 자연스러운 상태에서 현상을 파악할 수 있다.

② 양적자료이기 때문에 대규모 모집단에 대한 기술이 쉽다.

③ 변수들 간의 관계를 체계적으로 관찰하는 연구조사방법이다.

④ 주관적인 가치가 개입되면 관찰결과가 변질될 수 있다.

답안 표기란				
37	①	②	③	④
38	①	②	③	④
39	①	②	③	④
40	①	②	③	④

38 다음 중 관찰 대상자가 관찰사실을 아는지에 대한 여부를 기준으로 관찰기법을 분류한 것은?

① 직접적 · 기계적 관찰

② 자연적 · 인위적 관찰

③ 공개적 · 비공개적 관찰

④ 체계적 · 비체계적 관찰

39 다음 중 면접조사에 관한 설명으로 옳지 않은 것은?

① 조사자는 질문뿐 아니라 관찰도 할 수 있다.

② 우편설문에 비하여 높은 응답률을 얻을 수 있다.

③ 시간과 비용이 많이 든다.

④ 가구소득, 가정폭력, 성적경향 등 민감한 사안의 조사 시 유용하다.

40 다음 중 면접조사 시 질문의 일반적인 원칙으로 적절하지 않은 것은?

① 이질감을 느끼지 않도록 복장이나 언어사용에 유의한다.

② 조사대상자가 대답을 잘 하지 못할 경우 필요한 대답을 유도할 수 있다.

③ 질문지에 있는 말 그대로 질문해야 한다.

④ 질문을 잘 이해하지 못했다면 부연설명을 한다.

41 면접조사 시 응답자들이 면접자의 생각이나 지시를 비판없이 수용하여 응답하게 될 가능성이 높은 효과는?

① 1차 정보효과

② 후광효과

③ 동조효과

④ 최근 정보효과

42 다음 중 개념에 관한 설명으로 옳지 않은 것은?

① 개념 자체를 직접 경험적으로 측정할 수 있다.

② 개념은 연역적 결과를 가져다준다.

③ 개념은 특정 대상의 속성을 나타낸다.

④ 개념의 역할은 실제연구에서 연구방향을 제시해준다.

43 연구자가 관찰하려고 하는 것을 어느 정도 제대로 관찰하였는가는 어떤 개념과 관계가 있는가?

① 구체성

② 유의성

③ 신뢰성

④ 타당성

44 3가지 변수가 다음과 같은 순서로 영향을 미칠 때 사회적 통합은 무슨 변수인가?

> 종교 → 사회적 통합 → 자살률

① 독립변수

② 매개변수

③ 구성변수

④ 억제변수

답안 표기란				
41	①	②	③	④
42	①	②	③	④
43	①	②	③	④
44	①	②	③	④

PART 1

CBT 빈출 모의고사

45 다음 중 범주형 변수에 해당하는 것은?

① 주거기간

② 평균입원일수

③ 원화로 나타낸 연간소득

④ 3단계(상, 중, 하)로 나눈 계층적 지위

46 다음 중 개념적 정의의 예로 적합하지 않은 것은?

① 점수 — 중간고사에서 얻은 수학 점수

② 불안 — 주관화된 공포

③ 소득 — 어떤 일을 한 결과로 얻은 이익

④ 무게 — 물체의 중량

47 다음 중 조작적 정의에 관한 설명으로 옳지 않은 것은?

① 변수는 조작적으로 정의될 수 있다.

② 용어의 지시물을 식별하는 데 사용되는 관찰 가능한 개념의 구체화이다.

③ 주어진 단어가 이미 정립된 의미를 가진 다른 표현과 동의적일 때에 사용된다.

④ 추상적 개념을 측정 가능한 수치로 변환하는 과정을 의미한다.

48 다음 중 가설에 관한 내용으로 옳지 않은 것은?

① 검증 가능한 형태로 진술되어야 한다.

② 가설이 기각되었다면 반대되는 가설이 참임을 의미한다.

③ 가설은 방향성을 가질 수도 있고 그렇지 않은 수도 있다.

④ 가설검증은 연구자가 제기한 문제의 해결과 관련이 있어야 한다.

답안 표기란				
45	①	②	③	④
46	①	②	③	④
47	①	②	③	④
48	①	②	③	④

49 다음 중 작업가설로 가장 적합한 것은?

① 대한민국은 한반도와 부속도서로 한다.

② 국민들은 독서를 많이 해야 한다.

③ 경제침체는 사회혼란을 심화시킬 수 있다.

④ 소득수준이 높아질수록 생활에 대한 만족도는 높아진다.

50 다음 중 측정수준과 그 예시가 바르지 않은 것은?

① 명목측정 : 성별, 인종

② 비율측정 : 소득, 직업

③ 등간측정 : 온도, IQ지수

④ 서열측정 : 후보자 선호, 사회계층, 등수

51 다음에서 서열측정의 특징을 모두 고르면?

> ㉠ 응답자들을 순서대로 구분할 수 있다.
> ㉡ 절대 영점을 지니고 있다.
> ㉢ 어떤 응답자의 특성이 다른 응답자의 특성보다 몇 배가 높은지 알 수 있다.

① ㉠

② ㉠, ㉢

③ ㉡, ㉢

④ ㉠, ㉡, ㉢

52 다음 중 측정수준에 대한 설명으로 옳지 않은 것은?

① 서열척도는 각 범주 간에 크고 작음을 판단할 수 있다.

② 등간척도에서는 거리나 크기를 표준화된 척도로 표시할 수 있다.

③ 명목척도에서는 각 범주에 부여되는 수치가 계량적 의미를 가지지 못한다.

④ 비율척도에서 0의 값은 절대적 의미를 가질 수 없다.

답안 표기란				
49	①	②	③	④
50	①	②	③	④
51	①	②	③	④
52	①	②	③	④

PART **1**

CBT 빈출 모의고사

53 다음에서 등간척도를 이용한 측정방법을 모두 고르시오.

> ㉠ 순위법
> ㉡ 고정총합척도법
> ㉢ 어의차이척도법
> ㉣ 스타펠 척도법

① ㉠, ㉡, ㉢　　　　　② ㉡, ㉢, ㉣
③ ㉠, ㉢, ㉣　　　　　④ ㉠, ㉡, ㉢, ㉣

54 다음 중 서스톤 척도(Thurstone scale)에 대한 설명으로 옳지 않은 것은?

① 리커트 척도법나 거트만 척도법에 비해 비용과 시간이 걸린다는 단점을 가지고 있다.
② 문항의 선정 과정에서 평가자 간에 이견이 큰 문항은 제외한다.
③ 평가자의 편견이 개입될 가능성이 있으며, 가능하면 많은 수의 평가자를 선정하는 것이 좋다.
④ 리커트 척도법이나 거트만 척도법의 경우는 구간 수준의 측정이 가능하지만, 서스톤 척도법은 서열 수준의 측정만 가능하다.

55 다음 중 소시오메트리(sociometry)에 관한 설명으로 옳지 않은 것은?

① 델파이 조사방법을 준용한다.
② 네트워크 분석과 관련이 있다.
③ 집단구조를 이해하는 척도이다.
④ 주관적 경험을 통한 현상학적 접근으로 집단의 구조를 이해하려 한다.

56 다음 중 측정오차의 발생원인으로 보기 어려운 것은?

① 측정수단 자체의 문제
② 측정자의 환경요인
③ 통계분석기법
④ 측정환경에 의한 측정대상자의 변화

답안 표기란				
53	①	②	③	④
54	①	②	③	④
55	①	②	③	④
56	①	②	③	④

57 다음 설명에 나타나는 측정상의 문제점은?

> A기업은 직원 500명의 시력을 실제 시력보다 항상 0.1이 더 나오는 불량 시력측정기기를 사용하여 측정하였다.

① 타당성이 없다.
② 비교성이 없다.
③ 수용성이 없다.
④ 일관성이 없다.

58 다음 사례에 해당하는 타당성은?

> 새로 개발된 주관적인 피로감 측정도구를 사용하여 측정한 결과에 이미 검증되고 통용 중인 주관적인 피로감 측정도구의 결과를 비교하여 타당도를 확인하였다.

① 집중타당성
② 동시타당성
③ 예측타당성
④ 이해타당성

59 다음 중 측정의 타당도에 관한 설명으로 틀린 것은?

① 개념타당도는 인간의 심리적 특성과 관련이 있다.
② 내용타당도는 전문가의 의견을 통해 판단할 수 있다.
③ 기준타당도는 수렴타당도와 판별타당도로 구분된다.
④ 동시타당도는 새로운 측정도구를 이미 타당성이 확인된 신뢰할 만한 측정도구와 비교한다.

60 다음 중 측정의 신뢰성을 높이는 방법으로 볼 수 없는 것은?

① 측정항목의 수를 줄인다.
② 측정항목의 모호성을 제거한다.
③ 면접방식과 태도에 일관성을 확보한다.
④ 신뢰성이 있다고 인정된 측정도구를 이용한다.

3과목	통계분석과 활용

61 극단값이 포함되어 있는 자료의 대푯값을 구하고할 때 극단값에 의한 영향을 줄이기 위한 측도로 적합하지 않은 것은?

① 중앙값

② 제50백분위수

③ 절사평균

④ 평균

62 다음 중 자료의 위치를 나타내는 측도가 아닌 것은?

① 사분위범위

② 백분위수

③ 사분위수

④ 중앙값

63 다음의 통계량 중에서 그 성질이 다른 하나는?

① 평균편차

② 상관계수

③ 사분위간 범위

④ 사분위편차

64 다음 중 사분위수범위를 바르게 나타낸 것은?

① 제2사분위수 − 제1사분위수

② 제3사분위수 − 제2사분위수

③ 제3사분위수 − 제1사분위수

④ 제4사분위수 − 제1사분위수

65 A기업의 직원들의 신장을 조사한 결과, 평균이 176.5cm, 중앙값은 170.0cm, 표준편차가 2.0cm이었다. 직원들의 신장의 분포에 대한 설명으로 옳은 것은?

① 오른쪽으로 긴 꼬리를 갖는 비대칭분포이다.
② 왼쪽으로 긴 꼬리를 갖는 비대칭분포이다.
③ 좌우 대칭분포이다.
④ 대칭분포인지 비대칭분포인지 알 수 없다.

66 다음은 어느 카페에서 어느 특정한 날 하루 동안 신청받은 커피 주문 건수이다. 자료에 대한 설명으로 틀린 것은?

9 10 4 16 6 13 12

① 평균과 중앙값은 10으로 같다.
② 범위는 12이다.
③ 왜도는 0이다.
④ 편차들의 총합은 0이다.

67 $P(A)=P(B)=\dfrac{1}{2}$, $P(A\mid B)=\dfrac{2}{3}$일 때, $P(A\cup B)$를 구하면?

① $\dfrac{1}{2}$ ② $\dfrac{2}{3}$

③ $\dfrac{3}{4}$ ④ $\dfrac{4}{5}$

68 전체 인구의 2%가 어느 질병을 앓고 있다고 한다. 이 질병을 검진하기 위하여 사용되고 있는 어느 진단시약을 질병에 걸린 사람 중 80%, 질병에 걸리지 않은 사람 중 10%에 대해 양성반응을 보인다. 어떤 사람의 진단테스트 결과가 양성반응일 때 이 사람이 질병에 걸렸을 확률은?

① $\dfrac{2}{57}$ ② $\dfrac{4}{57}$

③ $\dfrac{6}{57}$ ④ $\dfrac{8}{57}$

답안 표기란

65	① ② ③ ④
66	① ② ③ ④
67	① ② ③ ④
68	① ② ③ ④

PART 1

CBT 빈출 모의고사

69 이산형 확률변수 X의 확률분포가 다음과 같을 때, 확률변수 X의 기댓값은?

X	0	1	2	3	4
$P(X=x)$	0.15	0.30	0.25	0.20	( )

① 1.13
② 1.24
③ 1.80
④ 1.97

70 다음 설명 중 틀린 것은? (단, S_X, S_Y는 각각 X와 Y의 표준편차이다.)

① $Y=-2X+3$일 때 $S_Y=4S_X$이다.
② 상자그림(BOX plot)은 여러 집단의 분포를 비교하는데 많이 사용한다.
③ 상관계수가 0이라 하더라도 두 변수의 관련성이 있는 경우도 있다.
④ 변이계수는 여러 집단의 분산을 상대적으로 비교할 때 사용된다.

71 확률변수 X는 포아송분포를 따른다고 하자. X의 평균이 5라고 할 때 분산은 얼마인가?

① 2
② 3
③ 4
④ 5

72 K기업 A공정에서 생산되는 제품의 약 40%가 불량품이라고 한다. 이 공정의 제품 4개를 임의로 추출했을 때, 4개가 불량품일 확률은?

① $\dfrac{4}{625}$
② $\dfrac{8}{625}$
③ $\dfrac{16}{625}$
④ $\dfrac{32}{625}$

	답안 표기란
69	① ② ③ ④
70	① ② ③ ④
71	① ② ③ ④
72	① ② ③ ④

73 A서점에서는 책을 구입한 고객의 25%가 신용카드로 결제한다고 한다. 금일 20명의 고객이 이 매장에서 책을 구입하였다면, 몇 명의 고객이 신용카드로 결제하였을 것이라 기대되는가?

① 5명   ② 8명

③ 10명   ④ 20명

74 A기업의 제품 중 10%는 유통과정에서 변질되어 부적합품이 발생한다고 한다. 이를 확인하기 위하여 해당 제품 100개를 추출하여 실험하였을 때, 10개 이상이 부적합품일 확률은?

① 0.1   ② 0.5

③ 0.7   ④ 0.9

75 확률변수 X가 정규분포 $N(\mu, \sigma^2)$를 따를 때 $Z = \dfrac{X-\mu}{\sigma}$는 어떤 분포를 따르는가?

① $Z \sim N(0, 1)$ ② $Z \sim N(1, 1)$

③ $Z \sim N(\mu, 1)$ ④ $Z \sim N(\mu, \sigma^2)$

76 확률변수 X와 Y는 서로 독립이며, $X \sim N(1, 1^2)$이고, $Y \sim N(2, 2^2)$이다. $P(X+Y \geq 5)$을 표준정규분포의 누적분포함수 $\Phi(x)$를 이용하여 나타내면?

① $\Phi\left(-\dfrac{2}{3}\right)$ ② $\Phi\left(-\dfrac{2}{\sqrt{5}}\right)$

③ $\Phi\left(\dfrac{2}{3}\right)$ ④ $\Phi\left(\dfrac{2}{\sqrt{5}}\right)$

답안 표기란				
73	①	②	③	④
74	①	②	③	④
75	①	②	③	④
76	①	②	③	④

PART **1**

CBT 빈출 모의고사

77 모집단의 표준편차의 값이 상대적으로 작을 때에 표본평균 값의 대표성에 대한 해석으로 가장 적절한 것은?

① 표본의 크기에 따라 달라진다.

② 대표성이 적다.

③ 대표성은 표준편차와 관계없다.

④ 대표성이 크다.

답안 표기란				
77	①	②	③	④
78	①	②	③	④
79	①	②	③	④
80	①	②	③	④

78 평균이 μ, 분산이 σ^2인 모집단에서 크기 n의 임의표본을 반복추출하는 경우, n이 크면 중심극한정리에 의하여 표본합의 분포는 정규분포에 수렴한다고 한다. 이 때 정규분포의 형태는?

① $N\left(\mu, \dfrac{\sigma^2}{n}\right)$

② $N(\mu, n\sigma^2)$

③ $N(n\mu, n\sigma^2)$

④ $N\left(n\mu, \dfrac{\sigma^2}{n}\right)$

79 다음 중 바람직한 추정량(estimator)의 선정기준으로 볼 수 없는 것은?

① 할당성

② 충분성

③ 일치성

④ 불편성

80 모집단의 모수 θ에 대한 추정량으로서 지녀야 할 성질 중에서 일치추정량에 대한 설명으로 적절한 것은?

① 추정량의 평균이 θ가 되는 추정량을 의미한다.

② 여러 가지 추정량 중 분산이 가장 작은 추정량을 의미한다.

③ 모집단으로부터 추출한 표본의 정보를 모두 사용한 추정량을 의미한다.

④ 표본의 크기가 커질수록 추정량이 모수에 가까워지는 성질을 의미한다.

81 모평균이 추정량 $\overline{X}$의 85% 오차한계를 추정하기 위하여 반드시 필요한 통계량은? (단, 모분산은 모른다고 가정한다.)

① 표준비율

② 표본상관계수

③ 표본의 표준편차

④ 사분위범위

82 A지역 복숭아의 선호도를 알아보기 위해 무작위로 추출한 100명 중 50명이 복숭아를 선호한다고 응답하였다. 복숭아의 선호도에 대한 95% 신뢰구간은?(단, $P(|Z|>1.64=10, P(|Z|>1.96)=0.05, P(|Z|>2.58)=0.001)$

① $0.39 \leq p \leq 0.59$

② $0.40 \leq p \leq 0.60$

③ $0.41 \leq p \leq 0.61$

④ $0.42 \leq p \leq 0.62$

83 모평균에 대한 95% 신뢰구간을 구하였다. 만약 표본의 크기를 4배 증가시키면 신뢰구간의 길이는 어떻게 변화하는가?

① $\dfrac{1}{4}$만큼 감소

② $\dfrac{1}{4}$만큼 증가

③ $\dfrac{1}{2}$만큼 감소

④ $\dfrac{1}{2}$만큼 증가

84 대립가설이 참임에도 불구하고 귀무가설을 기각하지 못하는 결론을 내릴 확률은?

① 주변확률

② 사전확률

③ 제1종 오류를 범할 확률

④ 제2종 오류를 범할 확률

답안 표기란				
81	①	②	③	④
82	①	②	③	④
83	①	②	③	④
84	①	②	③	④

PART 1

CBT 빈출 모의고사

85 다음 중 가설검정에 대한 설명으로 옳지 않은 것은?

① 가설에는 귀무가설과 대립가설이 있다.

② 귀무가설은 기존의 주장을 대변하는 가설이다.

③ 가설검정의 과정에서 유의수준은 유의확률($p-$value)을 계산한 후에 설정한다.

④ 유의확률($p-$value)이 유의수준보다 작으면 귀무가설을 기각한다.

86 다음 중 단일 모집단의 모분산의 검정에 사용되는 분포는?

① 카이제곱(χ^2)$-$검정

② 분산분석

③ 단일표본 $t-$검정

④ $F-$검정

87 구청장선거에서 A는 50% 득표할 것으로 예상하고 있는데 이러한 예상을 확인하기 위하여 유권자 200명을 무작위 추출하여 조사하였더니 그 중 81명이 A후보자를 지지한다고 할 때 검정통계량의 값은?

① -1.47

② -2.69

③ -3.45

④ -4.21

88 경쟁하는 두 기업 (A, B)에 대한 선호도가 성별에 따라 다른지 알아보기 위하여 $1,000$명을 임의추출하였다. 이 경우에 가장 적합한 통계분석법은?

① 분산분석

② 회귀분석

③ 평균분석

④ 교차분석

답안 표기란				
85	①	②	③	④
86	①	②	③	④
87	①	②	③	④
88	①	②	③	④

89 다음 중 일원분산분석에 관한 내용으로 옳지 않은 것은?

① 세 개 이상의 집단 간의 모평균을 비교하고자 할 때 사용한다.

② 총제곱합은 처리제곱합과 오차제곱합으로 분해된다.

③ 오차제곱합을 이용하므로 χ^2—분포를 이용하여 검정할 수 있다.

④ 제곱합들의 비를 이용하여 분석하므로 F—분포를 이용하여 검정한다.

	답안 표기란			
89	①	②	③	④
90	①	②	③	④
91	①	②	③	④
92	①	②	③	④

90 다음 중 분산분석표에 들어갈 값으로 적절한 것은?

요인	제곱합	자유도	평균제곱	F–값
처리	42.0	2		㉡
잔차	㉠	25		
계	129.5	27		

① ㉠ 87.5, ㉡ 6

② ㉠ 88.5, ㉡ 7

③ ㉠ 89.5, ㉡ 8

④ ㉠ 90.5, ㉡ 9

91 일원배치 분산분석에서 인자의 수준이 3이고 각 수준마다 반복실험을 5회씩 한 경우 잔차(오차)의 자유도는?

① 10　　　② 12　　　③ 14　　　④ 16

92 다음은 사회조사분석사 2급 필기 시험의 지역별 합격자수를 성별에 따라 정리한 자료이다. 지역별 합격자수가 성별에 따라 차이가 있는지를 검정하기 위해 교차분석하고자 한다. 카이제곱 검정통계량의 자유도는?

구분	A지역	B지역	C지역	D지역	합계
남	40	30	50	50	170
여	60	40	70	30	200
합계	100	70	120	80	370

① 3　　　② 5　　　③ 7　　　④ 9

PART **1**

CBT 빈출 모의고사

93 매립지 건립의 후보지로 거론되는 세 지역의 여론을 비교하기 위해 각 지역에서 500명, 450명, 400명을 임의추출하여 건립에 대한 찬성여부를 조사하고 분할표를 작성하여 계산한 결과 검정통계량의 값이 7.55이었다. 유의수준 5%에서 임계값과 검정 결과가 알맞게 짝지어진 것은? (단, $\chi^2_{0.025}(2) = 7.38$, $\chi^2_{0.05}(2) = 5.99$, $\chi^2_{0.025}(3) = 9.35$, $\chi^2_{0.05}(3) = 7.81$이다.)

① 4.99, 지역에 따라 건립에 대한 찬성률에 차이가 있다.

② 5.99, 지역에 따라 건립에 대한 찬성률에 차이가 있다.

③ 7.99, 지역에 따라 건립에 대한 찬성률에 차이가 없다.

④ 9.99, 지역에 따라 건립에 대한 찬성률에 차이가 없다.

94 다음 중 피어슨 상관계수에 관한 설명으로 옳은 것은?

① 두 변수가 곡선관계가 되었을 때의 기울기를 의미한다.

② 두 변수가 모두 질적변수일 때만 사용한다.

③ 상관계수가 음일 경우는 어느 한 변수가 커지면 다른 변수도 커지려는 경향이 있다.

④ 단순회귀분석에서 결정계수의 제곱근은 반응변수와 설명변수의 피어슨 상관계수이다.

95 X와 Y의 평균과 분산은 각각 $E(X) = 4, V(X) = 8,$ $E(Y) = 10, V(Y) = 32$이고, $E(XY) = 28$이다. $2X + 1$과 $-3Y + 5$의 상관계수는?

① 0.75

② 0.85

③ 0.95

④ 1.15

96 n개의 관측치에 대하여 단순회귀모형 $Y_i = \beta_0 + \beta_1 x_i + \varepsilon_i$을 이용하여 분석하려 한다. $\sum_{i=1}^{n}(x_i - \bar{x})^2$, $\sum_{i=1}^{n}(y_i - \hat{y}_i)^2$, $\sum_{i=1}^{n}(x_i - \bar{x})(y_i - \bar{y}) = -10$일 때, 회귀계수의 추정치 $\hat{\beta}_1$의 값은?

① $-\frac{1}{3}$

② $-\frac{1}{2}$

③ $\frac{2}{3}$

④ $\frac{4}{3}$

답안 표기란				
93	①	②	③	④
94	①	②	③	④
95	①	②	③	④
96	①	②	③	④

97 독립변수가 5개인 100개의 자료를 이용하여 절편이 있는 선형회귀모형을 추정할 때 잔차의 자유도는?

① 94

② 95

③ 96

④ 97

98 다음 회귀분석에서 결정계수 R^2에 대한 설명으로 옳지 않은 것은?

① $SSE=0$이면 결정계수 $R^2=1$이다.

② $-1 \leq R^2 \leq 1$이다.

③ SSE가 작아지면 R^2는 커진다.

④ R^2은 독립변수의 수가 늘어날수록 증가하는 경향이 있다.

99 다음 표의 단순회귀분석에서 분산분석결과로 결정계수를 구하면?

요인	자유도	제곱합
회귀	1	1,575.76
잔차	8	349.14
계	9	1,924.90

① 0.12

② 0.35

③ 0.57

④ 0.82

100 단순회귀모형 $y_i = \beta_0 + \beta_1 x_{1i} + \beta_2 x_{2i} + \varepsilon_i$에 대한 분산분석표가 다음과 같다. 설명변수와 반응변수가 양의 상관관계를 가질 때, $H_0 : \beta_1 = 0$ 대 $H_1 : \beta_1 \neq 0$을 검정하기 위한 $t-$검정통계량의 값은?

요인	제곱합	자유도	평균제곱	F-통계량
회귀	24.0	1	24.0	4.0
오차	60.0	10	6.0	

① 2

② 4

③ 6

④ 8

답안 표기란

97	①	②	③	④
98	①	②	③	④
99	①	②	③	④
100	①	②	③	④

PART **1**

CBT 빈출 모의고사

제5회 CBT 빈출 모의고사

수험번호
수험자명

제한 시간 : 2시간 30분   전체 문제 수 : 100   맞힌 문제 수 :

	답안 표기란			
01	①	②	③	④
02	①	②	③	④
03	①	②	③	④
04	①	②	③	④

1과목   조사방법과 설계

01 다음 중 사회과학 연구에서 분석단위로 쓰이는 것으로 보기 어려운 것은?

① 지역사회
② 집단
③ 프로그램
④ 사회적 가공물

02 다음 중 과학적 연구방법의 특징으로 옳지 않은 것은?

① 객관성 : 표준화된 도구, 절차 등을 통해 누구나 납득할 수 있는 결과를 이끌어야 한다.
② 인과성 : 모든 현상은 자연발생적인 것이어야 한다.
③ 재생가능성 : 일정한 절차와 방법을 되풀이했을 때 누구나 동일한 결론에 도달할 수 있어야 한다.
④ 경험적 검증가능성 : 이론은 현실세계에서 경험을 통해 검증이 될 수 있어야 한다.

03 다음 중 사회과학적 연구의 일반적인 연구목적으로 볼 수 없는 것은?

① 새로운 이론이나 가설을 만드는 것이다.
② 사건이나 현상을 기술 또는 서술하는 것이다.
③ 사건이나 현상을 설명하는 것이다.
④ 사건이나 현상을 예측하는 것이다.

04 다음 중 사회과학에서 조사연구를 실시하기에 적합한 주제가 아닌 것은?

① 전쟁은 왜 일어나야 하는가?
② 기업복지의 수준과 노사분규의 빈도와의 관계는?
③ 지구상에는 식량이 남아도는데 왜 기아현상이 발생하는가?
④ 개기일식은 왜 일어나는가?

05 집단이나 사회의 특성을 분석한 결과를 바탕으로 집단 속 개인에 관한 결론을 도출할 때 발생하는 오류는?

① 제1종 오류
② 제3종 오류
③ 생태학적 오류
④ 비체계적 오류

06 다음 중 연역법과 귀납법에 관한 설명이 올바른 것은?

① 연역법은 먼저 조사하고 이후 이론의 방법을 택한다.
② 연역법과 귀납법은 상호보완적으로 사용할 수 없다.
③ 연역법과 귀납법의 선택은 조사의 용이성에 달려 있다.
④ 기존 이론의 확인은 연역법을 사용한다.

07 다음 중 탐색적 연구목적으로 옳은 것을 모두 고르시오.

> ㉠ 중요한 변수를 확인하고 발견하기 위하여
> ㉡ 현상에 대한 탐구와 명료화를 위하여
> ㉢ 조사를 시행하기 위한 절차 또는 행위를 구체화하기 위하여
> ㉣ 여러 번 관찰하여 조사 내용의 흐름을 파악하기 위하여
> ㉤ 보다 정교한 문제와 기회를 파악하기 위하여
> ㉥ 설명적 조사의 기초 자료를 제공하기 위하여

① ㉠, ㉡, ㉢
② ㉠, ㉢, ㉣
③ ㉠, ㉢, ㉤
④ ㉢, ㉤, ㉥

08 다음 중 단일사례연구에 관한 설명으로 옳지 않은 것은?

① 비반응성 연구의 한 유형이다.
② 조사대상이 되는 사례는 개인이나 집단이다.
③ 반복적이고 연속적으로 자료를 수집한다.
④ 조사대상자들에게 개입시기를 다르게 하면 우연한 사건효과를 통제할 수 있다.

답안 표기란				
05	①	②	③	④
06	①	②	③	④
07	①	②	③	④
08	①	②	③	④

PART **1**

CBT 빈출 모의고사

09 다음은 어떤 형태의 조사에 대한 설명인가?

> 통계청에서는 5년마다 주거의 이전을 측정하기 위하여 규모비례 집락
> 표집을 이용하여 주거이전 조사를 시행하고 있다.

① 사례(case)조사　　　　　　② 추세(trend)조사
③ 패널(panel)조사　　　　　　④ 코호트(cohort)조사

10 다음에서 설명하는 조사유형으로 옳은 것은?

> 50~60년대 출생자들의 정치성향의 변화를 파악하기 위해 5년마다
> 10명씩 새로운 표집을 대상으로 조사하여 그 결과를 비교하여 보았다.

① 횡단조사　　　　　　　　　② 패널조사
③ 코호트조사　　　　　　　　④ 추세조사

11 다음 중 양적연구와 비교한 질적연구에 대한 설명으로 옳지 않은 것은?

① 성과나 결과보다 절차에 관심을 둔다.
② 관찰행위 자체가 연구대상에 영향을 준다고 본다.
③ 조사에 필요한 절차나 단계를 엄격하게 결정하지 않는다.
④ 도출되는 연구결과는 잠정적이라기보다 결정적이라는 특성을 갖는다.

12 다음 중 양적연구와 질적연구를 통합한 혼합연구방법의 내용으로 옳지 않은 것은?

① 주제에 따라 두 가지 연구방법의 비중은 다를 수 있다.
② 질적 연구결과에서 양적 연구가 시작될 수 없다.
③ 질적 연구결과와 양적 연구결과는 서로 상반될 수 있다.
④ 다양한 패러다임을 수용할 수 있어야 한다.

답안 표기란				
09	①	②	③	④
10	①	②	③	④
11	①	②	③	④
12	①	②	③	④

13 다음 중 확률표집에 대한 설명으로 옳지 않은 것은?

① 확률표집의 기본이 되는 것은 단순 무작위표집이다.

② 확률표집에서는 뽑힐 확률이 0이 아닌 확률을 가진다는 것을 전제한다.

③ 확률표집은 통계적인 기법을 적용해 모집단에 대한 일반화를 할 수 있다.

④ 확률표집의 종류로 할당표집, 눈덩이 표집, 편의표집 등이 있다.

14 다음 중 전수조사와 비교한 표본조사의 장점으로 옳지 않은 것은?

① 표본오류가 줄어든다.

② 전수조사에 비해 조사과정을 보다 잘 통제할 수 있다.

③ 단시간 내에 많은 정보를 얻을 수 있다.

④ 전수조사가 불가능한 경우 실시할 수 있다.

15 다음의 사례에 해당하는 표본프레임 오류는?

> A증권사에 가입한 고객을 대상으로 만족도 조사를 실시하였다. 조사 대상 표본은 A증권사에 최근 1년 동안 가입한 고객 명단으로부터 추출하였다.

① 모집단과 표본프레임이 동일한 경우

② 모집단이 표본프레임에 포함되는 경우

③ 표본프레임이 모집단 내에 포함되는 경우

④ 모집단과 표본프레임이 전혀 일치하지 않는 경우

16 다음 중 확률표집에 관한 내용으로 적절한 것은?

① 표본의 추출 확률을 알 수 있다.

② 모집단이 무한하게 큰 경우에 적용할 수 있는 표집방법이다.

③ 표본이 모집단에 대해 대표성을 추정하기 어렵다.

④ 모집단 전체에 대한 구체적 자료가 없는 경우 사용된다.

답안 표기란				
13	①	②	③	④
14	①	②	③	④
15	①	②	③	④
16	①	②	③	④

PART 1

CBT 빈출 모의고사

17 다음 중 비확률표집방법이 아닌 것을 고르면?

① 할당표집

② 집락표집

③ 유의표집

④ 눈덩이표집

답안 표기란

17	① ② ③ ④
18	① ② ③ ④
19	① ② ③ ④
20	① ② ③ ④

18 모집단을 구성하고 있는 구성요소들이 자연적인 순서 또는 일정한 질서에 따라 배열된 목록에서 매 k번째의 구성요소를 추출하여 표본을 형성하는 표집방법은?

① 체계적 표집

② 무작위표집

③ 유의표집

④ 판단표집

19 다음 중 층화표본추출법에 관한 설명으로 옳지 않은 것은?

① 모집단을 형성하고 있는 모든 구성요인을 골고루 포함시킬 수 있다.

② 동질적인 집단에서의 표집오차가 이질적인 집단에서의 오차보다 작다.

③ 무작위표본추출보다 정확하게 모집단을 대표하지 못하는 단점이 있다.

④ 비례층화추출법과 불비례층화추출법으로 구분할 수 있다.

20 다음 중 군집표본추출법에 관한 설명으로 옳지 않은 것은?

① 각 군집의 성격은 물론 모집단의 성격을 파악할 수 있다.

② 군집 단계의 수가 많을수록 표본오차가 작아지게 된다.

③ 시간과 비용 면에서 효율적이다.

④ 전체 모집단의 목록이 없는 경우에 매우 유용하다.

21 *A*시는 여론조사를 하기 위해 10개 동과 20대부터 60대 이상까지의 5개 연령층, 연령층에 따른 성별로 할당표집을 할 때 표본추출을 위한 할당범주는 몇 개인가?

① 10개
② 30개
③ 50개
④ 100개

22 표집대상이 되는 소수의 응답자들을 찾아내어 면접하고 이들을 정보원으로 다른 응답자를 소개받는 절차를 반복하는 표집방법은?

① 눈덩이표집
② 편의표집
③ 판단표집
④ 군집표집

23 다음 중 비표본오차의 원인으로 볼 수 없는 것은?

① 조사준비과정의 오류
② 표본선정의 오류
③ 자료집계의 오류
④ 실제조사의 오류

24 다음 중 표본의 크기결정을 위한 고려사항으로 옳지 않은 것은?

① 비용 및 시간
② 신뢰수준
③ 표본추출형태
④ 타당도

답안 표기란				
21	①	②	③	④
22	①	②	③	④
23	①	②	③	④
24	①	②	③	④

PART **1**

CBT 빈출 모의고사

25 다음 중 질문지 작성의 원칙이 아닌 것은?

① 응답자에 대한 가정 배제
② 부연설명
③ 자세한 질문 배제
④ 규범적 응답의 억제

26 다음 중 질문문항의 배열에 관한 설명으로 옳지 않은 것은?

① 시작하는 질문은 응답자의 흥미를 유발하는 것으로 한다.
② 민감한 질문은 가급적 뒤로 돌린다.
③ 특수한 것을 먼저 묻고, 일반적인 것을 그 다음에 질문한다.
④ 논리적인 순서에 따라 배열하여 응답자 자신도 조사의 의미를 찾을 수 있도록 한다.

27 다음 중 초점집단조사와 델파이조사에 관한 설명으로 적절한 것은?

① 초점집단조사는 내용타당도를 높이는 목적으로 사용한다.
② 초점집단조사에서는 익명 집단의 상호작용을 통하여 도출된 자료를 분석한다.
③ 델파이조사는 비구조화 방식으로 정보의 흐름을 제어한다.
④ 델파이조사는 대면 집단의 상호작용을 통해 도출된 자료를 분석한다.

28 다음 중 조사연구결과의 일반화와 가장 관련이 깊은 것은?

① 내적 타당성
② 외적 타당성
③ 신뢰효과
④ 플라시보 효과

답안 표기란				
25	①	②	③	④
26	①	②	③	④
27	①	②	③	④
28	①	②	③	④

29 다음과 같은 상황에서 제대로 된 인과관계 추리를 위해 특히 고려되어야 할 인과관계 요소는?

> 60대 이상의 노인 가운데 무릎이 쑤신다고 하는 분들의 비율이 상승할수록 비가 올 확률이 높아진다.

① 공변성
② 시간적 선행성
③ 외생변수의 통제
④ 종속변수의 통제

30 다음 중 외적타당도를 저해하는 요소에 관한 설명으로 틀린 것은?

① 측정 자체가 실험대상자들의 행동을 변화시킬 수 있다.
② 측정도구나 관찰자에 따라 측정이 달라질 수 있다.
③ 실험대상자 선정에서 오는 편향과 독립변수 간에 상호작용이 있을 수 있다.
④ 연구의 결과가 일반화될 수 있는가의 여부는 생태학적 상황에 의해서도 결정될 수 있다.

2과목 조사관리와 자료처리

31 다음 중 집단조사에 대한 설명으로 적절하지 않은 것은?

① 비용과 시간을 절약할 수 있다.
② 주위의 응답자들과 의논할 수 있어 왜곡된 응답을 줄일 수 있다.
③ 학교, 기업체, 동아리 등의 구성원을 조사할 때 유용하다.
④ 응답자 통제가 어렵다.

32 다음 중 2차 자료 사용에 관한 설명으로 옳지 않은 것은?

① 가설의 검증을 위해서는 사용할 수 없다.
② 자료 수집에 시간과 노력을 줄일 수 있다.
③ 수집된 자료를 보충하고 타당성을 검토하기 위해 사용한다.
④ 연구자가 마음대로 측정할 수 없으므로 척도의 타당도가 문제될 수 있다.

답안 표기란

29 ① ② ③ ④
30 ① ② ③ ④
31 ① ② ③ ④
32 ① ② ③ ④

PART 1
CBT 빈출 모의고사

33 다음 중 개방형 질문을 이용하기에 적합하지 않은 경우는?

① 예비조사, 탐색적 조사 등 문제의 핵심을 알고자 하는 경우

② 응답자에 대한 사전지식의 부족으로 응답을 예측할 수 없는 경우

③ 대규모 조사보다 조사단위의 수가 적은 경우

④ 숙련된 전문 면접자보다 자원봉사자에 의존하여 면접을 실시하는 경우

34 다음 중 설문지 회수율을 높이는 방안으로 옳지 않은 것은?

① 폐쇄형 질문의 수를 가능한 줄인다.

② 독촉편지 또는 독촉전화를 한다.

③ 개인에 민감한 질문들을 가능한 줄인다.

④ 겉표지에 중요성을 부각시켜 응답자가 인식하게 한다.

35 다음 중 직접 만나기가 매우 어려운 경우 가장 적합한 자료수집방법은?

① 면접조사

② 인터넷조사

③ 우편조사

④ 전화조사

36 다음 중 온라인 조사방법에 해당하지 않는 것은?

① 전자우편조사

② 데이터베이스조사

③ 웹조사

④ 다운로드조사

	답안 표기란
33	① ② ③ ④
34	① ② ③ ④
35	① ② ③ ④
36	① ② ③ ④

37 *A*기업에 근무하는 현장사원들과 관리자들 간에 유지되고 있는 사회적 관계의 특성을 규명하기 위해 참여관찰인 현장조사를 실시할 경우의 장점이 아닌 것은?

① 조사과정의 유연성
② 현장에 따른 조사내용의 변경 가능
③ 가설도출의 가능한 인과적 연구
④ 조사결과의 높은 일반화 가능성

38 다음 중 관찰시기와 행동발생시기의 일치 여부를 기준으로 관찰기법을 분류한 것은?

① 직접적 · 기계적 관찰
② 자연적 · 인위적 관찰
③ 직접 · 간접 관찰
④ 체계적 · 비체계적 관찰

39 다음 중 면접법의 장점으로 가장 거리가 먼 것은?

① 익명성이 높아 솔직한 의견을 들을 수 있다.
② 신축성 있는 자료를 얻을 수 있다.
③ 관찰을 병행할 수 있다.
④ 질문순서와 정보의 흐름을 통제할 수 있다.

40 다음 중 면접을 시행하는 면접원의 평가기준으로 옳지 않은 것은?

① 편향을 줄이고 응답자 협력유도 기술
② 면접 소요 시간
③ 래포(**rapport**) 형성 능력
④ 무응답 문항의 편집 능력

답안 표기란				
37	①	②	③	④
38	①	②	③	④
39	①	②	③	④
40	①	②	③	④

PART **1**

CBT 빈출 모의고사

41 다음 설명에 해당하는 자료수집방법은?

> 인간의 무의식 속에 내재되어 있는 동기, 가치, 태도 등을 알아내기 위하여 모호한 자극을 응답자에게 제시하여 반응을 알아보는 방법이다.

① 투사법   ② 표적집단면접법

③ 오지선택법   ④ 정보검사법

42 특정한 구성개념이나 잠재변수의 값을 측정하기 위해 측정할 내용이나 측정방법을 구체적으로 정확하게 표현하고 의미를 부여한 것은?

① 구성적 정의   ② 조작적 정의

③ 개념화   ④ 패러다임

43 측정도구가 측정하고자 하는 현상을 일관성 있게 측정하였는지를 나타내는 개념은?

① 신뢰성   ② 타당성

③ 인과성   ④ 적정성

44 다음에서 주어진 자아존중감은 어떤 변수에 해당하는가?

> 노인의 사회참여가 높을수록 자아존중감이 향상되고, 자아존중감의 향상으로 생활만족도가 높아진다.

① 독립변수   ② 매개변수

③ 외생변수   ④ 억제변수

답안 표기란				
41	①	②	③	④
42	①	②	③	④
43	①	②	③	④
44	①	②	③	④

45 다음 중 질적변수와 양적변수에 관한 설명으로 옳지 않은 것은?

① 질적변수는 변수가 갖는 성격의 종류에 따라 별개의 범주로 구별되는 변수이다.

② 양적변수는 측정한 속성값을 연산이 가능한 의미 있는 수치로 나타낼 수 있다.

③ 양적변수는 등간척도, 비율척도로 측정되는 변수이다.

④ 키가 170cm 이상인 사람을 1로, 이하인 사람을 0으로 표시하는 것은 질적 변수를 양적 변수로 변화시킨 것이다.

46 이론적 개념을 측정가능한 수준의 변수로 전환시키는 작업 과정은?

① 조작화   ② 구체화

③ 서열화   ④ 척도화

47 다음 중 조작적 정의에 관한 설명으로 옳지 않은 것은?

① 측정의 타당성과 관련이 있다.

② 정확한 측정의 전제조건이다.

③ 조작적 정의는 무작위로 기계적으로 이루어지기 때문에 논란의 여지가 없다.

④ 측정을 위해 추상적인 개념을 보다 구체화하는 과정이다.

48 다음 중 좋은 가설이 되기 위한 요건으로 적절하지 않은 것은?

① 반드시 검증 가능해야 한다.

② 옳고 그름 중의 하나로 판명될 수 있어야 한다.

③ 사용된 변수는 계량화가 가능해야 한다.

④ 추상적이며 되도록 긴 문장으로 표현해야 한다.

답안 표기란				
45	①	②	③	④
46	①	②	③	④
47	①	②	③	④
48	①	②	③	④

PART **1**

CBT 빈출 모의고사

49 다음 중 작업가설로 적절하지 않은 것은?

① 도시에 거주할수록 소득이 높을 것이다.

② 21세기 후반에 이르면 서구문명은 몰락하게 될 것이다.

③ 지역 간 소득격차가 클수록 사회갈등이 심화될 것이다.

④ 에어컨 보급률은 도시보다 농촌이 더 높을 것이다.

50 다음 중 변수와 측정수준의 연결이 바른 것은?

① 청년실업자수 ― 비율변수

② 직업분류 ― 서열변수

③ 출산율 ― 명목변수

④ 축구선수의 등번호 – 등간변수

51 다음 중 한강철교의 눈금을 나타내는 수치의 측정수준은?

① 명목측정

② 서열측정

③ 비율측정

④ 등간측정

52 측정의 수준에 따라 사용할 수 있는 통계기법이 달라지는데 측정의 수준과 사용 가능한 기술통계를 잘못 연결한 것은?

① 등간 수준 – 최빈값

② 서열 수준 – 범위

③ 명목 수준 – 중간값

④ 비율 수준 – 표준편차

답안 표기란				
49	①	②	③	④
50	①	②	③	④
51	①	②	③	④
52	①	②	③	④

53 다음 중 서열척도를 이용한 측정방법은?

① 스타펠 척도법

② 고정총합척도법

③ 어의차이척도법

④ 순위법

54 서스톤(Thurstone) 척도는 척도의 수준으로 볼 때 어느 척도에 해당하는가?

① 등간척도

② 서열척도

③ 명목척도

④ 비율척도

55 다음에 제시된 자료분석방법은 무엇인가?

> 집단구성원들 간의 인간관계를 분석하고 그 강도나 빈도를 측정하여 집단 자체의 구조를 파악하고자 할 때 적합한 방법

① 투사법

② 사회성측정법

③ 내용분석법

④ 표적집단면접법

56 다음 중 사회조사에서 발생하는 측정오차의 원인이 아닌 것은?

① 조사의 목적

② 측정시점의 상태 변화

③ 측정수단의 변화

④ 측정자와 측정대상자의 상호작용

답안 표기란				
53	①	②	③	④
54	①	②	③	④
55	①	②	③	④
56	①	②	③	④

PART **1**

CBT 빈출 모의고사

57 토익점수와 실제 영어회화와의 관련성을 분석한 결과, 토익점수가 높다고 해서 영어회화를 잘한다는 가설에 대한 통계적 유의성은 없었다고 가정하면 토익점수라는 측정도구에는 어떤 문제가 있는가?

① 신뢰도
② 타당도
③ 표적성
④ 일관성

58 국가직무능력표준시험의 타당도를 평가하기 위해 국가직무능력표준 시험 점수와 입사 후 업무성적과의 상관관계를 조사하는 방법은?

① 동시타당도
② 논리타당도
③ 이해타당도
④ 기준관련타당도

59 다음 중 신뢰성에 대한 설명으로 옳지 않은 것은?

① 측정하고자 하는 개념을 정확히 측정했는지를 의미한다.
② 측정된 결과치의 일관성, 정확성, 예측가능성과 관련된 개념이다.
③ 신뢰성 측정법에는 재검사법, 복수양식법, 반분법 등이 있다.
④ 신뢰성은 과학적 연구의 요건 중 반복가능성과 관련이 있다.

60 다음 중 신뢰도와 타당도에 영향을 미치는 요인이 아닌 것은?

① 조사도구
② 조사환경
③ 조사목적
④ 조사대상자

답안 표기란				
57	①	②	③	④
58	①	②	③	④
59	①	②	③	④
60	①	②	③	④

3과목 통계분석과 활용

답안 표기란				
61	①	②	③	④
62	①	②	③	④
63	①	②	③	④
64	①	②	③	④

61 다음 중 평균에 관한 설명으로 옳지 않은 것은?

① 중심경향을 측정하기 위한 척도이다.

② 이상치에 크게 영향을 받는다.

③ 이상치가 존재할 경우를 고려하여 절사평균을 사용하기도 한다.

④ 표본의 특성값이 모평균으로부터 한 쪽 방향으로 떨어지는 현상이 발생하는 자료에서도 좋은 추정량이다.

62 A고등학교의 개인별 신장을 기록한 것이다. 중위수는 얼마인가?

164 166 167 167 169 171 171 172 173 175

① 166   ② 168

③ 170   ④ 171

63 자료의 산포의 정도를 나타내는 측도가 아닌 것은?

① 왜도   ② 사분위수 범위

③ 평균편차   ④ 사분위편차

64 5개의 수치(왼쪽부터 최솟값, 제1사분위수, 제2사분위수, 제3사분위수, 최댓값)가 다음과 같이 주어져 있을 때, 범위와 사분위수 범위(IQR)는 얼마인가?

20	27	29	33	50

① (20, 3)   ② (30, 6)

③ (40, 7)   ④ (50, 9)

답안 표기란				
65	①	②	③	④
66	①	②	③	④
67	①	②	③	④
68	①	②	③	④

65 전국 100개 대학교에서 각각 100명씩 추출하여 평균 몸무게를 측정하였다. 측정된 자료의 중앙값, 평균, 최빈값에 대한 표현으로 적합한 것은?(단, a는 중앙값, b는 평균값, c는 최빈값이다.)

① $a > b > c$

② $a < b < c$

③ $a = b > c$

④ $a = b = c$

66 5명의 남자와 7명의 여자로 구성된 그룹으로부터 2명의 남자와 3명이 여자로 구성되는 위원회를 조직하고자 한다. 위원회를 구성하는 방법은 몇 가지인가?

① 350   ② 400

③ 450   ④ 500

67 $P(A) = 0.4$, $P(B) = 0.2$, $P(B|A) = 0.4$일 때 $P(A|B)$는?

① 0.3   ② 0.5

③ 0.8   ④ 0.9

68 우리나라 사람들 중 왼손잡이 비율은 남자가 2%, 여자가 1%라 한다. 남자 비율이 60%인 어느 기업에서 왼손잡이 직원을 선택했을 때 이 직원이 남자일 확률은?

① 0.75   ② 0.81

③ 0.87   ④ 0.92

69 주사위 1개를 굴려 윗면에 나타난 수를 X라 할 때 X의 기댓값은?

① 2.7

② 3.5

③ 4.1

④ 4.7

70 바구니 안에 6개의 공이 들어 있다. 그 중 1개에는 1, 2개에는 2, 3개에는 3이라고 쓰여 있다. 주머니에서 공 하나를 무작위로 꺼내 나타난 숫자를 확률변수 X라 하고, 다른 확률변수 $Y=3X+5$라 할 때, 다음 중 틀린 것은?

① $E(X)=\dfrac{7}{3}$

② $Var(X)=\dfrac{5}{9}$

③ $E(Y)=12$

④ $Var(Y)=\dfrac{15}{9}$

71 A카페에서 30분마다 수박주스가 주문되는 건수는 $\lambda=6.7$인 포아송분포를 따른다고 할 때, 다음 설명 중 옳지 않은 것은?

① 확률변수 X는 주문이 성사되는 주문건수를 말한다.

② X의 확률함수는 $\dfrac{e^{-6.7}(6.7)^x}{x!}$이다.

③ 분산 6.7^2이다.

④ 1시간 동안의 주문 건수 평균은 13.4이다.

72 특정 질문에 대해 응답자가 답해줄 확률은 0.5이며, 매 질문마다 답변 여부는 상호독립적으로 결정된다. 5명에게 질문하였을 경우, 3명이 답해줄 확률과 가장 가까운 값은?

① 0.27

② 0.31

③ 0.47

④ 0.67

73 A, B, C 세 지역에서 수맥이 발견될 확률은 각각 20%라고 한다. 이들 세 지역에 대하여 수맥이 발견될 수 있는 지역의 수에 대한 기댓값은?

① 0.4

② 0.5

③ 0.6

④ 0.9

74 주사위 1개를 20번 던지는 실험에서 1의 눈을 관찰한 횟수를 확률변수 X라 하고, 정규근사를 이용하여 $P(X \geq 4)$의 근사값을 구하려 할 때, 연속성 수정을 고려한 근사식으로 맞는 것은? (단, Z는 표준정규분포를 따르는 확률변수이다.)

① $P(Z \geq 0.1)$

② $P(Z \geq 0.3)$

③ $P(Z \geq 0.5)$

④ $P(Z \geq 0.9)$

75 X는 정규분포를 따르는 확률변수이다. $P(X \geq 1) = 0.16$, $P(X \geq 0.5) = 0.31$, $P(X < 0) = 0.5$일 때, $P(0.5 < X < 1)$의 값은?

① 0.09

② 0.15

③ 0.25

④ 0.45

76 표준정규분포에서 오른쪽 꼬리부분의 면적이 α가 되는 점을 z_α라 하고 자유도가 V인 t-분포에서 오른쪽 꼬리부분의 면적이 α가 되는 점을 $t_\alpha(V)$라 하자. Z는 표준정규분포, T는 자유도가 V인 t-분포를 따른다고 할 때, 다음 설명 중 틀린 것은? (단, $P(Z > z_\alpha) = \alpha$, $P(T > t_\alpha(V)) = \alpha$)

① $t_{0.05}(5)$값과 $-t_{0.05}(5)$값의 절대값은 같다.

② V에 관계없이 $Z_{0.05} < t_{0.05}(V)$이다.

③ V가 아주 커지면 $t_\alpha(V)$값은 Z_α값과 거의 같아진다.

④ $t_{0.05}(5)$값은 $t_{0.05}(10)$값보다 작다.

답안 표기란				
73	①	②	③	④
74	①	②	③	④
75	①	②	③	④
76	①	②	③	④

77 가위를 생산하는 공장에서 출하제품의 질적관리를 위하여 100개를 임의 추출하여 실제 몇 개의 결점이 있는가를 세어본 결과 평균은 5.88개, 표준편차는 2.03개였다. 모평균 추정량의 표준오차 추정치는?

① 0.124
② 0.189
③ 0.203
④ 0.288

78 평균이 70이고, 표준편차가 5인 정규분포를 따르는 집단에서 추출된 1개의 관찰값이 80이었다고 할 때, 이 개체의 상대적 위치를 나타내는 표준화점수는?

① 0.012
② 0.025
③ 1.245
④ 2.000

79 귀무가설 H_0가 참인데 대립가설 H_1이 옳다고 잘못 결론을 내리는 오류는?

① 제1종 오류
② 제2종 오류
③ α
④ β

80 모집단의 평균을 추정하기 위하여 1,000개의 표본을 취하여 정리한 결과 표본평균은 100, 표준편차는 5일 때 모평균에 대한 점추정치는?

① 5
② 10
③ 50
④ 100

답안 표기란				
77	①	②	③	④
78	①	②	③	④
79	①	②	③	④
80	①	②	③	④

81 A도시의 금연운동단체에서는 청소년들의 흡연율 p를 조사하기 위해 A도시에 거주하는 청소년들 중 1,200명을 임의로 추출하여 조사한 결과 96명이 흡연을 하고 있었다. A도시 청소년들의 흡연율 p의 추정값 $\hat{p}$와 $\hat{p}$의 95% 오차한계는? (단, $P(Z>1.645)=0.05$, $P(Z>1.96)=0.025$, $P(Z>2.58)=0.005$이다.)

① $\hat{p}=0.02$, 오차한계$=0.009$

② $\hat{p}=0.04$, 오차한계$=0.011$

③ $\hat{p}=0.06$, 오차한계$=0.013$

④ $\hat{p}=0.08$, 오차한계$=0.015$

82 다음은 통계학과, 자동차학과에서 15점 만점인 중간고사 결과이다. 두 학과 평균의 차이에 대한 95% 신뢰구간은?

	통계학과	자동차학과
표본크기	36	49
표본평균	9.26	9.41
표준편차	0.75	0.86

① $-0.15 \pm 1.96 \sqrt{\dfrac{0.75^2}{36} + \dfrac{0.86^2}{49}}$

② $-0.15 \pm 1.645 \sqrt{\dfrac{0.75^2}{36} + \dfrac{0.86^2}{49}}$

③ $-0.15 \pm 1.96 \sqrt{\dfrac{0.75^2}{36} + \dfrac{0.86^2}{48}}$

④ $-0.15 \pm 1.645 \sqrt{\dfrac{0.75^2}{36} + \dfrac{0.86^2}{48}}$

83 모평균에 대한 신뢰구간의 길이를 $\dfrac{1}{4}$로 줄이고자 할 때 표본 크기를 몇 배로 해야 하는가?

① $\dfrac{1}{4}$배　　② $\dfrac{1}{2}$배　　③ 4배　　④ 16배

84 다음 중 가설검정의 오류에 대한 설명으로 옳지 않은 것은?

① 제1종 오류를 작게 하기 위해서는 유의수준을 크게 할 필요가 있다.

② 제1종 오류와 제2종 오류를 범할 가능성은 반비례관계에 있다.

③ 제2종 오류는 대립가설이 사실일 때 귀무가설을 채택하는 오류이다.

④ 가설검정의 오류는 유의수준과 관계가 있다.

답안 표기란				
81	①	②	③	④
82	①	②	③	④
83	①	②	③	④
84	①	②	③	④

85 다음 중 가설검정에 관한 내용으로 옳지 않은 것은?

① 대립가설을 채택하게 하는 검정통계량의 영역이 기각역이다.

② 대립가설이 옳은 데도 귀무가설을 채택하여 범하게 되는 오류가 제1종 오류이다.

③ 유의수준은 제1종 오류를 범할 확률의 최대 허용한계이다.

④ 표본으로부터 확실한 근거에 의하여 입증하고자 하는 가설이 대립가설이다.

답안 표기란				
85	①	②	③	④
86	①	②	③	④
87	①	②	③	④
88	①	②	③	④

PART **1**

CBT 빈출 모의고사

86 다음 중 검정통계량의 분포가 정규분포가 아닌 검정은?

① 대표본에서 모평균의 검정

② 대표본에서 두 모비율의 차에 관한 검정

③ 모집단이 정규분포인 대표본에서 모분산의 검정

④ 모집단이 정규분포인 소표본에서 모분산을 알 때 모평균의 검정

87 A회사에서 새로 개발한 상품에 대한 선호도를 조사하려고 한다. 400명의 조사 대상자 중 새 상품을 선호한 사람은 220명이었다. 이때 다음 가설에 대한 유의확률은? (단, $Z \sim N(0, 1)$이다.)

$$H_0 : p=0.5,\ H_1 : p>0.5$$

① $P(Z \geq 1)$

② $P(Z \geq \dfrac{5}{4})$

③ $P(Z \geq \dfrac{3}{2})$

④ $P(Z \geq 2)$

88 실험계획에서 데이터의 산포에 영향을 미치는 것으로 실험환경이나 실험조건을 나타내는 변수는?

① 실험표본

② 인자

③ 수준

④ 실험대상자

89 k개 처리에서 n회씩 실험을 반복하는 일원배치 모형 $Y_{ij}=\mu+\alpha_i+\varepsilon_{ij}$에 관한 설명으로 틀린 것은? (단, $i=1, 2, \cdots, k$ 이고, $j=1, 2, \cdots, n$이며 $\varepsilon_{ij}\sim N(0, \sigma^2)$)

① 오차항 ε_{ij}들의 분산은 같다.

② 총 실험횟수는 $k\times n$이다.

③ 총 평균 μ와 i번째 처리효과 α_i는 서로 독립이다.

④ Y_{ij}는 i번째 처리의 j번째 관측값이다.

90 다음 분산분석표의 ㉠~㉢에 들어갈 값은?

요인	제곱합	자유도	평균제곱	F–값	유의확률
인자	199.34	1	199.34	㉢	0.099
잔차	315.54	6	㉡		
계	514.88	㉠			

① ㉠ 7, ㉡ 50.38, ㉢ 2.58
② ㉠ 7, ㉡ 52.59, ㉢ 3.79
③ ㉠ 7, ㉡ 73.21, ㉢ 4.58
④ ㉠ 7, ㉡ 83.14, ㉢ 5.41

91 다음 표는 완전 확률화 계획법의 분산분석표에서 자유도의 값을 나타내고 있다. 반복수가 일정하다고 한다면 처리수와 반복수는 얼마인가?

변인	자유도
처리	( )
오차	42
전체	47

① 처리수 6, 반복수 8
② 처리수 7, 반복수 9
③ 처리수 8, 반복수 10
④ 처리수 9, 반복수 12

92 2차원 교차표에서 행변수의 범주수는 5이고, 열변수의 범주는 4이다. 두 변수 간의 독립성 검정에 사용되는 검정통계량의 분포는?

① 자유도 3인 t 분포
② 자유도 6인 t 분포
③ 자유도 9인 χ^2 분포
④ 자유도 12인 χ^2 분포

답안 표기란				
89	①	②	③	④
90	①	②	③	④
91	①	②	③	④
92	①	②	③	④

93 다음 중 상관계수에 관한 설명으로 옳지 않은 것은?

① 범위는 -1에서 1이다.

② X와 Y가 서로 독립이면 상관계수가 0이다.

③ 상관계수가 0이라는 것은 두 변수 사이에 어떠한 관계가 없다는 것을 의미한다.

④ -1의 상관계수는 기울기가 음수인 직선 위에 모든 자료가 있다는 것을 의미한다.

94 두 변수 간의 상관계수에 대한 설명으로 옳지 않은 것은?

① 두 변수가 독립이면 상관계수는 0이다.

② 상관계수는 변수들의 측정단위에 따라 변할 수 있다.

③ 한 변수의 값이 다른 변수값보다 항상 100만큼 클 때 상관계수는 1이 된다.

④ 상관계수가 0일 때는 두 변수의 공분산도 0이 된다.

95 $\text{Corr}(X, Y)$가 X와 Y의 상관계수일 때, 다음에서 성립하지 않는 내용을 모두 고르면?

㉠ X와 Y가 서로 독립이면 $\text{Corr}(X, Y)$이다.

㉡ $\text{Corr}(10X, Y) = 10\text{Corr}(X, Y)$

㉢ 두 변수 X와 Y 간의 상관계수가 1에 가까울수록 직선관계가 강하고 -1에 가까울수록 직선관계가 약하다.

---

① ㉠, ㉡

② ㉠, ㉢

③ ㉡, ㉢

④ ㉠, ㉡, ㉢

96 x를 독립변수로, y를 종속변수로 하여 선형회귀분석을 하고자 한다. 다음의 요약 자료를 이용하여 추정회귀직선의 기울기와 절편을 구하면?

$$\bar{x} = 4 \sum_{i=1}^{5}(x_i - \bar{x})^2 = 10$$
$$\bar{y} = 7 \sum_{i=1}^{5}(x_i - \bar{x})(y_i - \bar{y}) = 13$$

① 기울기$=0.7$, 절편$=1.1$

② 기울기$=0.9$, 절편$=1.5$

③ 기울기$=1.1$, 절편$=1.6$

④ 기울기$=1.3$, 절편$=1.8$

답안 표기란				
93	①	②	③	④
94	①	②	③	④
95	①	②	③	④
96	①	②	③	④

PART 1

CBT 빈출 모의고사

97 다음 중 중회귀모형에서 오차분산 σ^2의 자유도를 구하면?

$$y_i = \beta_0 + \beta_1 x_i + \beta_2 x_{2i} + \varepsilon_i \, (i=1, 2, \cdots, n)$$

① $n-3$ ② $n-4$ ③ $n-5$ ④ $n-6$

98 다음 중 회귀분석에서의 결정계수에 관한 설명으로 옳지 않은 것은?

① 결정계수 R^2의 범위는 $0 \leq R^2 \leq 1$이다.

② 결정계수 R^2은 표본자료로부터 추정된 회귀선이 관찰값에 얼마나 적합한지를 측정할 수 있는 척도이다.

③ 결정계수는 잔차제곱합(SSE)을 총제곱합(SST)으로 나눈 값이다.

④ 단순회귀분석의 경우 종속변수와 독립변수의 상관계수를 제곱한 값이 결정계수이다.

99 단순선형회귀모형 $Y_i = \beta_0 + \beta_1 x_i + \beta_2 x_{2i} + \varepsilon_i \, (i=1, 2, \cdots, n)$을 고려하여 자료들로부터 다음과 같은 분산분석표를 얻었다. 이 때 결정계수는 얼마인가?

변인	자유도	제곱합	평균제곱합	F-값
회귀	1	541.69	541.69	29,036
잔차	10	186.56	18,656	
전체	11	728.25		

① 0.64   ② 0.74   ③ 0.84   ④ 0.94

100 단순회귀모형 $Y_i = \beta_0 + \beta_1 x_i + \varepsilon_i, \varepsilon_i \sim N(0, \sigma^2)(i=1, 2, \cdots, n)$에서 최소제곱법에 의해 추정된 회귀직선을 $\hat{y} = b_0 + b_1 x$라 할 때 다음 설명 중 옳지 않은 것은? (단, $S_{XX} = \sum\limits_{i=1}^{2}(x_i - \bar{x})^2$, $MSE = \sum\limits_{i=1}^{n}\dfrac{(y_i - \hat{y})^2}{n-2}$이다.)

① 추정량 b_1은 평균이 β_1이고, 분산이 $\dfrac{\sigma^2}{S_{XX}}$인 정규분포를 따른다.

② 추정량 b_0은 회귀직선의 절편 β_0의 불편추정량이다.

③ MSE는 오차항 ε_i의 분산 σ^2에 대한 불편추정량이다.

④ $\dfrac{b_1 - \beta_1}{\sqrt{\dfrac{MSE}{S_{XX}}}}$는 자유도가 각각 1, $n-2$인 F-분포 $F(1, n-2)$를 따른다.

답안 표기란

97	①	②	③	④
98	①	②	③	④
99	①	②	③	④
100	①	②	③	④

제6회 CBT 빈출 모의고사

⏱ 제한 시간 : 2시간 30분   전체 문제 수 : 100   맞힌 문제 수 :

1과목	조사방법과 설계

답안 표기란

01	① ② ③ ④
02	① ② ③ ④
03	① ② ③ ④
04	① ② ③ ④

PART 1

CBT 빈출 모의고사

01 과학적 연구의 논리체계에 관한 설명으로 틀린 것은?

① 연역적 논리는 일반적인 사실로부터 특수한 사실을 이끌어내는 논리 체계이다.

② 연역적 논리는 반복적 관찰을 통해 반복적인 패턴을 발견한다.

③ 귀납적 논리는 개별 사례를 바탕으로 일반적 유형을 찾아낸다.

④ 귀납적 방법은 구체적 관찰로부터 일반화로 나아간다.

02 다음 중 과학적 연구의 특성에 대한 설명으로 옳지 않은 것은?

① 과학적 연구는 검증하려는 가설이 실험이나 관찰에 의해서 반증될 가능성이 있어야 한다.

② 과학적 연구를 통해 얻어진 지식은 바뀌어야 한다.

③ 연구방법과 과정이 같으면 같은 결론을 얻을 수 없어야 한다.

④ 과학적 연구는 최소한의 변수를 이용하여 최대한의 설명을 하려고 한다.

03 다음 중 과학의 기본적인 목적으로 보기 어려운 것은?

① 자연 및 사회현상 속에서 존재하는 논리적이고 지속적인 패턴을 알아내는데 있다.

② 과학은 이론을 바탕으로 현상을 예측하는데 있다.

③ 과학은 변수들 사이의 관계를 기술하고 설명하는 데 있다.

④ 연구대상은 존재하는 것과 가치관이 포함된 당위를 대상으로 한다.

04 다음 중 자료수집 현장에서 수행하는 일로 볼 수 없는 것은?

① 이전의 통계표를 이용한 조사내용 확인

② 기본적인 정보의 상호일치성 점검

③ 슈퍼바이저가 완성된 조사표 심사

④ 조사원에 대한 슈퍼바이저의 면접지도

05 다음의 사회조사에서 생태학적오류는?

① 조사 중 발생하는 예측할 수 없는 오류

② 연구에서 사회조직의 활동결과인 사회적 산물들을 누락시키는 오류

③ 집단이나 집합체에 관한 성격을 바탕으로 개인들에 대한 성격을 규정하게 되는 연구분석 단위의 혼란

④ 귀무가설이 실제 옳은데도 불구하고 검정 결과가 그 가설을 기각하는 오류

06 다음 중 연역적 접근방법에 대한 설명으로 옳은 것은?

① 관찰을 통하여 주로 현상을 파악한다.

② 이론 또는 모형 설정 후 연구를 시작한다.

③ 개별사례를 바탕으로 일반적 유형을 찾아낸다.

④ 탐색적 방법에 주로 이용된다.

07 다음 중 탐색적 연구를 하기 위한 방법으로 적절한 것은?

① 유사실험연구

② 종단연구

③ 시계열연구

④ 사례연구

08 다음 중 단일사례연구에 관한 설명으로 옳지 않은 것은?

① 일반적으로 외적 타당도가 높다.

② 개입효과에 대한 즉각적인 피드백이 가능하다.

③ 조사연구 과정과 실천과정이 통합될 수 있다.

④ 조직이나 지역사회도 연구대상이 될 수 있다.

답안 표기란				
05	①	②	③	④
06	①	②	③	④
07	①	②	③	④
08	①	②	③	④

09 특정 연구대상이 시간이 지남에 따라 의견이나 태도가 변하는 경우에 사용하는 조사기법으로 연구대상을 구성하는 동일한 단위집단에 대하여 상이한 시점에서 반복하여 조사하는 방법은?

① 횡단연구

② 패널연구

③ 추세연구

④ 사례연구

답안 표기란				
09	①	②	③	④
10	①	②	③	④
11	①	②	③	④
12	①	②	③	④

10 다음에 해당하는 연구 형태는 무엇인가?

> 외국어 고등학교에 입학한 학생들을 대상으로 2020년에서 2025년까지의 자존감 변화를 연구하기 위해 모집단으로부터 매년 다른 표본을 추출하였다.

① 횡단적 연구

② 패널 연구

③ 동질성집단 연구

④ 시계열 연구

11 다음 중 양적연구와 비교한 질적연구의 특징으로 옳지 않은 것은?

① 주로 비공식적인 언어를 사용한다.

② 비통제적 관찰과 심층적 · 비구조적 면접을 실시한다.

③ 주관적 동기의 이해와 의미해석을 하는 현상학적 · 해석학적 입장이다.

④ 자료분석에 소요되는 시간이 짧아 소규모 분석에 유리하다.

12 다음 중 대규모 모집단의 특성을 기술하기에 유용한 방법은?

① 참여관찰

② 표본조사

③ 내용분석

④ 유사실험

PART **1**

CBT 빈출 모의고사

13 다음 중 비확률표본추출방법에 관한 설명으로 옳지 않은 것은?

① 시간과 비용이 많이 소요된다.

② 표집오류를 확인하기 어렵다.

③ 표본의 대표성을 확보하기 어렵다.

④ 조사결과를 일반화하기 어렵다.

14 다음 중 표집과 관련된 설명으로 옳지 않은 것은?

① 표집단위는 표집과정의 각 단계에서의 표집대상이다.

② 모집단은 규명하고자 하는 집단의 총체이다.

③ 표집간격은 표본을 추출할 때 추출되는 표집단위와 단위 간의 간격을 의미한다.

④ 관찰단위는 직접적인 조사대상을 의미한다.

15 총 수강생수가 200명인 명상학과에서 80명을 표집할 때의 표집률은?

① 20% ② 40%

③ 60% ④ 80%

16 다음 중 비확률표본추출법과 비교한 확률표본추출법의 특성으로 옳은 것을 모두 고르시오.

> ㉠ 연구대상이 표본으로 추출될 확률이 알려져 있다.
> ㉡ 표본오차의 추정이 불가능하다.
> ㉢ 무작위적인 표본추출이다.
> ㉣ 시간과 비용이 적게 든다.

① ㉠, ㉡ ② ㉠, ㉢

③ ㉡, ㉢ ④ ㉠, ㉡, ㉢, ㉣

답안 표기란				
13	①	②	③	④
14	①	②	③	④
15	①	②	③	④
16	①	②	③	④

17 다음 중 비확률표본추출방법(non−probability sampling)에 해당하지 않는 것은?

① 불비례 층화표본추출법
② 눈덩이표본추출법
③ 할당표본추출법
④ 판단표본추출법

17	①	②	③	④
18	①	②	③	④
19	①	②	③	④
20	①	②	③	④

PART **1**

CBT 빈출 모의고사

18 다음 중 선거예측조사에서 출구조사를 할 경우에 주로 사용되는 표집방법은?

① 할당표집(quota sampling)
② 체계적 표집(systematic sampling)
③ 단순무작위표집(simple random sampling)
④ 층화표집(stratified random sampling)

19 다음 중 층화표집의 단점으로 볼 수 없는 것은?

① 표본추출 이전에 모집단에 대한 지식이 필요하다.
② 표본추출과정에서 비용과 시간이 많이 든다.
③ 집락이 모집단을 대표하지 못할 수 있다.
④ 발생률이 낮은 경우 표본을 찾아내기가 어려울 수 있다.

20 다음 중 군집표집(cluster sampling)의 특성으로 옳지 않은 것은?

① 층화표집에 비하여 통계적 효율성이 높다.
② 대규모 조사에서 경제적이고 효율적이다.
③ 다단계를 통하여 표집이 이루어진다.
④ 목표모집단의 구성요소들을 총망라한 목록을 수집하기가 어려울 경우에 사용될 수 있다.

21 고등학생 집단을 학년과 성별, 계열별(인문계, 자연계, 예체능계, 특성화계)로 구분하여 할당 표본추출을 할 경우 총 몇 개의 범주로 구분되는가?

① 12개   ② 24개

③ 36개   ④ 48개

22 다음 중 불법 체류자처럼 일반적으로 쉽게 접근하기 힘든 집단을 대상으로 설문조사를 할 때 가장 적합한 표본추출방법은?

① 눈덩이표본추출   ② 체계적 표본추출

③ 판단표본추출   ④ 편의표본추출

23 다음 중 불포함 오류에 관한 설명으로 옳은 것은?

① 관찰과정에서 응답자나 조사자 자체의 특성에서 생기는 오류와 양자 간의 상호관계에서 생기는 오류이다.

② 표본추출과정에서 일부가 연결이 되지 않거나 응답을 거부했을 때 생기는 오류이다.

③ 표본조사를 할 때 표본체계가 완전하게 되지 않아서 발생하는 오류이다.

④ 기록된 설문지나 면접지가 분석을 위하여 처리되는 과정에서 틀려지는 오류이다.

24 표본크기와 표집오차에 관한 설명으로 옳은 것을 모두 고르면?

> ㉠ 모집단이 이질적일수록 표본의 크기는 커야 한다.
> ㉡ 동일한 표집오차를 가정한다면 분석변수가 적어질수록 표본크기는 커져야 한다.
> ㉢ 표집오차가 커질수록 표본이 모집단을 대표하는 정확성이 낮아진다.
> ㉣ 표본크기가 커질수록 모수와 통계값의 유사성이 커진다.

① ㉠, ㉡, ㉢   ② ㉠, ㉢, ㉣

③ ㉠, ㉡, ㉣   ④ ㉠, ㉡, ㉢, ㉣

답안 표기란				
21	①	②	③	④
22	①	②	③	④
23	①	②	③	④
24	①	②	③	④

25 질문지를 작성할 경우 개별질문 내용을 결정할 때 고려해야 할 사항으로 보기 어려운 것은?

① 이 질문이 필요한가?
② 쉬운 단어로 구성되어 있는가?
③ 응답자가 쉽게 응답할 수 있는 질문인가?
④ 조사자가 응답의 결과를 예측할 수 있는가?

26 어떤 질문을 하고 나면 다음 질문이 필요한지의 여부를 판별할 수 있도록 일련의 관련 질문들을 배열하는 질문 방식은?

① 여과질문
② 탐사질문
③ 유도질문
④ 열린질문

27 다음 중 질적 현장연구 중 초점집단연구의 특성으로 옳지 않은 것은?

① 집단 상호작용에서 자료를 수집할 수 있다.
② 높은 타당도를 가진다.
③ 개인면접에 비해 연구대상을 통제하기 수월하다.
④ 실제의 생활을 포착하는 사회지향적 연구방법이다.

28 다음 중 타당도에 관한 설명으로 옳은 것을 모두 고르시오.

> ㉠ 타당도는 얼마나 정확하게 측정하였는가에 대한 것이다.
> ㉡ 내적타당도는 측정된 결과가 실험 변수의 변화 때문에 일어난 것인가에 관한 문제이다.
> ㉢ 외적타당도는 연구결과의 일반화 가능성에 대한 것이다.
> ㉣ 내적타당도를 높이려면 외적타당도가 낮아지고 외적타당도를 높이려면 내적타당도가 낮아진다.

① ㉠, ㉢, ㉣
② ㉠, ㉡, ㉣
③ ㉠, ㉡, ㉢
④ ㉠, ㉡, ㉢, ㉣

답안 표기란				
25	①	②	③	④
26	①	②	③	④
27	①	②	③	④
28	①	②	③	④

PART **1**

CBT 빈출 모의고사

29 다음 중 인과관계의 성립조건에 관한 설명으로 옳은 것을 모두 고르시오.

> ㉠ 원인변수와 결과변수는 함께 변화해야 한다.
> ㉡ 가설이 검증되어야 한다.
> ㉢ 원인변수와 결과변수는 순차적으로 발생되어야 한다.
> ㉣ 표본조사를 이용할 수 있어야 한다.
> ㉤ 외생변수의 영향을 통제하여야 한다.

① ㉠, ㉡, ㉤ 　　　　　② ㉠, ㉢, ㉤
③ ㉡, ㉢, ㉣ 　　　　　④ ㉢, ㉣, ㉤

30 다음 중 순수실험설계의 특징으로 옳지 않은 것은?
① 비동질 통제집단의 설정
② 외생변수의 통제
③ 독립변수의 조작
④ 실험집단과 통제집단에 대한 무작위 할당

2과목	조사관리와 자료처리

31 다음에서 제시한 연구방법은?

> • 자연스러운 상태에서 현상을 파악할 수 있기 때문에 미묘한 어감 차이, 시간상의 변화 등 심층 차원을 이해할 수 있다.
> • 때때로 객관적인 판단을 그르칠 수 있으며 대규모 모집단에 대한 기술이 어렵다.

① 유사실험 　　　　　② 참여관찰
③ 전화조사 　　　　　④ 면접조사

32 다음 중 2차 자료로 보기 어려운 것은?
① 연구자가 직접 응답자에게 질문해서 얻은 자료
② 상업용 자료
③ 조사기관의 정기, 비정기 간행물
④ 기업에서 수집한 자료

답안 표기란

29	①	②	③	④
30	①	②	③	④
31	①	②	③	④
32	①	②	③	④

33 다음 중 개방형 질문의 특징에 관한 설명으로 틀린 것은?

① 응답자들의 모든 가능한 의견을 얻어낼 수 있다.
② 탐색조사를 하려는 경우 특히 유용하게 이용될 수 있다.
③ 응답내용의 분류가 어려운 경우 분석에서 제외되기도 한다.
④ 조사자에게 표본에 대한 정보가 없는 경우에는 이용할 수 없다.

34 다음 중 특정 시점에서 다른 특성을 지닌 집단들 사이의 차이점을 측정하는 방법은?

① 추세조사
② 서베이조사
③ 코호트조사
④ 패널조사

35 다음 중 우편조사를 할 경우 취지문이나 질문지 표지에 반드시 포함되지 않아도 되는 사항은?

① 조사의 중요성
② 조사자의 연락처
③ 자료분석방법
④ 비밀유지보장

36 다음 중 온라인조사의 특징으로 볼 수 없는 것은?

① 조사자의 편향통제가 가능하다.
② 응답자의 익명성이 보장되기 어렵다.
③ 개별화된 질문과 자료제공이 용이하다.
④ 표본의 대표성 확보가 용이하다.

답안 표기란				
33	①	②	③	④
34	①	②	③	④
35	①	②	③	④
36	①	②	③	④

PART **1**

CBT 빈출 모의고사

37 관찰을 통한 자료수집을 할 경우 지각과정에서 나타나는 오류를 줄이기 위한 방안으로 옳지 않은 것은?

① 훈련을 통하여 관찰기술을 향상시킨다.
② 다수의 관찰자가 관찰을 한다.
③ 관찰기간을 될 수 있는 한 길게 잡는다.
④ 가능한 한 관찰단위를 명세화해야 한다.

38 다음 중 관찰의 세부 유형에 관한 설명으로 옳지 않은 것은?

① 직접관찰과 간접관찰은 관찰에 사용하는 도구에 따라 구분한다.
② 공개적 관찰과 비공개적 관찰은 피관찰자가 자신의 행동이 관찰된다는 사실을 알고 있는지 모르고 있는지를 기준으로 구분한다.
③ 체계적 관찰과 비체계적 관찰은 표준관찰기록양식의 사전 결정 등 체계화의 정도에 따라 구분한다.
④ 자연적 관찰과 인위적 관찰은 관찰이 일어나는 상황이 실제상황인지 연구자가 만들어 놓은 인위적인 상황인지를 기준으로 구분한다.

39 다음 중 대인 면접조사의 특성으로 옳은 것은?

① 사전지식이 부족한 경우 구조화된 대인 면접조사방법을 사용하는 것이 좋다.
② 우편 설문조사에 비해 질문과정의 유연성이 상대적으로 높다.
③ 우편 설문조사에 비해 설문응답의 무작위적 오류를 증가시킨다.
④ 우편 설문조사에 비해 응답률이 낮다.

40 면접원이 자유 응답식 질문에 대한 응답을 기록할 때 지켜야할 원칙으로 옳지 않은 것은?

① 질문과 관련된 모든 것을 기록에 포함시킨다.
② 면접조사를 진행한 이후 최종응답을 기록한다.
③ 응답자가 사용한 어휘를 원래 그대로 기록한다.
④ 같은 응답이 반복되더라도 가감 없이 있는 그대로 기록한다.

답안 표기란				
37	①	②	③	④
38	①	②	③	④
39	①	②	③	④
40	①	②	③	④

41 다음 중 자료수집방법 중 조사자가 미완성의 문장을 제시하면 응답자가 이 문장을 완성시키는 방법은?

① 투사법
② 우편조사법
③ 관찰법
④ 집단분석법

42 다음 중 가설에 관한 설명으로 옳지 않은 것은?

① 변수로 구성되며 그들 간의 관계를 나타내고 있어야 한다.
② 아직까지 진실 여부가 확인되지 않은 사실에 대한 진술문이다.
③ 연구문제에 관한 구체적이고 검증 가능한 기대이다.
④ 가설은 다른 가설이나 이론과 독립적이어야 한다.

43 다음 중 측정도구의 신뢰도 검사방법에 관한 설명으로 틀린 것은?

① 검사―재검사법은 동일한 측정도구를 사용한다.
② 복수양식법은 측정도구가 동일하다.
③ 반분법은 두 개의 측정도구를 사용하여 동일한 대상을 측정한 후 그 결과값을 비교한다.
④ 크론바흐 알파(Cronbach's alpha) 계수는 0에서 1 사이의 값을 가지며, 값이 높을수록 신뢰도가 높다.

44 다음 (   ) 안에 알맞은 변수를 순서대로 나열한 것은?

(㉠)은/는 독립변수의 결과인 동시에 종속변수의 원인이 되는 변수로 두 변수의 관계를 중간에서 설명해주는 변수이고, (㉡)은/는 독립변수가 종속변수에 미치는 영향을 강화해 주거나 약화시키는 변수를 의미한다.

① ㉠ 조절변수, ㉡ 억제변수
② ㉠ 매개변수, ㉡ 구성변수
③ ㉠ 매개변수, ㉡ 조절변수
④ ㉠ 조절변수, ㉡ 매개변수

답안 표기란				
41	①	②	③	④
42	①	②	③	④
43	①	②	③	④
44	①	②	③	④

PART **1**

CBT 빈출 모의고사

45 다음 중 질적변수와 양적변수에 관한 설명으로 옳지 않은 것은?

① 성별, 혈액형, 종교, 직업, 학력 등을 나타내는 변수는 질적변수이다.

② 양적변수에서 질적변수로의 변환은 가능하다.

③ 계량적 변수 또는 메트릭(metric) 변수라고 불리는 것은 양적변수이다.

④ 양적변수는 몸무게나 키와 같은 이산변수와 스마트폰의 판매대수와 같은 연속변수로 나누어진다.

46 다음 중 개념의 조작화에 관한 설명으로 적절하지 않은 것은?

① 사회현상을 보편적 언어로 정의하는 과정이다.

② 실증주의 패러다임에서 강조한다.

③ 추상적 세계와 경험적 세계를 연결하는 역할을 한다.

④ 개념을 수량화하여 측정 가능하도록 해준다.

47 개념을 경험적 수준으로 구체화하는 과정을 바르게 나열한 것은?

> ㉠ 조작적 정의   ㉡ 개념적 정의   ㉢ 변수의 측정

① ㉠ → ㉡ → ㉢

② ㉡ → ㉠ → ㉢

③ ㉢ → ㉠ → ㉡

④ ㉡ → ㉢ → ㉠

48 다음 중 가설의 구비요건으로 바르게 서술된 것은?

① 동일 연구 분야의 다른 가설과 무관해야 한다.

② 검증이 용이하도록 표현되어야 한다.

③ 이론적 근거가 없어도 탐색적 목적을 위해 가설을 구성할 수 있다.

④ 내용과 방향이 모호하더라도 검증절차를 통해 보완될 수 있다.

답안 표기란				
45	①	②	③	④
46	①	②	③	④
47	①	②	③	④
48	①	②	③	④

49 연구문제가 학문적으로 의미 있는 것일 때, 학문적 기준으로 적절하지 않은 것은?

① 독창성이 있어야 한다.
② 경험적 검증가능성이 있어야 한다.
③ 범위가 광범위해야 한다.
④ 이론적인 의의를 지녀야 한다.

PART **1**

CBT 빈출 모의고사

50 다음 사례에서 측정의 수준을 바르게 나열한 것은?

> ㉠ 부부에게 현재 자녀수에 대해 적음, 적당함, 많음이라는 세 가지 응답 범주로 답하도록 하였다.
> ㉡ 부부에게 그들의 실제 자녀수를 적도록 하였다. 자녀가 없는 부부의 경우 자녀수를 0으로 처리한다.

① ㉠ 명목측정, ㉡ 서열측정
② ㉠ 서열측정, ㉡ 비율측정
③ ㉠ 등간측정, ㉡ 순위측정
④ ㉠ 서열측정, ㉡ 등간측정

51 다음에서 설명하는 척도에 해당하는 것은?

> A기업 부장님의 업무성취도를 측정하기 위해 0부터 100까지의 값 가운데 하나를 제시하도록 하였다. 가장 싫은 경우는 0, 가장 만족한 경우는 100으로 정하였다.

① 비율척도   ② 명목척도
③ 서열척도   ④ 등간척도

52 통계방법에서 중앙값, 순위상관관계, 비모수통계검증 등이 주로 활용되는 척도유형은?

① 명목측정   ② 서열측정
③ 등간측정   ④ 비율측정

53 다음에서 평정척도의 구성 시 고려해야 할 사항을 모두 고르시오.

> ㉠ 응답범주들이 상호 배타적이어야 한다.
> ㉡ 찬반의 응답범주 수가 균형을 이루어야 한다.
> ㉢ 응답범주들이 논리적 연관성을 가지고 있어야 한다.
> ㉣ 응답범주의 수를 가능한 한 많도록 한다.

① ㉠, ㉡, ㉢ ② ㉡, ㉢, ㉣
③ ㉠, ㉡, ㉣ ④ ㉠, ㉡, ㉢, ㉣

54 다음에서 설명하는 척도구성 방법은?

> 인종, 사회계급과 같은 여러 가지 형태의 사회집단에 대한 사회적 거리를 측정하기 위한 척도

① 서스톤 척도 ② 보가더스 척도
③ 거트만 척도 ④ 리커트 척도

55 척도제작 시 요인분석의 활용으로 볼 수 없는 것은?
① 문항들 간의 상관관계 산출
② 척도의 구성요인 확인
③ 척도의 신뢰성 계수 산출
④ 요인 간 판단타당성 적용

56 측정대상들의 편견에 의해 발생하는 측정오류로 볼 수 없는 것은?
① 고정반응
② 개인적 성행에 따른 편견
③ 문화적 특성에 따른 편견
④ 무작위적 오류

답안 표기란				
53	①	②	③	④
54	①	②	③	④
55	①	②	③	④
56	①	②	③	④

57 다음 사례에서 발생하는 측정상의 문제는?

> 의식개선을 평가하기 위해 명상에 주목하였다. 이를 위해 영국, 프랑스, 한국, 일본 등 4개국을 대상으로 명상시간을 측정하여 의식개선 정도를 비교하였다.

① 대표성
② 타당성
③ 신뢰성
④ 일관성

58 다음에서 개념타당성에 관한 설명으로 옳은 것을 모두 고르면?

> ㉠ 측정값 자체보다는 측정하고자 하는 속성에 초점을 맞춘 타당성이다.
> ㉡ 이론과 관련하여 측정도구의 타당성을 검증한다.
> ㉢ 개념이 추상적이라도 개념타당성을 확보하기가 쉽다.
> ㉣ 측정도구의 타당성을 경험적으로 평가한다.

① ㉠, ㉡, ㉢
② ㉡, ㉢, ㉣
③ ㉠, ㉢, ㉣
④ ㉠, ㉡, ㉢, ㉣

59 다음의 문제지가 가지는 문제점은?

> 일주일의 시간 간격을 두고 동일한 문제지를 가지고 같은 반 학생들을 대상으로 EQ 검사를 두 차례 실시하였더니 그 결과가 매우 상이하게 나타났다.

① 타당성
② 관련성
③ 신뢰성
④ 이질성

60 다음 중 측정의 신뢰도 제고방안에 관한 설명으로 옳지 않은 것은?

① 문항의 개념을 명확히 작성한다.
② 문항 간 상관관계가 유사할 경우에 측정항목수를 줄인다.
③ 자료수집과정에서 측정의 일관성이 있도록 한다.
④ 측정지표에 대하여 사전검사를 실시한다.

답안 표기란				
57	①	②	③	④
58	①	②	③	④
59	①	②	③	④
60	①	②	③	④

PART **1**

CBT 빈출 모의고사

3과목 **통계분석과 활용**

61 다음의 자료에서 10월 시험에서 회계학 강좌를 수강하고 있는 직원 50명의 중간고사 평균은?

> A기업에서 2025년 개설된 회계학 강좌에 X반 30명, Y반 20명의 직원이 수강하고 있다. 10월 시험에서 X반, Y반의 평균은 각각 80점, 70점이었다.

① 70점   ② 76점

③ 79점   ④ 81점

62 A학과의 통계학 기말고사 성적이 평균이 54점, 중앙값이 45점이었다. 이에 담당교수가 점수가 너무 낮아 10점의 기본점수를 더해 주기로 했다. 다시 산정한 점수의 중앙값은?

① 55점   ② 56점

③ 64점   ④ 99점

63 다음 자료에 대한 설명으로 옳지 않은 것은?

> 58   54   54   81   75   55   41   40   20   81   59

① 최빈값은 54와 81이다.

② 표본평균은 중앙값보다 크다.

③ 중앙값은 56이다.

④ 자료의 범위는 61이다.

64 20개로 이루어진 자료를 순서대로 나열하면 다음과 같을 때, 중위수와 사분위 범위의 값을 순서대로 나열한 것은?

> 29   32   33   34   37   39   39   39   40   40
> 42   43   44   44   45   45   46   47   49   55

① 38, 4   ② 39, 5

③ 40, 6   ④ 41, 7

65 다음 중 오른쪽으로 꼬리가 긴 분포를 갖는 것은?

① 평균=30, 중위수=45, 최빈수=50

② 평균=50, 중위수=50, 최빈수=50

③ 평균=50, 중위수=45, 최빈수=40

④ 평균=50, 중위수=60, 최빈수=50

66 구분되지 않는 n개의 공을 서로 다른 r개의 바구니에 넣는 방법의 수는?(단, $r \leq n$이고, 모든 바구니에는 최소한 1개 이상의 공이 들어가야 한다.)

① $\begin{pmatrix} n-1 \\ r-1 \end{pmatrix}$

② r^n

③ $\begin{pmatrix} n-1 \\ r \end{pmatrix}$

④ $\begin{pmatrix} n \\ r \end{pmatrix}$

67 취업을 위한 특별교육프로그램을 시행한 결과 통계가 다음과 같이 집계되었다. 특별교육을 이수한 어떤 사람이 취업할 확률은?

구분	미취업	취업	합계
특별교육 이수	250	250	500
교육이수 안 함	280	220	500
합계	530	470	1000

① 46%

② 50%

③ 57%

④ 62%

68 골동품 시장에서 거래되는 그림의 20%가 위조품이라고 가정한다. 오래된 그림의 진위를 감정하는 감정사들이 진품 그림을 진품으로 평가할 확률은 85%이고, 위조 그림을 진품으로 감정할 확률은 15%이다. 한 고객이 감정사가 진품이라고 감정한 그림을 샀을 때 구입한 그림이 진품일 확률은?

① 0.91

② 0.93

③ 0.95

④ 0.96

답안 표기란				
65	①	②	③	④
66	①	②	③	④
67	①	②	③	④
68	①	②	③	④

PART **1**

CBT 빈출 모의고사

69 500원짜리 동전 3개와 100원짜리 동전 2개를 동시에 던져 뒷면이 나오는 동전을 받기로 할 때 받는 금액의 기댓값은?

① 750원

② 800원

③ 850원

④ 900원

70 연속형 확률변수 X의 확률밀도함수가 다음과 같을 때 상수 k값과 $P(|X|>1)$을 순서대로 구하면?

$$f(x)=\begin{cases} -\dfrac{1}{4}|x|+k, & |x|\leq 2인\ 경우 \\ 0, & 그외의\ 경우 \end{cases}$$

① $\dfrac{1}{4}, \dfrac{1}{4}$

② $\dfrac{1}{2}, \dfrac{1}{4}$

③ $\dfrac{1}{3}, \dfrac{1}{4}$

④ $\dfrac{1}{4}, \dfrac{1}{2}$

71 다음 중 X의 확률분포가 대칭이 아닌 것은?

① 주사위 2개를 차례로 굴릴 때, 두 주사위에 나타난 눈의 합 X의 분포

② 500원짜리 동전 1개를 10회 던질 때, 앞면이 나타난 횟수 X의 분포

③ 불량품이 5개 포함된 20개의 제품 중 임의로 3개의 제품을 구매하였을 때, 구매한 제품 중에 포함되어 있는 불량품의 개수 X의 분포

④ 완치율이 50%인 췌장암 수술로 20명의 환자를 수술하였을 때 완치된 환자 수 X의 분포

72 A회사에서 생산되는 제품이 부적합품일 확률은 서로 독립적으로 0.01이라 한다. A회사는 한 상자에 10개씩 포장해서 판매를 하는데 만일 한 상자에 부적합품이 2개 이상이면 돈을 환불해준다. 판매된 한 상자가 반품될 확률은 약 얼마인가?

① 0.1%

② 0.4%

③ 0.7%

④ 0.9%

73 부적합품률이 0.05인 제품을 20개씩 한 박스에 넣어서 포장하였다. 10개의 박스를 구입했을 때 기대되는 부적합품의 총개수는?

① 10개　　　　　　　　② 15개

③ 17개　　　　　　　　④ 20개

74 다음 중 정규분포에 관한 설명으로 옳지 않은 것은?

① 평균, 중위수, 최빈수가 동일하다.

② 정규분포는 직선 $x = \mu$에 대하여 대칭이다.

③ 정규분포곡선은 자유도에 따라 모양이 달라진다.

④ 분산이 클수록 꼬리부분이 두껍고 길어진다.

75 평균이 100, 표준편차가 10인 정규분포에서 110 이상일 확률은 어느 것과 같은가? (단, Z는 표준정규분포를 따르는 확률변수이다.)

① $P(Z \leq -1)$　　　　② $P(Z \leq 1)$

③ $P(Z \leq -10)$　　　④ $P(Z \leq 10)$

76 다음 중 카이제곱분포에 대한 설명으로 옳지 않은 것은?

① 자유도가 k인 카이제곱분포의 평균은 k이고, 분산은 $2k$이다.

② 카이제곱분포의 확률밀도함수는 오른쪽으로 치우쳐져 있고, 왼쪽으로 긴 꼬리를 갖는다.

③ V_1, V_2가 서로 독립이며 각각 자유도가 k_1, k_2인 카이제곱분포를 따를 때 $V_1 + V_2$는 자유도가 $k_1 + k_2$인 카이제곱분포를 따른다.

④ Z_1, $\cdots$, Z_k가 서로 독립이며 각각 표준정규분포를 따르는 확률변수일 때 $Z_1^2 + Z_2^2 + \cdots + Z_k^2$은 자유도가 k인 카이제곱분포를 따른다.

77 평균체중이 70kg이고 표준편차가 4kg인 A대학교 학생들 중에서 임의로 뽑은 100명 학생들의 평균체중 $\overline{X}$의 표준편차는?

① 0.1kg ② 0.2kg

③ 0.3kg ④ 0.4kg

78 모평균이 10이고 모분산에 4인 모집단으로부터 100개의 표본을 추출하였을 때 표본평균을 $\overline{X}$라면 $P(\overline{X} < 10.33)$는? (단, $Z \sim N(0, 1)$일 때, $P(Z > 1.96) = 0.025$, $P(Z > 1.65) = 0.05$, $P(Z > 0.825) = 0.205$이다.)

① 0.91 ② 0.95

③ 0.97 ④ 0.99

79 다음 중 추정량이 가져야 할 바람직한 선정기준이 아닌 것은?

① 편의성 ② 불편성

③ 일치성 ④ 충분성

80 A기업 직원들의 주당 TV 시청 시간을 알아보고자 임의로 9명을 추출하여 조사한 경과는 다음과 같다. TV 시청 시간은 모평균이 μ인 정규분포를 따른다고 가정하자. μ에 대한 추정량으로 표본 평균 $\overline{X}$를 사용했을 때 추정치는?

| 9 | 10 | 13 | 13 | 14 | 15 | 17 | 21 | 22 |

① 11.3 ② 12.1

③ 13.6 ④ 14.9

81 사업시행에 대한 찬반 여론을 수렴하기 위해 400명의 직원을 대상으로 표본조사를 실시하였다. 그러나 표본수가 너무 적어 신뢰성에 문제가 있다는 지적이 있어 4배인 1,600명의 직원을 재조사하였다. 신뢰수준 95% 하에서 추정오차는 얼마나 감소하는가?

① 1.14% ② 1.83%
③ 2.45% ④ 2.87%

82 흡연자 200명과 비흡연자 600명을 대상으로 한 흡연장소에 관한 여론조사 결과가 다음과 같다. 비흡연자 중 흡연금지를 선택한 사람의 비율과 흡연자 중 흡연금지를 선택한 사람의 비율 간의 차이에 대한 95% 신뢰구간은? (단, $P(Z \geq 1.96) = 0.025$이다.)

구분	비흡연자	흡연자
흡연금지	44%	8%
흡연장소 지정	52%	80%
제재 없음	4%	12%

① 0.24 ± 0.03 ② 0.36 ± 0.05
③ 0.48 ± 0.07 ④ 0.56 ± 0.09

83 모표준편차가 σ인 모집단에서 크기가 10인 표본으로부터 표본평균을 구하여 모평균을 추정하였다. 표본평균의 표준오차를 반(1/2)으로 줄이려면, 추가로 표본을 얼마나 더 추출해야 하는가?

① 5 ② 10
③ 30 ④ 100

84 제1종 오류와 제2종 오류를 범할 확률을 각각 α와 β라 할 때, 다음 설명 중 옳은 것은?

① $\alpha + \beta = 1$이면 귀무가설을 기각해야 한다.
② $\alpha = \beta$이면 귀무가설을 채택해야 한다.
③ $\alpha \neq \beta$이면 항상 귀무가설을 채택해야 한다.
④ 주어진 표본에서 α와 β를 동시에 줄일 수는 없다.

답안 표기란				
81	①	②	③	④
82	①	②	③	④
83	①	②	③	④
84	①	②	③	④

PART 1

CBT 빈출 모의고사

85 기존의 취업 교육 프로그램을 이수한 사람의 취업률 p는 0.7이다. 새로운 교육 프로그램이 취업률을 높인다는 주장이 있어 통계적으로 검정하기 위해 새로운 교육 프로그램을 이수한 사람을 임의로 추출하여 취업률을 조사하였다. 이 때 적절한 귀무가설(H_0)과 대립가설(H_1)은?

① $H_0 : P > 0.7, H_1 : P = 0.7$

② $H_0 : P \neq 0.7, H_1 : P = 0.7$

③ $H_0 : P = 0.7, H_1 : P > 0.7$

④ $H_0 : P = 0.7, H_1 : P \neq 0.7$

86 두 집단의 분산의 동일성 검정에 사용되는 검정통계량의 분포는?

① $t - $분포   ② 기하분포

③ $\chi^2 - $분포   ④ $F - $분포

87 핵개발에 대한 여론조사를 실시했다. 100명을 무작위로 추출하여 조사한 결과 56명이 핵개발에 대해 찬성했다. 이 자료로부터 핵개발을 찬성하는 사람이 전 국민의 과반수 이상이 되는지를 유의수준 5%에서 통계적 가설검정을 실시했다. 다음 중 옳은 것은?

$$P(|Z| > 1.64) = 0.1, \ P(|Z| > 1.96) = 0.5, \ P(|Z| > 2.58) = 0.01$$

① 찬성률이 국민의 과반수 이상이라고 할 수 있다.

② 찬성률이 국민의 과반수 이상이라고 할 수 없다.

③ 표본의 수가 적어 결론을 얻을 수 없다.

④ 표본의 과반수 이상이 찬성해서 찬성률이 국민의 과반수 이상이라고 할 수 있다.

88 특정값의 산포를 총제곱합으로 나타내고 이 총제곱합을 실험과 관련된 요인마다 제곱합으로 분해하여 오차에 비해 특히 큰 영향을 주는 요인이 무엇인지를 찾아내는 분석방법은?

① 수준   ② 상관분석

③ 교차분석   ④ 분산분석

답안 표기란				
85	①	②	③	④
86	①	②	③	④
87	①	②	③	④
88	①	②	③	④

89 다음 중 일원배치법의 모집단 모형으로 적합한 것은? (단, Y_i는 관측값이고 μ는 이들의 모평균, ε_i나 ε_{ij}는 실험의 오차로서 평균 0, 분산 σ^2인 정규분포 $n(\mu, \sigma^2)$을 따르고 서로 독립이다.)

① $Y_{ij} = \mu + \alpha_i + \varepsilon_{ij}$ $(i=1, \cdots, k, j=1, 2, \cdots, n)$

② $Y_{ij} = \mu + \alpha_i + \beta_j + \varepsilon_{ij}$ $(i=1, \cdots, p, j=1, 2, \cdots, q)$

③ $Y_i = \alpha + \beta x_i + \varepsilon_i$ $(i=1, \cdots, n)$

④ $Y_i = \alpha + \beta_1 x_i + \beta_2 x_{2i} + \varepsilon_i$ $(i=1, \cdots, n)$

90 세 그룹의 평균을 비교하기 위해 각 수준에서 5번씩 반복 실험한 일원분산분석 모형 $X_{ij} = \mu + \alpha_i + \varepsilon_{ij}$ $(i=1, 2, 3, j=1, 2, 3, 4, 5)$에 대한 분산분석표가 다음과 같을 때 ㉠, ㉡에 들어갈 값은?

요인	제곱합	자유도	F-통계량
처리	52.0	2	㉡
오차	60.0	㉠	

① 11, 4.8   ② 12, 5.2   ③ 13, 6.1   ④ 14, 7.3

91 A, B, C 세 가지 공법에 의해 생산된 스프링의 인장강도에 차이가 있는지를 알아보기 위해 공법 A에서 5회, 공법 B에서 6회, 공법 C에서 7회, 총 18회를 무작위로 실험하여 인장강도를 측정하였다. 측정한 자료를 정리한 결과 총제곱합 $SST=100$이고, 잔차제곱합 $SSE=65$이었다. 처리제곱합 SS_T와 처리제곱합의 자유도 V_T를 바르게 나열한 것은?

① $SS_T=35$, $V_T=2$ ② $SS_T=40$, $V_T=3$

③ $SS_T=45$, $V_T=4$ ④ $SS_T=50$, $V_T=5$

92 작년도 자료에 의하면 A대학교의 도서관에서 도서를 대출한 학부 학생들의 학년별 구성비는 1학년 12%, 2학년 20%, 3학년 33%, 4학년 35%였다. 올해 이 도서관에서 도서를 대출한 학부 학생들의 학년별 구성비가 작년도와 차이가 있는가를 분석하기 위해 학부생 도서 대출자 400명을 랜덤하게 추출하여 학생들의 학년별 도수를 조사하였다. 이 자료를 갖고 통계적인 분석을 하는 경우 사용되는 검정통계량은?

① 자유도가 $(1, 398)$인 $F-$검정통계량

② 자유도가 $(3, 396)$인 $F-$검정통계량

③ 자유도가 3인 카이제곱 검정통계량

④ 자유도가 4인 카이제곱 검정통계량

답안 표기란	
89	① ② ③ ④
90	① ② ③ ④
91	① ② ③ ④
92	① ② ③ ④

PART 1

CBT 빈출 모의고사

93 다음 중 회귀분석에 관한 설명으로 옳지 않은 것은?

① 회귀분석은 자료를 통하여 독립변수와 종속변수 간의 함수관계를 통계적으로 규명하는 분석방법이다.
② 다중회귀분석은 독립변수들이 서로 독립적이어야 한다.
③ 단순회귀선형모형의 오차(ε_i)에 대한 가정에서 $\varepsilon_i \sim N(0, \sigma^2)$이며, 오차는 서로 독립이다.
④ 최소제곱법은 회귀모형의 절편과 기울기를 구하는 방법으로 잔차의 합을 최소화시킨다.

94 다른 변수들의 상관관계를 통제하고 순수하게 두 변수 간의 상관관계를 나타내는 것은?

① 모상관계수
② 편상관계수
③ 다중상관계수
④ 표본상관계수

95 모 상관계수가 ρ인 이변량 정규분포를 따르는 두 변수에 대한 자료 $(x_1, y_1)(o=1, 2, \cdots, n)$에 대하여 표본상관계수

$$r = \frac{\sum_{i=1}^{n}(x_i - \overline{x})(y_i - \overline{y})}{\sqrt{\sum_{i=1}^{n}(x_i - \overline{x})^2}\sqrt{\sum_{i=1}^{n}(y_i - \overline{y})^2}}$$ 을 이용하여 귀무가설 $H_0 : p = 0$

을 검정하고자 한다. 이 때 사용되는 검정통계량과 그 자유도는?

① $\sqrt{n-1}\dfrac{r}{\sqrt{1-r}}, n-1$
② $\sqrt{n-2}\dfrac{r}{\sqrt{1-r}}, n-2$
③ $\sqrt{n-1}\dfrac{r}{\sqrt{1-r^2}}, n-1$
④ $\sqrt{n-2}\dfrac{r}{\sqrt{1-r^2}}, n-2$

96 단순회귀모형 $y_i = \alpha + \beta x_i + \varepsilon_i\ (i=1, 2, 3, \cdots, n)$ 가정하에 자료를 분석하기로 하였다. 각각의 독립변수 x_i에서 반응변수 y_i를 관측하여 정리한 결과가 다음과 같을 때, 회귀계수 α, β의 최소제곱 추정값을 순서대로 나열한 것은?

$$\overline{x} = \frac{1}{n}\sum_{i=1}^{n}x_i = 50,\ \sum_{i=1}^{n}(x_i - \overline{x})^2 = 2,000$$

$$\overline{y} = \frac{1}{n}\sum_{i=1}^{n}y_i = 100,\ \sum_{i=1}^{n}(y_i - \overline{y})^2 = 3,000$$

$$\sum_{i=1}^{n}(x_i - \overline{x})(y_i - \overline{y}) = -3,500$$

① 187.5, -1.75
② 197.5, -2.75
③ 207.5, -3.75
④ 217.5, -4.75

답안 표기란

93	①	②	③	④
94	①	②	③	④
95	①	②	③	④
96	①	②	③	④

97 다음 분산분석표에 대응하는 통계적 모형으로 적절한 것은?

요인	제곱합	자유도	제곱평균	F_0	F(0.05)
회귀	550.8	4	137.7	18.36	4.12
잔차	112.5	15	7.5		
계	663.3	19			

① 독립변수가 4개인 일원배치모형
② 독립변수가 4개인 중회귀모형
③ 종속변수가 3개인 중회귀모형
④ 종속변수가 1개인 단순회귀모형

98 다음 중 단순회귀분석에서 결정계수 R^2에 대한 설명으로 옳지 않은 것은?

① 추정회귀직선의 기울기가 0이면, $R^2=0$이다.
② 종속변수에 미치는 영향이 적은 독립변수가 추가되어도 결정계수는 증가한다.
③ 관찰점들이 추정회귀직선 상에 위치하면 $R^2=1$이다.
④ 결정계수는 설명변수와 반응변수 사이의 상관계수와는 관계가 없다.

99 회귀분석의 결과, 분산분석표에서 잔차제곱합(SSE)은 60, 총제곱합(SST)은 240임을 알았을 때 이 회귀모형의 결정계수는?

① 0.25　　② 0.50　　③ 0.75　　④ 0.90

100 크기가 10인 표본으로부터 얻은 자료 (x_1, y_1), (x_2, y_2), $\cdots$, (x_{10}, y_{10})에서 얻은 단순선형회귀식의 기울기가 0인지 아닌지를 검정할 때, 사용되는 $t-$분포의 자유도는?

① 6　　② 8　　③ 10　　④ 12

답안 표기란

97	① ② ③ ④
98	① ② ③ ④
99	① ② ③ ④
100	① ② ③ ④

PART 1

CBT 빈출 모의고사

제7회 CBT 빈출 모의고사

수험번호

수험자명

⏱ 제한 시간 : 2시간 30분   전체 문제 수 : 100   맞힌 문제 수 :

1과목	조사방법과 설계

답안 표기란

01	① ② ③ ④
02	① ② ③ ④
03	① ② ③ ④

01 사회조사의 유형에 관한 설명으로 옳은 것을 모두 고르면?

> ㉠ 탐색적 조사, 기술적 조사, 설명적 조사는 조사의 목적에 따른 구분이다.
> ㉡ 패널조사, 동년배집단(cohort)조사는 동일대상인에 대한 반복측정을 원칙으로 한다.
> ㉢ 2차 자료 분석연구는 비관여적 연구방법이다.
> ㉣ 탐색적 조사의 경우에 명확한 연구가설과 구체적 조사계획이 사전에 수립되어야 한다.

① ㉠, ㉡   ② ㉠, ㉢   ③ ㉡, ㉣   ④ ㉠, ㉢, ㉣

02 다음 중 과학적 연구방법의 특징으로 틀린 것은?

① 과학적 진실의 현실적합성을 높이기 위하여 가급적 많은 자료와 변수를 포함하는 것이 좋다.
② 과학적 연구는 연역법과 귀납법에 의하여 논리적으로 설명할 수 있어야 한다.
③ 과학적 현상은 어떤 원인이 있는 것이다.
④ 체계성은 일정한 규칙, 원리 등 통일된 원칙에 입각하여 진행되어야 한다는 것이다.

03 다음 중 연구의 목적과 사례의 연결이 적절하지 않은 것은?

① 기술 — 인구조사, 주택조사 등의 현상을 탐구하고 명백화하기 위하여 실시하는 연구
② 설명 — 시민들의 왜 전기료 인상에 반대하는지 파악하고자 하는 연구
③ 탐색 — 단일사례설계를 통하여 운동이 체중 감소에 미치는 효과를 검증하는 연구
④ 평가 — 현재의 공공의료정책이 1인당 국민 의료비를 증가시켰는지에 대한 연구

04 사회조사를 할 경우 수집한 자료를 편집, 정정, 보완하거나 필요에 따라서 삭제해야 할 필요성이 생겨나는 단계는?

① 문제설정단계
② 자료분석단계
③ 자료수집단계
④ 예비검사단계

답안 표기란				
04	①	②	③	④
05	①	②	③	④
06	①	②	③	④
07	①	②	③	④

05 다음의 사례에 해당하는 오류로 적절한 것은?

> A 사회조사기관은 K 시를 조사하여 대학 졸업 이상의 인구비율이 높은 지역이 낮은 지역에 비해 소득이 더 높음을 알게 되었고 이를 통해 학력수준이 높은 사람이 낮은 사람에 비해 소득수준이 높다는 결론에 도달했다.

① 무작위 오류
② 체계적 오류
③ 환원주의 오류
④ 생태학적 오류

06 다음 중 귀납법에 관한 설명으로 옳지 않은 것은?

① 마지막 단계에서는 가설과 관찰결과를 비교하게 된다.
② 특수한 사실을 전제로 하여 일반적 진리의 결론을 내리는 방법이다.
③ 관찰 사실의 공통적인 유형을 객관적으로 증명하기 위하여 통계적 분석이 요구된다.
④ 관찰된 많은 사실들이 공통적으로 전개되는 것을 발견하고 이들의 유형을 객관적인 수준에서 증명하는 것이다.

07 다음 중 탐색적 연구방법으로 볼 수 없는 것은?

① 문헌연구
② 델파이기법
③ 시계열연구
④ 사례연구

PART **1**

CBT 빈출 모의고사

08 다음 중 기술적 연구의 특성으로 옳지 않은 것은?

① 설명적 연구에 대한 기초자료를 제공한다.

② 연구의 반복이 어렵다.

③ 패널연구도 기술적 연구에 속한다.

④ 표준화된 문항을 사용하여 측정의 일관성을 확보할 수 있다.

08	①	②	③	④
09	①	②	③	④
10	①	②	③	④
11	①	②	③	④

09 다음 중 패널연구에 관한 설명으로 바르지 않은 것은?

① 특정 조사대상자들을 반복적으로 실시하는 조사방법을 의미한다.

② 종단적 조사에 속한다.

③ 반복적으로 조사하는 것이 특징이다.

④ 패널 운영 시 자연 탈락된 패널 구성원은 조사결과에 크게 영향을 미치지 않는다.

10 지난해 특정한 3개 대학교의 졸업생들을 모집단으로 하여 향후 10년 간 매년 일정시점에 표본을 추출하여 조사를 한다면 어떤 조사인가?

① 횡단적 연구   ② 서베이 리서치

③ 코호트 연구   ④ 시계열 연구

11 양적－질적연구방법의 비교에서 질적연구방법에 대한 설명으로 옳은 것을 모두 고르면?

> ㉠ 연구자의 주관성을 활용한다.
> ㉡ 선 이론, 후 조사의 방법을 활용한다.
> ㉢ 연구절차가 유연하고 직관적이다.
> ㉣ 연기도구로 연구자의 자질이 중요하다.
> ㉤ 비공식적 언어를 사용한다.

① ㉠, ㉡, ㉢

② ㉠, ㉡, ㉣

③ ㉠, ㉢, ㉣, ㉤

④ ㉠, ㉡, ㉢, ㉣, ㉤

12 다음은 사회조사방법의 하나이다. 조사방법으로 적절한 것은?

> 특정 시점에 다른 특성을 지닌 집단들 사이의 차이를 측정하는 조사방법

① 패널조사
② 추세조사
③ 코호트조사
④ 서베이조사

답안 표기란				
12	①	②	③	④
13	①	②	③	④
14	①	②	③	④
15	①	②	③	④

PART **1**

CBT 빈출 모의고사

13 다음 중 표본추출과정을 바르게 나열한 것은?

① 모집단 확정 → 표본틀 결정 → 표본추출방법 결정 → 표본크기 결정 → 표본추출

② 표본추출방법 결정 → 표본크기 결정 → 모집단 확정 → 표본틀 결정 → 표본추출

③ 표본크기 결정 → 모집단 확정 → 표본틀 결정 → 표본추출방법 결정 → 표본추출

④ 표본틀 결정 → 모집단 확정 → 표본크기 결정 → 표본추출방법 결정 → 표본추출

14 다음 중 표집과 관련된 용어에 대한 설명으로 옳지 않은 것은?

① 통계량은 표본의 수치적 특성이다.

② 모수는 표본에서 어떤 변수가 가지고 있는 특성을 요약한 통계치 이다.

③ 표집간격은 모집단으로부터 표본을 추출할 때 추출되는 요소와 요소 간의 간격을 의미한다.

④ 관찰단위는 표본추출을 하는 직접적인 조사대상을 의미한다.

15 다음 중 통계적 추리와 관련된 분포 중에서 이론상으로만 존재하는 것은?

① 표본분포
② 모집단분포
③ 표집분포
④ 표집틀분포

16 다음에서 비확률 표본추출법과 비교한 확률 표본추출법의 특징을 모두 고르면?

> ㉠ 연구대상이 표본으로 추출될 확률이 알려져 있다.
> ㉡ 표본오차의 추정이 불가능하다.
> ㉢ 모수 추정에 조사자의 주관성을 배제한다.
> ㉣ 인위적으로 표본을 추출한다.

① ㉠, ㉡
② ㉠, ㉢
③ ㉡, ㉢, ㉣
④ ㉠, ㉡, ㉢, ㉣

17 다음 중 단순무작위표본추출법에 대한 설명으로 옳은 것은?

① 표본이 모집단의 전체에서 추출된다.
② 비확률표집방법이다.
③ 모집단의 평균에 가까운 요소가 표본으로 추출될 확률이 더 크다.
④ 난수표 또는 할당표를 이용할 수 있다.

18 다음 설명에 해당하는 표본추출방법은?

> 어떤 공정으로부터 제품이 생산되어 나오는 경우 일정 시간간격마다 하나의 표본을 뽑는다거나, 수입품 검사에 있어서 선창이나 창고에서 표본을 뽑게 되면 내부나 밑에서 표본이 뽑혀지는 것이 어렵기 때문에 운송 중에 일정 시간마다 표본을 뽑는다고 하였을 때의 표본추출방법

① 편의표본추출
② 계통표본추출
③ 층화표본추출
④ 눈덩이표본추출

19 초등학생들을 대상으로 여론조사를 할 경우 모집단 학생들의 학년별 구성을 가장 잘 반영할 수 있는 표집방법은?

① 계통표집
② 눈덩이표집
③ 판단표집
④ 층화표집

답안 표기란				
16	①	②	③	④
17	①	②	③	④
18	①	②	③	④
19	①	②	③	④

20 다음 중 군집표집(cluster sampling)에 관한 설명으로 옳지 않은 것은?

① 군집이 동질적이면 오차의 가능성이 낮다.

② 특정 집단의 특성을 과대 또는 과소하게 나타낼 수 있다.

③ 단순무작위표집에 비하여 시간과 비용이 적게 든다.

④ 전체 모집단의 목록표를 작성하지 않아도 된다.

21 중학생 집단을 학년과 성, 과목(국어, 영어, 수학, 국사, 과학)으로 구분하여 할당표집할 경우 할당표는 총 몇 개의 범주로 구분되는가?

① 10개

② 20개

③ 30개

④ 40개

22 다음 사례에서 나타난 표본추출방법은?

> 알코올중독자의 생활실태를 조사하려는 경우 모집단을 찾을 수 없어 일상적인 표집절차로는 조사수행이 어려웠다. 그래서 첫 단계에서는 병원단체를 통해 소수의 응답자를 찾아 면접하고 다음 단계에서는 첫 번째 응답자의 소개로 면접 조사하였으며 계속 다음 단계의 면접자를 소개받는 방식으로 표본수를 충족시켰다.

① 단순무작위표집

② 눈덩이표집

③ 군집표집

④ 편의표집

23 다음 중 표본추출오차와 비표본추출오차에 관한 설명으로 옳지 않은 것은?

① 표본추출오차의 크기는 표본의 크기가 작을수록 증가한다.

② 비표본추출오차는 표본조사와 전수조사 모두에서 발생할 수 있다.

③ 비표본추출오차는 조사원을 훈련시키는 방법으로 오차를 감소시킬 수 있다.

④ 전수조사의 경우 비표본추출오차는 없으나 표본추출오차는 상당히 클 수 있다.

답안 표기란				
20	①	②	③	④
21	①	②	③	④
22	①	②	③	④
23	①	②	③	④

PART **1**

CBT 빈출 모의고사

24 소득과 학력이라는 2개의 변수와 각 변수에는 2개의 범주를 두고(2종류의 소득 및 2종류의 학력) 표를 만들 때 칸들이 만들어진다. 각 칸마다 5가지 사례가 있다면 표본의 크기는?

① 20

② 40

③ 80

④ 160

25 다음 중 질문지 작성원칙으로 옳지 않은 것은?

① 질문은 의미가 명확해야 한다.

② 한 질문에 한 가지 내용만 포함되도록 한다.

③ 응답지의 각 항목은 이중적 질문이 아니어야 한다.

④ 과학적이며 전문적인 용어만 사용해야 한다.

26 다음 중 설문지의 지시문에 들어갈 내용이 아닌 것은?

① 조사기관 및 조사자 신분

② 응답자 비밀보장

③ 응답자 특성

④ 협조요청

27 다음 중 심층면접법(in-depth interview)에 대한 설명으로 옳지 않은 것은?

① 대규모 조사연구에 적합하다.

② 전화조사에 비해 비용이 많이 든다.

③ 면접자는 응답자와 친숙한 분위기를 형성하도록 해야 한다.

④ 면접자 개인별 차이에서 오는 영향이나 오류를 통제하기 어렵다.

답안 표기란				
24	①	②	③	④
25	①	②	③	④
26	①	②	③	④
27	①	②	③	④

28 다음 중 순수실험설계에 관한 설명을 바르게 나타낸 것은?

① 통제집단 사전—사후설계의 경우 시험효과를 제거하기 어렵다.
② 순수실험설계는 상업적 연구에서 주로 활용된다.
③ 통제집단 사후실험설계는 사전검사를 실시한다.
④ 솔로몬 4개 집단설계는 통제집단 사전—사후설계와 통제집단 사후실험설계가 결합된 형태이다.

답안 표기란				
28	①	②	③	④
29	①	②	③	④
30	①	②	③	④
31	①	②	③	④

29 다음 설명에 해당하는 인과성 요건은?

한 연구자가 그 지역의 성인 50명을 무작위로 추출하여 대인관계(만남)와 알코올 섭취에 미치는 영향을 조사한 결과, 대인관계가 많은 사람일수록 알코올 섭취량도 유의미하게 많은 것으로 나타났다. 이를 토대로 대인관계가 알코올 섭취를 야기시킨다는 인과적인 설명을 하는 경우 가장 문제가 되는 인과성의 요건이다.

① 허위적 상관
② 경험적 상관
③ 통제적 상관
④ 시간적 선행

30 다음 중 외생변수의 통제가 가장 용이한 실험설계는?

① 순수실험설계
② 솔로몬 4집단설계
③ 집단 비교설계
④ 통제집단 사전—사후측정 설계

2과목 조사관리와 자료처리

31 다음 중 관찰법의 분류기준에 관한 설명으로 옳지 않은 것은?

① 자연적 · 인위적 관찰은 관찰이 일어나는 상황이 인공적인지의 여부에 따라 분류한 것이다.
② 직접적 · 간접적 관찰은 관찰시기가 행동발생과 일치하는지의 여부에 따라 분류한 것이다.
③ 체계적 · 비체계적 관찰은 관찰주체 또는 도구가 무엇인지에 따라 나누어진다.
④ 공개적 · 비공개적 관찰은 관찰대상자가 관찰사실을 알고 있는지의 여부에 따라 나누어진다.

PART **1**

CBT 빈출 모의고사

32 다음 중 2차 자료를 이용하는 조사방법은?

① 현지조사 ② 면접조사
③ 우편조사 ④ 문헌조사

33 다음 중 개방형 질문의 특징이 아닌 것은?

① 자료처리를 위한 편집이 쉬운 것이 특징이다.
② 예기치 못한 응답을 얻을 수 있다.
③ 자세하고 풍부한 응답내용을 얻을 수 있다.
④ 탐색조사에서 유용한 질문의 형태이다.

34 다음 중 자기기입식 조사방법으로 볼 수 없는 것은?

① 인터넷조사 ② 전화조사
③ 집단조사 ④ 우편조사

35 다음 중 우편조사의 응답률에 영향을 미치는 주요요인이 아닌 것은?

① 응답자의 익명성과 비밀보장
② 연구주관기관과 지원단체의 성격
③ 상품권 등 인센티브
④ 응답자의 지역적 범위

답안 표기란				
32	①	②	③	④
33	①	②	③	④
34	①	②	③	④
35	①	②	③	④

36 다음 중 온라인조사에 대한 설명으로 바르지 않은 것은?

① 특정 웹사이트를 찾은 사람을 대상으로 한 조사의 경우 표본의 대표성을 확보하기 용이하다.

② 현장조사에 비해 적은 비용으로 조사할 수 있다.

③ 특정 연령층이나 성별에 따른 편중된 응답이 도출될 위험성이 있다.

④ 응답자의 신분을 확인할 방법이 제한되어 있다.

37 다음의 자료수집방법 중 관찰에 관한 설명으로 옳지 않은 것은?

① 다른 연구와의 비교를 통하여 규칙성을 확인할 수 있다.

② 의사소통능력이 없는 대상자에게는 활용될 수 없다.

③ 양적 연구와 질적 연구에 모두 활용될 수 있다.

④ 연구대상자의 철학이나 세계관 등이 반영될 수 있다.

38 다음 설명에 해당하는 관찰도구는?

> 어떠한 자극을 보여주고 피관찰자의 눈동자 크기를 측정하는 것으로 동공의 크기 변화를 통해 응답자의 반응을 측정한다.

① 오디미터(audimeter)

② 사이코갈바노미터(psychogalvanometer)

③ 퓨필로미터(pupilometer)

④ 아이 카메라(eye camera)

39 다음 중 표준화면접의 사용이 가장 적절한 경우는?

① 타당성이 높은 자료를 수집하고자 할 때

② 보다 융통성 있는 면접분위기를 유도하고자 할 때

③ 필요한 변수를 찾아내는데 유용한 자료를 얻고자 할 때

④ 정확하고 체계적인 자료를 얻고자 할 때

답안 표기란				
36	①	②	③	④
37	①	②	③	④
38	①	②	③	④
39	①	②	③	④

PART 1

CBT 빈출 모의고사

40 응답자에게 면접조사에 참여하고자 하는 동기를 부여하는 요인으로 적절하지 않은 것은?

① 사생활 침해에 대한 오인과 자기방어 욕구가 있는 경우

② 물질적 보상과 다른 혜택에 대한 기대가 있는 경우

③ 면접자를 돕고 싶은 욕구가 생기는 경우

④ 자신의 생각이나 의도를 표현하고 싶은 욕망이 있는 경우

41 의사소통을 통한 자료수집방법에서 비체계적 – 비공개적 의사소통 방법에 해당하는 것은?

① 전화조사

② 표적집단면접법

③ 대인면접법

④ 역할행동법

42 연구문제가 학문적으로 뜻이 있는 것이라고 할 때, 학문적 기준으로 옳지 않은 것은?

① 충분히 독창성을 가져야 한다.

② 실천적 유관적합성이 있어야 한다.

③ 경험적 검증가능성이 있어야 한다.

④ 이론적인 의의를 가져야 한다.

43 다음 중 측정의 신뢰성을 향상시킬 수 있는 방법으로 옳지 않은 것은?

① 측정도구에 포함된 내용이 측정하고자 하는 내용을 대표할 수 있도록 한다.

② 사전검사 또는 예비검사를 실시한다.

③ 측정항목의 모호성을 제거한다.

④ 표준화된 지시사항과 설명을 사용한다.

답안 표기란				
40	①	②	③	④
41	①	②	③	④
42	①	②	③	④
43	①	②	③	④

44 다음 설명에 공통으로 해당하는 변수는?

> • 인과관계에서 독립변수에 앞서가며 독립변수에 대해 유효한 영향력을 행사하는 변수를 의미한다.
> • 독립변수에 대한 보조적 역할을 수행하는 변수이므로, 이 변수가 통제된다고 해도 독립변수와 종속변수 간의 관계가 사라지지 않는다.

① 억제변수
② 구성변수
③ 선행변수
④ 매개변수

45 다음 중 연속변수로 구성하기 어려운 것은?

① 체중
② 인종
③ 범죄율
④ 소득

46 다음 중 개념의 조작화에 관한 설명으로 적절하지 않은 것은?

① 사회현상을 보편적 언어로 정의하는 과정이다.
② 실증주의 패러다임에서 강조한다.
③ 추상적 세계와 경험적 세계를 연결하는 역할을 한다.
④ 개념을 수량화하여 측정 가능하도록 해준다.

47 다음 중 조작적 정의와 그 예로 적절하지 않은 것은?

① 서비스만족도 — 재이용 의사 유무
② 운동 – 주 3회 30분 운동
③ 빈곤 — 물질적인 결핍 상태
④ 소득 – 월 200만원

답안 표기란				
44	①	②	③	④
45	①	②	③	④
46	①	②	③	④
47	①	②	③	④

PART 1

CBT 빈출 모의고사

48 다음 중 경험적으로 검증할 수 있는 가설의 예로 적절한 것은?

① 인간의 욕망은 모든 사회에서 나타날 것이다.
② 다양성이 존중되는 사회는 보편성을 가진다.
③ 모든 행위는 비용과 보상에 의해 결정된다.
④ 명상에 참여하는 인구가 늘어날수록 심리적 안정을 누리는 인구
는 늘어날 것이다.

49 어떤 사건이나 대상이 지니고 있는 경험적인 속성에 대해 일정한 규칙에 따라 수치를 부여하는 것은?

① 척도
② 측정
③ 변수
④ 지표

50 다음 중 명목척도 구성을 위한 측정범주들에 대한 기본 원칙으로 볼수 없는 것은?

① 논리적 연관성
② 포괄성
③ 선택성
④ 배타성

51 다음 중 비율척도로 볼 수 없는 것은?

① 온도
② 문맹률
③ 소득 금액
④ 빈곤율

답안 표기란				
48	①	②	③	④
49	①	②	③	④
50	①	②	③	④
51	①	②	③	④

52 다음 중 가장 다양한 통계기법을 적용할 수 있는 측정수준은?

① 명목측정 ② 서열측정
③ 비율측정 ④ 등간측정

53 다음 설명에 해당하는 척도는?

> 태도척도에서 부정적인 극단에는 1점을, 긍정적인 극단에는 5점을 부여한 후, 전체 문항의 총점 또는 평균을 가지고 태도를 측정하는 척도

① 서스톤척도 ② 리커트척도
③ 거트만척도 ④ 의미분화척도

54 다음 중 보가더스(Bogardus)의 사회적 거리척도의 특징으로 틀린 것은?

① 적용 범위가 넓고 예비조사에 적합하다.
② 집단 상호간의 거리를 측정하는 데 유용하다.
③ 신뢰성 측정에는 양분법이나 복수양식법이 효과적이다.
④ 집단뿐 아니라 개인 및 추상적인 가치에도 적용할 수 있다.

55 다음 중 측정오차에 관한 설명으로 옳지 않은 것은?

① 비체계적 오차는 타당성과 관련이 있다.
② 측정오차는 일관되지 않게 나타날 수 있다.
③ 표준화된 측정도구를 사용하면 체계적 오차를 줄일 수 있다.
④ 측정이 이루어지는 환경적 요인의 변화에 따라 측정오차가 발생할 수 있다.

답안 표기란				
52	①	②	③	④
53	①	②	③	④
54	①	②	③	④
55	①	②	③	④

PART 1

CBT 빈출 모의고사

56 측정오차 중 체계적 오차와 관련이 있는 것은?

① 통계적 회귀   ② 생태적 오류

③ 환원적 오류   ④ 사회적 편향

57 다음 중 측정도구의 타당도 평가방법에 대한 설명으로 옳지 않은 것은?

① 한 측정치를 기준으로 다른 측정치와의 상관관계를 추정한다.

② 크론바흐 알파값을 산출하여 문항 상호간의 일관성을 측정한다.

③ 내용타당도는 측정대상과 관련한 이론들을 판단기준으로 사용한다.

④ 개념타당도는 이해타당성, 집중타당성, 판별타당성으로 구분한다.

58 다음 중 개념타당성에 해당하지 않는 것은?

① 이해타당성   ② 집중타당성

③ 예측타당성   ④ 판별타당성

59 다음 중 측정의 신뢰성과 관계가 없는 것은?

① 유연성   ② 일관성

③ 반복가능성   ④ 예측가능성

60 다음 ( ) 안에 들어갈 말로 알맞은 것은?

> 사회조사에서 측정할 때 두 가지 문제를 고려해야 한다. 첫째는 측정하고자 하는 내용을 제대로 측정하고 있는가에 관한 (㉠)의 문제이고, 둘째는 반복적으로 측정했을 때 같은 결과를 얻을 수 있는가에 관한 (㉡)의 문제이다.

① ㉠ 신뢰성, ㉡ 타당성   ② ㉠ 타당성, ㉡ 신뢰성

③ ㉠ 일관성, ㉡ 동질성   ④ ㉠ 동일성, ㉡ 일관성

답안 표기란				
56	①	②	③	④
57	①	②	③	④
58	①	②	③	④
59	①	②	③	④
60	①	②	③	④

3과목 통계분석과 활용

61 ㈜대한에서는 직원들의 승진심사에서 평가 항목별 성적의 가중평균을 승진평가 성적으로 적용하기로 하였다. 직원 A의 항목별 성적이 다음과 같을 때, 승진평가 성적은?

구분	성적(100점 만점)	가중치
근무평가	70점	30%
성과평가	80점	30%
승진시험	90점	40%

① 78점   ② 80점   ③ 81점   ④ 83점

62 다음의 자료로 줄기─잎 그림을 그리고 중앙값을 찾아보려 한다. 빈 칸에 들어갈 잎과 중앙값을 순서대로 바르게 나열한 것은?

> 25 45 54 44 42 34 81 73 66 78 62 46 86 50 43 53 38

줄기	잎
2	5
3	4 8
4	2 3 4 5 6
5	
6	1 6
7	3 8
8	1 6

① 0 3, 중앙값＝48   ② 0 3 4, 중앙값＝50

③ 0 0 3, 중앙값＝52   ④ 0 4 4, 중앙값＝53

63 다음 중 측도의 단위가 관측치의 단위와 다른 것은?

① 표준편차   ② 중앙값

③ 평균   ④ 분산

64 A기업은 직원들에 대해서 신체검사를 하였다. 신체검사 결과 가슴 둘레와 팔 길이의 산포크기를 비교하고자 할 때 가장 적합한 것은?

① 변동계수   ② 최빈값

③ 평균편차   ④ 범위

65 다음에서 오른쪽으로 꼬리가 길게 늘어진 형태의 분포에 대한 설명으로 옳은 것을 모두 고르시오.

> ㉠ 왜도는 양의 값을 가진다.
> ㉡ 왜도는 음의 값을 가진다.
> ㉢ 자료의 평균은 중앙값보다 큰 값을 가진다.
> ㉣ 자료의 평균은 중앙값보다 작은 값을 가진다.

① ㉠, ㉡   ② ㉠, ㉢

③ ㉡, ㉢   ④ ㉡, ㉣

66 항아리 속에 흰 구슬 2개, 붉은 구슬 3개, 검은 구슬 5개가 들어 있다. 이 항아리에서 임의로 구슬 3개를 꺼낼 때, 흰 구슬 2개와 검은 구슬 1개가 나올 확률은?

① $\frac{1}{24}$ ② $\frac{1}{28}$

③ $\frac{1}{36}$ ④ $\frac{1}{42}$

67 한 학생이 명상학 과목에서 합격점수를 받을 확률은 2/3이고, 명상학과 통계학 두 과목에서 모두 합격점수를 받을 확률은 1/2이다. 만일 이 학생이 명상학 과목에 합격했음을 알고 있다면, 통계학 과목에서 합격점수를 받았을 확률은?

① 70%   ② 75%

③ 80%   ④ 85%

답안 표기란				
64	①	②	③	④
65	①	②	③	④
66	①	②	③	④
67	①	②	③	④

68 K공장에 같은 모양의 스마트폰을 만드는 3대의 기계 A, B, C가 있다. 기계 A, B, C에서 각각 전체 생산량의 50%, 30%, 20%를 생산하고, 기계의 불량률이 각각 5%, 3%, 2%라고 한다. K공장에서 생산된 스마트폰 하나가 불량품일 때, 기계 A에서 생산되었을 확률은?

① 0.66　　　　　　　　　② 0.68
③ 0.72　　　　　　　　　④ 0.73

69 탁구 게임에서 우승한 길동이는 주사위를 던져서 나온 숫자에 10,000원을 곱한 상금을 받게 되었다. 그런데 그 주사위에는 홀수가 없이 짝수만이 있다. 즉 2가 2면, 4가 2면, 6이 2면인 것이다. 그 주사위를 던졌을 때 받게 될 상금의 기댓값은 얼마인가?

① 20,000원　　　　　　　② 30,000원
③ 40,000원　　　　　　　④ 50,000원

70 연속확률변수 X의 확률밀도함수가 다음과 같을 때 X의 기댓값은?

$$f(x) = \begin{cases} kx(1-x), & 0 \leq x \leq 1 \\ 0, & x < 0 \text{ 또는 } x > 1 \end{cases}$$

① $\dfrac{1}{4}$　　　　　　　　　② $\dfrac{1}{2}$
③ $\dfrac{3}{4}$　　　　　　　　　④ 1

71 n개의 베르누이 시행(Bernoulli's trial)에서 성공의 개수를 X라 하면 X의 분포는?

① 포아송분포　　　　　　② 음이항분포
③ 초기하분포　　　　　　④ 이항분포

답안 표기란				
68	①	②	③	④
69	①	②	③	④
70	①	②	③	④
71	①	②	③	④

PART **1**

CBT 빈출 모의고사

72 명중률이 75%인 사수가 있다. 1개의 주사위를 던져서 1 또는 2의 눈이 나오면 2번 쏘고, 그 이외의 눈이 나오면 3번 쏘기로 한다. 1개의 주사위를 한 번 던져서 이에 따라 목표물을 쏠 때, 오직 한 번만 명중할 확률은?

① $\dfrac{5}{32}$ ② $\dfrac{6}{32}$

③ $\dfrac{7}{32}$ ④ $\dfrac{8}{32}$

73 A공정에서 생산된 제품 10개 중 평균적으로 2개가 불량품이라고 알려져 있다. 그 공정에서 임의로 제품 7개를 선택하여 검사한다고 할 때, 불량품의 수를 Y라고 하면 Y의 분산은?

① 1.12   ② 1.89

③ 2.32   ④ 3.43

74 평균이 μ이고 표준편차가 $\sigma(>0)$인 정규분포 $N(\mu, \sigma^2)$에 대한 설명으로 옳지 않은 것은?

① 정규분포 $N(\mu, \sigma^2)$은 평균 μ에 대하여 좌우대칭인 종 모양이다.
② 평균 μ의 변화는 단지 분포의 중심위치만 이동시킬 뿐 분포의 형태에는 변화를 주지 않는다.
③ 표준편차 σ의 변화는 σ값이 커질수록 μ근처의 확률은 커지고 꼬리부분의 확률은 작아지는 모양으로 분포의 형태에 영향을 미친다.
④ 확률변수 X가 정규분포 $N(\mu, \sigma^2)$을 따르면, 표준화된 확률변수 $Z = \dfrac{(X-\mu)}{\sigma}$는 $N(0, 1)$을 따른다.

75 확률변수 X가 평균이 5이고 표준편차가 2인 정규분포를 따를 때, X의 값이 4보다 크고 6보다 작을 확률은?
(단, $P(Z<0.5)=0.6915$, $Z\sim N(0,1)$)

① 0.3830   ② 0.4012

③ 0.4124   ④ 0.6237

답안 표기란				
72	①	②	③	④
73	①	②	③	④
74	①	②	③	④
75	①	②	③	④

76 확률변수 X의 분포의 자유도가 각각 a와 b인 $F(a, b)$를 따른다면 확률변수 $Y = \dfrac{1}{X}$의 분포는?

① $F(a, b)$

② $F(b, a)$

③ $F(\dfrac{1}{a}, \dfrac{1}{b})$

④ $F(\dfrac{1}{b}, \dfrac{1}{a})$

답안 표기란				
76	①	②	③	④
77	①	②	③	④
78	①	②	③	④
79	①	②	③	④

77 표본의 크기가 $n = 10$에서 $n = 160$으로 증가한다면, 평균의 표준오차는 $n = 10$에서 얻은 경우와 비교할 경우 값의 변화는?

① 2배

② $\dfrac{1}{2}$배

③ $\dfrac{1}{3}$배

④ $\dfrac{1}{4}$배

78 A공장에서 생산한 제품의 무게는 평균이 $240g$, 표준편차는 $8g$인 정규분포를 따른다고 한다. A공장에서 생산한 제품 25개의 평균 무게가 $242g$ 이하일 확률은? (단, Z는 표준정규분포를 따르는 확률변수)

① $P(Z < 1)$

② $P(Z \leq \dfrac{5}{4})$

③ $P(Z \leq \dfrac{3}{2})$

④ $P(Z \leq 2)$

79 다음 중 점추정치에 관한 설명으로 옳지 않은 것은?

① 불편성은 좋은 추정량의 성질 중 하나는 추정량의 기댓값이 모수값이 되는 것이다.

② 일치성은 표본의 크기가 커질수록 표본으로부터 구한 추정치가 모수와 다를 확률이 0에 가깝다는 것이다.

③ 표본에 의한 추정치 중에서 중위수는 평균보다 중앙에 위치하기 때문에 효율성이 있는 추정치가 될 수 있다.

④ 충분성은 좋은 추정량의 성질 중 하나는 추정량의 값이 주어질 때 조건부 분포가 모수에 의존하지 않는다는 것이다.

80 어떤 사회정책에 대한 찬성률을 추정하고자 한다. 크기 n인 임의표본(확률표본)을 추출하여 자료를 $x_1, \cdots, x_n$으로 입력하였을 때 찬성률에 대한 점추정치로 옳은 것은? (단, 찬성이면 0, 반대면 1로 코딩한다.)

① $\dfrac{1}{\sqrt{n}}\sum\limits_{i=1}^{n}x_1$

② $\dfrac{1}{n}\sum\limits_{i=1}^{n}x_1$

③ $\dfrac{1}{\sqrt{n}}\sum\limits_{i=1}^{n}(1-x_1)$

④ $\dfrac{1}{n}\sum\limits_{i=1}^{n}(1-x_1)$

81 모분산 $\sigma^2=16$인 정규모집단에서 표본의 크기가 25인 확률표본을 추출한 결과 표본평균 10을 얻었다. 모평균에 대한 90% 신뢰구간을 구하면? (단, 표준정규분포를 따르는 확률변수 Z에 대해 $P(Z<1.28)=0.90$, $P(Z<1.645)=0.95$, $P(Z<1.96)=0.975$)

① $(8.43, 10.13)$

② $(8.68, 11.32)$

③ $(8.99, 11.78)$

④ $(9.25, 12.45)$

82 $20\times\times$년 A프로야구팀은 총 77게임을 하였는데 37번의 홈경기에서 26게임을 이긴 반면에 40번의 원정경기에서는 23게임을 이겼다. 홈경기 승률($\hat{p}_1$)과 원정경기 승률($\hat{p}_2$) 간의 차이에 대한 95% 신뢰구간으로 옳은 것은? (단, $Var(\hat{p}_1)=0.0056$, $Var(\hat{p}_2)=0.0061$이며, 표준정규분포에서 $P(Z\geq1.65)=0.05$ 이고 $P(Z\geq1.65)=0.025$이다.)

① $0.128\pm1.65\sqrt{0.0005}$

② $0.128\pm1.65\sqrt{0.0117}$

③ $0.128\pm1.96\sqrt{0.0005}$

④ $0.128\pm1.96\sqrt{0.0117}$

83 다음 중 제1종 오류를 범할 확률의 허용한계를 뜻하는 통계 용어는?

① 유의수준

② 대립가설

③ 검정통계량

④ 귀무가설

84 가설검정 시 대립가설이 사실일 때 귀무가설을 기각할 확률을 무엇이라 하는가?

① 검정통계량
② 유의수준
③ 양측검정
④ 검정력

답안 표기란

84 ① ② ③ ④
85 ① ② ③ ④
86 ① ② ③ ④
87 ① ② ③ ④

PART 1
CBT 빈출 모의고사

85 다음의 내용에 해당하는 가설로 가장 타당한 것은?

> 기존의 해열제는 해열효과가 지속되는 시간이 평균 30분이고 표준편차는 5분이라고 한다. 새로운 해열제를 개발하는데 개발팀은 이 해열제의 해열효과가 30분이라고 주장하였다.

① $H_0 : \mu = 30$, $H_1 : \mu > 30$
② $H_0 : \mu < 30$, $H_1 : \mu = 30$
③ $H_0 : \mu = 30$, $H_1 : \mu \neq 30$
④ $H_0 : \mu > 30$, $H_1 : \mu = 30$

86 두 개의 정규모집단으로부터 추출한 독립인 확률표본에 기초하여 모분산에 대한 가설 $H_0 : \sigma_1^2 = \sigma_2^2$ vs $H_1 : \sigma_1^2 > \sigma_2^2$을 검정하고자 할 때 검정방법으로 맞는 것은?

① $t-$검정
② $F-$검정
③ χ^2-검정
④ $Z-$검정

87 다음은 두 모집단 $N(\mu_1, \sigma_1^2)$, $N(\mu_2, \sigma_2^2)$으로부터 서로 독립된 표본을 추출하여 얻은 결과이다. 공통분산 S_p^2의 값은?

> $n_1 = 11, \overline{X}_1 = 23, S_1^2 = 10$
> $n_2 = 16, \overline{X}_2 = 25, S_2^2 = 15$

① 9
② 11
③ 13
④ 15

88 다음 중 분산분석(ANOVA)에 관한 설명으로 옳지 않은 것은?

① 분산값들을 이용해서 두 개 이상의 집단 간 평균 차이를 검정할 때 사용된다.
② 각 집단에 해당되는 모집단의 분포가 정규분포이다.
③ 관측값에 영향을 주는 독립변수는 등간척도나 비율척도이다.
④ 분산분석의 가설검정에는 F－분포 통계량을 이용한다.

89 다음 중 일원분산분석 모형에서 오차항에 대한 가정에 해당하지 않는 것은?

① 정규성　② 일치성
③ 독립성　④ 등분산성

90 수질오염에 따른 수인성질병 정도가 서로 다른지를 알아보기 위해 수질오염상태가 서로 다른 4개 도시에서 각각 10명씩 시민들의 수인성질병 정도를 조사하였다. 분산분석의 결과가 다음과 같을 때 다음 중 틀린 것은?

요인	제곱합	자유도	평균제곱합	F－값
처리	2,100	㉠	㉡	㉥
오차	㉢	㉣	㉤	
총합	4,900	㉦		

① ㉡ 700　② ㉣ 36
③ ㉤ 77.8　④ ㉦ 8.0

91 3개의 처리를 각각 5번씩 반복하여 실험하였고, 이에 대해 분산분석을 실시하고자 할 때의 설명으로 옳지 않은 것은?

① 분산분석표에서 오차의 자유도는 12이다.
② 분산분석의 영가설(H_0)은 3개의 처리 간 분산이 모두 동일하다고 설정한다.
③ 유의수준 0.05하에서 계산된 F－값은 $F(0.05, 2.12)$ 분포값과 비교하여, 영가설의 기각 여부를 결정한다.
④ 처리 평균제곱은 처리 제곱합을 처리 자유도로 나눈 것이다.

답안 표기란				
88	①	②	③	④
89	①	②	③	④
90	①	②	③	④
91	①	②	③	④

92 행변수가 M개의 범주를 갖고 열변수가 N개의 범주를 갖는 분할표에서 행변수와 열변수가 독립인지를 검정하고자 한다. (i, j) 셀의 관측도수를 O_{ij}, 귀무가설 하에서의 기대 도수의 측정치를 $\hat{E}_{ij}$라 하고, 이때 사용되는 검정통계량은 $\sum\limits_{i=1}^{M} \sum\limits_{i=1}^{N} \dfrac{(O_{ij} - \hat{E}_{ij})^2}{\hat{E}_{ij}}$ 이다. 여기서 $\hat{E}_{ij}$는? (단, 전체 데이터 수는 n, i번째 행의 합은 $T_{i\cdot}$, j번째 열의 합은 $T_{\cdot i, j}$이다.)

① $\hat{E}_{ij} = \dfrac{T_{i\cdot}}{n}$

② $\hat{E}_{ij} = T_{i\cdot} \times T_{\cdot j}$

③ $\hat{E}_{ij} = \dfrac{T_{\cdot j}}{n}$

④ $\hat{E}_{ij} = \dfrac{T_{i\cdot} \times T_{\cdot j}}{n}$

93 다음 중 공분산에 관한 내용으로 옳지 않은 것은?

① 두 변수의 선형관계의 밀접성 정도를 나타낸다.

② 공분산은 음의 값을 가질 수 있다.

③ 한 변수의 분산이 0이면 공분산도 0이다.

④ 공분산이 양이면 두 변수가 같은 방향으로 움직이는 것을 나타낸다.

94 다음 중 상관분석의 적용을 위해 산점도에서 관찰해야 하는 자료의 특성으로 볼 수 없는 것은?

① 자료의 군집형태 여부

② 자료의 층화 여부

③ 원점의 통과 여부

④ 선형 및 비선형관계의 여부

95 스마트폰의 가격이 출고 연도가 지남에 따라 얼마나 떨어지는가를 알아보기 위하여 이 스마트폰에 대한 중고판매가격에 대한 조사를 하였다. 사용연수와 스마트폰 가격과의 관계를 보기 위한 적합한 분석방법은?

① 다변량분석

② 상관분석

③ 분산분석

④ 단순회귀분석

답안 표기란				
92	①	②	③	④
93	①	②	③	④
94	①	②	③	④
95	①	②	③	④

PART 1

CBT 빈출 모의고사

96 단순회귀분석을 적용하여 자료를 분석하기 위해서 10쌍의 독립변수와 종속변수의 값들을 측정하여 정리한 결과 다음과 같은 값을 얻었다. 회귀모형 $y_i = \alpha + \beta x_i + \varepsilon_i$ $(i=1, 2, \cdots, n)$ Y의 β의 최소제곱추정량을 구하면?

$$\sum_{i=1}^{10} x_i = 39, \ \sum_{i=1}^{10} x_i^2 = 193, \ \sum_{i=1}^{10} y_i = 35.1, \ \sum_{i=1}^{10} y_i^2 = 130.05, \ \sum_{i=1}^{10} x_i y_i = 152.7$$

① 0.287
② 0.387
③ 0.487
④ 0.587

97 관측값 12개를 갖고 수행한 단순회귀분석에서 회귀직선의 유의성 검정을 위해 작성된 분산분석표가 다음과 같다. ㉠~㉢에 해당하는 값은?

요인	제곱합	자유도	평균제곱	F-값
인자	66	1	66	㉢
잔차	220	㉠	㉡	

① ㉠ 10, ㉡ 22, ㉢ 3
② ㉠ 11, ㉡ 23, ㉢ 4
③ ㉠ 12, ㉡ 24, ㉢ 5
④ ㉠ 13, ㉡ 25, ㉢ 6

98 다음 중 단순회귀분석의 적합도 추정에 대한 설명으로 옳지 않은 것은?

① 결정계수는 독립변수의 수가 늘어날수록 증가하는 경향이 있다.
② 결정계수는 오차의 변동 대비 회귀의 변동을 비율로 나타낸 값이다.
③ 추정의 표준오차는 잔차에 의한 식으로 계산된다.
④ 모형의 $F-$검정이 유의하면 기울기의 유의성 검정도 항상 유의하다.

99 중회귀분석에서 회귀제곱합(SSR)이 150이고, 오차제곱합(SSE)이 50인 경우의 결정계수는?

① 0.25
② 0.50
③ 0.75
④ 1.00

	답안 표기란			
96	①	②	③	④
97	①	②	③	④
98	①	②	③	④
99	①	②	③	④

100 다음에서 제시한 단순회귀모형에 대한 설명으로 틀린 것은?

답안 표기란
100 ① ② ③ ④

$Y_i = \beta_0 + \beta_1 X_i + \varepsilon_i \, (i = 1, 2, \cdots, n)$ (단, 오차항 ε_i는 서로 독립이며 동일한 분포 $N(0, \sigma^2)$를 따른다.)

① 각 Y_i의 기댓값은 $\beta_0 + \beta_1 x_1$로 주어진다.

② 오차항 ε_i와 Y_i는 동일한 분산을 갖는다.

③ β_0는 X_i가 $\overline{X}$일 경우 Y의 반응량을 나타낸다.

④ 모든 Y_i들은 상호 독립적으로 측정된다.

제8회 CBT 빈출 모의고사

수험번호

수험자명

⏱ 제한 시간 : 2시간 30분   전체 문제 수 : 100   맞힌 문제 수 :

1과목 조사방법과 설계

답안 표기란				
01	①	②	③	④
02	①	②	③	④
03	①	②	③	④

01 다음 중 과학적 방법을 바르게 설명한 것은?

① 스스로 명제를 설정하는 방법이다.

② 주장의 근거를 관습에서 찾는 방법이다.

③ 어려운 결정에 있어 외적 힘을 요구하는 방법이다.

④ 의문을 제기하고, 가설을 설정하여 과학적으로 증명하는 방법이다.

02 다음은 과학적 방법의 특징 중의 하나이다. 어느 것에 대한 설명인가?

> 선거에 대한 여론조사를 A당과 B당이 동시에 실시하였다. 서로 다른 동기에 의해서 조사를 하였지만 양쪽의 조사설계와 자료수집과정이 객관적이라면 서로 독립적으로 조사했더라도 양쪽 당의 조사결과는 동일해야 한다.

① 상호주관성   ② 재생가능성

③ 경험적 실증성   ④ 반증 가능성

03 다음 중 조사문제를 해결하기 위한 연구절차의 순서가 바른 것은?

> ㉠ 자료수집
> ㉡ 연구설계의 기획
> ㉢ 문제의 인식과 정의
> ㉣ 보고서 작성
> ㉤ 결과 분석 및 해석

① ㉠ → ㉡ → ㉢ → ㉤ → ㉣

② ㉣ → ㉡ → ㉠ → ㉢ → ㉤

③ ㉢ → ㉡ → ㉠ → ㉤ → ㉣

④ ㉡ → ㉢ → ㉠ → ㉣ → ㉤

04 다음 중 비과학적 지식형성방법 중 직관에 의한 지식형성의 오류에 해당하지 않는 것은?

① 고정관념
② 자기중심적 현상 이해
③ 선택적 관찰
④ 분명한 명제에서 출발

05 의약분업을 하게 되면 국민들이 약의 오남용을 줄일 수 있기 때문에 국가적으로 의료비의 지출이 줄게 된다. 이 사실을 기초로 의약분업을 실시하게 되면 환자들은 적은 비용으로 치료를 받을 수 있게 된다고 주장할 때의 오류는?

① 생태주의적 오류
② 비체계적 오류
③ 환원주의적 오류
④ 개인주의적 오류

06 소득수준과 출산력의 관계를 알아볼 때, 개별사례를 바탕으로 일반적 유형을 찾아내는 방법은?

① 연역적 방법
② 귀납적 방법
③ 참여관찰법
④ 질문지법

07 다음 중 문헌연구에 관한 설명으로 옳지 않은 것은?

① 문헌연구는 가능한 연구 초기에 해야 한다.
② 문헌연구는 연구의 과정에서 매우 중요한 위치를 차지한다.
③ 문헌연구를 통해 해당 연구주제에 대한 과거 관련 연구들의 결과를 학습할 수 있다.
④ 문헌연구를 통해 기존 연구문제와 관련된 새로운 아이디어를 얻기는 어렵다.

답안 표기란

04 ① ② ③ ④
05 ① ② ③ ④
06 ① ② ③ ④
07 ① ② ③ ④

PART 1

CBT 빈출 모의고사

08 다음 중 기술적 연구에 대한 설명으로 틀린 것은?

① 현상에 대한 탐구와 명료화를 주목적으로 한다.

② 계획의 모니터링, 평가에 필요한 자료를 산출하기 위하여 자주 사용된다.

③ 특정현상으로 야기된 원인과 결과를 밝혀 정확히 기술하는 것이다.

④ 행정실무자와 정책분석가들의 기본적인 연구도구이다.

09 다음 중 패널(panel)조사의 특징과 가장 거리가 먼 것은?

① 패널조사는 측정기간 동안 패널이 이탈될 수 있다.

② 패널조사는 최초 패널을 잘못 구성하더라도 장기간에 걸쳐 수정이 가능하다.

③ 패널조사는 조사대상자의 태도와 행동변화에 대한 분석이 가능하다.

④ 패널조사는 조사대상자로부터 추가적인 자료를 얻기가 쉽다.

10 다음 중 횡단연구에 관한 설명으로 옳지 않은 것은?

① 추세연구는 횡단연구에 속한다.

② 주택총조사는 횡단연구의 대표적인 예이다.

③ 어느 한 시점에서 어떤 현상을 주의 깊게 연구하는 방법이다.

④ 횡단연구로 인과적 관계를 규명하려는 가설검증이 가능하다.

11 다음 중 질적방법으로 수집된 자료에 관한 설명으로 옳지 않은 것은?

① 상호작용의 과정에 관심을 둔다.

② 자료의 표준화를 도모하기 쉽다.

③ 유용한 정보의 유실을 줄일 수 있다.

④ 정보의 심층적 의미를 파악할 수 있다.

답안 표기란				
08	①	②	③	④
09	①	②	③	④
10	①	②	③	④
11	①	②	③	④

12 다음 중 서베이 조사의 일반적인 특성에 관한 설명으로 옳지 않은 것은?

① 센서스(*census*)는 대표적인 서베이 방법 중 하나이다.
② 모집단에서 추출된 표본을 대상으로 조사하는 방법이다.
③ 인과관계 분석보다는 예측과 기술을 주목적으로 한다.
④ 집단설문조사, 전화조사, 우편조사, 온라인 조사 등이 있다.

13 다음 중 표집오차에 대한 설명으로 옳지 않은 것은?

① 표집오차는 실제값과 모집단의 표본으로부터 추정된 값의 차이를 말한다.
② 표집오차는 표본의 선택이 반드시 무작위이어야 한다.
③ 표본의 크기가 크면 표집오차는 감소한다.
④ 비확률표집오차를 줄이면 표집오차도 줄어든다.

14 다음 중 표본추출에 관한 설명으로 옳은 것은?

① 분석단위와 관찰단위는 반드시 일치한다.
② 표본추출요소는 자료가 수집되는 대상의 단위이다.
③ 표본추출단위는 표본이 실제 추출되는 연구대상 목록이다.
④ 통계치는 모집단위의 특정변수가 갖고 있는 특성을 요약한 값이다.

15 다음의 표본추출과정을 바르게 나열한 것은?

> ㉠ 표본추출
> ㉡ 표본추출방법의 결정
> ㉢ 모집단의 확정
> ㉣ 표본프레임의 선정
> ㉤ 표본크기의 결정

① ㉤ → ㉡ → ㉣ → ㉢ → ㉠
② ㉠ → ㉢ → ㉡ → ㉣ → ㉤
③ ㉢ → ㉣ → ㉡ → ㉤ → ㉠
④ ㉡ → ㉣ → ㉢ → ㉤ → ㉠

답안 표기란				
12	①	②	③	④
13	①	②	③	④
14	①	②	③	④
15	①	②	③	④

PART 1

CBT 빈출 모의고사

16 다음 중 확률표본추출방법에 관한 설명으로 옳지 않은 것은?

① 무작위로 표본을 추출한다.

② 시간과 비용이 많이 든다.

③ 표본오차의 추정이 가능하다.

④ 분석결과의 일반화에 제약이 있다.

17 다음 중 단순무작위 표본추출에 대한 설명으로 옳지 않은 것은?

① 난수표를 이용하는 표본추출방법이다.

② 모집단을 대표하는 표본추출방법이다.

③ 모집단의 표본으로 뽑힐 기회는 동등하다.

④ 모집단의 구성요소를 정확히 파악하여 표집틀을 작성하여야 한다.

18 A지역의 전화번호부를 이용하여 최초의 10번째 사례를 임의로 결정한 후 계속 20, 30, 40번째의 순서로 뽑는 표집방법은?

① 층화표집추출

② 편의표본추출

③ 계통표집추출

④ 눈덩이표본추출

19 A전자에서 직원들을 대상으로 사회조사를 할 때, 전체 직원들의 부서별 분포와 표본에 추출된 직원들의 부서별 분포가 일치하도록 표본추출을 하고 싶은 경우에 가장 적합한 방법은?

① 층화표집

② 계통표집

③ 군집표집

④ 판단표집

답안 표기란				
16	①	②	③	④
17	①	②	③	④
18	①	②	③	④
19	①	②	③	④

20 다음 중 층화표집과 군집표집에 관한 설명으로 옳은 것은?

① 층화표집은 모든 부분집단에서 표본을 선정한다.

② 군집표집은 부분집단 내에 동질적인 요소로 이루어진다고 가정한다.

③ 군집표집은 모집단을 하나의 집단으로만 분류한다.

④ 층화표집은 부분집단 간에 동질적인 요소로 이루어진다고 가정한다.

21 다음에서 설명하는 표집방법은?

> • 조사문제를 잘 알고 있거나 모집단의 의견을 효과적으로 반영할 수 있을 것으로 판단되는 특정집단을 표본으로 선정하여 조사하는 방법
> • AI에 대한 전문지식을 가진 표본을 임의로 산정하는 경우

① 할당표집   ② 판단표집

③ 편의표집   ④ 군집표집

22 다음에서 눈덩이표본추출에 관한 설명으로 옳은 것을 모두 고르시오.

> ㉠ 최초의 표본을 추출하는 것이 쉽다.
> ㉡ 표본의 대표성을 확보하기가 어렵다.
> ㉢ 연결망을 가진 사람들의 특성을 파악할 때 적절한 방법이다.

① ㉠, ㉡   ② ㉡, ㉢

③ ㉠, ㉢   ④ ㉠, ㉡, ㉢

23 다음 중 표본의 크기에 관한 설명으로 옳지 않은 것은?

① 허용오차가 클수록 표본의 크기가 커야 한다.

② 모집단이 이질적일수록 표본의 크기는 커야 한다.

③ 추정값에 대한 높은 신뢰수준이 요구될수록 표본의 크기는 커야 한다.

④ 조사하고자 하는 변수의 분산값이 클수록 표본크기는 커야 한다.

답안 표기란				
20	①	②	③	④
21	①	②	③	④
22	①	②	③	④
23	①	②	③	④

PART 1

CBT 빈출 모의고사

24 다음 중 설문지 작성의 일반적인 과정을 바르게 나타낸 것은?

① 질문순서의 결정 → 필요한 정보의 결정 → 질문형태의 결정 → 개별항목의 내용결정 → 설문지의 완성

② 필요한 정보의 결정 → 개별항목의 내용결정 → 질문형태의 결정 → 질문순서의 결정 → 설문지의 완성

③ 질문형태의 결정 → 개별항목의 내용결정 → 필요한 정보의 결정 → 질문순서의 결정 → 설문지의 완성

④ 개별항목의 내용결정 → 질문순서의 결정 → 질문형태의 결정 → 필요한 정보의 결정 → 설문지의 완성

25 질문지에 사용되는 질문이나 진술을 작성하는 원칙으로 옳지 않은 것은?

① 항목들이 간결해야 한다.

② 자세한 질문 항목들은 배제되어야 한다.

③ 편견에 치우친 항목과 용어를 지양한다.

④ 부정어가 포함된 질문을 반드시 포함한다.

26 다음 중 설문지 사전검사(Pre−test)를 하는 주된 목적은?

① 본조사에 들어가기 전에 실시한다.

② 질문들이 갖고 있는 문제들을 파악한다.

③ 본조사의 결과와 비교할 수 있는 자료를 얻는다.

④ 사전조사의 대상은 실제대상과 유사한 집단으로 구성한다.

27 다음 중 심층면접법(depth interview)에 관한 설명으로 옳지 않은 것은?

① 좀 더 자유롭고 심도 깊은 질문을 할 수 있다.

② 조사자의 면접능력과 분석능력에 따라 조사결과의 신뢰도가 달라진다.

③ 초점집단면접과 비교하여 자유롭게 개인적인 의견을 교환할 수 없다.

④ 조사자가 반복질문을 통해 타당도가 높은 자료를 수집할 수 있다.

답안 표기란				
24	①	②	③	④
25	①	②	③	④
26	①	②	③	④
27	①	②	③	④

28 실험설계를 사전실험설계, 순수실험설계, 유사실험설계, 사후실험설계로 구분할 경우 유사실험설계에 해당하는 것은?

① 복수시계열설계

② 가실험 통제집단설계

③ 솔로몬 4집단설계

④ 순수실험설계

29 실험연구의 내적타당성을 저해하는 원인 가운데 실험기간 중 독립변수의 변화가 아닌 피실험자의 심리적 · 연구통계적 특성의 변화가 종속변수에 영향을 미치는 경우는?

① 실험대상의 탈락

② 성숙효과

③ 외부사건

④ 선발요인

30 다음은 솔로몬 연구설계에 관한 설명이다. 옳은 것을 모두 고르면?

> ㉠ 무작위할당으로 4개의 집단으로 구성한다.
> ㉡ 사전측정을 하는 집단은 2개이다.
> ㉢ 사후측정에서의 차이점이 독립변수에 의한 것인지 사전측정에 의한 것인지 알 수 있다.
> ㉣ 통제집단 사전－사후검사설계와 비동일 비교집단설계를 합한 형태이다.

① ㉠, ㉢

② ㉡, ㉣

③ ㉠, ㉡, ㉢

④ ㉠, ㉡, ㉢, ㉣

답안 표기란				
28	①	②	③	④
29	①	②	③	④
30	①	②	③	④

PART **1**

CBT 빈출 모의고사

2과목	조사관리와 자료처리

답안 표기란

31	① ② ③ ④
32	① ② ③ ④
33	① ② ③ ④
34	① ② ③ ④

31 자신의 신분을 밝히지 않은 채 집단의 완전한 성원이 되어 자연스럽게 일어나는 사회적 과정에 참여하는 관찰자의 역할은?

① 완전관찰자

② 완전참여자

③ 참여자로서의 관찰자

④ 관찰자로서의 참여자

32 다음 중 2차 문헌자료를 활용할 때 주의해야 할 사항으로 볼 수 없는 것은?

① 반응성(reactivity) 문제

② 샘플링의 편향성(bias)

③ 자료 간의 일관성 부재

④ 불완전한 정보의 한계

33 설문지조사에서 폐쇄형 질문과 비교한 개방형 질문에 관한 설명으로 옳지 않은 것은?

① 개방형 질문은 불성실한 응답이 나올 가능성이 더 많다.

② 개방형 질문은 예비조사에 더 유용하다.

③ 개방형 질문은 생각하지 못한 의견을 더 얻을 수 있다.

④ 개방형 질문은 자료처리가 더 용이하다.

34 다음 중 자기기입식 설문조사에 비해 면접 설문조사가 갖는 장점이 아닌 것은?

① 복잡한 질문지를 사용할 수 있다.

② 무응답 항목을 최소화한다.

③ 조사대상 1인당 비용이 저렴하다.

④ 잘못된 표기를 방지할 수 있다.

35 조사속도가 빠르고 일반적으로 비용이 적게 드는 장점이 있으나 질문의 내용이 어렵고 시간이 길어질수록 응답률이 떨어지는 자료 수집 방법은?

① 면접조사

② 전화조사

③ 인터넷조사

④ 우편조사

36 다음 중 온라인 사회조사에 대한 설명으로 옳지 않은 것은?

① 응답이 늦어질 경우 독촉메일과 같은 후속조치를 할 수 있다.

② 응답자의 신분을 확인할 방법이 제한되어 있다.

③ 온라인조사에는 전자우편조사, 전자설문조사 등이 포함된다.

④ 표본편중의 문제를 쉽게 해결할 수 있다.

37 다음 중 관찰방법의 특징으로 보기 어려운 것은?

① 양적연구와 질적연구에 모두 활용할 수 있다.

② 사회적 관계에 영향을 미치는 사건을 이해하도록 해준다.

③ 객관적 사실에 치중하여 피관찰자의 철학, 세계관은 배제한다.

④ 다른 연구와의 비교를 통해 규칙성을 확인할 수 있다.

38 다음 중 관찰자에게 필요한 사항으로 적절하지 않은 것은?

① 인내심을 가져야 한다.

② 연구하는 집단에 참여해서는 안 된다.

③ 주관성을 배제하고 객관성을 유지해야 한다.

④ 집단에 동화되지 않아야 한다.

답안 표기란				
35	①	②	③	④
36	①	②	③	④
37	①	②	③	④
38	①	②	③	④

PART **1**

CBT 빈출 모의고사

39 다음 중 비표준화 면접에 비해 표준화 면접이 갖는 장점으로 볼 수 없는 것은?

① 새로운 사실, 아이디어의 발견가능성이 높다.

② 면접결과의 계량화가 용이하다.

③ 면접원의 개입 가능성이 적다.

④ 정보의 비교가 용이하다.

40 다음 중 면접조사에서 조사의 질을 높이기 위한 방법으로 볼 수 없는 것은?

① 면접원의 면접지도

② 면접원의 완성된 질문지 심사

③ 면접원의 질문지 내 응답의 일관성 검정

④ 조사항목별 부호화 작업 및 검토

41 다음 중 내용분석에 관한 설명으로 옳지 않은 것은?

① 기록물을 연구대상으로 하는 비개입적 연구이다.

② 표본추출은 하지 않는다.

③ 코딩을 위해서는 개념화 및 조작화가 이루어져야 한다.

④ 인간의 모든 형태의 의사소통 기록물을 활용할 수 있다.

42 사람, 사건, 상태, 대상에게 미리 정해놓은 일정한 규칙에 따라서 숫자를 부여하는 것은?

① 측정

② 가설

③ 개념

④ 척도

답안 표기란				
39	①	②	③	④
40	①	②	③	④
41	①	②	③	④
42	①	②	③	④

43 다음 중 여성근로자를 대상으로 하는 사회조사에서 변수가 될 수 없는 것은?

① 연봉
② 생활비
③ 성별
④ 직업의 종류

44 다음에서 설명하고 있는 변수는 어떤 변수에 대한 설명인가?

> 어떤 변수가 검정요인으로 통제되면 원래 관계가 없는 것으로 나타났던 두 변수가 유관하게 나타난다.

① 통제변수
② 억제변수
③ 왜곡변수
④ 매개변수

45 다음 중 연속변수와 이산변수에 관한 설명으로 옳지 않은 것은?

① 사람 · 대상물 또는 사건을 그들 속성의 크기나 양에 따라 분류하는 것이 연속변수이다.
② 연속변수는 측정한 값들이 무한대의 값을 가질 수 있다.
③ 이산변수는 정수값으로 구성된다.
④ 등간척도 · 비율척도는 이산변수와 관련이 있다.

46 조작화와 관련하여 다음은 무엇에 대한 예에 해당하는가?

> 건강한 생활을 하기 위해 일주일간 걷는 걸음 수

① 해석
② 지표
③ 개념적 정의
④ 지수

답안 표기란				
43	①	②	③	④
44	①	②	③	④
45	①	②	③	④
46	①	②	③	④

PART **1**

CBT 빈출 모의고사

47 청소년의 비행에 관하여 연구할 때, 다음 중 조작적 정의의 단계에 해당하는 것은?

① 사전을 찾아 비행을 명확히 정의한다.
② 청소년의 비행에 대한 기존의 연구를 정리한다.
③ 비행과 관련된 척도를 탐색한 후 선정한다.
④ 비행청소년의 관련된 현황을 파악한다.

48 다음 중 가설로서 가장 적합한 형태의 문장은?

① 길동은 지금 지구에 있다.
② 길동은 지금 지구에 있으면서 화성에 있다.
③ 길동은 지금 지구에 있으면서 동시에 지구에 있지 않다.
④ 길동은 지금 지구에 있거나 그렇지 않으면 지구에 있지 않다.

49 다음에서 측정의 개념에 대한 옳은 설명을 모두 고르면?

> ㉠ 조사자의 주관적인 판단에서 야기되는 오류를 극복할 수 있도록 한다.
> ㉡ 개념 또는 변수를 현실세계에서 관찰 가능한 자료와 연결시키는 과정이다.
> ㉢ 양적 속성을 질적 속성으로 전환하는 작업이다.
> ㉣ 이론을 경험적으로 검증해주는 수단이다.

① ㉠, ㉡, ㉢
② ㉡, ㉢, ㉣
③ ㉠, ㉡, ㉣
④ ㉠, ㉡, ㉢, ㉣

50 다음 중 주민등록번호, 도서분류번호, 자동차번호 등과 같은 수치는 어떤 수준의 척도인가?

① 등간척도
② 서열척도
③ 명목척도
④ 비율척도

답안 표기란				
47	①	②	③	④
48	①	②	③	④
49	①	②	③	④
50	①	②	③	④

51 전세계 50대 기업의 연간 순수익을 달러 단위로 조사하고자 할 때 측정의 수준은?

① 명목측정
② 비율측정
③ 서열측정
④ 등간측정

52 다음 중 측정수준의 특성상 지역별로 측정된 실업률의 사칙연산 가능범위는?

① 덧셈만 가능
② 덧셈과 뺄셈만 가능
③ 곱셈과 나눗셈만 가능
④ 사칙연산 모두 가능

53 다음 중 리커트 척도와 같은 의미로 사용되는 척도는?

① 총화평정척도
② 비율척도
③ 등간척도
④ 누적척도

54 다음 중 거트만척도(Guttman Scale)에 대한 설명으로 옳지 않은 것은?

① 척도도식법이라고도 한다.
② 단일차원의 서로 이질적인 문항으로 구성되며 여러 개의 변수를 측정한다.
③ 재생가능성을 통해 척도의 질을 판단한다.
④ 일단 자료가 수집된 이후에 구성될 수 있다.

답안 표기란				
51	①	②	③	④
52	①	②	③	④
53	①	②	③	④
54	①	②	③	④

PART **1**

CBT 빈출 모의고사

55 측정 시 발생하는 오차에 대한 설명으로 옳지 않은 것은?

① 신뢰도는 체계적 오차와 관련이 있다.

② 비체계적 오차는 오차의 값이 다양하게 분산된다.

③ 체계적 오차는 오차가 일정하거나 또는 치우쳐 있다.

④ 비체계적 오차는 측정대상, 측정과정, 측정수단, 측정자 등의 오차이다.

56 성인에 대한 우울증 검사도구를 청소년들에게 그대로 적용할 때 가장 우려되는 측정오류는?

① 인과적 회귀

② 통계적 회귀

③ 문화적 차이

④ 사회적 적절성

57 다음에서 제시하고 있는 타당도는?

> 측정을 위해 개발한 도구가 측정하고자 하는 대상의 정확한 속성값을 얼마나 포괄적으로 포함하고 있는가를 나타내는 타당도

① 내용타당성

② 기준관련타당성

③ 개념타당성

④ 예측타당성

58 다음 중 개념타당성과 관련된 개념이 아닌 것은?

① 다중속성-다중측정 방법

② 동시 타당도

③ 이론적 구성개념

④ 요인분석

답안 표기란				
55	①	②	③	④
56	①	②	③	④
57	①	②	③	④
58	①	②	③	④

59 신뢰도는 과학적 연구의 요건 중 어느 것과 가장 관련이 깊은가?

① 배제성   ② 타당성

③ 일괄성   ④ 반복가능성

60 다음에서 설명하는 체중계의 타당도와 신뢰도는?

> 용수철이 고장 난 체중계가 있어서 체중을 잴 때마다 항상 실제와 다르게 체중이 일정하게 나타났다.

① 신뢰도와 타당도 모두 낮다.

② 신뢰도와 타당도 모두 높다.

③ 신뢰도는 높고 타당도는 낮다.

④ 신뢰도는 낮고 타당도는 높다.

답안 표기란				
59	①	②	③	④
60	①	②	③	④
61	①	②	③	④
62	①	②	③	④

3과목   통계분석과 활용

61 투자자 A의 연도별 수익률이 $x_1, x_2, \cdots x_n$일 때 연평균 수익률을 구하는 방법은?

① 기하평균   ② 산술평균

③ 절사평균   ④ 가중평균

62 A철물점에서 10가지 길이의 줄자를 팔고 있으며, 줄자의 길이는 각각 3.0, 4.0, 5.0, 6.0, 6.5, 7.0, 8.0, 10.0m이다. 만약 현재 남아 있는 줄자 가운데 10%는 4.0cm인 줄자이고, 25%는 5.0cm인 줄자이며, 55%는 7m인 줄자라면 현재 A철물점에 있는 줄자 길이의 최빈수는?

① 4.5cm   ② 5.0cm

③ 7.0cm   ④ 10.0cm

PART **1**

CBT 빈출 모의고사

	답안 표기란
63	① ② ③ ④
64	① ② ③ ④
65	① ② ③ ④
66	① ② ③ ④

63 다음 중 산포도에 관한 설명으로 옳지 않은 것은?

① 관측값들이 평균으로부터 멀어질수록 분산은 커진다.

② 분산은 평균편차의 절댓값들의 평균이다.

③ 범위는 변수값으로 측정된 관측값들 중에서 가장 큰 값과 가장 작은 값의 차이이다.

④ 표준편차는 분산의 0이 아닌 제곱근이다.

64 다음 중 변동계수에 대한 설명으로 옳지 않은 것은?

① 변동계수는 0 이상, 1 이하의 값을 갖는다.

② 변동계수의 절댓값이 크면 산포도가 더 크다.

③ 표준편차를 평균으로 나눈 값이며 보통 %로 제시된다.

④ 평균의 차이가 큰 산포를 비교하는데 유용하게 사용된다.

65 다음 중 자료들의 분포형태와 대푯값에 관한 설명으로 옳은 것은?

① 오른쪽 꼬리가 긴 분포에서는 중앙값이 평균보다 크다.

② 왼쪽 꼬리가 긴 분포에서는 최빈값<평균<중앙값 순이다.

③ 중앙값은 분포와 무관하게 최빈값보다 작다.

④ 비대칭이 강한 경우에는 대푯값으로 평균보다 중앙값을 사용하는 것이 더 바람직하다고 할 수 있다.

66 10개의 USB가 들어 있는 상자가 있는데 그 중 2개의 불량품이 포함되어 있다. 이 상자에서 USB 4개를 비복원으로 추출하여 검사할 때 불량품이 1개 포함될 확률은?

① 0.13

② 0.36

③ 0.53

④ 0.68

67 기말시험을 치른 학생 중 심리학 합격자는 50%, 영어 합격자는 60%이며, 두 과목 모두 합격한 학생은 15%라고 한다. 이때 임의로 한 학생을 뽑았을 때, 이 학생이 심리학에 합격한 학생이라면 영어에도 합격했을 확률은?

① 20% ② 30%

③ 40% ④ 60%

답안 표기란

67	① ② ③ ④
68	① ② ③ ④
69	① ② ③ ④
70	① ② ③ ④

PART 1

CBT 빈출 모의고사

68 상자에 3개의 공이 들어있다. A상자에는 빨간공 2개, 노란공 1개, 파란공 3개가 들어있고, B상자에는 빨간공 1개, 노란공 2개, 파란공 2개, C상자에는 빨간공 3개, 노란공 2개, 파란공 1개가 들어있다. 임의로 1개의 상자를 택하여 공 1개를 꺼냈을 때 노란공이 나왔다면 그 공이 B상자에서 나왔을 확률은?

① $\dfrac{1}{2}$ ② $\dfrac{1}{3}$

③ $\dfrac{1}{4}$ ④ $\dfrac{1}{5}$

69 동전을 3회 던지는 실험에서 뒷면이 나오는 횟수를 X라고 할 때, 확률변수 $Y=(X-1)^2$의 기댓값은?

① $\dfrac{1}{3}$ ② $\dfrac{1}{2}$

③ 1 ④ $\dfrac{3}{2}$

70 구간 $[0, 1]$에서 연속인 확률변수 X의 확률누적분포함수가 $F(x)=x$일 때, X의 평균은?

① $\dfrac{1}{5}$ ② $\dfrac{1}{4}$

③ $\dfrac{1}{3}$ ④ $\dfrac{1}{2}$

71 4지 택일형 문제가 10개가 있는데 각 문제에 임의로 답했을 때 정답을 맞힌 개수 X의 분포는?

① 이항분포　　　　　　　　② 포아송분포

③ 초기하분포　　　　　　　④ t − 분포

72 K마트 고객관리팀에서는 다음과 같은 기준에 따라 매일 고객을 분류하여 관리한다. 어느 특정한 날 마트를 방문한 고객들의 자료를 분류한 결과 A그룹이 30%, B그룹이 50%, C그룹이 20%인 것으로 나타났다. 이 날 마트를 방문한 고객 중 임의로 4명을 택할 때, 이들 중 3명만이 B그룹에 속할 확률은?

구분	구매 금액
A그룹	50만원 이상
B그룹	30만원 이상 50만원 미만
C그룹	30만원 미만

① 0.13　　　　　　　　　　② 0.25

③ 0.31　　　　　　　　　　④ 0.35

73 건강보험료 인상조사에서 응답자가 조사에 응답할 확률이 0.4라고 알려져 있다. 1,000명을 조사할 때 응답자 수의 기댓값과 분산은?

① 기댓값＝200, 분산＝100

② 기댓값＝300, 분산＝120

③ 기댓값＝400, 분산＝240

④ 기댓값＝500, 분산＝360

74 평균이 μ이고, 표준편차가 σ인 정규모집단으로부터 표본을 관측할 때, 관측값이 $\mu+2\sigma$와 $\mu-2\sigma$ 사이에 존재할 확률은 약 몇 %인가?

① 91%　　　　　　　　　　② 95%

③ 97%　　　　　　　　　　④ 98%

답안 표기란				
71	①	②	③	④
72	①	②	③	④
73	①	②	③	④
74	①	②	③	④

75 투자자 A가 구성한 포트폴리오의 기대수익률이 평균 15%, 표준편차 3%인 정규분포를 따른다고 할 때 투자자의 수익률이 15% 이하일 확률은?

① 0.25   ② 0.35

③ 0.45   ④ 0.50

76 정규모집단 $N(\mu, \sigma^2)$으로부터 추출한 크기 n의 임의표본 X_1, $X_2, \cdots, X_n$에 근거한 표본분포에 대한 설명으로 틀린 것은? (단, $\overline{X}$는 표본평균, S^2은 불편분산이다.)

① $\overline{X}$와 S^2은 확률적으로 독립이다.

② $\overline{X}$는 정규분포를 따르며 평균은 μ이고, 분산은 σ^2이다.

③ $(n-1)S^2$은 자유도가 $n-1$인 카이제곱분포를 따른다.

④ 스튜던트화된 확률변수 $\dfrac{\overline{X}-\mu}{\dfrac{S}{\sqrt{n}}}$는 자유도가 $n-1$인 $t-$분포를 따른다.

77 표본크기가 3인 자료 X_1, X_2, X_3의 평균 $\overline{X}=10$, 분산 $S^2=100$이다. 관측값 10이 추가되었을 때, 4개 자료의 분산 S^2은? (단, 표본분산 S^2은 불편분산이다.)

① $\dfrac{50}{3}$ ② $\dfrac{100}{3}$

③ $\dfrac{150}{3}$ ④ $\dfrac{200}{3}$

78 A기업에서 개발하여 판매하고 있는 신형 PC의 수명은 평균이 5년이고 표준편차가 0.6년인 정규본포를 따른다고 한다. A기업의 신형 PC 중 9대를 임의로 추출하여 수명을 측정하였다. 평균수명이 4.6년 이하일 확률은? (단, $P(|Z|>2)=0.046$, $P(|Z|>1.96)=0.05$, $P(|Z|>2.58)=0.01$)

① 0.014   ② 0.023

③ 0.036   ④ 0.046

답안 표기란				
75	①	②	③	④
76	①	②	③	④
77	①	②	③	④
78	①	②	③	④

PART 1

CBT 빈출 모의고사

79 다음에서 설명한 것 중 틀린 것은?

① 모수의 추정에 사용되는 통계량을 추정량이라 한다.

② 모수에 대한 추정량의 기댓값이 모수와 일치할 때 불편추정량이다.

③ 모표준편차는 표본표준편차의 불편추정량이다.

④ 표본평균은 모평균의 불편추정량이다.

80 A기업은 직원들이 한 달 동안 다치는 비율을 알아보기 위하여 100명을 대상으로 조사한 결과 그 중 60명이 다친 것으로 나타났다. 다칠 비율 p의 점추정치는?

① 0.6 ② 0.7

③ 0.8 ④ 0.9

81 통계조사 시 한 가구를 조사하는데 소요되는 시간을 측정하기 위하여 64가구를 임의 추출하여 조사한 결과 평균 소요시간이 30분, 표준편차 5분이었다. 한 가구를 조사하는데 소요되는 평균시간에 대한 95%의 신뢰구간 하한과 상한은 각각 얼마인가? (단, $Z_{0.025}=1.96$, $Z_{0.05}=1.645$)

① 27.1, 30.7 ② 28.8, 31.2

③ 29.7, 32.1 ④ 30.5, 33.6

82 σ^2이 알려져 있는 경우 모평균 μ를 추정하고자 할 때 표본의 크기를 계산하기 위해 필요한 정보는?

① 표본평균의 허용오차와 표본집단의 평균

② 집단의 표준편차와 모집단의 평균

③ 표본집단이 표준편차와 모집단 평균의 허용오차

④ 표본평균의 허용오차와 모집단의 표준편차

답안 표기란				
79	①	②	③	④
80	①	②	③	④
81	①	②	③	④
82	①	②	③	④

83 다음 중 유의수준에 대한 설명으로 옳은 것은?

① 대립가설이 참일 때 대립가설을 채택하는 오류를 범할 확률의 최대허용한계이다.

② 유의수준 α검정법은 제2종 오류를 범할 확률이 α 이하인 검정 방법을 말한다.

③ 귀무가설이 참임에도 불구하고 귀무가설을 기각하는 오류를 범할 확률의 최대허용한계를 뜻한다.

④ 제1종 오류를 범할 확률과 제2종 오류를 범할 확률 중 큰 쪽의 확률을 의미한다.

84 다음 중 검정력에 대한 설명으로 옳은 것은?

① 표본의 크기가 커질수록 검정력은 증가한다.

② 거짓인 귀무가설을 채택할 확률이다.

③ 귀무가설이 참임에도 불구하고 이를 기각시킬 확률이다.

④ 대립가설이 참일 때 귀무가설을 기각시킬 확률이다.

85 "사무직과 생산직 월급여의 차이가 있다"라는 주장을 검정하기 위하여 사회조사를 실시하였다. 조사결과 사무직의 월평균급여를 μ_1, 생산직의 월평균급여를 μ_2라고 하면, 귀무가설은?

① $\mu_1 = \mu_2$ ② $\mu_1 < \mu_2$

③ $\mu_1 \neq \mu_2$ ④ $\mu_1 > \mu_2$

86 정규분포를 따르는 어떤 집단의 모평균이 10인지를 검정하기 위하여 크기가 25인 표본을 추출하여 관측한 결과 표본평균은 9, 표본표준편차는 2.5이었다. $t-$검정을 할 경우 검정통계량의 값은?

① -3 ② -2

③ -1 ④ 1

답안 표기란				
83	①	②	③	④
84	①	②	③	④
85	①	②	③	④
86	①	②	③	④

PART 1

CBT 빈출 모의고사

87 대학생이 졸업 후 취업했을 때의 초임을 조사하였다. 인문계 졸업자 10명과 공학계 졸업자 20명을 조사한 결과 각각 평균 초임은 210만원, 240만원이었으며 분산은 각각 300만원, 370만원이었다. 두 집단의 모분산이 같을 때 모분산의 추정량인 합동분산은? (단, 단위는 만원)

① 317.5   ② 327.5
③ 337.5   ④ 347.5

88 다음 중 분산분석에 관한 설명으로 옳지 않은 것은?

① 3개의 모평균을 비교하는 검정에서 분산분석으로 사용할 수 있다.
② 특성값의 산포를 총제곱으로 나타낸다.
③ 분산분석의 검정법은 $t-$검정이다.
④ 각 집단별 자료의 수가 다를 수 있다.

89 다음은 k개의 처리효과를 비교하기 위한 일원배치법에서, $i-$번째 처리에서 얻은 $j-$번째 관측값 $Y_{ij}(i=1, \cdots, k, j=1, \cdots, n)$에 대한 모형이다. 다음 중 오차항 ε_{ij}에 대한 가정이 아닌 것은?

$Y_{ij}=\mu+\alpha_i+\varepsilon_{ij}, i=1, 2, \cdots, k, j=1, 2, \cdots, n\mu$는 총 평균, α_i는 $I-$번째 처리효과이며 $\sum \alpha_i=0$이고 ε_{ij}는 실험오차에 해당하는 확률변수이다.

① ε_{ij}는 정규분포를 따른다.
② ε_{ij} 사이에 자기상관이 존재한다.
③ 모든 i, j에 대하여 ε_{ij}의 분산은 동일하다.
④ 모든 i, j에 대하여 ε_{ij}는 서로 독립이다.

90 성별 평균소득에 관한 설문조사자료를 정리한 결과, 집단 내 평균제곱은 50, 집단 간 평균제곱은 25로 나타났다. 이 경우에 $F-$값은?

① 0.5   ② 1.0
③ 1.5   ④ 2.0

91 I개 그룹의 평균을 비교하고자 한다. 다음 일원분산분석 모형에 대한 가설 $H_0 : a_1 = a_2 = \cdots = a_I = 0$을 유의수준 0.05에서 $F-$검정 결과 $p-$값이 0.07이었을 때의 추론결과로 옳은 것은?

$$X_{ij} = \mu + a_i + c_{ij} \ (i = 1, 2, \cdots, I, \ j = 1, 2, \cdots, J)$$

① I개 그룹의 평균은 모두 같다.
② I개 그룹의 평균은 모두 다르다.
③ I개 그룹의 평균 중 적어도 하나는 다르다.
④ I개 그룹의 평균은 증가하는 관계가 성립한다.

92 행변수가 M개의 범주를 갖고 열변수가 N개의 범주를 갖는 분할표에서 행변수와 열변수가 서로 독립인지를 검정하고자 한다. (i, j)셀의 관측도수를 O_{ij}, 귀무가설 하에서의 기대도수의 추정치를 $\hat{E}_{ij}$라 할 때, 이 검정을 위한 검정통계량은?

① $\sum\limits_{i=1}^{M} \sum\limits_{i=1}^{N} \dfrac{(O_{ij} - \hat{E}_{ij})^2}{O_{ij}}$

② $\sum\limits_{i=1}^{M} \sum\limits_{i=1}^{N} \dfrac{(O_{ij} - \hat{E}_{ij})^2}{\hat{E}_{ij}}$

③ $\sum\limits_{i=1}^{M} \sum\limits_{i=1}^{N} \dfrac{(O_{ij} - \hat{E}_{ij})}{\hat{E}_{ij}}$

④ $\sum\limits_{i=1}^{M} \sum\limits_{i=1}^{N} \left(\dfrac{O_{ij} - \hat{E}_{ij}}{\sqrt{n \hat{E}_{ij} O_{ij}}} \right)$

93 두 변수 X와 Y의 상관계수 r_{XY}에 대한 설명으로 옳지 않은 것은?

① r_{XY}는 두 변수 X와 Y의 산포의 정도를 나타낸다.
② 상관계수의 범위는 -1에서 1이다.
③ $r_{XY} = 0$이면 두 변수는 선형이 아니거나 무상관이다.
④ $r_{XY} = -1$이면 두 변수는 완전한 음의 상관관계에 있다.

답안 표기란				
91	①	②	③	④
92	①	②	③	④
93	①	②	③	④

PART 1

CBT 빈출 모의고사

94 다음은 3개의 자료 A, B, C에 대한 산점도이다. 이 자료에 대한 상관계수가 -0.93, 0.20, 0.70 중 하나일 때, 산점도와 해당하는 상관계수의 값을 올바르게 짝지은 것은?

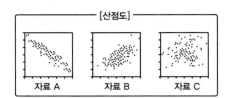

[산점도]

자료 A   자료 B   자료 C

① 자료 A : 0.20, 자료 B : -0.93, 자료 C : 0.70
② 자료 A : -0.93, 자료 B : 0.70, 자료 C : 0.20
③ 자료 A : 0.70, 자료 B : -0.93, 자료 C : 0.20
④ 자료 A : 0.20, 자료 B : 0.70, 자료 C : -0.93

95 다음 중 회귀분석에 대한 설명으로 옳지 않은 것은?

① 회귀분석은 분산분석을 통해 귀무가설의 기각 여부를 결정한다.
② 독립변수가 범주형 척도이면 이를 가변수로 만들어서 회귀분석을 한다.
③ 다중선형회귀분석은 종속변수와 두 개 이상의 독립변수들 사이의 선형관계를 밝히는 통계분석방법이다.
④ 회귀분석에서 $t-$검정은 사용되고 $F-$검정은 사용되지 않는다.

96 독립변수가 k개인 중회귀모형 $y = \beta X + \varepsilon$에서 회귀계수벡터 β의 추정량 b의 분산-공분산 행렬 $Var(b)$은? (단, $Var(\varepsilon) = \sigma^2 I$)

① $Var(b) = (X'X)^{-1}\sigma^2$
② $Var(b) = (X'X)\sigma^2$
③ $Var(b) = k(X'X)^{-1}\sigma^2$
④ $Var(b) = k(X'X)\sigma^2$

97 독립변수가 3개인 중회귀분석의 결과가 다음과 같을 때 오차분산의 추정값은?

$$\sum_{i=1}^{n}(y_i - \hat{y}_i)^2 = 1,100, \ \sum_{i=1}^{n}(\hat{y}_i - \bar{y})^2 = 110, \ n = 100$$

① 9.46
② 10.46
③ 11.46
④ 12.46

98 중회귀모형에서 결정계수에 대한 설명으로 옳은 것은?

① 결정계수는 0보다 작은 값을 가질 수 있다.

② 설명변수를 통한 반응변수에 대한 설명력을 나타낸다.

③ 상관계수의 제곱은 결정계수와 동일하다.

④ 변수가 추가될 때 결정계수는 감소한다.

99 단순회귀모형 $y_i = \alpha + \beta x_i + \varepsilon_i = (i = 1, 2, \cdots, n)$에 적합하여 다음을 얻었다. 이때 결정계수 R^2을 구하면? (단, $\hat{y}_i$는 i번째 추정값을 나타낸다.)

$$\sum_{i=1}^{n} (y_i - \hat{y}_i)^2 = 200, \ \sum_{i=1}^{n} (\hat{y}_i - \hat{y})^2 = 300$$

① 0.6 　　　　　② 0.8

③ 1.0 　　　　　④ 1.2

100 단순회귀모형 $Y_i = \beta_0 + \beta_1 x_i + \varepsilon_i$, $\varepsilon_i(\sigma, \sigma^2)$에 관한 설명으로 옳지 않은 것은?

① ε_i들은 서로 독립인 확률변수이다.

② Y는 독립변수이고 x는 종속변수이다.

③ β_0, β_1, σ^2은 회귀모형에 대한 모수이다.

④ 독립변수가 종속변수의 기댓값과 직선 관계인 모형이다.

답안 표기란				
98	①	②	③	④
99	①	②	③	④
100	①	②	③	④

PART **1**

CBT 빈출 모의고사

제9회 CBT 빈출 모의고사

수험번호

수험자명

⏱ 제한 시간 : 2시간 30분   전체 문제 수 : 100   맞힌 문제 수 :

1과목 조사방법과 설계

01 다음 중 과학적 조사가 필요한 사례와 가장 거리가 먼 것은?

① 정량평가 외에 정성평가를 체계화하고 싶을 때
② 조사분석사의 윤리적 갈등을 해소할 필요가 있을 때
③ 외국노동자 조사 시 연구자의 문화적 편견을 검토하고 싶을 때
④ 선임 사회조사분석사의 경험적 지식이 타당한지 알고 싶을 때

02 다음의 사례는 과학적 조사의 어떤 특징 중의 하나이다. 이에 해당하는 것은?

> A연구원은 흡연자의 담배꽁초 투기행위가 아무런 이유 없이 일어난 행동이 아니라 흡연자의 습관, 태도 등 다양한 원인으로 인해 행동이 일어났다고 결론을 내렸다.

① 인과성
② 구체성
③ 객관성
④ 간결성

03 다음 중 사회조사연구의 과정을 순서대로 나열한 것은?

① 기존정보 수집 → 자료수집 → 표본설정 → 보고서 작성
② 표본설정 → 연구문제 정립 → 가설설정 → 자료분석 및 해석
③ 연구문제 정립 → 가설설정 → 표본선정 → 자료수집
④ 자료수집 → 연구문제 정립 → 연구방법 설계 → 보고서 작성

답안 표기란

01	①	②	③	④
02	①	②	③	④
03	①	②	③	④

04 다음 중 분석단위와 연구내용의 연결이 옳지 않은 것은?

① 개인 － 1970년부터 현재까지 고용주가 게재한 구인광고의 내용과 강조점이 어떻게 변화하였는지 파악하였다.

② 개인 － 전체 노동자 중에서 38%가 여성임에도 불구하고 여성은 전통적으로 남성보다 임금이 낮았다.

③ 도시 － 많은 도시에서 어두운 지역이 범죄율이 높은 것으로 나타났다.

④ 도시 － 인구가 100만명 이상인 도시에는 적어도 공원이 2개 이상이었다.

05 분석단위의 혼란에서 오는 오류 중 개인의 특성에 관한 자료로부터 집단의 특성을 도출할 경우 발생하기 쉬운 오류는?

① 환원주의적 오류　　　　② 생태주의적 오류

③ 개인주의적 오류　　　　④ 체계적 오류

06 다음 중 연구유형에 관한 설명으로 옳지 않은 것은?

① 순수연구는 이론을 구성하거나 경험적 자료를 토대로 이론을 검증하는 연구이다.

② 평가연구는 진행중인 프로그램이 의도한 효과를 가져왔는가를 평가한다.

③ 탐색적 연구는 기존의 연구가 빈약하여 조사연구를 통해 연구해야 할 속성을 개념화한다.

④ 기술적 연구는 축적된 자료를 토대로 특정된 사실관계를 파악하여 미래를 예측한다.

07 전문가의 견해를 물어 종합적인 상황을 파악하거나 미래의 불확실한 상황을 예측할 때 주로 이용되는 조사기법은?

① 패널 조사　　　　② 코호트 조사

③ 델파이 조사　　　　④ 추세 조사

답안 표기란				
04	①	②	③	④
05	①	②	③	④
06	①	②	③	④
07	①	②	③	④

PART 1

CBT 빈출 모의고사

08 다음 중 기술적 연구와 설명적 연구에 관한 설명으로 적절하지 않은 것은?

① 설명적 연구는 두 변수 간의 시간적 선행성과는 무관하게 진행되는 경우가 많다.

② 설명적 연구를 수행하기 위해서는 변수의 수가 둘 또는 그 이상이 되는 경우가 많다.

③ 기술적 연구는 물가조사, 국세조사 등 어떤 현상에 대한 탐구와 명백화가 주목적이다.

④ 기술적 연구는 관련 상황의 특성 파악, 변수 간의 상관관계 파악 및 상황변화에 대한 각 변수 간의 반응을 예측할 수 있다.

09 다음 사례에 적합한 조사방법으로 옳은 것은?

> A기업의 서비스 만족도를 알아보기 위해 동일한 구매자들을 표본으로 3개월 단위로 5년간 조사한다.

① 추세조사   ② 패널조사

③ 탐색적 조사   ④ 횡단적 조사

10 다음 중 횡단조사에 관한 설명으로 옳은 것은?

① 집단으로 구성된 패널에 대하여 여러 시점에 걸쳐 조사한다.

② 패널조사에 비하여 인과관계를 더 분명하게 밝힐 수 있다.

③ 여러 연구 대상들을 정해진 한 시점에서 조사 및 분석하는 방법이다.

④ 정해진 연구대상의 특정 변수값을 여러 시점에 걸쳐 연구한다.

11 다음 중 질적연구에 관한 내용으로 옳지 않은 것은?

① 소규모 분석에 유리하다.

② 자료분석에 많은 시간이 소요된다.

③ 수집된 자료는 신뢰성이 낮고 일반화가 곤란하다.

④ 연구자의 편견이 개입되기 어렵다.

답안 표기란				
08	①	②	③	④
09	①	②	③	④
10	①	②	③	④
11	①	②	③	④

12 참여관찰법에 비해 조사(서베이)연구가 가지는 장점으로 적절한 것은?

① 대규모 모집단의 특성을 기술할 수 있다.
② 연구의 융통성이 크다.
③ 시간과 비용이 절약된다.
④ 연구대상을 심층적으로 관찰할 수 있다.

13 다음 중 표본의 크기에 관한 설명으로 옳지 않은 것은?

① 모집단이 이질적일수록 표본크기는 커야 한다.
② 허용오차가 클수록 표본의 크기가 커야 한다.
③ 추정값에 대한 높은 신뢰수준이 요구될수록 표본의 크기는 커야 한다.
④ 모집단의 규모가 작을수록 표본크기는 커야 한다.

14 모든 요소의 총체로서 조사자가 표본을 통해 발견한 사실을 토대로 하여 일반화하고자 하는 궁극적인 대상을 지칭하는 것은?

① 표본추출단위
② 표본추출분포
③ 표본추출 프레임
④ 모집단

15 다음 중 표본추출 과정에 해당되지 않는 것은?

① 조사연구 자금 확보
② 표본프레임 결정
③ 표본크기의 결정
④ 모집단의 결정

답안 표기란				
12	①	②	③	④
13	①	②	③	④
14	①	②	③	④
15	①	②	③	④

PART 1

CBT 빈출 모의고사

16 다음 중 확률표본추출법과 비확률표본추출법에 대한 설명으로 틀린 것은?

① 비확률표본추출법은 표본으로 추출될 확률이 알려져 있지 않은 경우의 추출법이다.

② 확률표본추출법은 표본분석 결과의 일반화가 가능하다.

③ 확률표본추출법은 표본오차의 추정이 불가능하고, 비확률표본추출법은 표본오차의 추정이 가능하다.

④ 확률 표본추출법은 시간과 비용이 많이 들고, 비확률 표본추출법은 시간과 비용이 적게 든다.

17 다음 중 단순무작위표집에 대한 설명으로 옳지 않은 것은?

① 표본이 모집단에서 추출된다.

② 구성요소가 바로 표집단위가 되는 것은 아니다.

③ 모든 요소가 동등한 확률로 추출된다.

④ 표집의 보편적인 방법은 난수표를 사용하는 것이다.

18 체계적 표집에서 집단의 크기가 100만 명이고 표본의 크기가 1,000명일 때 가장 적합한 표집방법은?

① 단순무작위로 1,000명을 뽑은 후 편중된 표본은 제거하고, 그것을 대체하는 표본을 다시 뽑는다.

② 모집단을 100개의 하위집단으로 나누고, 하위집단에서 1명씩 고른다.

③ 모집단이 크기 때문에 100만 명을 1,000개의 집단으로 나누어야 한다.

④ 최초의 사람을 무작위로 선정한 후 h번째 사람을 고른다.

19 A건설의 직원들을 대상으로 부서 만족도를 조사하려고 한다. 남직원이 60명, 여직원이 40명일 때 층화를 성별에 따라 남자 60%, 여자 40%가 되게 표집하는 방법은?

① 비례층화표집   ② 단순무작위표집
③ 군집표집   ④ 눈덩이표집

답안 표기란				
16	①	②	③	④
17	①	②	③	④
18	①	②	③	④
19	①	②	③	④

20 다음 중 층화무작위표본추출법과 군집표본추출법에 대한 설명으로 옳지 않은 것은?

① 모두 확률표본추출법이다.

② 모집단의 모든 요소가 추출될 확률이 동일하다.

③ 표본추출의 단위가 모집단의 요소이다.

④ 군집표본추출법은 층화무작위표본추출법과는 달리 군집을 이질 적인 요소로 구성한다.

21 다음의 사례에서 사용한 표집방법은 무엇인가?

> 향후 10년간 우리나라에 지진이 발생할 가능성을 예측하기 위하여 지질학 교수 50명에게 설문조사를 실시하였다.

① 체계적 표집　　　　　② 눈덩이표집

③ 편의표집　　　　　　④ 판단표집

22 다음 중 표집오차에 대한 설명으로 바르지 않은 것은?

① 표본의 크기가 클수록 표집오차는 작아진다.

② 표본의 크기가 같을 때 단순무작위 표집보다 집락표집에서 표집오차가 작다.

③ 모집단의 특성을 나타내는 실제값과 모집단의 표본으로부터 추정된 값의 차이를 말한다.

④ 표본의 분산이 작을수록 표집오차는 작아진다.

23 다음 중 표본의 크기에 관한 설명으로 옳지 않은 것은?

① 표본의 크기는 조사목적, 비용, 목표오차 등을 감안하여 결정한다.

② 표본의 크기가 증가할수록 표본오차의 크기는 감소한다.

③ 부분집단별 분석이 필요한 경우에는 표본의 수를 작게 한다.

④ 비확률 표본추출법의 경우 표본의 크기와 표본오차와는 무관하다.

답안 표기란				
20	①	②	③	④
21	①	②	③	④
22	①	②	③	④
23	①	②	③	④

PART 1

CBT 빈출 모의고사

24 다음 중 설문조사의 질문항목 배치에 대한 설명으로 옳지 않은 것은?

① 민감한 질문이나 주관식 질문은 앞에 배치한다.

② 세부적인 문항부터 배열한다.

③ 비슷한 형태로 질문을 계속하면 정형화 된 불성실 응답이 발생할 수 있다.

④ 가능하면 쉽고 흥미 있는 질문부터 배열한다.

25 질문지 개별 항목의 내용결정 시 고려해야 할 사항으로 옳지 않은 것은?

① 응답 항목들 간의 내용이 중복되지 않아야 한다.

② 쉽고 명확한 단어를 사용해야 한다.

③ 조사자가 임의로 응답자에 대한 가정을 해서는 안 된다.

④ 하나의 항목으로 두 가지 이상의 질문을 하여 최대한 문항수를 줄여야 한다.

26 설문지 작성과정 중 사전검사를 실시하는 이유로 옳지 않은 것은?

① 연구하려는 문제의 핵심적인 요소가 무엇인지 확인한다.

② 응답에 일관성이 있는지 확인한다.

③ 질문 순서가 바뀌었을 때 응답에 실질적 변화가 일어나는지 확인한다.

④ 응답이 한쪽으로 치우치지 않는지 확인한다.

27 다음 중 심층면접을 할 경우 중요하게 고려해야 할 사항이 아닌 것은?

① 피면접자와 친밀한 관계를 형성해야 한다.

② 피면접자가 편안한 분위기를 느낄 수 있도록 해야 한다.

③ 피면접자의 대답을 주의 깊게 경청하여야 한다.

④ 피면접자가 대답을 하는 도중에 응답내용에 대한 평가적인 코멘트를 자주 해 주는 것이 좋다.

답안 표기란				
24	①	②	③	④
25	①	②	③	④
26	①	②	③	④
27	①	②	③	④

28 다음 중 실험설계에 대한 설명으로 바르지 않은 것은?

① 실험의 내적 타당도를 확보하기 위한 것이다.
② 조작적 상황을 최대한 배제하고 자연적 상황을 유지한다.
③ 연구가설을 평가하기 위한 구조이다.
④ 실험의 검증력을 극대화 시키고자 하는 시도이다.

29 다음의 사례에서 영향을 미칠 수 있는 타당성 저해요인은?

노인들이 요양원에서 사회복지서비스를 받은 후에 육체적으로 약해졌다. 이 결과를 통해 사회복지서비스가 노인들의 신체적 능력을 키우는 데 전혀 효과가 없었다고 추론하였다.

① 외부사건 ② 시험효과
③ 성숙효과 ④ 도구효과

30 다음 중 실험설계 방법 중에서 유사실험설계에 해당하지 않는 것은?

① 단순시계열설계
② 통제집단 사후측정설계
③ 단일집단 반복실험설계
④ 비동일 통제집단설계

| 2과목 | 조사관리와 자료처리 |

31 다음과 같은 특성을 가진 자료수집방법은?

• 잘못된 표기를 방지할 수 있다.
• 질문의 내용에 대한 면접자와 신뢰성 있는 대답을 얻을 수 있다.
• 면접자가 응답자와 그 주변 상황을 관찰할 수 있는 이점이 있다.

① 면접조사 ② 집단조사
③ 우편조사 ④ 전화조사

답안 표기란				
28	①	②	③	④
29	①	②	③	④
30	①	②	③	④
31	①	②	③	④

PART 1

CBT 빈출 모의고사

32 다음 중 자료수집방법에 관한 내용으로 옳지 않은 것은?

① 대인면접설문은 방문조사원에 의해 보충적인 자료가 수집될 수 있다.

② 실험자료수집은 개입을 제공하기 전에는 종속변수의 측정이 사실상 불가능하다.

③ 비반응성 자료수집은 연구대상의 반응성 오류를 피할 수 있다.

④ 우편설문은 원래 표본으로 추출된 응답자가 응답하지 않을 수 있다.

33 다음 중 폐쇄형 질문과 비교한 개방형 질문에 대한 설명으로 옳지 않은 것은?

① 연구자가 예측하지 못했던 정보나 문제점을 발견하는데 유용하다.

② 개인의 사생활과 관련된 민감한 질문이 적합하다.

③ 자료처리에 많은 시간과 노력이 든다.

④ 응답자에게 표현의 기회를 주어 응답자의 의견을 존중하는 느낌을 준다.

34 다음 중 자기기입식 설문조사와 비교한 면접설문조사의 장점으로 적절한 것은?

① 응답의 결측치를 최소화할 수 있다.

② 자료를 입력하는 것이 편리하다.

③ 조사대상 1인당 시간이 적게 든다.

④ 폐쇄형 질문에 유리하다.

35 다음 중 전화조사로 자료수집하기 가장 적합한 경우는?

① 자세하고 심층적인 정보를 얻기 위한 조사

② 어떤 시점에서 무슨 생각을 하는가를 알아내기 위한 조사

③ 이메일, 문자메시지 발송을 통한 자기기입 웹조사

④ 넓은 범위의 지리적인 영역을 조사대상 지역으로 하는 조사

답안 표기란				
32	①	②	③	④
33	①	②	③	④
34	①	②	③	④
35	①	②	③	④

36 다음 중 이메일을 활용한 온라인 조사의 장점이 아닌 것은?

① 설문응답과 동시에 코딩 가능
② 개인화된 질문과 자료제공 용이
③ 면접원 편향 통제
④ 조사 모집단 규정의 명확성

37 다음 중 관찰법의 장점으로 보기 어려운 것은?

① 조사자가 현장에서 즉시 포착할 수 있다.
② 관찰결과의 해석에 대한 객관성이 확보된다.
③ 언어와 문자의 제약 때문에 측정하기 어려운 비언어적 자료를 수집하는데 용이하다.
④ 자료를 종단적으로 분석하는 것이 가능하다.

38 다음 중 관찰자의 유형에 관한 설명으로 옳지 않은 것은?

① 연구자가 완전참여자일 경우 연구대상에 영향을 미치지 않는다.
② 완전참여자는 연구 과정에서 윤리적·과학적 문제를 발생시킬 수 있다.
③ 완전관찰자의 관찰은 피상적이고 일시적이 될 수 있다.
④ 완전참여자는 완전관찰자보다 연구대상을 충분히 이해할 수 있다.

39 다음 중 조사자의 자율성이 가장 적은 면접 유형은?

① 집중면접　　　　　② 심층면접
③ 구조화면접　　　　④ 표적집단면접

답안 표기란				
36	①	②	③	④
37	①	②	③	④
38	①	②	③	④
39	①	②	③	④

PART **1**

CBT 빈출 모의고사

40 다음 중 면접 조사자가 응답자와 인간적인 친밀 관계를 형성하는 것을 의미하는 것은?

① 조작화

② 사회화

③ 개념화

④ 라포(rapport)

41 다음 중 내용분석에 관한 설명으로 옳지 않은 것은?

① 조사대상에 영향을 미친다.

② 시간과 비용 측면에서 경제성이 있다.

③ 가치나 태도 같은 심리적인 변수를 효과적으로 측정할 수 있다.

④ 많은 조사자가 필요하지 않다.

42 다음 중 측정의 수준에 관한 설명으로 옳지 않은 것은?

① 비율측정은 절대영점을 가진다.

② 등간측정은 서열 간의 간격이 일정하게 유지된다.

③ 서열측정과 등간측정은 등수, 서열관계를 알 수 있다.

④ 등간측정은 측정치 간의 유의미한 비율계산을 할 수 있다.

43 다음 중 변수에 대한 설명으로 옳지 않은 것은?

① 연구대상의 경험적 속성을 나타낸다.

② 독립변수는 결과변수를, 종속변수는 원인의 변수를 말한다.

③ 측정할 관측대상의 속성이나 특성이 변하는 자료이다.

④ 변수의 기능에 따라 독립변수, 종속변수, 매개변수로 나뉜다.

44 다음 설명에서 연령과 같은 검정요인을 무엇이라 하는가?

> 교육수준은 소득수준에 영향을 미치지 않지만, 연령을 통제하면 두 변수 사이의 상관관계가 매우 유의미하게 나타난다.

① 억제변수
② 선행변수
③ 통제변수
④ 외재적 변수

45 다음 중 개념의 정의로 볼 수 없는 것은?

① 특정한 여러 현상들을 일반화하여 나타내는 추상적인 용어이다.
② 현상을 설명하고자 하는 명제, 이론의 전개에서 그 바탕을 이루는 역할을 한다.
③ 사실과 사실 간의 관계에 논리의 연관성을 부여하는 것이다.
④ 일정한 관계 사실에 대한 추상적인 표현이다.

46 연구에서 설정한 개념을 실제 현상에서 측정이 가능하도록 관찰 가능한 형태로 표현하는 것은?

① 개념적 정의
② 조작적 정의
③ 보편적 정의
④ 체계적 정의

47 다음 중 조작적 정의가 필요한 이유로 가장 적절한 것은?

① 연구결과를 이론적으로 정립하기 위해
② 많은 연구자들을 참여시키기 위해
③ 다양한 개념들을 포함시키기 위해
④ 개념을 가시적이고 경험적으로 표현하기 위해

답안 표기란				
44	①	②	③	④
45	①	②	③	④
46	①	②	③	④
47	①	②	③	④

PART 1

CBT 빈출 모의고사

48 다음 중 좋은 가설의 평가기준으로 옳지 않은 것은?

① 가설의 표현은 간단명료해야 하고 논리적으로 간결하여야 한다.

② 가설은 경험적으로 검증할 수 있어야 한다.

③ 계량화 가능성은 가설의 평가기준이 될 수 없다.

④ 가설은 일반화가 가능해야 한다.

49 다음 중 측정에 대한 설명으로 옳지 않은 것은?

① 조사대상의 속성을 추상적 개념으로 전환시키는 과정이다.

② 경험의 세계와 개념적 세계를 연결하는 수단이다.

③ 질적속성을 양적속성으로 전환하는 작업이다.

④ 태도나 동기 등 객관적으로 파악될 수 없는 변수도 측정이 가능하다.

50 대상자들의 종교를 불교, 기독교, 가톨릭, 이슬람, 기타의 범주로 나누어 조사한 경우의 측도는?

① 비율척도

② 명목척도

③ 등간척도

④ 서열척도

51 다음 중 비율척도로 측정하기 어려운 것은?

① 각 국가의 사회복지 예산

② 각 국가의 투표율

③ 각 국가의 평균 기온

④ 각 국가의 일인당 교육연수

답안 표기란				
48	①	②	③	④
49	①	②	③	④
50	①	②	③	④
51	①	②	③	④

52 다음은 측정수준의 순서에 관한 것이다. ( ) 안에 알맞은 것은?

> ( ) 순으로 얻어진 자료가 담고 있는 정보의 양이 많으며 보다 정밀한 분석방법이 적용될 수 있다.

① 등간측정>비율측정>서열측정>명목측정
② 명목측정>서열측정>등간측정>비율측정
③ 서열측정>명목측정>비율측정>등간측정
④ 비율측정>등간측정>서열측정>명목측정

53 다음 중 리커트(Likert) 척도법에 대한 설명으로 옳지 않은 것은?

① 각 문항에 대한 가중치를 다르게 부여할 수 없다.
② 신뢰성을 검토하기 위해 반분법을 이용할 수 있다.
③ 사용하기 쉽기 때문에 사회조사에서 널리 사용된다.
④ 척도가 단일 차원을 측정하고 있는가를 검토하기 위하여 인자분석을 사용하기도 한다.

54 다음 중 척도를 구성하는 과정에서 질문문항들이 단일차원을 이루는지 검증할 수 있는 척도는?

① 의미분화 척도　　　　　② 보가더스 척도
③ 리커트 척도　　　　　　④ 거트만 척도

55 다음은 측정오차의 종류 중 어떤 오차인가?

> 측정 상황, 측정 과정, 측정 대상 등에서 우연적이며 가변적인 일시적 형편에 의해 측정 결과에 대한 영향을 미치는 오차

① 정량적 오차
② 작위적 오차
③ 무작위적 오차
④ 체계적 오차

답안 표기란				
52	①	②	③	④
53	①	②	③	④
54	①	②	③	④
55	①	②	③	④

PART 1

CBT 빈출 모의고사

56 다음 중 타당도에 관한 설명으로 옳지 않은 것은?

① 측정도구가 얼마나 일관성 있게 측정하였는가를 말해준다.
② 측정도구가 실제로 측정하고자 하는 개념을 측정하였는가를 말해준다.
③ 타당도는 개념이 정확히 측정되었는가를 말해준다.
④ 문항구성이 측정하고자 하는 개념을 얼마나 잘 반영하고 있는가를 말해준다.

57 다음 중 내용타당도에 관한 설명으로 옳은 것은?

① 측정도구의 타당성을 경험적으로 평가한다.
② 타당성의 통계적 유의성을 평가한다.
③ 조사자의 주관적 해석과 판단에 의해 결정되기 쉽다.
④ 다른 측정결과와 비교하여 관련성 정도를 파악한다.

58 다음 중 구성타당도에 대한 설명으로 옳지 않은 것은?

① 개념이 추상적일수록 개념타당성을 확인 것이 더욱 어렵다.
② 측정도구의 측정치와 기준이 되는 측정도구의 측정치와의 상관관계를 나타낸다.
③ 측정값 자체보다 측정하고자 하는 속성에 초점을 맞춘다.
④ 구성타당성, 구조적 타당성이라고도 한다.

59 다음 중 신뢰도에 관한 기술 중 옳은 것은?

① 오차분산이 크면 클수록 그 측정의 신뢰도는 높아진다.
② 신뢰도 계수는 -1과 1 사이의 값을 가진다.
③ 신뢰도에 관한 오차는 체계적 오차를 말한다.
④ 신뢰도 계수는 실제값의 분산에 대한 참값의 분산의 비율로 나타낸다.

답안 표기란				
56	①	②	③	④
57	①	②	③	④
58	①	②	③	④
59	①	②	③	④

60 다음 중 신뢰도와 타당도 간의 관계에 관한 설명으로 틀린 것은?

① 신뢰도가 높은 측정은 항상 타당도가 높다.

② 타당도가 높은 측정은 항상 신뢰도가 높다.

③ 신뢰도가 낮은 측정은 항상 타당도가 낮다.

④ 타당도가 낮다고 해서 반드시 신뢰도가 낮은 것은 아니다.

답안 표기란				
60	①	②	③	④
61	①	②	③	④
62	①	②	③	④
63	①	②	③	④

3과목 **통계분석과 활용**

61 고속버스가 목적지에 도착할 때까지 시속 **60km**로 운행하였으나 돌아올 때는 시속 **70km**로 돌아왔다 이 고속버스의 평균운행속도 (**km**)는?

① 64.6km   ② 69.4km

③ 71.2km   ④ 76.7km

62 A기업에서 사원들을 대상으로 **4개**의 변수(키, 몸무게, 혈액형, 월평균 용돈)에 대한 관측값을 얻었다. **4개**의 변수 중에서 최빈값을 대푯값으로 사용할 때 가장 적절한 변수는?

① 몸무게

② 혈액형

③ 키

④ 월평균 용돈

63 다음 중 분산과 표준편차에 관한 설명으로 옳지 않은 것은?

① 분산이 크다는 것은 각 측정치가 평균으로부터 멀어져 있다는 것이다.

② 분산도를 구하기 위해 분산과 표준편차는 각각의 편차를 제곱한다.

③ 분산은 관찰값에서 관찰값들의 평균값을 뺀 값의 제곱의 합계를 관찰 계수로 나눈 값이다.

④ 표준편차는 분산의 값을 제곱한 것과 같다.

64 다음 중 평균이 40, 중앙값이 38, 표준편차가 4일 때 변이계수는?

① 8% ② 9%

③ 10% ④ 15%

65 피어슨의 비대칭도를 대표치들 간의 관계식으로 바르게 나타낸 것은?(단, $\overline{X}$: 산술평균, Me : 중위수, Mo: 최빈수이다.)

① $\overline{X} - Mo \fallingdotseq 3(Me - \overline{X})$

② $Mo - \overline{X} \fallingdotseq 3(Mo - Me)$

③ $\overline{X} - Mo \fallingdotseq 3(\overline{X} - Me)$

④ $Mo - \overline{X} \fallingdotseq 3(Me - Mo)$

66 철수의 필통에는 형광펜 4자루와 볼펜 3자루가 들어있고, 영희의 필통에는 볼펜 4자루와 형광펜 3자루가 들어있다. 임의로 선택된 한 필통에서 펜을 한 자루 꺼낼 때 그 펜이 형광펜일 확률은?

① 1/2 ② 1/3

③ 1/4 ④ 1/6

67 어느 조사기관의 조사에 따르면 모든 성인의 30%가 주식투자를 하고 있고, 그 중 대학졸업자는 70%라고 한다. 성인의 40%가 대학졸업자라고 가정하고 무작위로 성인 한 사람을 뽑았을 때, 그 사람이 대학은 졸업하였으나 주식투자를 하지 않을 확률은?

① 9% ② 13%

③ 19% ④ 33%

답안 표기란				
64	①	②	③	④
65	①	②	③	④
66	①	②	③	④
67	①	②	③	④

68 다음 설명 중 바르지 않은 것은?

① 사건 A와 B가 배반사건이면 $P(A \cup B) = P(A) + P(B)$이다.

② 사건 A와 B가 독립사건이면 $P(A \cap B) = P(A) \cdot P(B)$이다.

③ 붉은색 구슬이 2개, 흰색 구슬이 3개, 모두 5개의 구슬이 들어 있는 항아리에서 임의로 2개의 구슬을 동시에 꺼낼 때, 꺼낸 구슬이 모두 붉은색일 확률은 1/10이다.

④ 5개의 서로 다른 종류의 물건에서 3개를 복원추출하는 경우의 가지 수는 60가지이다.

69 확률변수 X의 확률분포가 다음과 같을 때 평균과 분산으로 옳은 것은?

X	0	1	2	계
$P(X=x)$	0.2	0.6	0.2	1

① $E(X) = 0.8$, $V(X) = 0.2$

② $E(X) = 1.0$, $V(X) = 0.4$

③ $E(X) = 1.2$, $V(X) = 0.6$

④ $E(X) = 1.4$, $V(X) = 0.8$

70 확률분포에 대한 다음 설명 중 옳지 않은 것은?

① 포아송분포의 평균과 분산은 동일하다.

② 정규분포의 표준편차 σ는 음의 값을 가질 수 있다.

③ 연속확률분포의 확률밀도함수 $f(x)$와 x축 사이의 면적은 항상 1이다.

④ X가 연속형 균일분포를 따르는 확률변수일 때, $P(X=x)$는 모든 x에서 영(0)이다.

71 다음 중 이항분포의 특징으로 옳지 않은 것은?

① 시험은 n개의 동일한 시행으로 이루어진다.

② 성공할 확률 P는 시행마다 일정하다.

③ 각 시행의 결과는 상호 배타적인 두 사건으로 구분된다.

④ 각 시행은 서로 독립적이 아니라도 가능하다.

답안 표기란				
68	①	②	③	④
69	①	②	③	④
70	①	②	③	④
71	①	②	③	④

PART **1**

CBT 빈출 모의고사

72 다음 중 이항분포를 따르는 확률변수 X에 관한 설명으로 옳지 않은 것은?

① 반복시행횟수가 n이면, X가 취할 수 있는 가능한 값은 0부터 n까지이다.

② 반복시행횟수가 n이고, 성공률이 p이면 X의 평균은 np이다.

③ 확률변수 X는 0 또는 1뿐이다.

④ 반복시행횟수가 n이고, 성공률이 p이면 X의 분산은 $np(1-p)$이다.

73 스마트폰을 만드는 회사에서 **10%**의 불량품이 만들어진다고 한다. 하루에 생산된 스마트폰 중에서 **20개**를 임의로 추출하여 검사할 때 불량품 개수의 평균과 분산은?

① $\mu=2.0$, $\sigma^2=2.0$ ② $\mu=2.0$, $\sigma^2=1.8$

③ $\mu=1.8$, $\sigma^2=2.0$ ④ $\mu=1.8$, $\sigma^2=1.8$

74 확률변수 X가 정규분포 $N(\mu, \sigma^2)$을 따를 때 다음 설명 중 옳지 않은 것은?

① 표준편차가 클수록 꼬리부분이 두껍고 길어진다.

② $Z = \dfrac{(X-\mu)}{\sigma}$ 라 하면 Z의 분포는 $N(0, 1)$이다.

③ X의 평균, 중위수는 일치하므로 X의 분포의 비대칭도는 0이다.

④ X의 관측값이 $\mu-\sigma$와 $\mu+\sigma$ 사이에 나타날 확률은 약 95%이다.

답안 표기란				
72	①	②	③	④
73	①	②	③	④
74	①	②	③	④

75 50대 여자의 키의 분포가 정규분포를 따르고 평균값은 160cm이고 표준편차는 10cm라고 할 때, 임의의 여자의 키가 175cm보다 클 확률은 얼마인가? (단, 다음 표준정규분포의 누적확률표 참고)

z	.00	.01	.02	.03	.04
1.0	0.8413	0.8438	0.8461	0.8485	0.8508
1.1	0.8643	0.8665	0.8686	0.8708	0.8729
1.2	0.8849	0.8869	0.8869	0.8907	0.8925
1.3	0.9032	0.9049	0.9049	0.9082	0.9099
1.4	0.9192	0.9207	0.9207	0.9236	0.9251
1.5	0.9332	0.9345	0.9345	0.937	0.9382
1.6	0.9452	0.9463	0.9463	0.9484	0.9495
1.7	0.9554	0.9564	0.9573	0.9582	0.9591
1.8	0.9641	0.9649	0.9656	0.9664	0.9671
1.9	0.9713	0.9719	0.9726	0.9732	0.9738

① 0.0668
② 0.1356
③ 0.6382
④ 0.9567

76 평균이 μ이고 분산이 σ^2인 임의의 모집단에서 확률표본 X_1, X_2, $\cdots$, X_n을 추출하였다. 표본평균 $\overline{X}$에 대한 설명으로 틀린 것은?

① $E(\overline{X}) = \mu$이다.

② $V(\overline{X}) = \dfrac{\sigma^2}{n}$이다.

③ n이 충분히 클 때, $\overline{X}$의 근사분포는 $N(\mu, \sigma^2)$이다.

④ n이 충분히 클 때 $\dfrac{\overline{X} - \mu}{\dfrac{\sigma}{\sqrt{n}}}$의 근사분포는 $N(0, 1)$이다.

77 다음은 무엇에 관한 설명인가?

> 평균이 μ이고 분산이 σ^2인 임의의 모집단으로부터 추출한 크기 n인 무작위 표본의 표본평균 X의 확률분포는 n이 충분히 크면 근사적으로 정규분포 $N\left(\mu, \dfrac{\sigma^2}{n}\right)$를 따른다.

① 포아송분포
② 정규분포
③ 기하분포
④ 중심극한정리

답안 표기란

75	① ② ③ ④
76	① ② ③ ④
77	① ② ③ ④

PART **1**

CBT 빈출 모의고사

78 A전자에서 생산하고 있는 전지의 수명시간은 평균이 $\mu=800$(시간)이고, 표준편차가 $\sigma=40$(시간)이라고 한다. 무작위로 A기업에서 생산한 전지 64개를 조사하였을 때 표본의 평균수명시간이 790.2시간 미만일 확률은? (단, $z_{0.005}=2.58$, $z_{0.025}=1.96$, $z_{0.05}=1.645$이다.)

① 0.015

② 0.025

③ 0.125

④ 0.255

79 모분산의 추정량으로써 편차제곱합 $\sum(X_i-\overline{X})^2$을 n으로 나눈 것보다는 $(n-1)$로 나눈 것을 사용한다. 그 이유는 좋은 추정량이 만족해야 할 바람직한 성질 중 어느 것과 관계가 있는가?

① 일관성

② 유효성

③ 불편성

④ 일치성

80 A지역 고등학교 학생 중 안경을 착용한 학생들의 비율을 추정하기 위해 이 지역 고등학교 성별 구성비에 따라 남학생 600명, 여학생 400명을 각각 무작위로 추출하여 조사하였더니 남학생 중 240명, 여학생 중 60명이 안경을 착용한다는 조사결과를 얻었다. A지역 전체 고등학생 중 안경을 착용한 학생들의 비율에 대한 가장 적절한 추정값은?

① 0.3

② 0.5

③ 0.7

④ 0.9

81 대표본에서 변동계수 c를 이용하여 모평균 μ에 대한 95% 신뢰구간을 구하고자 할 때 표본평균을 $\overline{Y}$, 표본크기를 n이라 할 때 신뢰구간으로 옳은 것은?

① $\overline{Y}\pm\dfrac{1.96c}{\sqrt{n}}$

② $\overline{Y}\left(1\pm\dfrac{1.96c}{\sqrt{n}}\right)$

③ $\overline{Y}\pm1.96c$

④ $\left(\dfrac{\overline{Y}}{c}\right)\pm\dfrac{1.96c}{\sqrt{n}}$

답안 표기란				
78	①	②	③	④
79	①	②	③	④
80	①	②	③	④
81	①	②	③	④

82 크기가 100인 확률표본으로부터 표본평균에 근거하여 구한 모평균에 대한 90% 신뢰구간의 오차의 한계가 3이라고 할 때, 오차의 한계가 1.5가 넘지 않도록 표본설계를 하려면 표현의 크기는 최소 얼마 이상이어야 하는가?

① 100

② 200

③ 300

④ 400

83 다음 중 유의확률($p-\text{value}$)에 대한 설명으로 옳지 않은 것은?

① 귀무가설이 거짓이고 기각되어야 한다는 강한 증거이다.

② 검정통계량이 실제 관측된 값보다 대립가설을 지지하는 방향으로 더욱 치우칠 확률이다.

③ 유의수준이 유의확률보다 작으면 귀무가설을 기각한다.

④ 유의확률이 작을수록 귀무가설에 대한 반증이 강한 것을 의미한다.

84 다음 중 가설검정에 관련된 용어로 적절하지 않은 것은?

① 검정력 함수는 귀무가설을 채택할 확률을 모수의 함수로 나타낸 것이다.

② 유의수준은 제1종 오류를 범할 확률의 최대 허용한계를 말한다.

③ 제2종 오류는 대립가설이 참임에도 불구하고 귀무가설을 기각하지 못하는 오류이다.

④ 유의확률은 검정통계량의 관측값에 의해 귀무가설을 기각할 수 있는 최소의 유의수준이다.

85 대통령 후보 A에 대한 30대 지지율 p_1과 40대 지지율 p_2의 차이 p_1-p_2는 6.6%로 알려져 있다. 30대와 40대 50명씩 무작위 추출하여 조사하였더니 위 지지율 차이는 3.3%로 나타났다. 지지율 차이가 줄었다고 할 수 있는지를 검정하기 위한 귀무가설과 대립가설은?

① $H_0 : p_1-p_2=0.033$, $H_1 : p_1-p_2 > 0.033$

② $H_0 : p_1-p_2=0.033$, $H_1 : p_1-p_2 \leq 0.033$

③ $H_0 : p_1-p_2=0.066$, $H_1 : p_1-p_2 \geq 0.066$

④ $H_0 : p_1-p_2=0.066$, $H_1 : p_1-p_2 < 0.066$

86 다음에 적합한 가설검정법과 검정통계량은?

> 중량이 $50g$으로 표기된 제품 10개를 무작위 추출하니 평균 $\overline{X} = 49g$, 표준편차 $S = 0.6g$이었다. 제품의 중량이 정규분포를 따를 때 평균중량 μ에 대한 귀무가설 $H_0 : \mu = 50$ 대 대립가설 $H_1 : \mu < 50$을 검정하고자 한다.

① 정규검정법, $Z_0 = \dfrac{49 - 50}{\sqrt{\dfrac{0.6}{10}}}$

② 정규검정법, $Z_0 = \dfrac{49 - 50}{\dfrac{0.6}{\sqrt{10}}}$

③ t-검정법, $t_0 = \dfrac{49 - 50}{\dfrac{0.6}{\sqrt{10}}}$

④ t-검정법, $t_0 = \dfrac{49 - 50}{\sqrt{\dfrac{0.6}{10}}}$

87 두 모집단의 분산이 같지 않다고 가정하여 평균차이를 검정했을 때 유의수준 5% 하에서 통계적으로 평균차이가 유의하였다면 두 모집단의 분산이 같은 경우 가설 검정결과의 변화로 틀린 것은?

① 표준오차가 커진다.
② 평균차이가 존재한다.
③ 유의확률이 작아진다.
④ 검정통계량 값이 커진다.

88 다음 중 분산분석에 관한 내용으로 옳지 않은 것은?

① 일원배치 분산분석에서 일원배치의 의미는 반응변수에 영향을 주는 요인이 하나인 것을 의미한다.
② 비교하려는 처리집단이 k개 있으면 처리에 의한 자유도는 $k - 2$가 된다.
③ 서로 다른 집단 간에 독립을 가정한다.
④ 분산값을 이용해서 세 개 이상의 모집단의 모평균 차이를 검정하는 통계분석방법이다.

89 일원분산분석으로 4개의 평균의 차이를 동시에 검정하기 위하여 귀무가설을 $H_0 : \mu_1 = \mu_2 = \mu_3 = \mu_4$라 정할 때 대립가설 H_1은?

① H_1: 모든 평균이 다르다.
② H_1: 적어도 세 쌍 이상의 평균이 다르다.
③ H_1: 적어도 두 쌍 이상의 평균이 다르다.
④ H_1: 적어도 한 쌍 이상의 평균이 다르다.

답안 표기란				
86	①	②	③	④
87	①	②	③	④
88	①	②	③	④
89	①	②	③	④

90 다음은 특정한 4개의 처리수준에서 각각 6번의 반복을 통해 측정된 반응값을 이용하여 계산한 값들이다. 이를 이용하여 계산된 평균오차제곱합은?

> 총제곱합＝1,200, 총자유도＝23, 처리제곱합＝640

① 28.0
② 35.1
③ 41.8
④ 53.9

91 다음은 일원분산분석을 실시한 결과이다. 이에 대한 해석으로 옳지 않은 것은?

source	df	SS	MS	F	p
month	7	127042	18150	1.52	0.164
error	135	1608204	11913		
total	142	1735253			

① 요인은 $month$로서 수준 수는 8개이다.
② 오차항의 분산 추정값은 11913이다.
③ 총 관측자료수는 142개이다.
④ 유의수준 0.05에서 요인의 효과는 유의하지 않다.

92 어떤 동전이 공정한가를 검정하고자 20회를 던져본 결과 뒷면이 15번 나왔다. 이 검정에서 사용되는 카이제곱 통계량 $\sum_{i=1}^{2} \frac{(O_i - E_i)^2}{E_i}$의 값은?

① 3
② 5
③ 7
④ 10

93 다음 중 상관계수의 범위에 관한 설명으로 옳은 것은?

① 상관계수의 범위는 0에서 1이다.
② 상관계수의 범위는 1에서 2이다.
③ 상관계수의 범위는 -1에서 0이다.
④ 상관계수의 범위는 -1에서 1이다.

답안 표기란				
90	①	②	③	④
91	①	②	③	④
92	①	②	③	④
93	①	②	③	④

PART **1**

CBT 빈출 모의고사

94 확률변수 X의 분산이 16, 확률변수 Y의 분산이 25, 두 확률변수의 공분산이 -10일 때 X와 Y의 상관계수는?

① -0.5

② 0

③ 0.5

④ 1

95 다음 중 상관분석 및 회귀분석을 실시할 때의 설명으로 옳지 않은 것은?

① 회귀분석은 독립변수와 종속변수 간의 선형적 함수관계를 분석한다.

② 두 변수 간의 관계가 선형이 아니라면, 관련이 있어도 상관계수가 0이 될 수 있다.

③ 상관계수가 $+1$에 가까우면 높은 상관이 있는 것이고, -1에 가까우면 상관이 없는 것으로 해석할 수 있다.

④ 두 개의 설명변수가 있을 때 다중회귀분석을 실시한 경우의 회귀계수와 각각 단순회귀분석을 했을 때의 회귀계수는 달라진다.

96 다음 중 회귀분석에서 관측값과 예측값의 차이는?

① 잔차

② 오차

③ 편차

④ 거리

97 단순선형회귀모형 $y_i = \beta_0 + \beta_1 x_1 + \varepsilon_i$에서 오차항 ε_i의 분포가 평균이 0이고 분산이 σ^2인 정규분포를 따른다고 가정한다. 22개의 자료들로부터 회귀식을 추정하고 나서 잔차제곱합 SSE를 구하였더니 그 값이 4,000이었다. 이때 분산 σ^2의 불편추정값은?

① 100

② 200

③ 300

④ 400

답안 표기란				
94	①	②	③	④
95	①	②	③	④
96	①	②	③	④
97	①	②	③	④

98 단순회귀모형 $Y_i = \beta_0 + \beta_1 x_i + \varepsilon_i \ (i=1, 2, \cdots, n)$에서 최소제곱법에 의한 추정회귀직선 $\hat{y} = b_0 + b_1 x$의 설명력을 나타내는 결정계수 R^2에 대한 설명으로 틀린 것은?

① 결정계수 R^2은 총변동 $SST = \sum\limits_{i=1}^{n}(y_i - \bar{y})^2$ 중 추정회귀직선에 의해 설명되는 변동 $SSR = \sum\limits_{i=1}^{n}(\hat{y}_i - \bar{y})^2$의 비율, 즉 $\dfrac{SSR}{SST}$로 정의된다.

② 결정계수 R^2 값이 1에 가까울수록 회귀직선의 적합도는 높아지고 0에 가까울수록 회귀직선의 적합도는 낮아진다.

③ 단순회귀의 경우 결정계수 R^2은 x와 y의 상관계수 r_{XY}와는 직접적인 관계가 없다.

④ x와 y의 상관계수 r_{XY}는 추정회귀계수 b_1이 음수이면 결정계수의 음의 제곱근 $-\sqrt{R^2}$과 같다.

99 명상학 강의를 수강한 학생들을 대상으로 결석시간 x와 학기말성적 y의 관계를 회귀모형 $y_i = \beta_0 + \beta_1 x_i + \varepsilon_i, \ \varepsilon_i \sim N(0, \sigma^2)$이고 서로 독립이라는 가정하에 분석하기로 하고 수강생 10명을 임의로 추출하여 얻은 자료를 정리하여 다음의 결과를 얻었다. 결석시간 x와 학기말성적 y간의 상관계수를 구하면?

> 추정회귀직선 : $\hat{y} = 85.93 - 10.62x$
> $\sum\limits_{i=1}^{10}(y_i - \bar{y})^2 = 2514.50, \ \sum\limits_{i=1}^{10}(y_i - \bar{y})^2 = 246.72$

① -0.65　　　　② -0.75

③ -0.85　　　　④ -0.95

100 봉급생활자의 근속년수, 학력, 성별이 연봉에 미치는 관계를 알아보고자 연봉을 반응변수로 하여 다중회귀분석을 실시하기로 하였다. 연봉과 근속년수는 양적변수이며, 학력(고졸이하, 대졸, 대학원이상)과 성별(남, 여)은 질적변수일 때, 중회귀모형에 포함되어야 할 가변수의 수는?

① 1개　　　　② 3개

③ 5개　　　　④ 7개

답안 표기란				
98	①	②	③	④
99	①	②	③	④
100	①	②	③	④

PART 1

CBT 빈출 모의고사

제 0회 CBT 빈출 모의고사

수험번호

수험자명

⏱ 제한 시간 : 2시간 30분　　전체 문제 수 : 100　　맞힌 문제 수 :

답안 표기란				
01	①	②	③	④
02	①	②	③	④
03	①	②	③	④

1과목 조사방법과 설계

01 다음 중 과학적 연구의 과정을 바르게 나열한 것은?

　① 가설 → 이론 → 관찰 → 경험적 일반화

　② 이론 → 가설 → 관찰 → 경험적 일반화

　③ 경험적 일반화 → 이론 → 가설 → 관찰

　④ 관찰 → 경험적 일반화 → 가설 → 이론

02 다음 ( ) 안에 들어갈 말로 알맞은 것은?

> ( )(이)란 Thomas Kuhn이 제시한 개념으로 어떤 한 시대 사람들의 견해나 사고를 지배하고 있는 이론적 틀이나 개념의 집합체를 말한다. 조사연구에서 ( )의 의미는 특정 과학공동체의 구성원이 공유하는 세계관, 신념 및 연구과정의 체계로서 개념적, 이론적, 방법론적, 도구적 체계를 지칭한다.

　① 법칙　　　　　　　　② 명제

　③ 패러다임　　　　　　④ 공리

03 다음 중 일반적인 연구수행의 절차를 바르게 나열한 것은?

　① 연구설계 → 문제설정 → 문헌고찰 → 가설설정 → 자료수집 → 분석 및 논의

　② 가설설정 → 문제설정 → 문헌고찰 → 연구설계 → 자료수집 → 분석 및 논의

　③ 자료수집 → 문헌고찰 → 문제설정 → 가설설정 → 연구설계 → 분석 및 논의

　④ 문제설정 → 문헌고찰 → 가설설정 → 연구설계 → 자료수집 → 분석 및 논의

04 다음의 사례로 보아 과학적 연구의 분석단위로 가장 적절한 것은?

> A통계조사원은 인구센서스의 가구조사 자료를 이용하여 가족 구성원 간 종교의 동질성을 분석해 보기로 하였다.

① 프로그램   ② 가구
③ 종교   ④ 집단

05 개인의 특성에서 집단이나 사회의 성격을 규명하거나 추론하고자 할 때 발생할 수 있는 오류는?

① 개인주의적 오류   ② 원자 오류
③ 생태학적 오류   ④ 환원주의적 오류

06 다음 중 사례조사연구의 목적으로 가장 적절한 것은?

① 개념정의, 분석방법의 확인
② 연구대상에 대한 기술과 탐구
③ 깊이 있는 자료의 획득
④ 연구결과에 대한 일반화

07 다음 중 사례조사에 관한 설명으로 적절한 것은?

① 본 조사를 실행하기에 앞서 먼저 시행한다.
② 조사의 타당도, 신뢰도를 측정해 보는 방법이다.
③ 조사의 범위를 한 지역 또는 한 번의 현상에 국한시켜 연구하고자 하는 현상의 대표성을 유지시킨 채 결과를 도출하는 방법이다.
④ 일정지역 또는 작은 견본을 추출하여 대표성을 유지시킨 채 사전에 진행하는 것이다.

답안 표기란				
04	①	②	③	④
05	①	②	③	④
06	①	②	③	④
07	①	②	③	④

PART **1**

CBT 빈출 모의고사

08 다음에서 기술적 조사에 적합한 조사의 주제를 모두 고르시오.

> ㉠ 잡지 구독자의 연령대 조사
> ㉡ 잡지의 구독률 조사
> ㉢ 잡지 구독률과 구독자의 소득이나 직업 사이의 관련성 조사

① ㉠, ㉡
② ㉡, ㉢
③ ㉠, ㉢
④ ㉠, ㉡, ㉢

09 다음에서 설명하고 있는 조사방법은?

> A대학은 졸업생을 대상으로 체계적 표집을 통해 응답집단을 구성한 후 매년 이들을 대상으로 졸업 후의 진로와 경제활동 및 노동시장 이동 상황을 조사하였다.

① 패널조사
② 파일럿조사
③ 델파이조사
④ 집단면접조사

10 다음 중 통계청에서 실시하는 주택총조사에 해당하는 조사는?

① 시계열 조사
② 패널조사
③ 횡단조사
④ 코호트(cohort)조사

11 다음 중 질적연구에 관한 설명으로 옳지 않은 것은?

① 조사자의 주관적인 인지나 해석 등을 정당한 자료로 간주한다.
② 조사결과를 폭넓은 상황에 일반화하기가 유리하다.
③ 연구절차가 양적 조사에 비해 유연하고 직관적이다.
④ 상호작용의 과정에 보다 많은 관심을 둔다.

답안 표기란				
08	①	②	③	④
09	①	②	③	④
10	①	②	③	④
11	①	②	③	④

12 다음과 같은 연구방법으로 적절한 것은?

> 폭력적 유튜브 시청이 주민의 폭력성에 미치는 영향을 알아보기 위하여 주민들을 우선적으로 두 집단으로 나누어 한 집단에게는 폭력적인 장면이 주로 포함된 유튜브를 보여주고 다른 집단에게는 서정적인 장면이 주로 포함된 유튜브를 보여준 후 일주일 동안 두 집단의 주민들이 폭력적인 행동을 얼마나 많이 하는지를 관찰하였다.

① 문헌연구법   ② 사례연구법
③ 실험법   ④ 질문조사법

13 다음 중 표본추출에 대한 설명으로 옳지 않은 것은?

① 확률표본추출을 할 경우 표본오차는 없으나 비표본오차는 발생할 수 있다.
② 표본추출은 모집단에서 표본을 선택하는 행위를 말한다.
③ 표본을 추출할 때는 표본에 대한 정확한 전문지식이 필요하다.
④ 표본이 모집단을 잘 대표하기 위해서는 가능한 확률표본추출을 하는 것이 바람직하다.

14 다음 중 모집단 전체의 특성치를 요약한 수치를 뜻하는 것은?

① 표본   ② 모수
③ 통계치   ④ 표집틀

15 다음 중 표본 추출과정에서 가장 먼저 해야 할 것은?

① 모집단의 확정   ② 표본추출
③ 표집프레임의 선정   ④ 표본추출방법의 결정

답안 표기란				
12	①	②	③	④
13	①	②	③	④
14	①	②	③	④
15	①	②	③	④

PART 1

CBT 빈출 모의고사

답안 표기란				
16	①	②	③	④
17	①	②	③	④
18	①	②	③	④
19	①	②	③	④

16 사회조사에서 비확률표본추출이 많이 사용되는 이유로 적절한 것은?

① 표본추출오차가 적게 나타난다.
② 모집단에 대한 추정이 용이하다.
③ 표본설계가 용이하고 시간과 비용을 절약할 수 있다.
④ 모집단 본래의 특성과 차이가 나지 않는 결과를 얻을 수 있다.

17 다음 중 단순무작위표집을 통하여 자료를 수집하기 어려운 조사는?

① 고속도로 이용자의 불편사항
② 증여세 폐지에 대한 중산층의 찬반 태도
③ 새로운 의료제도에 대한 의사들의 찬반 태도
④ 공무원 시험문제에 대한 시험응시자의 만족도

18 다음은 계통표집에 관한 설명이다. ( ) 안에 들어갈 알맞은 것은?

체계적 표집(계통표집)을 이용하여 5,000명으로 구성된 모집단으로부터 100명의 표본을 구하기 위해서는 먼저 1과 (㉠) 사이에서 무작위로 한 명의 표본을 선정한 후 첫 번째 선정된 표본으로부터 모든 (㉡)번째 표본을 선정한다.

① ㉠ : 50, ㉡ : 50
② ㉠ : 100, ㉡ : 100
③ ㉠ : 150, ㉡ : 150
④ ㉠ : 200, ㉡ : 200

19 다음 중 확률표집의 논리를 적용하면서 필요에 따라 표집률을 달리하는 표집방법은?

① 할당표집
② 계통표집
③ 유의표집
④ 가중표집

20 다음 중 군집표집의 추정 효율이 가장 높은 경우는?

① 각 집락마다 집락들의 특성이 다른 경우

② 각 집락이 모집단의 축소판일 경우

③ 각 집락마다 관측값들이 비슷할 경우

④ 각 집락마다 평균이 서로 다른 경우

21 다음 중 판단표집에 대한 설명으로 옳지 않은 것은?

① 비확률표본추출법이다.

② 연구자의 주관적인 판단에 의한 표집이다.

③ 모집단이 클수록 연구자가 표본에 대한 정확한 정보를 얻기 쉽다.

④ 연구자가 모집단과 구성요소에 대한 사전지식을 갖고 있어야 한다.

22 다음 중 표집오차에 대한 설명으로 옳지 않은 것은?

① 표본의 크기가 클수록 표집오차는 작아진다.

② 표본의 분산이 작을수록 표집오차는 작아진다.

③ 표본의 크기가 같을 경우 단순무작위표집에서보다 집락표집의 경우 표집오차가 더 크다.

④ 표본의 크기가 같을 경우 할당표집에서보다 층화표집의 경우 표집오차가 더 크다.

23 다음 중 표본크기에 관한 설명으로 옳은 것은?

① 변수의 수가 증가할수록 표본크기는 커야 한다.

② 변수의 분산값이 클수록 표본크기는 작아야 한다.

③ 비용과 시간은 표본크기에 영향을 미치지 않는다.

④ 분석변수의 범주의 수는 표본크기를 결정하는 요인이 아니다.

답안 표기란				
20	①	②	③	④
21	①	②	③	④
22	①	②	③	④
23	①	②	③	④

PART **1**

CBT 빈출 모의고사

24 다음 중 질문지를 작성할 경우 요구되는 원칙이 아닌 것은?

① 전문용어의 사용 자제

② 규범성

③ 자세한 질문 배제

④ 가치중립성

답안 표기란				
24	①	②	③	④
25	①	②	③	④
26	①	②	③	④
27	①	②	③	④

25 다음 중 질문항목의 문제점으로 지적될 수 있는 것은?

> 수질오염에 대한 최종적인 책임은 개인, 기업, 정부 중 어디에 있다고
> 생각하십니까?
>   ㉠ 개인   ㉡ 기업   ㉢ 정부

① 질문이 가치중립성에 위배되어 있다.

② 조사가 임의로 응답자들에 대한 가정을 하고 있다.

③ 단어가 간결하지 않고 명확하지도 않다.

④ 대답 가능한 응답을 모두 제시해주지 않았다.

26 다음 중 특정 연구에 대한 사전 지식이 부족할 때 예비조사에서 사용하기에 가장 적합한 질문유형은?

① 개방형 질문

② 참여형 질문

③ 가치중립적 질문

④ 유도형 질문

27 면접원을 활용하는 조사 중에서 상이한 특성의 면접원에 의해 발생하는 편향(bias)이 가장 클 것으로 추정되는 조사는?

① 집단 면접조사

② 심층 인터뷰조사

③ 질문지를 사용하는 인터뷰조사

④ 전화 인터뷰조사

28 다음 중 실험설계의 전제조건을 모두 고르면?

> ㉠ 독립변수의 조작 가능
> ㉡ 외생변수의 통제 및 제거
> ㉢ 실험대상의 표적 추출

① ㉠, ㉡   ② ㉡, ㉢

③ ㉠, ㉢   ④ ㉠, ㉡, ㉢

29 다음에서 설명하고 있는 타당도 저해 요인은?

> 학생 100명에 대한 학습능력검사 결과를 근거로 학습능력이 하위권
> 인 학생 20명을 선정하여 학습능력 향상 프로그램을 시행한 후 사후
> 검사를 했더니 100점 만점에 30점이 향상되었다.

① 도구효과   ② 실험대상의 변동

③ 통계적 회귀   ④ 선별요인

30 다음 중 단일집단 사후측정설계에 관한 설명으로 적절한 것은?

① 인과관계를 규명하는데 취약한 설계이다.

② 실험적 처치가 필요하지 않다.

③ 외적타당도가 높다.

④ 외생변수를 쉽게 통제할 수 있다.

2과목　　**조사관리와 자료처리**

31 정확한 정답을 유도하거나 응답이 지엽적으로 흐르는 것을 막기 위해 하는 추가 질문은?

① 부연설명   ② 캐어묻기

③ 라포   ④ 맞장구쳐주기

답안 표기란				
28	①	②	③	④
29	①	②	③	④
30	①	②	③	④
31	①	②	③	④

32 다음 중 자료수집방법에 대한 비교설명으로 적절한 것은?

① 인터넷조사는 우편조사에 비하여 비용이 많이 든다.

② 전화조사는 면접조사에 비해서 시간이 많이 든다.

③ 인터넷조사는 다른 조사에 비해 시각 보조자료의 활용이 곤란하다.

④ 면접조사는 다른 조사에 비해 래포(Rapport)의 형성이 용이하다.

33 다음에 제시된 설문지 질문유형의 특징으로 보기 어려운 것은?

> 귀하가 이번 국회의원 선거에서 특정 후보를 선택하는 이유를 자유롭게 작성해 주시기 바랍니다. (   )

① 표본에 대한 정보가 없는 경우 적합하다.

② 예비조사 등 문제의 핵심을 알고자 하는 경우에 적합하다.

③ 응답자의 어문능력에 관계없이 이용이 가능하다.

④ 응답자에게 자기표현의 기회를 줄 수 있다.

34 다음 중 설문조사에 관한 설명으로 적절하지 않은 것은?

① 자기기입식 설문조사는 면접설문조사보다 복잡한 쟁점을 다루는데 더 효과적이다.

② 자기기입식 설문조사는 익명성으로 민감한 쟁점을 다루는데 유리하다.

③ 자기기입식 설문조사는 면접설문조사보다 비용이 적게 든다.

④ 면접설문조사에서는 면접원이 질문 외에도 중요한 관찰을 할 수 있다.

35 다음 중 전화조사의 장점으로 적절하지 않은 것은?

① 응답자의 반응을 즉시 확인할 수 있다.

② 대표성을 확보할 수 있다.

③ 조사속도가 빠르고 비용이 적게 든다.

④ 응답자의 외모나 차림새 등 편견을 통제할 수 있다.

답안 표기란	
32	① ② ③ ④
33	① ② ③ ④
34	① ② ③ ④
35	① ② ③ ④

36 다음 중 인터넷 서베이 조사에 관한 설명으로 옳지 않은 것은?

① 면접원의 편향을 통제할 수 있다.

② 단시간에 많은 응답자에 대한 조사가 가능하다.

③ 설문응답과 동시에 코딩이 가능하다.

④ 응답자의 지리적 위치에 따라 비용이 발생한다.

37 다음 중 관찰조사방법의 장점으로 옳지 않은 것은?

① 비언어적 자료를 효과적으로 수집할 수 있다.

② 장기적인 연구조사에 유용하다.

③ 환경변수를 완벽하게 통제할 수 있다.

④ 현재의 상태를 즉시 포착할 수 있다.

38 참여관찰에서 윤리적인 문제를 겪을 가능성이 가장 높은 관찰자 유형은?

① 완전참여자

② 완전관찰자

③ 참여자로서의 관찰자

④ 관찰자로서의 참여자

39 표준화된 면접조사를 함에 있어 유의해야 할 사항으로 볼 수 없는 것은?

① 응답자가 유쾌하며 만족스러운 것이 될 것이라고 느끼도록 해야 한다.

② 응답자에게 연구자의 가치와 생각을 알려준다.

③ 응답이 가치 있는 일이라고 생각하도록 해야 한다.

④ 조사표에 담긴 질문만 질문한다.

답안 표기란				
36	①	②	③	④
37	①	②	③	④
38	①	②	③	④
39	①	②	③	④

PART 1

CBT 빈출 모의고사

40 응답자의 대답이 불충분하거나 모호할 때 추가질문을 통해 정확한 대답을 이끌어내는 면접조사상의 기술은?

① 라포(rapport)

② 심층면접

③ 투사법

④ 프로빙(probing)

41 다음 중 내용분석에 관한 설명으로 적절하지 않은 것은?

① 표본을 추출하여 분석할 수 있다.

② 필요한 경우 재분석이 가능하다.

③ 양적 내용을 질적 자료로 전환한다.

④ 시간과 비용 측면에서 경제적이다.

42 다음 중 사회조사에서 척도에 대한 설명으로 옳지 않은 것은?

① 불연속성은 척도의 중요한 속성이다.

② 척도의 구성항목은 단일한 차원을 반영해야 한다.

③ 척도는 여러 개의 지표를 하나의 점수로 나타낸다.

④ 척도를 통하여 측정하기 어려운 복합적인 개념을 측정할 수 있다.

43 실험에서 인과관계를 추론하기 위해서 서로 다른 값을 갖도록 처치를 하는 변수는?

① 외생변수

② 종속변수

③ 조절변수

④ 독립변수

답안 표기란				
40	①	②	③	④
41	①	②	③	④
42	①	②	③	④
43	①	②	③	④

44 두 변수 간의 관계를 보다 정확하게 이해할 수 있도록 밝혀주는 역할을 하는 검정요인을 모두 고르시오.

> ㉠ 구성변수   ㉡ 매개변수
> ㉢ 통제변수   ㉣ 선행변수

① ㉠, ㉡, ㉣
② ㉡, ㉢, ㉣
③ ㉠, ㉢, ㉣
④ ㉠, ㉡, ㉢, ㉣

45 다음 중 개념의 구성요소로 볼 수 없는 것은?

① 정확한 정의
② 가치중립성
③ 일반적 합의
④ 경험적 준거틀

46 다음 중 개념적 정의와 조작적 정의에 관한 설명으로 옳지 않은 것은?

① 개념적 정의는 연역적 결과를 가져다준다.
② 조작적 정의는 개념을 가시적이고 경험적으로 표현해준다.
③ 개념적 정의와 조작적 정의가 일치하는 것은 아니다.
④ 조작적 정의는 인위적이기 때문에 가급적 피해야 한다.

47 다음 중 이론에 대한 함축적 의미로 보기 어려운 것은?

① 과학적인 지식을 증진시키는 효과적인 수단이다.
② 정의된 구성개념이 상호 관련된 상태에서 형성된 명제를 말한다.
③ 구성개념을 나타내는 구체적인 변수들 간의 관계에 대한 체계적 견해를 제시한다.
④ 개념들 간의 연관성에 대한 현상을 설명한다.

답안 표기란				
44	①	②	③	④
45	①	②	③	④
46	①	②	③	④
47	①	②	③	④

PART 1

CBT 빈출 모의고사

48 다음 중 가설의 평가기준으로 적절하지 않은 것은?

① 개연성이 높은 것이 좋다.

② 동의어가 반복적이어야 한다.

③ 동일 연구분야의 다른 가설이나 이론과 연관이 있어야 한다.

④ 가입증된 결과는 일반화가 가능해야 한다.

49 다음 중 측정에 관한 설명으로 바르지 않은 것은?

① 관념적 세계와 추상적 세계 간의 교량역할을 한다.

② 조사자의 주관적인 판단에서 야기되는 오류를 극복할 수 있도록 한다.

③ 측정수준에 관계없이 통계기법의 적용은 동일하다.

④ 객관적으로 파악될 수 없는 변수도 측정이 가능하다.

50 다음의 가설에서 이공계열학생 유무라는 변수를 척도로 나타낼 때, 이 척도의 성격은?

> 이공계열에 다니는 대학생이 인문계열에 다니는 대학생보다 기술변동에 대한 관심이 더 높을 것이다.

① 순위척도

② 명목척도

③ 비율척도

④ 서열척도

51 다음 중 비율척도에 관한 설명으로 옳지 않은 것은?

① 속성의 상대적 크기비교 및 절대적 크기까지 측정할 수 있도록 비율의 개념이 추가된 척도이다.

② 수치상 가감승제와 같은 사칙연산이 가능하다.

③ 측정된 값들이 많은 정보를 포함하고 있다고 볼 수 있다.

④ 국가의 영토 크기 등이 대표적인 예이다.

답안 표기란				
48	①	②	③	④
49	①	②	③	④
50	①	②	③	④
51	①	②	③	④

52 다음 중 사회과학에서 척도를 구성하는 이유로 옳지 않은 것은?

① 측정값 또는 측정수준의 오류를 줄일 수 있다.

② 변수에 대한 질적인 측정치를 제공한다.

③ 하나의 지표로 측정하기 어려운 복합적인 개념들을 측정한다.

④ 자료의 복잡성을 덜어준다.

53 다음 중 리커트(Likert) 척도의 장점으로 볼 수 없는 것은?

① 적은 문항으로 높은 타당도를 얻을 수 있어 경제적이다.

② 한 항목에 대한 응답의 범위에 따라 정밀성을 확보할 수 있다.

③ 응답 카테고리가 서열화되어 응답자에게 혼란을 주지 않는다.

④ 항목의 우호성 또는 비우호성을 평가하기 위해 평가자를 활용하므로 객관적이다.

54 다음에서 설명하는 척도는?

- 척도의 양극단에 상반되는 형용사의 쌍을 배열
- 의미적 공간에 어떤 대상을 위치시킬 수 있다는 이론적 가정에 기초
- 조사대상에 대한 프로파일 분석에 유용하게 사용

① 의미분화 척도

② 거트만 척도

③ 스타펠 척도

④ 서스톤 척도

55 다음 중 측정과정에서 발생할 수 있는 오류는?

① 환원주의 오류

② 일상적 오류

③ 비체계적 오류

④ 결정주의 오류

답안 표기란				
52	①	②	③	④
53	①	②	③	④
54	①	②	③	④
55	①	②	③	④

PART **1**

CBT 빈출 모의고사

56 다음 중 타당도에 대한 설명으로 옳지 않은 것은?

① 측정하고자 하는 것을 어느 정도 하였는가의 문제이다.

② 같은 대상의 속성을 반복적으로 측정할 때 같은 결과를 가져올 수 있는 정도를 말한다.

③ 각 측정값의 상관관계를 조사하여 타당도를 평가한다.

④ 외적타당도는 연구결과를 일반화시킬 수 있는 정도를 의미한다.

57 다음 중 측정도구의 내용타당도를 평가하는 방법으로 옳지 않은 것은?

① 전문가들의 의견을 수렴한다.

② 측정도구의 점수나 척도가 개념을 어느 정도 반영하고 있는지를 확인한다.

③ 패널토의나 워크숍 등을 통하여 타당도에 관한 의견을 수렴한다.

④ 측정도구를 반복하여 측정하고 그 관계를 알아본다.

58 다음에서 설명하고 있는 타당도의 원리는?

> 타당도를 평가하는데 있어 동일한 속성에 대한 두 측정은 서로 다른 방법을 사용하더라도 각각 높은 상관관계를 가져야 한다.

① 수렴원리

② 개별원리

③ 수평원리

④ 요인분석

59 다음 중 신뢰도 측정방법의 유형으로 옳지 않은 것은?

① 반분법

② 재검사법

③ 내적일관성법

④ 다속성다측정방법

답안 표기란				
56	①	②	③	④
57	①	②	③	④
58	①	②	③	④
59	①	②	③	④

60 다음 중 측정의 신뢰도와 타당도에 관한 설명으로 틀린 것은?

① 반분법은 신뢰도 측정방법이다.
② 내적 타당도는 측정의 정확성이다.
③ 신뢰도가 높지만 타당도는 낮을 수 있다.
④ 측정오류는 신뢰도 및 타당도와 관련이 있다.

답안 표기란				
60	①	②	③	④
61	①	②	③	④
62	①	②	③	④
63	①	②	③	④

3과목	통계분석과 활용

61 자료의 분포에 대한 대푯값으로 평균 대신 중앙값을 사용하는 이유는?

① 평균은 음수가 나올 수 있다.
② 편차의 총합은 항상 0이다.
③ 자료의 크기가 작은 경우에는 평균 계산이 어렵다.
④ 평균은 중앙값보다 극단적인 관측값에 의해 영향을 받는 정도가 심하다.

62 다음에서 설명하는 자료의 정리방법으로 적합하지 않은 것은?

> A회사는 출퇴근하는 직원들 500명을 대상으로 이용하는 교통수단을 지하철, 자가용, 버스, 택시, 지하철과 택시, 지하철과 버스, 기타의 분야로 나누어 조사하였다.

① 도수분포표
② 히스토그램
③ 원형그래프
④ 막대그래프

63 다음 중 분산에 관한 설명으로 옳지 않은 것은?

① 분산은 양수 또는 음수를 취한다.
② 분산의 단위는 관측값 단위의 제곱이다.
③ 자료가 모두 동일한 값이면 분산은 0이다.
④ 자료가 평균에 밀집할수록 분산의 값은 작아진다.

64 남자직원과 여자직원의 임금을 조사하여 다음과 같은 결과를 얻었다. 변동계수에 근거한 남녀직원 임금의 산포에 관한 내용으로 옳은 것은?

성별	평균임금(단위 : 만원)	표준편차(단위 : 만원)
남자	200	40
여자	150	30

① 여자직원 임금의 산포도가 더 크다.
② 남자직원 임금의 산포도가 더 크다.
③ 이 자료로는 산포를 알 수 없다.
④ 남자직원과 여자직원의 임금산포가 같다.

65 표본으로 추출된 6명의 학생이 지원했던 여름방학 아르바이트의 수가 다음과 같이 정리되었다.

| 5 | 6 | 5 | 3 | 4 | 6 |

피어슨의 비대칭계수(p)에 근거한 자료의 분포에 관한 설명으로 옳은 것은?

① 비대칭계수의 값이 0에 근사하여 좌우 대칭형 분포를 나타낸다.
② 비대칭계수의 값이 양의 값을 나타내어 왼쪽으로 꼬리를 늘어뜨린 비대칭 분포를 나타낸다.
③ 비대칭계수의 값이 양의 값을 나타내어 오른쪽으로 꼬리를 늘어뜨린 비대칭 분포를 나타낸다.
④ 비대칭계수의 값이 음의 값을 나타내어 왼쪽으로 꼬리를 늘어뜨린 비대칭 분포를 나타낸다.

66 3개의 동전을 던질 때 적어도 뒷면이 하나 이상 나올 확률은?

① $\frac{1}{8}$
② $\frac{3}{8}$
③ $\frac{5}{8}$
④ $\frac{7}{8}$

답안 표기란

64	① ② ③ ④
65	① ② ③ ④
66	① ② ③ ④

67 A라인에서 제품 40%, B라인에서 60%를 생산하는 기업이 있다. A라인에서 생산된 제품의 불량률이 1%이고, B라인에서 생산된 제품의 불량률이 2%일 경우 전체 불량률은?

① 0.9%　　　　　　　　　② 1.6%

③ 2.1%　　　　　　　　　④ 3.5%

68 양의 확률을 갖는 사건 A, B, C의 독립성에 대한 설명으로 옳지 않은 것은?

① A와 B가 독립이면, A와 B^c 또한 독립이다.

② A와 B가 독립이면, A^c와 B^c 또한 독립이다.

③ A와 B가 배반사건이면 A와 B는 독립이 아니다.

④ A와 B가 독립이고 A와 C가 독립이면, A와 $B \cap C$ 또한 독립이다.

69 5와 6의 눈이 없는 대신 4의 눈이 세 개인 공정한 주사위가 있다. 이 주사위를 던져서 나오는 눈의 수를 X라 하면, X의 분산은?

① $\dfrac{1}{6}$　　　　　　　　② $\dfrac{4}{3}$

③ $\dfrac{8}{5}$　　　　　　　　④ 2

70 눈의 수가 3이 나타날 때까지 계속해서 공정한 주사위를 던지는 실험에서 주사위를 던진 횟수를 확률변수 X라고 할 때 X의 기댓값은?

① 3　　　　　　　　　　② 4

③ 6　　　　　　　　　　④ 7

답안 표기란				
67	①	②	③	④
68	①	②	③	④
69	①	②	③	④
70	①	②	③	④

PART **1**

CBT 빈출 모의고사

71 다음 중 이항분포에 관한 설명으로 옳지 않은 것은?

① $p = \dfrac{1}{2}$이면 좌우대칭의 형태가 된다.

② $p = \dfrac{3}{4}$이면 왜도가 음수($-$)인 분포이다.

③ $p = \dfrac{1}{4}$이면 왜도가 0이 아니다.

④ $p = \dfrac{1}{2}$이면 왜도는 양수($+$)인 분포이다.

72 성공 확률이 p인 베르누이 시행을 n회 반복하여 시행했을 때, 이항분포에 대한 설명으로 틀린 것은?

① n회 베르누이 시행 중 성공 횟수는 이항분포를 따른다.
② 평균은 np이고, 분산은 $npq(q = 1-p)$이다.
③ 베르누이 시행을 n번 반복시행 했을 때, 각 시행은 배반이다.
④ n번의 베르누이 시행에서 성공 확률 p는 모두 같다.

73 앞면과 뒷면이 나올 확률이 동일한 동전을 10번 독립적으로 던질 때, 앞면이 나오는 횟수를 X라고 하면 X의 기댓값과 분산은?

① $E(X) = 5,\ Var(X) = 5$
② $E(X) = 5,\ Var(X) = \sqrt{5}$
③ $E(X) = 5,\ Var(X) = \sqrt{2.5}$
④ $E(X) = 5,\ Var(X) = 2.5$

74 X는 정규분포를 따르는 확률변수로 $P(X < 10) = 0.5$일 때 X의 기댓값은?

① 10   ② 13

③ 15   ④ 17

답안 표기란				
71	①	②	③	④
72	①	②	③	④
73	①	②	③	④
74	①	②	③	④

75 사회조사분석사 2급 필기 시험 응시생 500명의 통계학 성적의 평균 점수는 70점이고, 표준편차는 10점이라고 한다. 통계학 성적이 정규분포를 따른다고 할 때, 성적이 50점에서 90점 사이인 응시자는 약 몇 명인가? (단, $P(Z<2)=0.9772$)

① 378명

② 477명

③ 512명

④ 650명

76 평균이 μ이고, 표준편차가 σ인 모집단으로부터 크기가 n인 확률표본을 취할 때, 표본평균 $\overline{X}$의 분포에 대한 설명으로 옳은 것은?

① 표본의 크기가 커짐에 따라 점근적으로 평균이 μ이고 표준편차가 $\frac{\sigma}{\sqrt{n}}$인 정규분포를 따른다.

② 표본의 크기가 커짐에 따라 평균이 μ이고 표준편차가 $\frac{\sigma}{n}$ 정규분포를 따른다.

③ 모집단의 확률분포와 동일한 분포를 따르되, 평균은 μ이고 표준편차가 $\frac{\sigma}{\sqrt{n}}$이다.

④ 모집단의 확률분포와 동일한 분포를 따르되, 평균은 μ이고 표준편차가 $\frac{\sigma}{n}$이다.

77 중심극한정리에 대한 다음 설명 중 옳은 것을 모두 고르시오.

> ㉠ 표본의 크기가 충분히 큰 경우 모집단의 분포의 형태에 관계없이 성립한다.
> ㉡ 모집단의 분포는 연속형, 이상형 모두 가능하다.
> ㉢ 표본평균의 기댓값과 분산은 모집단의 것과 동일하다.

① ㉠

② ㉠, ㉡

③ ㉡, ㉢

④ ㉠, ㉡, ㉢

답안 표기란				
75	①	②	③	④
76	①	②	③	④
77	①	②	③	④

PART 1

CBT 빈출 모의고사

78 정규분포 $N(12, 2^2)$을 따르는 확률변수 X로부터 크기 n개의 표본을 뽑았다. 표본평균이 10과 14 사이에 있을 확률이 0.9975라면 몇 개의 표본을 뽑은 것인가? (단, $P(|Z|<3)$ $=0.9975$, $P(Z<3)=0.9987$)

① 5 　　　　　　　② 6
③ 8 　　　　　　　④ 9

79 정규분포 $N(\mu, \sigma^2)$을 따르는 모집단에서 무작위로 표본 3개 X_1, X_2, X_3을 추출하였다. 다음 추정량의 기댓값이 모평균이 아닌 것은?

① X_2 　　　　② $\dfrac{X_1+X_2}{2}$

③ $\dfrac{X_1+X_2+X_3}{(3-1)}$ 　　　　④ $\dfrac{X_1+2X_2+X_3}{(3+1)}$

80 대규모의 동일한 모집단에서 무작위로 100명과 1,000명으로 된 표본을 각각 추출하였을 때, 모집단의 평균을 더 정확히 추정할 수 있는 표본은 어느 것이며 그 이유는 무엇인가?

① $n=100$인 경우이며, 표준오차가 $n=1,000$인 경우보다 작기 때문이다.
② $n=1,000$인 경우이며, 표준오차가 $n=100$인 경우보다 작기 때문이다.
③ $n=100$인 경우이며, 표준오차가 $n=1,000$인 경우보다 크기 때문이다.
④ $n=1,000$인 경우이며, 표준오차가 $n=100$인 경우보다 크기 때문이다.

81 20××년 도소매업의 사업체당 종사자수는 평균 3.0명이고 변동계수는 0.4이다. 95% 신뢰구간으로 옳은 것은? (단, $z_{0.05}=1.645$, $z_{0.025}=1.96$)

① 0.648명 ~ 5.352명 　　　② 1.315명 ~ 6.741명
③ 1.728명 ~ 7.349명 　　　④ 2.148명 ~ 7.688명

답안 표기란				
78	①	②	③	④
79	①	②	③	④
80	①	②	③	④
81	①	②	③	④

82 A회사에서 20대를 대상으로 자사의 선호도에 대한 조사를 하려 한다. 전년도 조사에서 선호도가 40%이었다. 금년도 조사에서 선호도에 대한 추정의 95% 오차한계가 4% 이내로 되기 위한 표본의 최소 크기는? (단, $Z \sim N(0,1)$일 때, $P(Z>1.96)=0.025$, $P(Z>1.65)=0.05$)

① 361   ② 445   ③ 577   ④ 692

83 다음 중 가설검정 시 유의확률(p값)과 유의수준(α)의 관계에 대한 설명으로 옳은 것은?

① 유의확률 < 유의수준일 때 귀무가설을 기각한다.
② 유의확률 ≥ 유의수준일 때 귀무가설을 기각한다.
③ 유의확률 ≠ 유의수준일 때 귀무가설을 기각한다.
④ 유의확률과 유의수준은 가설검정과는 아무런 관계가 없다.

84 다음 중 통계적 가설검정에 관한 내용으로 옳지 않은 것은?

① 제2종 오류는 대립가설이 참임에도 불구하고 귀무가설을 기각하지 못하는 오류이다.
② 기각역은 귀무가설을 기각하게 되는 검정통계량의 관측값의 영역이다.
③ 유의수준은 제1종 오류를 범할 확률의 최대 허용한계이다.
④ 귀무가설은 표본에 근거한 강력한 증거에 의하여 입증하고자 하는 가설이다.

85 정규모집단 $N(\mu, \sigma^2)$로부터 취한 n의 표본 $X_1, X_2, \cdots, X_n$에 근거한 표본평균과 표본분산을 각각 $\overline{X}=\dfrac{1}{n}\sum_{i=1}^{n}X_i$, $S^2=\dfrac{1}{n-1}\sum_{i=1}^{n}(X_i-\overline{X})^2$이라 할 때, 통계량 $\dfrac{\overline{X}-\mu}{\dfrac{S}{\sqrt{n}}}$ 의 분포는?

① $t(n)$: 자유도 n인 t−분포
② $t(n-1)$: 자유도 n−1인 t−분포
③ $\chi^2(n)$: 자유도 n인 χ^2−분포
④ $\chi^2(n-1)$: 자유도 n−1인 χ^2−분포

답안 표기란				
82	①	②	③	④
83	①	②	③	④
84	①	②	③	④
85	①	②	③	④

PART 1

CBT 빈출 모의고사

86 국민들의 1주일 동안 독서시간은 평균이 20시간, 표준편차가 3시간인 정규분포를 따른다고 알려져 있다. 이를 확인하기 위해 36명의 국민을 조사하였더니 평균이 19시간으로 나타났다. 위 결과를 이용하여 국민들의 평균 독서시간이 20시간보다 작다고 말할 수 있는지를 검정한다고 할 때 다음 설명 중 옳은 것은? (단, $P(|Z|<1.645)=0.9$, $P(|Z|<1.96)=0.95$)

① 검정통계량의 값은 -2이다.
② 가설검정에는 χ^2분포가 이용된다.
③ 유의수준 0.05에서 검정할 때, 국민들의 평균 독서시간이 20시간보다 작다고 말할 수 없다.
④ 표본분산이 알려져 있지 않아 가설검정을 수행할 수 없다.

87 다음 중 검정통계량의 분포가 나머지 셋과 다른 것은?

① 모분산이 미지인 정규모집단의 모평균에 대한 검정
② 독립인 두 정규모집단의 모분산의 비에 대한 검정
③ 모분산이 미지이고 동일한 두 정규모집단의 모평균의 차에 대한 검정
④ 단순회귀모형 $y=\beta_0+\beta_1 x+\epsilon$에서 모회귀직선 $E(y)=\beta_0+\beta_1 x$의 기울기 β_1에 관한 검정

88 다음에서 분산분석에 대한 옳은 설명을 모두 고르면?

> ㉠ 집단 간 분산을 비교하는 분석이다.
> ㉡ 집단 간 평균을 비교하는 분석이다.
> ㉢ 검정통계량은 집단 내 제곱합과 집단 간 제곱합으로 구한다.
> ㉣ 검정통계량은 총제곱합과 집단 간 제곱합으로 구한다.

① ㉠, ㉢
② ㉠, ㉡
③ ㉡, ㉢
④ ㉠, ㉡, ㉣

	①	②	③	④
86	①	②	③	④
87	①	②	③	④
88	①	②	③	④

89 일원배치모형을 $Y_{ij}=\mu+\alpha_1+\varepsilon_{ij}(i=1,\cdots,k,\ j=1,\cdots,n)$ 로 나타낼 때, 분산분석표를 이용하여 검정하려는 귀무가설 H_0는? (단, i는 처리, j는 반복을 나타내는 첨자이며, 오차항 $\varepsilon_{ij}\sim N(0,\sigma^2)$이고 서로 독립적이며 $\bar{y}_i=\sum\limits_{j=1}^{n}\dfrac{y_{ij}}{n}$이다.)

① $H_0 : \bar{y}_1=\bar{y}_2=\cdots=\bar{y}_k$

② $H_0 : \bar{\alpha}_1=\bar{\alpha}_2=\cdots=\bar{\alpha}_k=0$

③ $H_0 :$ 적어도 한 α_1는 0이 아니다.

④ $H_0 :$ 오차항 ε_{ij}들은 서로 독립이다.

90 일원배치 분산분석에서 자유도에 대한 설명으로 옳지 않은 것은?

① 집단 내 제곱합의 자유도는 총제곱합의 자유도에서 집단 간 제곱합의 자유도를 뺀 값이다.

② 총제곱합의 자유도는 (자료의 총개수-1)이다.

③ 집단 간 제곱합의 자유도는 (집단의 개수-1)이다.

④ 집단 내 제곱합의 자유도는 (자료의 총개수-집단의 개수-1)이다.

91 에어컨 구매시기가 계절(봄, 여름, 가을, 겨울)별로 동일한 비율인지를 검정하려고 에어컨 구매자 200명을 조사하였다. 가장 적합한 가설검정방법은?

① 카이제곱 적합도 검정   ② 카이제곱 동질성 검정

③ 카이제곱 독립성 검정   ④ 피어슨 상관계수 검정

92 다음은 서로 다른 3가지 포장형태(A, B, C)의 선호도가 같은지를 90명을 대상으로 조사한 결과이다. 선호도가 동일한지를 검정하는 카이제곱 검정통계량의 값은?

포장형태	A	B	C
응답자수	23	36	31

① 1.87   ② 2.87

③ 3.87   ④ 4.87

답안 표기란				
89	①	②	③	④
90	①	②	③	④
91	①	②	③	④
92	①	②	③	④

PART 1

CBT 빈출 모의고사

93 다음 중 상관계수(r_{XY})에 대한 설명으로 옳지 않은 것은?

① 상관계수 r_{XY}는 두 변수 X와 Y의 선형관계의 정도를 나타낸다.
② 하나의 변수가 변해감에 따라 다른 변수가 변하는 정도를 나타낸다.
③ $r_{XY} = \pm 1$이면 두 변수는 완전한 상관관계에 있다.
④ 상관계수 r_{XY}는 두 변수의 이차곡선관계를 나타내기도 한다.

94 $Y = a + bX (b > 0)$인 관계가 성립할 때 두 확률변수 X와 Y 간의 상관계수 p_{XY}는?

① $p_{XY} = 1.0$
② $p_{XY} = 0.8$
③ $p_{XY} = 0.6$
④ $p_{XY} = -1$

95 회귀분석에서는 회귀모형에 대한 몇 가지 가정을 전제로 하여 분석을 실시하게 되며, 이러한 가정들에 대한 타당성은 잔차분석을 통해 판단하게 되는데 이 때 검토되는 가정이 아닌 것은?

① 정규성
② 일관성
③ 등분산성
④ 독립성

96 변수 x와 y에 대한 n개의 자료 $(x_1, y_1), \cdots, (x_n, y_n)$에 대하여 단순회귀모형 $y_i = \beta_0 + \beta_1 x_1 + \varepsilon_i$를 적합시키는 경우, 잔차 $e_i = y_i - \hat{y}_i (i = 1, 2, \cdots, n)$에 대한 성질이 아닌 것은?

① $\sum_{i=1}^{n} e_i = 0$
② $\sum_{i=1}^{n} x_i e_i = 0$
③ $\sum_{i=1}^{n} y_i e_i = 0$
④ $\sum_{i=1}^{n} \hat{y}_i e_i = 0$

답안 표기란				
93	①	②	③	④
94	①	②	③	④
95	①	②	③	④
96	①	②	③	④

97 단순선형회귀모형 $y_i = \alpha + \beta x_i + \varepsilon_i \ (i=1, 2, \cdots, n)$에서 최소제곱추정량 $\hat{y}_i = \hat{\alpha} + \hat{\beta} x$로부터 잔차 $\hat{e}_i = y_i - \hat{y}_i$로부터 서로 독립이고 등분산인 오차들의 분산 $Var(e_i) = \sigma^2 (1, 2, \cdots, n)$의 불편추정량을 구하면?

① $\hat{\sigma}^2 = \dfrac{\sum\limits_{i=1}^{n}(y_i - \hat{y}_i)^2}{n-3}$

② $\hat{\sigma}^2 = \dfrac{\sum\limits_{i=1}^{n}(y_i - \hat{y}_i)^2}{n-2}$

③ $\hat{\sigma}^2 = \dfrac{\sum\limits_{i=1}^{n}(y_i - \hat{y}_i)^2}{n-1}$

④ $\hat{\sigma}^2 = \dfrac{\sum\limits_{i=1}^{n}(y_i - \hat{y}_i)^2}{n}$

98 추정된 회귀선이 주어진 자료에 얼마나 잘 적합하는지 알아보는데 사용하는 결정계수를 나타낸 식이 아닌 것은? (단, Y_i는 주어진 자료의 값이고, $\hat{Y}_i$은 추정값이며, $\overline{Y}$는 자료의 평균이다.)

① $\dfrac{\text{회귀제곱합}}{\text{총제곱합}}$

② $\dfrac{\sum(\hat{Y}_i - \overline{Y})^2}{\sum(Y_i - \overline{Y})^2}$

③ $1 - \dfrac{\text{잔차제곱합}}{\text{회귀제곱합}}$

④ $1 - \dfrac{\sum(\hat{Y}_i - \hat{Y})^2}{\sum(Y_i - \overline{Y})^2}$

99 심리학 과목을 수강한 학생 가운데 학생 10명을 추출하여, 그들이 강의에 결석한 시간(X)과 심리학점수(Y)를 조사하여 다음 표를 얻었다.

X	5	4	5	7	3	5	4	3	7	5
Y	9	4	5	11	5	8	9	7	7	6

단순 선형 회귀분석을 수행한 다음 결과의 ( ) 안에 들어갈 내용으로 틀린 것은?

요인	자유도	제곱합	평균제곱	F값
회귀	(㉠)	9.9	(㉡)	(㉢)
오차	(㉣)	33.0	(㉤)	
전체	9	42.9		

$$R^2 (\ ㉥ \ )$$

① ㉠=1, ㉡=9.9

② ㉢=2.4

③ ㉣=8, ㉤=4.125

④ ㉥=0.7

답안 표기란

97 ① ② ③ ④
98 ① ② ③ ④
99 ① ② ③ ④

PART 1

CBT 빈출 모의고사

100 봉급생활자의 연봉과 근속년수, 학력 간의 관계를 알아보기 위하여 연봉을 반응변수로 하여 회귀분석을 실시하기로 하였다. 그런데 근속년수는 양적 변수이지만 학력은 중졸, 고졸, 대졸로 수준 수가 3개인 지시변수(또는 가변수)이다. 다중회귀모형 설정 시 필요한 설명변수는 모두 몇 개인가?

① 2개   ② 3개

③ 4개   ④ 5개

답안 표기란
100   ① ② ③ ④

PART 2

정답 및 해설

제1회
CBT
빈출 모의고사
정답 및 해설

1과목 조사방법과 설계

01	③	02	①	03	②	04	④	05	①
06	②	07	①	08	③	09	④	10	②
11	③	12	②	13	③	14	④	15	②
16	①	17	②	18	②	19	④	20	②
21	①	22	④	23	②	24	①	25	④
26	③	27	①	28	④	29	③	30	④

2과목 조사관리와 자료처리

31	①	32	③	33	④	34	③	35	②
36	④	37	③	38	①	39	②	40	④
41	③	42	③	43	②	44	④	45	①
46	②	47	③	48	④	49	①	50	②
51	①	52	②	53	②	54	②	55	①
56	④	57	①	58	②	59	④	60	②

3과목 통계분석과 활용

61	④	62	②	63	③	64	①	65	③
66	②	67	④	68	③	69	④	70	①
71	②	72	③	73	④	74	②	75	②
76	①	77	③	78	②	79	②	80	③
81	①	82	③	83	①	84	④	85	③
86	②	87	①	88	③	89	①	90	③
91	②	92	③	93	②	94	①	95	③
96	④	97	③	98	②	99	④	100	③

1과목 조사방법과 설계

01 정답 ③

과학적 연구방법의 특징 : 간결성, 경험적 검증가능성(경험적 실증성), 결정론적, 객관성, 구체성, 논리성, 변화가능성(수정가능성), 반증가능성, 상호주관성, 인과성, 일반성, 재생가능성, 체계성

02 정답 ①

과학적 방법의 기본적 가정 : 자연의 질서와 규칙성, 진리의 상대성, 경험과 관찰은 지식의 원천, 현상과 사건에 원인 존재, 자명한 지식 없음

03 정답 ②

인간행위의 사회적 의미를 행위자의 입장에서 이해하려는 것은 해석주의이다.

실증주의의 특징 : 경험과 관찰의 중요성, 경험을 바탕으로 한 인식론, 철학적 질문에 대한 과학적 답변, 인과성과 경험적 사실의 중요성, 과학적 방법과 실험의 중요성 등

04 정답 ④

연구문제가 설정된 후 연구문제를 정의하는 과정 : ㉠ 문제를 프로그램 미션과 목적에 관련시킨다. → ㉡ 문제의 배경을 검토한다. → ㉣ 문제의 하위영역, 구성요소, 요인들을 확립한다. → ㉢ 무엇을 측정할 것인가를 결정한다. → ㉤ 관련 변수들을 결정한다. → ㉥ 연구목적과 관련 하위목적을 설명한다. → ㉦ 한정된 변수, 목적, 하위목적들에 대한 예비조사를 수행한다.

05 정답 ①

노인들의 연령조사는 노인 개인에 대한 조사로 분석단위가 개인이다. 농가가구의 소득조사, 가구당 주택의 보유현황 조사는 가구인 집단에 대한 조사이고 편의점당 종업원 수 조사는 분석단위가 집단이다.

06　정답 ②

② "모든 사람은 죽는다. 소크라테스는 사람이다. 따라서 소크라테스는 죽는다."는 일반적인 사실로부터 특수한 사실을 이끌어내는 논리체계로 연역적 논리이다.
① 과학적 연구는 연역적 논리와 귀납적 논리를 통하여 규명한다.
③ 귀납은 특수한 사실로부터 일반적인 진리를 이끌어내는 논리체계이다.
④ 연역은 일반적인 사실로부터 특수한 사실을 이끌어내는 논리체계이다.

07　정답 ①

① 탐색적 연구 : 연구조사설계를 확정하기 이전에 연구문제를 발견하고 변수규명, 가설도출을 위해 예비적으로 실시하는 연구이다.
② 기술적 연구 : 어떤 사건이나 현상에 대한 정보가 필요할 때 이를 정확하게 기술하기 위해 실시한다.
③ 종단적 연구 : 사람이 발달하면서 어떤 모습으로 변하는지 알아보기 위하여 기간을 두고 반복적으로 동일한 사람에게서 정보를 수집하는 조사법이다.
④ 설명적 연구 : 인과관계를 규명하거나 미래를 예측하기 위해 실시하는 연구이다.

08　정답 ③

③ 사례연구는 연구대상을 질적으로 파악하고 기술하는 질적인 방법이지만 양적인 방법을 사용하여 수집한 증거를 사용할 수 있다.
①, ④ 사례연구는 특정한 사례인 개인, 프로그램, 의사결정, 조직, 사건 등에 대하여 집중적으로 연구하는 것이다.
② 사례연구는 기존 문서를 분석하는 방법으로도 자료를 수집한다.

09　정답 ④

기술적 조사는 사건이나 현상의 빈도, 비율, 수준, 관계 등에 대한 단순 통계적인 자료를 수집하여 연구문제에 답을 구하는 조사이다. 가족 내 영유아 수와 의료비 지출의 관계는 인과적 설명이 필요한 설명적 조사에 적합하다.

10　정답 ②

㉠ 패널조사 : 동일한 대상에게 동일한 현상에 대해 일정한 시간 간격을 두고 지속적으로 반복 측정하여 조사하는 연구이다.
㉡ 추세조사 : 광범위한 연구대상의 특정 속성을 여러 시기에 관찰, 비교하는 연구이다.

11　정답 ③

횡단적 연구는 어느 한 시점에서 이루어진 관찰을 통해 얻어진 자료를 바탕으로 하는 연구로 정태적 연구이다. 종단적 연구는 연구대상을 일정 기간에 여러 번 관찰하여 얻은 자료를 이용하는 연구로 동태적 연구이다.

12　정답 ②

㉡ 수집된 자료는 타당성이 있고 실질적이나 신뢰성은 낮다.
㉢ 연구자의 연구설계와 그에 따른 연구진행이 구조화와 조작화의 과정을 거치는 것은 양적연구이다.
㉠ 질적연구의 자료는 정성적 차원에서 분석할 수 있다.
㉣ 연구자의 자질은 중요한 연구도구이다.

13　정답 ③

설문조사는 모집단으로부터 추출된 표본을 대상으로 설문지를 통하여 사회현상에 관한 자료를 조사하고 분석하는 방법이다. 설문조사는 정당 공천에 앞서 당선 가능성이 높은 후보를 알아보고자 할 때 가장 적합한 조사방법이다.

14　정답 ④

일련번호와 함께 표본간격이 중요한 것은 체계적 표집이다.

15　정답 ②

표집틀(sampling frame)을 평가하는 주요 요소 : 포괄성, 추출확률, 효율성

16 정답 ①

확률표본추출방법을 결정할 경우 고려하는 요인 : 연구목적, 비용 대 가치, 허용오차의 크기 등

17 정답 ②

할당표집(quota sampling)은 비확률추출방법이므로 정확성을 판단하기 어렵다. 조사자의 편견이 개입될 가능성이 높고 무작위성을 보장하는 수단이 없으므로 결과의 일반화가 어렵다.

18 정답 ③

단순무작위표집은 모집단의 각각의 요소 또는 사례들이 표본으로 선택될 가능성이 같은 확률표본추출방법으로 표본추출방법 간의 표집효과 계산 시의 준거가 된다.

19 정답 ④

㉠ 표집틀에 주기성이 없는 경우 모집단을 잘 반영한다.
㉡ 무작위로 선정한 후 목록의 매번 *k*번째 요소를 표본으로 선정하는 표집방법이다.
㉢ 추출간격은 모집단의 크기를 표본의 크기로 나눈 것이다.
㉣ 모집단 배열에 일정한 주기성이 있는 경우 편중된 표본을 추출할 위험이 있다.

20 정답 ②

가중표집 : 너무 규모가 작은 소집단의 경우 모집단의 비율과 동일한 비율로 표본추출을 하면 표본에서 그 특성을 충분히 파악하기 어렵기 때문에 더 많이 추출되도록 하는 표집방법이다.

21 정답 ①

① **할당표집(Quota Sampling)** : 특정 변수를 중심으로 모집단을 일정한 범주로 나눈 다음 집단별로 필요한 대상을 시전에 정해진 비율로 추출한다.
② **눈덩이표집(Snowball Sampling)** : 소규모의 응답자를 조사하고 그 응답자를 통해 비슷한 속성을 가진 다른 응답자를 소개받는 방법으로 응답자를 확보하는 방법이다.

③ **판단표집(Judgemental Sampling)** : 연구의 목적에 맞는 사례들을 연구자의 판단에 따라 선택적으로 수집하는 방법이다.
④ **편의표집(Convenience Sampling)** : 조사자가 손쉽게 이용 가능한 대상만을 선택하여 표본으로 추출하는 방법이다.

22 정답 ④

판단표본추출법(judgement sampling)은 조사자의 주관이 개입되므로 결과의 일반화가 어렵다.

23 정답 ②

표본의 크기가 같을 때 표집오차는 군집표본추출 > 단순무작위표본추출 > 층화표본추출 순이므로 모집단에 대한 대표성과 표본오차의 수준을 동일하게 하고 싶을 때의 순서도 군집표본추출 > 단순무작위표본추출 > 층화표본추출 순이다.

24 정답 ①

표본의 크기는 모집단이 이질적일수록 커야 하고, 모집단의 규모가 작을수록 커야 한다.

25 정답 ④

질문지의 구성요소 : 응답에 대한 협조요청, 식별자료, 지시사항, 필요정보 수집을 위한 문항

26 정답 ③

응답항목은 포괄성을 만족하면서도 서로 배타적이어야 한다. 미만은 자신을 포함하지 않은 작은 수를 가리키고, 이하는 자신을 포함한 작은 수를 가리킨다.

27 정답 ①

① **표적집단면접(focus group interview)** : 조사자가 소수의 응답자 집단에게 특정주제에 대하여 토론하게 한 다음 필요한 정보를 알아내는 자료수집방법

② 비지시적 면접(nondirective interview) : 면접자가 피면접자의 감정을 자유롭게 표현하고 기술할 수 있도록 무조건적 수용의 분위기를 보장하는 방법
③ 현지조사법(field survey) : 그 지역에 사는 세대와 지역에 소재하는 상품을 대표하는 샘플을 추출하여 면접을 실시해서 상권을 측정하는 방법
④ 델파이 서베이(delphi techniques) : 어떤 문제에 대하여 전문가들의 합의점을 찾는 방법

28 정답 ④

경험적 연구의 조사설계에서 고려되어야 할 핵심적인 구성요소 : 조사대상, 조사항목, 조사방법

29 정답 ③

외생변수 통제방법 : 제거(Elimination), 균형화(Matching), 무작위화(Randomization), 상쇄(counter balancing)

30 정답 ④

통계적 회귀 : 최초의 측정에서 양 극단적인 측정값을 보인 사례들은 이후에 재측정하면 평균값으로 회귀하여 처음과 같은 극단적인 측정값을 나타낼 확률이 줄어드는 경우이다.

2과목 조사관리와 자료처리

31 정답 ①

2차 자료는 이미 기존에 연구된 자료이므로 1차 자료에 비하여 시간과 비용을 절약할 수 있다.

32 정답 ③

투사법(projective technique) : 인간의 무의식 속에 내재되어 있는 동기, 가치, 태도 등을 알아내기 위하여 모호한 자극을 응답자에게 제시하여 반응을 알아보는 방법

33 정답 ④

④ 어린이나 노인에게는 대면면접조사가 가장 적합하다.
① 대면면접조사의 응답률이 가장 높다.
② 대면면접조사에서는 추가 질문하기가 가장 쉽다.
③ 전화조사는 조사자 기입식 자료수집 방법이다.

34 정답 ③

폐쇄형 질문은 응답이 간편하여 시간이 적게 들고 응답이 끝난 후 코딩이나 편집 등이 간편하다.

35 정답 ②

대인 면접법은 비언어적 행위의 관찰이 가능하고, 대리응답의 가능성이 낮으며, 설문과정에서의 유연성이 높다. 응답자를 대면하면서 조사하므로 응답환경을 구조화할 수 있다.

36 정답 ④

복잡한 문제들에 대한 의견을 파악하기 용이한 것은 면접법이다. 전화조사는 속도가 빠르고 비용이 적게 들며, 지역제한을 받지 않고 광범위한 표본을 추출할 수 있다.

37 정답 ③

자기기입식 집단설문조사는 연구대상자를 집단적으로 모으고 질문지를 교부해서 응답자가 직접 기재하는 방식이다.

38 정답 ①

관찰방법은 관찰자의 주관성 개입을 방지하기 어렵다.
관찰자료 수집의 장점 : 즉각적 자료수집 가능, 비언어적 자료수집 가능, 자연스러운 연구환경 확보, 비협조적이거나 면접을 거부할 경우 유용, 무의식적 행동 관찰 가능, 종단분석 가능

39 정답 ②

완전관찰자는 관찰자의 신분을 밝히지 않은 채 연구대상자들의 활동에는 전혀 참여하지 않고 관찰만 하는 자로 연구대상

자에게 영향을 미칠 가능성이 가장 적다. 완전참여자는 객관성을 유지하기 어려우며 윤리적·과학적 문제가 발생할 수 있다.

40　정답 ④

㉠ 계량화, 수량화, 부호화가 어렵다.
㉡ 면접의 신축성과 유연성이 높으며 심층적인 질문이 가능하다.
㉢ 중요한 내용은 여러 번 질문할 수 있어 타당성이 높은 자료를 수집할 수 있다.
㉣ 면접자의 편의가 개입할 가능성이 많다.

41　정답 ③

프로빙(probing) : 정확한 응답을 유도하거나 응답이 지엽적으로 흐르는 것을 막기 위해 추가 질문을 행하는 것이다. 개방형 질문은 응답의 형태에 제약을 가하지 않으므로 응답을 유도하지 않는다.

42　정답 ④

내용분석을 실시하기에 적합한 경우
1. 조사대상자의 언어나 문체 등을 분석하는 경우
2. 자료 원천에 대한 접근이 어렵고 자료가 문헌인 경우
3. 정책, 매스미디어 내용의 경향이나 변천 등이 필요한 경우
4. 분석자료가 방대할 때 실제 분석자료를 일일이 수집하기 어려운 경우
5. 실증적 자료에 대한 보완적 연구가 필요할 경우 무엇을 자료로 삼을 것인가 검토하는 경우

43　정답 ②

비교척도 구성방법 : 순위법, 쌍대비교법, 고정총합척도법, 비율분할법
비(非)비교척도 구성방법 : 단일평정법, 연속평정법, 항목평정법

44　정답 ④

④ 종속변수는 인과관계에서 다른 변수로부터 영향을 받는 변수이다.
① 외생변수는 조사자의 의도에 상관없이 종속변수에 직접적

인 영향을 미치는 독립변수 이외의 모든 변수이다.
② 독립변수는 실험설계에서 있어서 연구자에 의하여 사전에 조작되는 변수로 인과관계를 추론하기 위해서 서로 다른 값을 갖도록 처치를 하는 변수이다.
③ 조절변수는 독립변수와 종속변수 사이의 관계에 대한 강도나 방향에 영향을 미치는 제3의 변수이다.

45　정답 ①

두 변수 간의 관계를 보다 정확하게 이해할 수 있도록 밝혀주는 역할을 하는 검정요인에는 구성변수, 선행변수, 매개변수가 있다.

46　정답 ②

개념은 감각에 의하여 감지될 수 있는 것은 물론 직접 감지될 수 없는 추상적인 현상에 대해서도 이해할 수 있는 방법을 제시해 준다.

47　정답 ③

③ 조작적 정의는 개념적 정의와 반드시 일치해야 하는 것은 아니나 개념적 정의에 최대한 일치하도록 정의해야 한다.
① 조작적 정의는 개념을 가시적이고 경험적으로 표현해준다.
② 조작적 정의는 개념을 구체화하는 것으로 개념적 정의 이후에 이루어진다.
④ 추상적인 개념들을 경험적 지표로 구체화한 것이다.

48　정답 ④

이론의 기능
1. 연구주제 선정 시 아이디어 제공
2. 연구 전반에 지침 제공
3. 현상의 개념화 및 분류
4. 사실의 예측 및 설명
5. 지식의 결함 지적
6. 새로운 이론 개발 시 도움
7. 가설설정에 도움
8. 지식 확장

49　정답 ①

① **귀무가설** : 처음부터 버릴 것을 예상하는 가설로 변수들

간에 관계가 없다거나 집단들 간에 차이가 없다는 형식으로 서술한다.

② **연구가설** : 이론으로부터 도출된 가설로서 검증될 때까지 조사문제에 대한 잠정적인 해답으로 간주되는 가설이다.

50 정답 ②

② **본질측정** : 어떤 사물의 속성을 표현하는 본질적인 법칙에 따라 숫자를 부여하는 측정

① **추론측정** : 어떤 사물이나 사건의 속성을 측정하기 위해 관련된 다른 사물이나 사건의 속성을 측정하는 것

③ **임의측정** : 속성과 측정값 간에 관계가 있다고 가정을 하고 측정하는 것

51 정답 ①

명목척도는 관찰대상의 속성에 따라 상호배타적이고 포괄적인 범주로 구분하여 수치를 부여하는 것으로 주민등록번호, 도서분류번호, 자동차번호, 성별, 종교, 혈액형, 선수들의 등번호 등이 이에 해당한다.

52 정답 ②

생활수준은 서열수준의 측정이다. 비율척도에는 신장, 체중, 소득, 투표율, 빈곤율, 출산율 등이 있다.

53 정답 ④

여러 개의 문항으로 이루어진 척도를 사용하는 이유

1. 하나의 지표로서는 제대로 측정하기 어려운 복합적인 개념들을 측정하는데 유용하다.
2. 측정의 신뢰도를 높일 수 있다.
3. 여러 개의 지표를 하나의 점수로 나타내어 자료의 복잡성을 줄일 수 있다.
4. 단일지표를 사용하는 경우보다 측정값의 오류를 줄일 수 있다.

54 정답 ②

리커트 척도의 단점

1. 엄격한 의미에서의 등간척도가 될 수 없다.
2. 각 문항의 점수를 더한 총점으로는 각 문항에 대한 응답의

강도를 정확히 알 수 없다.

3. 척도가 측정하고자 하는 개념을 제대로 측정하고 있는지의 문제가 여전히 남는다.
4. 내적 일관성 검증을 통해 신뢰성이 낮은 항목은 삭제할 필요가 있다.
5. 항목의 우호성 또는 비우호성을 평가하기 위해 평가자를 활용하므로 주관적이다.

55 정답 ①

의미분화 척도는 일직선으로 도표화된 척도의 양극단에 서로 상반되는 형용사를 배열하여 양극단 사이에서 해당 속성을 평가하는 척도이다. 조사대상에 대한 프로파일 분석에 유용하게 사용할 수 있고 양적판단법으로 다변량분석에 적용이 용이하도록 자료를 얻을 수 있게 해준다. 응답자의 의견이나 태도에 대한 차원을 선정한다.

56 정답 ④

④ 비체계적 오차는 오차가 인위적이지 않아 그 값이 다양하게 분산되어 있다.

① 비체계적 오차는 방향이 일정하지 않아 오차값들이 상호 상쇄되는 경향이 있다.

② · ③ 신뢰성은 비체계적 오차와 관련된 개념이고, 타당성은 체계적 오차와 관련이 있다.

57 정답 ①

동일한 대상의 속성을 반복적으로 측정할 때 동일한 측정결과를 가져올 수 있는 정도는 신뢰도이다.

58 정답 ②

기준 관련 타당도는 사용하고 있는 측정도구의 측정값과 기준이 되는 측정도구의 측정값 간의 상관관계를 확인하여 타당성의 통계적 유의성을 평가한다.

59 정답 ④

집중타당성은 동일한 개념을 서로 다른 측정도구를 사용해서 측정한 결과값 간의 상관관계를 확인하는 타당성이다.

60 정답 ②

② **재검사법** : 동일한 상황에서 동일한 측정도구를 사용하여 동일한 대상을 일정한 시간 간격을 두고 두 번 이상 반복적으로 측정하여 그 결과값을 비교하는 방법이다.
① **복수양식법** : 대등한 두 가지 형태의 측정도구를 이용하여 동일한 측정대상을 동시에 측정한 뒤 두 측정값의 상관관계를 비교하는 방법이다.
③ **반분법** : 하나의 측정도구를 문항 수와 내용이 비슷하도록 나누고 각각을 독립한 두 개의 측정도구를 사용하여 동일한 대상을 측정한 후 그 결과값을 비교하는 방법이다.
④ **내적일관성 분석** : 측정도구를 구성하는 항목들이 서로 상관관계가 있다는 논리에 근거하여 이들 간에 나타난 상관관계 값을 평균하여 처리하는 방법이다.

3과목 통계분석과 활용

61 정답 ④

산포의 측도 : 산포도, 범위, 평균편차, 분산, 표준편차, 사분위수, 사분위편차, 변동계수 등

62 정답 ②

표본자료에 극단적인 값인 90이 포함되어 있으므로 표본자료의 대푯값으로 중위수(중앙값)가 가장 적합하다.

63 정답 ③

이상점은 관측된 데이터의 범위에서 크게 벗어난 아주 작은 값이나 아주 큰 값이다. 이상점 자료는 의사결정에 큰 영향을 미칠 수 있으므로 적절한 처리가 필요하지만 반드시 제외하여야 하는 것은 아니다.

64 정답 ①

분산이 크다는 것은 각 측정치가 평균으로부터 멀리 떨어져 있다는 것으로 흩어짐이 크다는 것이다. 생산직이 사무직보다 표준편차가 크므로 사무직의 점수가 생산직보다 평균점수 근처에 더 많이 몰려있다.

65 정답 ③

변동계수$=\dfrac{표준편차}{평균}$이다. 고등학생의 용돈에 대한 변동계수는 $\dfrac{2,000}{100,000}=0.2=20\%$이고, 대학생의 용돈에 대한 변동계수는 $\dfrac{3,000}{150,000}=0.2=20\%$이다. 따라서 고등학생 용돈과 대학생 용돈의 변동계수는 같다.

66 정답 ②

첨도는 분포도가 얼마나 중심에 집중되어 있는가를 나타내는 측도이다. 정규분포와 비슷한 t-분포는 정규분포보다 꼬리가 두껍고 첨도가 3보다 크다.

67 정답 ④

각 부품이 정상적으로 작동하지 않은 확률은 $1-0.85=0.15$이다. 각 부품이 고장날 사건은 서로 독립적이므로 부품 3개가 모두 작동하지 않을 확률은 $(0.15)^3=0.003375$이다. 따라서 전기제품이 정상적으로 작동할 확률은 $1-0.003375≒0.9966$이다.

68 정답 ③

내일 눈이 오는 사건을 A, 눈이 오지 않는 사건을 A^c, 비행기가 연착하는 사건을 X라 하면

$$P(A)=\frac{2}{5}, P(A^c)=\frac{3}{5}, P(X|A)=\frac{1}{10}, P(X|A^c)=\frac{1}{50}$$

이다. 두 사건 A와 A^c가 서로 배반이므로 합의 법칙을 이용하면

$$P(X)=P(A\cap X)+P(A^c\cap X)$$
$$=P(A)P(X|A)+P(A^c)P(X|A^c)$$
$$=\left(\frac{2}{5}\times\frac{1}{10}\right)+\left(\frac{3}{5}\times\frac{1}{50}\right)=\frac{13}{250}=0.052$$이다.

69 정답 ④

이산확률변수는 확률변수 X가 취할 수 있는 값이 유한개이거나 셀 수 있는 무한개이어야 한다. 프로축구 선수가 한 시즌 동안 넣은 골의 수는 셀 수 있는 이산확률변수이다.

70 　정답 ①

확률변수 X에 대한 표준편차를 $\sigma(X)$라 하면 새로운 변수 $Y = aX \pm b$에 대한 표준편차는 $\sigma(Y) = \sigma(aX \pm b) = |a| \sigma(X)$이다.
따라서 새로운 변수 $Y = -3X$에 대한 표준편차 $\sigma(Y) = \sigma(-33X) = |3| \sigma(X)$이다. 확률변수 X에 대한 표준편차 $\sigma(X) = 3$이므로 $\sigma(Y) = 3 \times 3 = 9$이다.

71 　정답 ②

같은 조건에서 복원추출은 이항분포를 따르고 비복원추출은 초기하분포를 따른다.

72 　정답 ③

성공과 실패 두 가지뿐인 베르누이 시행에서 10회 중 성공의 횟수를 확률변수 X라 하면 X는 $n = 10$, $p = 0.5$인 이항분포 $B(10, 0.5)$를 따르며 $B(10, 0.5)$에 대한 확률질량함수는 $P(X = x) = {}_{10}C_x (0.5)^x (1 - 0.5)^{10-x}$ ($x = 0, 1, \cdots, 10$)이다. 따라서 성공이 1회 발생할 확률 A와 성공이 9회 발생할 확률 B의 관계는
$A = P(X = 1) = {}_{10}C_1 (0.5)^1 (1 - 0.5)^{10-1}$
　　$= 10 \times (0.5)^1 \times (0.5)^9$
$B = P(X = 9) = {}_{10}C_9 (0.5)^9 (1 - 0.5)^{10-9}$
　　$= 10 \times (0.5)^9 \times (0.5)^1$
따라서 $A = B$이다.

73 　정답 ④

확률변수 X가 이항분포 $B(n, p)$를 따를 때 평균 $E(X) = np$, 분산 $V(X) = np(1 - p)$이다. 따라서 $n = 10$, $p = 0.5$일 때 평균과 분산을 구하면
$E(X) = np = np = 10 \times 0.5 = 5$
$V(X) = np(1 - p) = 10 \times 0.5 \times 0.5 = 2.5$이다.

74 　정답 ③

정품과 불량품 두 가지뿐인 베르누이 시행에서 400개 전자계산기 중 불량품의 개수를 확률변수 X라 하면 X는 $n = 400$, $p = 0.1$인 이항분포 $B(400, 0.1)$을 따른다. 따라서 확률변수 X의 평균과 분산은
$E(X) = np = 400 \times 0.1 = 40$
$V(X) = np(1 - p) = 400 \times 0.1 \times (1 - 0.1) = 36$

따라서 표준편차는 $\sqrt{V(X)} = \sqrt{36} = 6$이다.

75 　정답 ②

정규분포는 평균을 중심으로 좌우대칭인 종모양의 곡선이다. IQ점수가 정규분포 $N(100, 15^2)$를 따른다고 할 때 평균 100에 대하여 좌우대칭이므로 100 이하인 경우는 전체의 50%이다.

76 　정답 ①

토익시험에 응시한 응시자들이 시험문제를 모두 풀이하는데 걸리는 시간을 확률변수 X라 하면 $X \sim N(60, 10^2)$이다. $P(X \le 50)$를 표준정규분포 $N(0, 1)$로 표준화하면
$P(X \le 50) = P\left(Z \le \dfrac{50 - 60}{10}\right) = P(Z \le 1)$이다.
표준정규분포는 평균이 0을 기준으로 좌우대칭이어서
$P(X \le -1) = P(Z \ge 1) = 1 - P(Z < 1) = 1 - 0.8413 = 0.1587$이다. 따라서 응시자가 50분 이내에 문제를 모두 풀 확률은 0.1587이므로 응시생 1000명 중 시간 내에 문제를 모두 푸는 사람은 $1000 \times 0.1587 = 158.7 ≒ 158$명이다.

77 　정답 ④

표본평균 $\overline{X}$는 모집단이 정규모집단이냐 아니냐에 따라 분포가 달라진다. 정규모집단 $N(\mu, \sigma^2)$에서 뽑은 크기 n인 표본의 표본평균 $\overline{X}$는 정규분포 $N\left(\mu, \dfrac{\sigma^2}{n}\right)$을 따르지만 모집단의 분포가 정규분포가 아닌 경우에는 표본평균 $\overline{X}$는 정규분포를 따른다고 할 수 없다.

78 　정답 ②

중심극한정리에 의하면 모집단이 정규분포 $N(\mu, \sigma^2)$을 따르면 표본평균 $\overline{X}$는 정규분포 $N\left(\mu, \dfrac{\sigma^2}{n}\right)$을 따르고, $\overline{X}$의 표준화한 새로운 변수 $\dfrac{\overline{X} - \mu}{\dfrac{\sigma}{\sqrt{n}}}$는 $N(0, 1)$에 따른다.

79 　정답 ④

중심극한정리에 의하여 모집단이 정규분포 $N(\mu, \sigma^2)$을 따르고 표본평균 $\overline{X}$는 정규분포 $N\left(\mu, \dfrac{\sigma^2}{n}\right)$을 따르면

$\mu=168$, $\sigma^2=6^2$, $n=100$이므로 $N(168, 0.6^2)$이다. 따라서 표본평균이 167cm 이상 169cm 이하일 확률은
$P(167\leq\overline{X}\leq169)$

$=P\left(\dfrac{167-168}{0.6}\leq\dfrac{\overline{X}-168}{0.6}\leq\dfrac{169-168}{0.6}\right)$

$=P\left(-\dfrac{5}{3}\leq Z\leq\dfrac{5}{3}\right)=2\times P\left(0\leq Z\leq\dfrac{5}{3}\right)$

$\fallingdotseq 2\times P(0\leq Z\leq1.67)$이다.

$P(Z\leq1.67)=0.5+P(0\leq Z\leq1.67)=0.9525$는
$P(0\leq Z\leq1.67)=0.4525$이다.
따라서 구하는 확률은
$P(167\leq\overline{X}\leq169)\fallingdotseq2\times P(0\leq Z\leq1.67)=2\times0.4525$
$=0.9050$이다.

80 　　　　　　　　　　　　정답 ③

효율성(유효성)은 여러 가지 불편추정량 중에서 모수에 근접한 추정량, 즉 자료의 흩어짐을 의미하는 분산이 적은 추정량이 더 좋은 추정량이 된다는 성질이다. 불편추정량 중에서 표본분포의 표준오차가 더 작은 추정량이 더 효율적이라고 한다.

81 　　　　　　　　　　　　정답 ①

확률변수 X가 이항분포 $B(n, p)$를 따를 때 분산은 $V(X)=np(1-p)$이다. 분산의 성질 $V(aX)=a^2V(X)$를 이용할 때 모비율 p의 불편추정량 $\hat{p}=\left(\dfrac{X}{n}\right)$의 분산은
$V\left(\dfrac{X}{n}\right)=\left(\dfrac{1}{n}\right)^2V(X)=\dfrac{1}{n^2}\times np(1-p)=\dfrac{p(1-p)}{n}$
이다.

82 　　　　　　　　　　　　정답 ③

모평균의 추정치는 표본평균이고 모집단의 모표본편차 σ가 알려지지 않고 표본의 크기가 $n=10$으로 30보다 작아 자유도가 $(n-1)$인 $t-$분포에 따른 95% 신뢰구간을 구한다. 표본평균 $\overline{X}$, 표본표준편차 S, 표본의 크기 $n=10$, $\alpha=0.05$이므로 $t_{\frac{\alpha}{2}}(n-1)=t_{0.025}(9)=2.262$에 대하여 모평균에 대한 95% 신뢰구간은
$\left(\overline{X}-t_{0.025}(9)\dfrac{S}{\sqrt{n}}, \overline{X}+t_{0.025}(9)\dfrac{S}{\sqrt{n}}\right)$

$=\left(\overline{X}-2.262\dfrac{S}{\sqrt{n}}, \overline{X}+2.262\dfrac{S}{\sqrt{n}}\right)\fallingdotseq(74.76, 165.24)$
이므로

$\overline{X}-2.262\dfrac{S}{\sqrt{10}}=74.76$, $\overline{X}+2.262\dfrac{S}{\sqrt{10}}=165.24$

따라서 표본평균 $\overline{X}\fallingdotseq120$이고, 표준오차는 $\dfrac{S}{\sqrt{10}}\fallingdotseq20$이다.

83 　　　　　　　　　　　　정답 ①

신뢰수준 95%에서 추정되는 표본비율의 오차한계
$z_{\frac{\alpha}{2}}\sqrt{\dfrac{\hat{p}(1-\hat{p})}{\sqrt{n}}}$가 연구자가 원하는 오차한계 $d=0.02$보다 작기 위해 필요한 표본의 크기를 구한다. 표본비율이 정하여지지 않은 상황에서는 표본비율 $\hat{p}=0.5$로 정한다. 표본비율 $\hat{p}=0.5$, $\alpha=0.05$로 $z_{\frac{\alpha}{2}}=z_{0.025}=1.96$에 대하여
$1.96\sqrt{\dfrac{1}{2}\times\dfrac{1}{2}\times\dfrac{1}{n}}\leq0.02$, $1.96\dfrac{1}{2\sqrt{n}}\leq0.02$, $n\geq\dfrac{1}{4}\left(\dfrac{1.96}{0.02}\right)^2$
이다.

84 　　　　　　　　　　　　정답 ④

유의확률은 검정통계량의 값을 관측하였을 때 이에 따라 귀무가설을 기각할 수 있는 최소의 유의수준이다. 따라서 유의확률이 유의수준보다 작으면 귀무가설을 기각한다. 유의확률($p-$값)이 0.044이면 $0.01<0.044<0.05$이므로 귀무가설 1%에서는 기각할 수 없고, 5%에서는 기각할 수 있다.

85 　　　　　　　　　　　　정답 ③

검정통계량의 값에 대한 유의확률이 주어졌을 경우 유의확률($p-$값)이 유의수준(α)보다 작으면 귀무가설을 기각한다.

86 　　　　　　　　　　　　정답 ②

가설검정의 종류

모집단의 수	모평균	모분산
1개	단일표본 $t-$검정	카이제곱(x^2)$-$검정
2개	독립표본 $t-$검정 대응표본 $t-$검정	$F-$검정
3개	분산분석	

모집단이 농촌지역의 가족과 어촌지역 가족으로 2개이고 서로 독립적이며 평균적으로 차이가 있는지를 알아보고자 하므로 모평균에 해당한다. 따라서 검정방법은 독립표본 $t-$검정이다.

87 정답 ①

모분산이 알려지지 않은 대표본인 경우 가설검정에서 검정통
계량은 $Z = \dfrac{\overline{X} - \mu_0}{\dfrac{S}{\sqrt{n}}}$ 이다.

$\overline{X} = 49.02$, $\mu_0 = 50$, $S = 5$, $n = 100$이므로 검정통계량의 값
은 $Z = \dfrac{49.02 - 50}{\dfrac{5}{\sqrt{100}}} = -1.96$이다.

따라서 유의확률은 $P(Z \le -1.96) = 0.025$이다.

88 정답 ③

③ **분산분석** : 분산값들을 이용해서 3개 이상의 모집단의 모
평균 차이를 검정하는 통계분석방법이다.
① **평균분석** : 한 집단 또는 두 집단 간의 연속적 자료에 대한
평균을 비교하는 가설을 검정한다.
② **교차분석** : 범주형 자료의 집단 간 비율을 비교하는 가설
을 검정한다.
④ **상관분석** : 두 변수 간의 상관성 유무를 분석하기 위해 상
관계수를 구한다.

89 정답 ①

분산분석을 수행하는데 필요한 가정 : 정규성, 등분산성, 독립
성

90 정답 ③

귀무가설 $\mu_1 = \mu_2 = \cdots = \mu_k$에서 $\alpha_i = \mu_i - \mu$이므로
$\sum\limits_{i=1}^{k} \alpha_i = 0$이다.

91 정답 ②

k개의 그룹과 총 N개의 측정값에 대한 분산분석표에 자유
도를 보면 그룹 간 자유도가 $k - 1 = 2$이므로 $k = 3$에서 3개
의 기업이 비교대상이었고, $N - 1 = 23$에서 $N = 24$이므로
총 24명이 조사 대상이었다.

92 정답 ④

교차분석을 위해 작성한 분할표에서 행변수의 범주가 M개,

열변수의 범주가 N개인 M형 N계열($M \times N$)이므로 카이
제곱 통계량의 자유도는 $(M - 1)(N - 1) = (4 - 1)(5 - 1) = 12$이다.

93 정답 ③

요일(월~금)에 대하여 270명의 전화건수가 동일한 비율인
지를 검정하기 위해서 실시하는데 총표본의 개수 n, 각 범주
의 예상확률이 p_i일 때 적합도 검정에서 기대도수는
$E_i = n \times p_i = 270 \times \dfrac{1}{5} = 54$이다.

검정통계량의 값은
$$\sum_{i=1}^{2} \frac{(O_i - E_i)^2}{E_i} = \frac{(65 - 54)^2}{54} + \frac{(43 - 54)^2}{54} + \frac{(48 - 54)^2}{54}$$
$$+ \frac{(41 - 54)^2}{54} + \frac{(73 - 54)^2}{54} \fallingdotseq 14.96$$이다.

94 정답 ①

상관계수의 범위는 -1에서 0 사이이며 상관계수의 절댓값
이 1에 가까울수록 직선관계가 강하며 0에 가까울수록 직선
관계가 약함을 의미한다.

95 정답 ③

두 확률변수 $aX + b$, $cY + d$에 대한 상관계수
$Corr(aX + b, cY + d)$는
$ac > 0$이면 $Corr(aX + b, cY + d) = Corr(X, Y)$,
$ac < 0$이면 $Corr(aX + b, cY + d) = -Corr(X, Y)$
그러므로 두 확률변수 $U = \dfrac{1}{2}X + 5$, $V = \dfrac{3}{2}Y + 1$의 상관계
수는 $\left(\dfrac{1}{2}\right) \times \left(\dfrac{3}{2}\right) > 0$이므로 0.43과 같다.

96 정답 ④

오차항 ε_i의 기본가정
1. **정규항** : 오차항 ε_i는 정규분포 N을 따른다.
2. **등분산성** : 오차항 ε_i들의 분산은 같다.
3. **독립성** : 오차항 ε_i들은 서로 독립이다.

97 정답 ③

단순회귀모형에서 잔차 $e_i = y_i - \hat{y}_i (i = 1, 2, \cdots, n)$는 다음의

특성을 만족해야 한다.

1. $E(e_i)=0$ 잔차들의 평균 0

2. $\sum_{i=1}^{n} e_i = 0$ 잔차들의 합 0

3. $\sum_{i=1}^{n} x_i e_i = 0$ 잔차들의 독립변수에 대한 가중합 0

4. $\sum_{i=1}^{n} \hat{y}_i e_i = 0$ 잔차들의 예측값에 대한 가중합 0

따라서 $\sum_{i=1}^{n} e_i = \sum_{i=1}^{n} x_i e_i = \sum_{i=1}^{n} \hat{y}_i e_i$

98 　　　　　　　　　　　　정답 ②

n개의 자료에 대하여 2개의 독립변수와 종속변수 y에 대한 중회귀모형 $y_i = \beta_0 + \beta_1 x_{1i} + \beta_2 x_{2i} + \varepsilon_i \, (i=1, 2, \cdots, n)$에서 오차분산 σ^2의 불편추정량은

$$\hat{\sigma}^2 = MSE = \frac{SSE}{n-3} = \frac{1}{n-3} \sum_{i=1}^{n} (y_i - \hat{y}_i)^2 = \frac{1}{n-3} \sum_{i=1}^{n} \varepsilon_i^2$$

이다.

99 　　　　　　　　　　　　정답 ④

단순회귀분석에서 결정계수 R^2은 상관계수의 곱과 같다. 매출액과 연구비의 상관계수가 0.8이면 $R^2 = (0.8)^2 = 0.64$이므로 추정된 회귀선의 설명력에 해당하는 값은 0.64이다.

100 　　　　　　　　　　　　정답 ③

독립변수가 2개인 중회귀모형 $y_i = \beta_0 + \beta_1 x_{1i} + \beta_2 x_{2i} + \varepsilon_i$의 유의성 검정에서 귀무가설과 대립가설을 구하면

$H_0 : \beta_1 = \beta_2 = 0$

$H_1 :$ 회귀계수 β_1, β_2 중 적어도 하나는 0이 아니다.

유의확률 p가 0.000258로 유의수준 $\alpha = 0.05$보다 작아 귀무가설을 기각한다. 따라서 추론결과로 회귀계수 중 적어도 하나는 0이 아니어야 하므로 두 설명 변수 x_1과 x_2 중 하나는 반응변수에 영향을 준다고 할 수 있다.

▌1과목 조사방법과 설계

01	③	02	③	03	①	04	③	05	④
06	②	07	③	08	①	09	②	10	④
11	①	12	②	13	④	14	①	15	②
16	④	17	③	18	②	19	①	20	③
21	②	22	③	23	④	24	①	25	②
26	④	27	①	28	②	29	①	30	③

▌2과목 조사관리와 자료처리

31	①	32	④	33	②	34	①	35	③
36	②	37	①	38	②	39	③	40	②
41	①	42	②	43	④	44	②	45	①
46	②	47	④	48	②	49	②	50	④
51	②	52	①	53	③	54	①	55	②
56	①	57	②	58	④	59	②	60	④

▌3과목 통계분석과 활용

61	②	62	③	63	④	64	②	65	④
66	①	67	③	68	④	69	③	70	②
71	④	72	②	73	③	74	④	75	③
76	①	77	④	78	②	79	①	80	④
81	①	82	②	83	②	84	①	85	①
86	①	87	②	88	①	89	④	90	④
91	①	92	③	93	④	94	①	95	④
96	②	97	③	98	②	99	④	100	③

1과목 조사방법과 설계

01 　　　　　　　　　　정답 ③

조사연구의 일반적인 목적 : 탐색, 기술, 설명, 예측, 통제, 평가

02 　　　　　　　　　　정답 ③

과학적 연구방법의 특징 : 간결성, 경험적 검증가능성(경험적 실증성), 결정론적, 객관성, 구체성, 논리성, 변화가능성(수정가능성), 반증가능성, 상호주관성, 인과성, 일반성, 재생가능성, 체계성

03 　　　　　　　　　　정답 ①

실증주의는 감각 경험과 실증적 검증에 기반을 둔 것만이 확실한 지식이라고 보는 인식론적 관점이자 과학 철학이다. 검증 가능한 지식만을 인정하고 형이상학적인 것을 배격한다. 과학적 지식의 특징은 객관성, 검증가능성, 재생가능성, 반증가능성 등이다.

04 　　　　　　　　　　정답 ③

조사연구과정 : 연구문제의 인식 → 연구문제의 선정 → 기존정보의 수집 및 문헌고찰 → 가설설정 → 연구방법의 설계 → 자료수집 → 자료분석 및 해석 → 보고서 작성

05 　　　　　　　　　　정답 ④

④는 분석단위가 국가이고, ①, ②, ③은 분석단위가 개인이다.

06 　　　　　　　　　　정답 ②

귀납법은 탐색적 연구에 주로 사용되고, 연역법은 가설을 검증하는데 주로 사용된다.

07　　　　　　　　　　　　　　　　정답 ③

③ **탐색조사** : 사건이나 현상을 이해하고 중요한 변수를 확인하고 발견하기 위해 하는 조사이다.
① **기술조사** : 현상에 대한 탐구와 명료화를 목적으로 한다.
② **종단조사** : 시간의 흐름에 따른 조사 내용의 변화를 분석한다.
④ **인과조사** : 변수 사이의 인과관계를 확인하기 위한 실험조사이다.

08　　　　　　　　　　　　　　　　정답 ①

서베이조사는 다수의 응답자들을 대상으로 설문조사에 의해 자료를 수집하는 방법으로, 연구대상 집단의 공통분모적 성질인 대표성을 추구한다. 사례연구는 연구대상을 질적으로 파악하고 기술하고, 소수대상의 여러 가지 복합적 요인에 대한 복합적 관찰을 하며, 연구대상의 내면적·동태적 양상을 수직적으로 파고드는 조사이다.

09　　　　　　　　　　　　　　　　정답 ②

기술조사 : 횡단조사, 종단조사
탐색조사 : 문헌조사, 전문가의견조사, 사례조사

10　　　　　　　　　　　　　　　　정답 ④

④ **코호트 조사** : 처음 조건이 주어진 집단에 대하여 이후의 경과와 결과를 알기 위해 미래에 대해서 조사하는 방법이다.
① **패널조사** : 동일한 대상에게 동일한 현상에 대해 일정한 시간 간격을 두고 지속적으로 반복 측정하여 조사하는 연구이다.
② **서베이조사** : 다수의 응답자들을 대상으로 설문조사에 의해 자료를 수집하는 방법으로 연구대상 집단의 공통분모적 성질인 대표성을 추구한다.
③ **전문가의견조사** : 특정 분야의 전문가의 의견을 조사하는 방법이다.

11　　　　　　　　　　　　　　　　정답 ①

횡단조사(cross-sectional study) : 어느 한 시점에서 이루어진 관찰을 통해 얻은 자료를 바탕으로 하는 연구로 인구센서스 조사, 주택총조사 등이 이에 해당한다. 비용이 적게 들고 검사효과로 인하여 왜곡될 가능성이 낮으며 사생활 침해가 적은 것이 특징이다.

12　　　　　　　　　　　　　　　　정답 ②

㉠ 조사에 필요한 절차나 단계를 엄격하게 구별하지 않는다.
㉢ 비통제적 관찰, 참여관찰, 심층적·비구조적 면접 등이 많이 활용된다.
㉡ 사회현상에 대한 폭넓고 다양한 정보를 얻을 수 있다.
㉣ 조사자는 조사과정에 깊숙이 관여하고 자신의 주관성을 활용한다.

13　　　　　　　　　　　　　　　　정답 ③

모집단에서 어떤 변수가 가지고 있는 특성을 요약한 통계치는 모수이다. 통계량은 표본의 특성을 나타내는 수치이다.

14　　　　　　　　　　　　　　　　정답 ①

표집(sampling)의 대표성에 대한 의미
1. 표본을 이용한 분석결과가 일반화될 수 있는가의 문제
2. 표본의 통계적 특성이 모집단의 통계적 특성에 어느 정도 근접하느냐의 문제
3. 표본이 모집단이 지닌 다양한 성격을 고루 반영하느냐의 문제

15　　　　　　　　　　　　　　　　정답 ②

표집틀(sampling frame)은 표본추출을 위한 모집단의 구성요소나 표본추출단위가 수록된 목록으로, 표집틀과 모집단이 일치할 때 가장 이상적이다.

16　　　　　　　　　　　　　　　　정답 ④

확률표본추출방법은 연구대상이 표본으로 추출될 확률이 알려져 있을 때 무작위로 표본을 추출하는 방법이다. 서베이 조사(survey research)는 설문지와 같은 표준화된 조사도구를 사용하여 질문을 하고 응답을 받는 조사로 확률표본추출방법을 적용하기가 가장 용이하다.

17 정답 ③

확률표본추출방법 : 단순무작위표집, 체계적 표집, 층화표집, 군집표집
비확률표본추출방법 : 할당표집, 판단표집, 편의표집, 눈덩이표집

18 정답 ②

확률표본추출방법인 단순무작위표집, 체계적 표집, 층화표집, 군집표집은 표집오차의 추정이 가능하다.

19 정답 ①

각 층위별로 정보를 얻을 수 있는 표본추출방법은 층화표집이다. 계통표집의 첫 번째 요소는 무작위로 선정한 후 목록의 매번 k번째 요소를 표본으로 선정하는 표집방법이다. 모집단의 크기를 원하는 표본의 크기로 나누어 k를 계산한다.

20 정답 ③

비비례층화표집(disproportionate stratified sampling)은 확률 표본추출의 논리를 적용하면서 필요에 따라 표집률을 달리하여 표본을 추출하는 방법이다. 영국은 다민족 국가이므로 민족의 표집률을 달리하여 민족적(ethnic) 특성을 비교하고 싶을 때에는 비비례층화표집이 적합하다.

21 정답 ②

② 할당표본추출법 : 특정 변수를 중심으로 모집단을 일정한 범주로 나눈 다음 집단별로 필요한 대상을 시전에 정해진 비율로 추출한다.
① 편의표본추출법 : 조사자가 손쉽게 이용 가능한 대상만을 선택하여 표본으로 추출하는 방법이다.
③ 판단표본추출법 : 연구의 목적에 맞는 사례들을 연구자의 판단에 따라 선택적으로 수집하는 방법이다.
④ 단순무작의표본추출법 : 모집단의 각각의 요소 또는 사례들이 표본으로 선택될 가능성이 같게 되는 표본 추출법이다.

22 정답 ③

편의표집 : 조사자가 손쉽게 이용 가능한 대상만을 선택하여 표본으로 추출하는 비확률표본추출방법이다.

23 정답 ②

② 표본오차(Sampling Error)는 모집단 표본의 차이에 의해 발생하는 오류를 말한다.
① 조사연구의 표집과정에서 발생한다.
③ 표본의 크기가 커지면 오차는 줄어든다.
④ 조사원의 훈련부족으로 인해 다른 성격의 자료가 수집되는 경우에 발생하는 것은 비표본오차이다.

24 정답 ①

표본크기의 결정에 영향을 미치는 사항 : 모집단의 동질성, 모집단의 크기, 비용 및 시간, 조사목적, 카테고리의 수, 집단별 통계치의 필요성, 조사자의 능력, 표본추출형태, 신뢰성, 정확성 등

25 정답 ②

질문지 설계 시 고려할 사항 : 지시문의 내용, 질문의 유형, 자료수집방법 등

26 정답 ④

폭력적 장면과 선정적 장면 두 가지에 대한 질문을 하고 있으므로 이중적인 질문에 해당한다. 하나의 질문에 2가지 이상의 요소가 포함되는 것은 바람직하지 않다.

27 정답 ①

표적집단면접법(focus group interview) : 조사자가 소수의 응답자 집단에게 특정주제에 대하여 토론하게 한 다음 필요한 정보를 알아내는 자료수집방법이다.

28 정답 ②

실험설계를 위하여 충족되어야 하는 조건 : 외생변수의 제거, 실험집단과 통제집단의 균형화, 반작용 효과를 주는 상쇄, 독립변수의 조작, 실험대상의 무작위화

PART **2**

정답 및 해설

29 　　　　　　　　　　　　　정답 ①

① **상쇄** : 하나의 실험집단에 두 개 이상의 실험변수가 가해
질 때 사용하는 방법
② **제거** : 외생변수가 될 가능성이 있는 변수를 제거해 실험
상황에 개입하지 못하게 하는 방법
③ **균형화** : 예상되는 외생변수의 영향을 동일하게 받을 수
있도록 실험집단과 통제집단을 설계
④ **무작위화** : 조사대상을 무작위로 추출하여 표본의 대표성
을 높여 외생변수를 통제하는 방법

30 　　　　　　　　　　　　　정답 ③

시험효과 : 측정이 반복됨으로써 얻어지는 학습효과로 인해
실험 대상자의 반응에 영향을 미치는 경우이다.

2과목 조사관리와 자료처리

31 　　　　　　　　　　　　　정답 ①

조사자의 영향을 가장 적게 받는 것은 우편조사이다.

32 　　　　　　　　　　　　　정답 ④

조사목적이 정하여지면 2차 자료를 먼저 확인하고, 1차 자료
를 얻은 후에는 2차 자료를 확인하지 않아도 된다.

33 　　　　　　　　　　　　　정답 ②

응답률이 가장 높은 조사방법은 면접법으로 조사대상자 면접
에서 응답을 구하므로 응답이 높다.

34 　　　　　　　　　　　　　정답 ①

폐쇄형 질문은 응답이 간편하여 시간이 적게 들고 응답이 끝
난 후 코딩이나 편집 등이 간편하다.
폐쇄형 질문의 단점
1. 조사자가 적절한 응답지를 제시하기 어렵다.
2. 응답자들이 말하고자 하는 내용을 보다 구체적으로 도출
해 낼 수가 없다.
3. 개별 응답자들의 특색 있는 응답내용을 보다 생생하게 기
록해 낼 수가 없다.

4. 각각 다른 내용의 응답이라도 미리 제시된 응답 항목이 한
가지로 제한되어 있는 경우 동일한 응답으로 잘못 처리될
위험성이 있다.

35 　　　　　　　　　　　　　정답 ③

우편조사는 응답자에게 익명성에 대한 확신을 줄 수 있다. 직
접 만나기 어려운 대상을 조사할 수 있고, 대상자의 주소만
알면 조사할 수 있다.

36 　　　　　　　　　　　　　정답 ②

조사대상 응답자가 표본인지 알 수 없으므로 대표성을 확보
할 수 없다. 응답자의 반응을 즉시 확인하면서 그에 대한 감
독이 용이하다.

37 　　　　　　　　　　　　　정답 ①

집단조사는 집단으로 조사되므로 주변 사람이 응답에 영향을
미칠 가능성이 높다. 자기기입식 집단설문조사는 연구대상자
를 집단적으로 모으고 질문지를 교부해서 응답자가 직접 기
재하는 방식이다.

38 　　　　　　　　　　　　　정답 ②

직접관찰과 간접관찰을 분류하는 기준은 관찰시기가 행동발
생과 일치하는가의 여부이다.

39 　　　　　　　　　　　　　정답 ③

대인면접법은 조사원이 직접 응답자와 대면접촉을 통해 자료
를 수집하는 방법으로 시간과 비용이 많이 든다. 질문과정에
서 조사원이 응답자의 응답에 영향을 미칠 수 있다.

40 　　　　　　　　　　　　　정답 ②

② **임상면접(clinical interview)** : 면접원이 응답자의 감정이
나 생활 전반에 대해 광범위하게 면담하여 응답자 스스로
자기 행동에 미친 영향을 발견할 수 있도록 하는 면접법
이다.
① **심층면접(depth interview)** : 한명의 응답자와 일대일 면

접을 진행하여 응답자의 생각, 느낌, 욕구, 태도 등을 심도 있게 조사하는 방법이다.
③ **비지시적 면접(nondirective interview)** : 면접자가 피면접자의 감정을 자유롭게 표현하고 기술할 수 있도록 무조건적 수용의 분위기를 보장하는 면접이다.
④ **구조식 면접(structured interview)** : 질문 내용과 방법을 미리 정해놓고 진행시키는 면접 방법이다.

41 정답 ①

프로빙(probing) : 정확한 응답을 유도하거나 응답이 지엽적으로 흐르는 것을 막기 위해 추가 질문을 행하는 것이다. 응답자가 폐쇄식 질문에 답하였을 때 이 답에 관련된 의문을 탐색하는 보조적 비구조화 면접조사이다.

42 정답 ②

내용분석은 대표적인 문헌연구로서 의사소통의 내용이 적혀 있는 기록물을 연구대상으로 하는 비개입적 연구이다.

43 정답 ④

④ 리커트 척도는 각 문항별 응답점수의 총합을 계산하는 단순합산 척도이다.
① **평정 척도** : 연속성이 있는 어떤 행동의 차원 또는 영역에 대하여 일정한 등급방식에 의해 평가하는 척도이다.
② **서스톤 척도** : 양극단을 구분하여 등간적으로 수치를 부여하는 척도이다.
③ **커트만 척도** : 태도의 강도에 대한 연속적 증가유형을 측정하고자 하는 척도이다.

44 정답 ②

② 종속변수는 인과관계에서 다른 변수로부터 영향을 받는 변수이다. 창가자리는 독립변수에 해당하고 성적은 종속변수에 해당한다.
① 독립변수는 실험설계에서 있어서 연구자에 의하여 사전에 조작되는 변수로 인과관계를 추론하기 위해서 서로 다른 값을 갖도록 처치를 하는 변수이다.
③ 조절변수는 독립변수와 종속변수 사이의 관계에 대한 강도나 방향에 영향을 미치는 제3의 변수이다.
④ 통제변수는 독립변수와 종속변수 간에 영향을 미칠 수 있는 제3의 변수이다.

45 정답 ①

검정요인에는 매개변수, 왜곡변수, 조절변수, 구성변수, 선행변수, 억제변수, 외재적 변수 등이 있다.

46 정답 ②

개념적 정의는 측정에 앞서서 연구자가 연구의 틀 속에서 의도하는 변수의 의미를 명확히 한다는 데 가장 중요한 의미를 갖고 있다. 개념은 순환적인 정의를 지양해야 한다.

47 정답 ④

④ 구성개념에 대한 조작적 정의가 연구마다 다를 수 있으며 다른 조작적 정의에 따라 연구결과가 달라질 수 있다.
① 하나의 개념이 여러 가지의 조작적 정의를 가질 수 있다.
② 추상적인 개념들을 경험적 지표로 구체화한 것이다.
③ 구성개념의 조작적 정의가 구체적일수록 후속 연구에서 재현하기가 쉽다.

48 정답 ②

가설은 하나의 사실과 다른 사실과의 관계를 잠정적으로 나타내는 문장으로 동일 연구 분야의 다른 가설이나 이론과 연관이 있어야 한다.

49 정답 ①

모든 연구에 가설이 필요한 것은 아니다. 질적연구의 경우 가설이 없고 연구대상자의 말이나 글, 행동, 흔적 등을 집중적으로 연구한다.

50 정답 ③

㉠ 상호배타성은 각 관찰자가 변수의 단 하나의 범주에만 해당되도록 해야 하는 것이다.
㉡ 포괄성은 모든 관찰자가 빠짐없이 변수의 어느 한 범주에 속하도록 범주를 만들어야 한다는 것이다.

51 정답 ②

절대영점이 존재하는 것은 비율측정이다. 명목척도는 관찰대상의 속성에 따라 상호배타적이고 포괄적인 범주로 구분하여 수치를 부여하는 것으로 주민등록번호, 도서분류번호, 자동차번호, 성별, 종교, 혈액형, 선수들의 등번호 등이 있다.

52 정답 ①

① 타당도는 어떤 측정으로 얻어진 데이터가 가리키는 대상이 조사자가 알고자 하던 것과 일치하는 정도이다. 따라서 자료에 대한 통계분석 방법을 결정할 때에 가장 중요하게 고려해야 할 측정의 요소는 타당도이다.
② 신뢰도는 어떤 데이터가 동일한 측정대상을 측정할 때 일관성 있는 측정결과를 산출하는 정도를 의미한다.

53 정답 ③

지수는 두 개 이상의 항목이나 지표들을 측정한 후 각각을 합산 또는 가중치를 주어 연산하는 과정을 거친 합성 측정도구이다. 척도는 다양한 문항들이 동일한 차원을 다루는 하나의 척도를 구성하는지 보기 위하여 사용한다. 따라서 척도가 더 많은 정보를 제공할 수 있다.

54 정답 ①

서스톤척도 : 각 문항이 척도상의 어디에 위치할 것인가를 평가자들로 하여금 판단케 한 다음 조사자가 이를 바탕으로 하여 대표적인 문항들을 선정하여 척도를 구성하는데, 각 문항에 대한 전문 평가자들의 의견 일치도가 높은 항목들을 골라서 척도를 구성한다.

55 정답 ②

의미분화척도는 양적판단법으로 다변량분석에 적용이 용이하도록 자료를 얻을 수 있게 해준다.

56 정답 ①

① 체계적 오차는 항상 일정한 방향으로 작용하는 편향을 보이는 오차이다.
② 무작위 오류는 측정의 신뢰도를 저해한다.

③ 표준화된 측정도구를 사용하면 체계적 오류를 줄일 수 있다.
④ 비체계적 오류는 측정자, 측정 대상자 등에 일관성이 없어생기는 오류이다.

57 정답 ②

측정의 오차를 줄이기 위해서는 측정내용을 간단하고 명료하게 구성해야 한다.

58 정답 ④

심리학적 특성의 측정과 관련된 타당도는 개념타당도이다. 개념타당도는 인간의 심리적 특성이나 성질 등과 같은 심리적 개념이 제대로 측정되었는가를 확인하는 타당도이다.

59 정답 ②

서로 다른 개념을 측정했을 때 얻어진 측정치들 간의 상관관계가 낮게 형성되어야 하는 타당성은 판별타당성이다.

60 정답 ④

④ **복수양식법** : 대등한 두가지 형태의 측정도구를 이용하여 동일한 측정대상을 동시에 측정한 뒤 두 측정값의 상관관계를 비교하는 방법이다.
① **반분법** : 하나의 측정도구를 문항 수와 내용이 비슷하도록 나누고 각각을 독립한 두 개의 측정도구로 사용하여 동일한 대상을 측정한 후 그 결과값을 비교하는 방법이다.
② **재검사법** : 동일한 상황에서 동일한 측정도구를 사용하여 동일한 대상을 일정한 시간 간격을 두고 두 번 이상 반복적으로 측정하여 그 결과값을 비교하는 방법이다.
③ **내적일관성 분석** : 측정도구를 구성하는 항목들이 서로 상관관계가 있다는 논리에 근거하여 이들 간에 나타난 상관관계 값을 평균하여 처리하는 방법이다.

3과목 통계분석과 활용

61 정답 ②

표준편차는 산포의 측도이다.
중심위치의 측도 : 산술평균, 기하평균, 조화평균, 중앙값, 최빈값

62 정답 ③

중앙값은 크기 순위로 나열하였을 때 중앙의 위치에 해당하는 값으로 중위수라고도 한다. 이를 백분위수 개념으로 보면 제50백분위수이고 사분위수로는 제2사분위수이다.

63 정답 ④

상자수염그림 : 중앙값, 제1사분위수, 제2사분위수, 제3사분위수와 두 극단값(최댓값, 최솟값)을 사용하면 자료의 특성을 알 수 있게 하는 그래프이다.

64 정답 ②

두 식당의 평균과 분산을 구하면

A식당의 평균 $=\dfrac{17+32+5+19+20+9}{6}=17$분

B식당의 평균 $=\dfrac{10+15+17+17+23+20}{6}=17$분

A식당의 분산 $=$
$\dfrac{(17-17)^2+(32-17)^2+\cdots+(9-17)^2}{6-1}=89.2$

B식당의 분산 $=$
$\dfrac{(10-17)^2+(15-17)^2+\cdots+(20-17)^2}{6-1}=19.6$

따라서 평균은 두 식당이 같고, 분산은 A식당이 더 크다.

65 정답 ④

변동계수 $=\dfrac{표준편차}{평균}$ 이다. 인문사회계열 출신 종업원 평균

급여에 대한 변동계수는 $\dfrac{40}{150}=0.27=27\%$이고, 공학계열

출신 종업원 평균급여에 대한 변동계수는 $\dfrac{46}{200}=0.23=$

23%이다. 따라서 인문사회계열 출신 종업원 평균급여가 공학계열 출신 종업원 평균급여에 비해 상대적으로 산포도를 나타내는 변동계수가 더 크다.

66 정답 ①

왜도가 0이고 첨도가 3인 분포는 정규분포이며 좌우대칭인 분포이다.

67 정답 ③

불합격 처리되려면 5개의 표본에서 1개 이상의 부적합품이 발견되어야 한다. 전체 확률 1에서 5개 표본 모두가 적합품일 확률을 제외하면 구할 수 있다. 모부적합품률이 0.1이므로 모적합품률은 0.9이고 5개 표본 모두가 적합품일 확률은 $(0.9)^5=\dfrac{9^5}{10^5}=\dfrac{59049}{100000}=0.59049$이다. 따라서 구하는 확률은 $1-0.59049=0.40951$

68 정답 ④

버스로 출근하는 사건을 A, 지하철로 출근하는 사건을 B, 지각하는 사건을 X라 하면 $P(A)=0.4, P(B)=0.6$, $P(X|A)=0.1, P(X|B)=0.04$이다. 두 사건이 서로 배반이므로 합의 법칙을 이용하면 지각할 확률은
$$P(X)=P(A\cap X)+P(B\cap X)$$
$$=P(A)P(X|A)+P(B)P(X|B)$$
$$=(0.4\times0.1)+(0.6\times0.04)=0.04+0.024$$
$$=0.064$$
이다.

지각하였을 때 버스로 출근할 확률은
$$P(A|X)=\frac{P(A\cap X)}{P(X)}=\frac{0.04}{0.064}=0.625=62.5\%이다.$$

69 정답 ③

이산확률변수 X의 확률질량함수 $P(X=x_1)$에 대해
$P(x_i\leq X\leq x_j)=\sum_{k=i}^{j}P(X=x_k)$이다.

내일 2개 이상의 안타를 칠 확률은
$$P(X\geq2)$$
$$=P(X=2)+P(X=3)+P(X=4)+P(X=5)$$
$$=0.25+0.20+0.08+0.02=0.55$$

70 정답 ②

새로운 변수 $Y=-2X+10$의 평균 $E(Y)$과 분산 $V(Y)$은 $E(aX\pm b)=aE(X)\pm b, V(aX\pm b)=a^2V(X)$를 이용하여 구한다. 평균 $E(X)=2, V(X)=2^2$이므로
$$E(-2X+10)=-2E(X)+10=(-2)\times2+10=6$$
$$V(-2X+10)=(-2)^2V(X)=4\times4=16이다.$$
따라서 표준편차 $=\sqrt{V(-2X+10)}=\sqrt{16}=4$

PART 2

71　정답 ④

④ 포아송분포는 일정한 단위 내에서 발생하는 사건의 수에 대응한 X에 대한 분포이다.

① 이항분포는 사건 A가 일어날 확률 P, 일어나지 않은 확률 $1-P$ 두 가지뿐인 베르누이 시행을 n번 독립적으로 시행할 때 사건 A가 일어나는 횟수 X에 대한 분포이다.

② 초기하분포는 전체 N개 중에서 특정한 속성을 갖는 원소가 M개 포함되어 있고 그 중에서 임의로 n개의 원소를 비복원추출할 때 n개에 포함된 특정한 속성을 갖는 원소의 개수 X에 대한 분포이다.

③ 기하분포는 성공확률이 P인 독립시행을 반복할 때 첫 번째 성공을 얻을 때까지의 시행횟수 X에 대한 분포이다.

72　정답 ②

성공과 실패 두 가지뿐인 베르누이 시행에서 10개 중 성공의 횟수를 확률변수 X라 하면 X는 $n=10$, $p=0.5$인 이항분포 $B(10, 0.5)$를 따르며 $B(10, 0.5)$에 대한 확률질량함수는 $P(X=x)={}_{10}C_x(0.5)^x(1-0.5)^{10-x}(x=0, 1, \cdots, 10)$ 이므로 앞면이 정확히 1개만 나올 확률은

$P(X=1)={}_{10}C_1(0.5)^1(1-0.5)^{10-1}=10\times(0.5)^1\times(0.5)^9$
$=\dfrac{10}{1024}$이다.

73　정답 ③

이항분포의 평균과 분산은 각각 $E(X)=np$, $V(X)=np(1-p)$이다.

$E\left(\dfrac{X}{n}\right)$와 $V\left(\dfrac{X}{n}\right)$는 평균과 분산의 성질 $E(aX\pm b)=aE(X)\pm b$, $V(aX\pm b)=a^2V(X)$에 의하여 $E\left(\dfrac{X}{n}\right)=\dfrac{1}{n}\times n\times p=p$

$V\left(\dfrac{X}{n}\right)=\dfrac{1}{n^2}\times n\times p\times(1-p)=\dfrac{p(1-p)}{n}$이다.

74　정답 ④

적합품과 부적합품 두 가지뿐인 베르누이 시행에서 100개 제품 중 부적합품의 개수를 확률변수 X라 하면 X는 $n=100$, 확률 p인 이항분포 $B(100, p)$를 따른다. 이 경우 확률변수 X의 기댓값은 $E(X)=np=100\times p=5$이므로 $p=0.05$이다. 따라서 확률변수 X의 분산은 $V(X)=np(1-p)=100\times0.05\times(1-0.05)=4.75$이다.

75　정답 ③

확률변수 X는 표준정규분포를 따르므로 $X\sim N(0, 1)$에서 $E(X)=0$, $V(X)=1$이다. 기댓값과 분산에 의하여 새로운 확률변수 $2X$의 분포는 $E(2X)=2E(X)=2\times0=0$ $V(2X)=4V(X)=4\times1=4$이다.

76　정답 ①

사회조사분석사 2급 필기의 성적을 확률변수 X라 하면 $X\sim N(70, 10^2)$이고 1등급이 되기 위한 확률은 $P(X>a)=0.05$ 또는 $P(X\le a)=0.95$이다.

$0.95=P(X\le a)=P\left(\dfrac{X-70}{10}\le\dfrac{a-70}{10}\right)=P(Z\le1.645)$

이므로 $\dfrac{a-70}{10}=1.645$, $a=86.45$이다. 따라서 최소 86.45점을 받아야 한다.

77　정답 ④

표본평균 $\overline{X}$의 표본오차는 $\dfrac{\sigma}{\sqrt{n}}$이므로 $\sqrt{n}$에 반비례하고 모집단의 분산과 표본의 크기에 영향을 받는다.

78　정답 ③

중심극한정리에 의하여 모집단이 정규분포 $N(\mu, \sigma^2)$을 따르고 표본평균 $\overline{X}$는 정규분포 $N\left(\mu, \dfrac{\sigma^2}{n}\right)$을 따르면 $\mu=8$, $\sigma^2=0.6$, $n=10$이므로 표본평균의 평균은 8, 분산은 $\dfrac{0.6}{10}$ $=0.06$이다.

79　정답 ①

A전자에서 생산되는 계산기 100개 중에서 불량품의 수를 X개라 하면 표본불량률 $\hat{p}=\dfrac{X}{100}$이고, 이 확률변수 X는 $n=100$, $p=0.1$인 이항분포 $B(100, 0.1)$을 따른다.

표본불량률의 기댓값과 분산은

$E\left(\dfrac{X}{100}\right)=\dfrac{1}{100}E(X)=\dfrac{1}{100}\times100\times0.1=0.1$

$V\left(\dfrac{X}{100}\right)=\dfrac{1}{100^2}V(X)=\dfrac{1}{100^2}\times100\times0.1(1-0.1)$
$=\dfrac{9}{10^4}=9\times10^{-4}$

따라서 표본불량률 $\hat{p}$의 분포는 근사적으로 정규분포 $N(0.1, 9\times10^{-4})$을 따른다.

80　정답 ④

효율성은 여러 가지 불편추정량 중에서 모수에 근접한 추정량, 즉 자료의 흩어짐을 의미하는 분산이 적은 추정량이 더 좋은 추정량이 된다는 성질이다. 불편추정량 중에서 표본분포의 표준오차가 더 작은 추정량이 더 효율적이라고 한다.

평균이 μ이고 표준편차가 σ인 모집단에서 임의 추출한 100개의 표본평균 $\overline{X}$와 1,000개의 표본평균 $\overline{Y}$에 대하여 추정량 $\overline{X}$의 표준오차는 $SE(\overline{X}) = \dfrac{\sigma}{\sqrt{100}} = \dfrac{\sigma}{10}$,

$\overline{Y}$의 표준오차는 $SE(\overline{Y}) = \dfrac{\sigma}{\sqrt{1,000}} = \dfrac{\sigma}{10\sqrt{10}}$.

따라서 $\overline{Y}$의 표준오차가 더 작아 $\overline{Y}$가 더 좋은 추정량이다.

81　정답 ①

① 모든 다른 조건이 동일하다면 표본의 수가 클수록 신뢰구간의 길이는 짧아진다.
② 다른 조건이 동일하다면 신뢰구간이 짧을수록 모수에 대한 추정의 정밀도가 높아져 신뢰구간은 짧을수록 바람직하다.
③ 표본의 수는 신뢰기간의 길이와 검정통계량의 값에 영향을 주므로 통계적 추론에 영향을 준다.
④ 다른 조건이 동일하다면 검정력이 클수록 제2종 오류를 범할 확률이 작아 검정력이 클수록 바람직하다.

82　정답 ②

모평균의 추정치는 표본평균이고 모집단의 모표본편차 σ가 알려지지 않고 표본의 크기가 $n=16$으로 30보다 작아 자유도가 $(n-1)$인 $t-$분포에 따른 95% 신뢰구간을 구한다. 표본평균 $\overline{X}=2$, 표본표준편차 $S=1$, 표본의 크기 $n=16$, $\alpha=0.05$이므로 $t_{\frac{\alpha}{2}}(n-1) = t_{0.025}(15) = 2.13$에 대하여 모평균에 대한 95% 신뢰구간은

$$\left(\overline{X} - t_{0.025}(15)\frac{S}{\sqrt{n}}, \ \overline{X} + t_{0.025}(15)\frac{S}{\sqrt{n}} \right)$$
$$= \left(2 - 2.13\frac{1}{\sqrt{16}}, \ 2 + 2.13\frac{1}{\sqrt{16}} \right) = (1.47, \ 2.53) \text{이다.}$$

83　정답 ④

신뢰수준 95%에서 추정되는 표본비율의 오차한계 $z_{\frac{\alpha}{2}}\sqrt{\dfrac{\hat{p}(1-\hat{p})}{n}}$가 연구자가 원하는 오차한계 $d=0.03$보다 작기 위해 필요한 표본의 크기를 구한다. 표본비율이 정하여지지 않은 상황에서는 표본비율 $\hat{p}=0.5$로 정한다. 표본비율

$\hat{p}=0.5$, $\alpha=0.05$로 $z_{\frac{\alpha}{2}} = z_{0.025} = 1.96$에 대하여

$$1.96\sqrt{\frac{1}{2} \times \frac{1}{2} \times \frac{1}{n}} \leq 0.03, \ 1.96\frac{1}{2\sqrt{n}} \leq 0.03,$$
$$n \geq \frac{1}{4}\left(\frac{1.96}{0.03}\right)^2 = 1,067$$로 최소한 1,068명을 조사해야 한다.

84　정답 ①

① 제1종 오류 : 귀무가설이 참임에도 불구하고 귀무가설을 기각하는 결론을 내리는 오류이다.
② 제2종 오류 : 대립가설이 참임에도 불구하고 귀무가설을 기각하지 못하는 결론을 내리는 오류이다.

85　정답 ①

① 기각역은 귀무가설을 기각하게 하는 검정통계량의 관측값의 영역으로 유의수준이 커질수록 기각역은 넓어진다.
② 유의수준은 귀무가설이 참임에도 불구하고 귀무가설을 기각하는 제1종 오류를 범할 확률의 최대 허용한계이다.
③ 제1종 오류의 확률과 제2종 오류의 확률은 반비례 관계로 제1종 오류의 확률을 작게 하면 제2종 오류의 확률은 커진다.
④ $p-$값은 유의확률로 귀무가설을 기각할 수 있는 최소의 유의수준이다.

86　정답 ①

가설검정의 종류

모집단의 수	모평균	모분산
1개	단일표본 $t-$검정	카이제곱(χ^2)$-$검정
2개	독립표본 $t-$검정 대응표본 $t-$검정	$F-$검정
3개	분산분석	

모집단이 프로그램 시작 전 체중과 한 달 후 체중으로 2개이고 시작 전 체중과 한 달 후 체중의 차이가 있는지를 알아보고자 하므로 서로 대응하는 모평균에 해당한다. 따라서 검정방법은 대응표본 $t-$검정이다.

87　정답 ④

모평균 h에 대한 95% 신뢰구간이 $(-0.042, 0.522)$은 0을

PART **2**
정답 및 해설

포함하고 있으므로 모평균이 0이 될 수도 있다. 따라서 신뢰구간이 0을 포함하고 있으므로 귀무가설 $H_0 : \theta = 0$을 기각할 수 없다.

88 정답 ①

독립변수와 종속변수가 범주형 변수 또는 연속형 변수에 따라 교차분석, 상관분석, 회귀분석, 분산분석으로 분류한다.

독립변수 (X) / 종속변수 (Y)	범주형 변수	연속형 변수
범주형 변수	교차분석	
연속형 변수	분산분석	상관분석, 회귀분석

89 정답 ③

분산분석의 기본가정
1. **정규성** : 각 모집단에서 독립변수는 정규분포를 따라야 한다.
2. **등분산성** : 종속변수의 분산은 모든 모집단에서 동일해야 한다.
3. **독립성** : 관측값들은 독립적이어야 한다.

90 정답 ④

분산분석표에는 제곱합, 자유도, 평균제곱, F-값 등이 나타난다.

91 정답 ①

처리가 $k = 3$, 총 관측 자료수는 $N = 17$이다. 분산분석표에서 자유도를 정리하면

요인	자유도
처리	$k - 1 = 3 - 1 = 2$
오차	$N - k = 17 - 3 = 14$
계	$N - 1 = 17 - 1 = 16$

92 정답 ③

교차분석을 위해 작성한 분할표에서 행변수의 범주가 M개, 열변수의 범주가 N개인 M형 N계열($M \times N$)이므로 카이제곱 통계량의 자유도는 $(M-1)(N-1) = (3-1)(4-1) = 6$이다.

93 정답 ①

교차표를 만들어 두 변수 간의 독립성 여부를 유의수준 0.05에서 검정한 결과 유의확률이 0.55이므로 p-값 0.55 > 유의수준 0.05로 귀무가설을 기각할 수 없다. 따라서 유의수준 0.05 하에서 두 변수는 서로 아무런 관계가 없다

94 정답 ④

회귀분석은 자료를 통하여 독립변수와 종속변수 간의 함수관계를 통계적으로 규명하는 통계분석방법이다.

95 정답 ④

두 확률변수 $aX + b$, $cY + d$에 대한 상관계수 $Corr(aX + b, cY + d)$는
$ac > 0$이면 $Corr(aX + b, cY + d) = Corr(X, Y)$,
$ac < 0$이면 $Corr(aX + b, cY + d) = -Corr(X, Y)$
두 확률변수의 상관계수가 0.5일 때 $(2X + 3, -3Y - 4)$에서 $2 \times (-3) = -6 < 0$이므로 상관계수는 -0.5이다.
$(-3X + 4, -2Y - 2)$에서 $(-3) \times (-2) = 6 > 0$이므로 상관계수는 0.5이다.

96 정답 ②

단순회귀분석에서 추정회귀직선식 $\hat{Y} = a + bX$의 기울기는 $b = r_{XY} \dfrac{S_Y}{S_X}$이다. $b = 1$, $S_X = 3$, $S_Y = 5$이므로 X와 Y의 상관계수는 $r_{XY} = \dfrac{3}{5} = 0.60$이다.

97 정답 ③

n개의 자료에 대하여 k개 독립변수 x_i ($i = 1, 2, \cdots, n$)와 종속변수 y에 대한 중회귀모형 $y = \beta_0 + \beta_1 x_1 + \cdots + \beta_k x_k e$을 고려하여 중회귀분석을 실시할 때 자유도는 다음과 같다.

요인	제공합	자유도
회귀	$SSR = \sum\limits_{i=1}^{n}(\hat{y}_i - \bar{y})^2$	k
잔차	$SSE = \sum\limits_{i=1}^{n}(y_i - \hat{y}_i)^2$	$n-k-1$
합계	$SST = \sum\limits_{i=1}^{n}(y_i - \bar{y})^2$	$n-1$

98 정답 ②

결정계수는 독립변수의 수가 늘어날수록 증가하는 경향이 있다.

99 정답 ④

단순회귀분석에서 결정계수 R^2은 상관계수의 곱과 같다. 직원 수와 인건비의 상관계수가 0.7이면 $R^2 = (0.7)^2 = 0.49$로 인건비 변동의 49%가 직원 수로 설명되어진다고 할 수 있다.

100 정답 ③

독립변수가 2개인 중회귀모형의 유의성 검정에 대한 $F-$검정 결과 $\dfrac{MSR}{MSE} > F(k, n-k-1, \ \alpha)$이면 귀무가설($H_0$)을 기각할 수 있다. $F-$검정결과 유의확률<유의수준이면 귀무가설(H_0)을 기각할 수 있다.

PART 2

제3회
CBT
빈출 모의고사
정답 및 해설

1과목 조사방법과 설계

01	③	02	①	03	④	04	②	05	③
06	④	07	②	08	④	09	①	10	④
11	①	12	④	13	④	14	②	15	④
16	②	17	④	18	④	19	④	20	①
21	②	22	④	23	④	24	③	25	②
26	③	27	①	28	④	29	①	30	④

2과목 조사관리와 자료처리

31	④	32	③	33	④	34	②	35	①
36	②	37	③	38	②	39	①	40	②
41	①	42	④	43	①	44	②	45	④
46	①	47	②	48	④	49	②	50	③
51	④	52	③	53	④	54	②	55	③
56	①	57	③	58	②	59	③	60	②

3과목 통계분석과 활용

61	②	62	①	63	④	64	②	65	①
66	②	67	③	68	①	69	④	70	③
71	①	72	③	73	④	74	③	75	①
76	③	77	②	78	①	79	②	80	③
81	④	82	②	83	①	84	④	85	①
86	③	87	①	88	②	89	②	90	④
91	①	92	③	93	①	94	③	95	③
96	①	97	④	98	③	99	①	100	③

1과목 조사방법과 설계

01 　　　　　　　　　　　　　정답 ③

과학적 조사방법의 절차 : 연구문제의 인식 → 연구주제의 선정 → 기존정보 수집 및 문헌고찰 → 가설의 설정 → 연구방법의 설계 → 자료수집 → 자료분석 및 해석 → 연구보고서 작성

02 　　　　　　　　　　　　　정답 ①

과학적 연구방법의 특징 : 간결성, 경험적 검증가능성(경험적 실증성), 결정론적, 객관성, 구체성, 논리성, 변화가능성(수정가능성), 반증가능성, 상호주관성, 인과성, 일반성, 재생가능성, 체계성

03 　　　　　　　　　　　　　정답 ④

④ **간결성의 원칙** : 최소한의 변수를 이용하여 최대한의 설명을 할 수 있어야 한다.
① **객관성의 원칙** : 표준화된 도구, 절차 등을 통하여 누구나 납득할 수 있는 결과를 이끌 수 있고 주관적인 편견과 판단을 배제한다.
② **포괄성의 원칙** : 존재하는 모든 조사는 분류에 포괄적으로 포함되어야 한다.
③ **체계성의 원칙** : 지식이 지속적으로 축적됨으로써 확고한 이론으로 정립될 수 있어야 한다.

04 　　　　　　　　　　　　　정답 ②

연구문제를 분명히 인식하고 논리적으로 선정해야 한다. 연구주제는 연구현장에서 실증적으로 검증 가능해야 하고 관찰 가능하며 연구대상이 되는 현상이 명확하게 규정되어야 하므로 이론적 배경이 없는 주제를 선정하지 않아야 한다.

05 　　　　　　　　　　　　　정답 ③

분석단위와 관련된 잠재적 오류 : 생태학적 오류, 개인주의적 오류, 환원주의적 오류

06 정답 ④

연구방법과 귀납적 연구방법의 논리체계
1. **연역적 연구방법** : 가설형성 → 관찰 → 가설검증 → 이론형성, 기존 이론으로부터 가설을 설정하고 가설의 내용을 현실세계에서 관찰한 다음 자료가 가설에 어느 정도 부합하는가를 판단하여 채택 여부를 판단한다.
2. **귀납적 연구방법** : 관찰 → 유형발전 → 임시결론 → 이론형성, 경험의 세계에서 관찰된 사실에서 공통적인 유형을 발견하고 이들을 객관적 수준에서 판단한다.

07 정답 ②

② 탐색적 조사는 연구조사설계를 확정하기 이전에 연구문제의 발견, 변수의 규명, 가설의 도출을 위해서 실시하는 조사로서 예비적 조사로 실시한다.
① 어떤 현상을 정확하게 기술하는 것을 주목적으로 하는 연구는 기술적 연구이다.
③ 동일한 표본을 대상으로 일정한 시간간격을 두고 반복적으로 측정하는 조사는 패널조사이다.
④ 시간의 흐름에 따라 일반적인 대상집단의 변화를 관찰하는 조사는 종단적 조사이다.

08 정답 ④

사례연구의 단계 : 연구문제의 선정 → 사실 또는 자료수집 → 사실 또는 자료의 요약 → 사실의 설명 → 보고를 위한 기술

09 정답 ①

패널연구는 동일한 대상에게 동일한 현상에 대하여 일정한 시간적 간격을 두고 반복하여 측정한다. 추세연구, 패널연구, 코호트연구, 시계열연구는 종단연구에 속한다.

10 정답 ④

④ **코호트 연구** : 처음 조건이 주어진 집단에 대하여 이후의 경과와 결과를 알기 위해 미래에 대해서 조사하는 연구로 시간의 변화에 따른 특정 하위 모집단의 변화를 관찰한다.
① **횡단연구** : 어느 한 시점에서 이루어진 관찰을 통해 얻은 자료를 바탕으로 하는 연구이다.
② **추세연구** : 광범위한 연구대상의 특정 속성을 여러 시기에 관찰, 비교하는 연구이다.
③ **패널연구** : 동일한 대상에게 동일한 현상에 대해 일정한 시간 간격을 두고 지속적으로 반복 측정하여 조사하는 연구이다.

11 정답 ①

① 양적연구는 선 이론, 후 조사의 방법을 활용하는 연역적 과정에 기초한 설명과 예측을 목적으로 한다.
② 질적연구는 주관적 동기의 이해와 의미해석을 하며 현실 인식의 주관성을 강조한다.
③ · ④ 양적연구는 연구자와 연구대상이 독립적이라는 인식론에 기초하며, 가치중립성과 편견의 배제를 강조한다.

12 정답 ④

질적조사는 초점집단면접, 사례연구, 현상학적 연구, 근거이론연구, 민속지학적 연구에 활용된다.

13 정답 ③

표본추출에서 가장 중요한 요인은 대표성과 적절성이다.
1. **대표성** : 조사결과가 모집단을 얼마나 잘 대표할 수 있는가에 대한 것
2. **적절성** : 어느 정도 크기의 표본을 선정해야 적은 비용으로 정확한 결과를 가져올 수 있느냐에 대한 것

14 정답 ②

표본조사는 전수조사에 비해 시간과 비용이 절감되고 심도 있는 조사가 가능하며, 비표본오차를 줄일 수 있다.

15 정답 ④

모집단과 표집틀이 일치하지 않아 발생하는 오류가 표집틀 오류이다.
④ 표집틀이 모집단보다 큰 경우
① 모집단이 표집틀 내에 있는 경우
② 모집단이 표집틀에 포함되지 않는 경우
③ 표집틀과 모집단이 전혀 다른 경우

16 정답 ②

확률표본추출은 모집단의 모든 요소가 뽑힐 확률이 0이 아닌 확률을 동등하게 보장되는 것을 전제로 한다.

17 정답 ④

확률표본추출방법 : 단순무작위표집, 체계적 표집, 층화표집, 군집표집
비확률표본추출방법 : 할당표집, 판단표집, 편의표집, 눈덩이 표집

18 정답 ②

임의의 모집단에서 추출한 표본들의 평균인 표본평균의 분포는 표본의 수가 충분히 크면 근사적으로 모집단의 평균을 따르게 된다.

19 정답 ④

층화표집은 각 층화된 부분집단의 특성을 잘 알고 있어야 이들을 비교할 수 있다. 층화표집(stratified random sampling)은 층화가 잘 이루어지면 단순무작위표집, 체계적 표집보다 불필요한 자료의 분산이 줄어 시간과 비용을 절약할 수 있고 적은 표본으로 모집단을 대표할 수 있다.

20 정답 ①

군집표집(cluster sampling) : 모집단에서 집단을 일차적으로 표집한 다음, 선정된 각 집단에서 구성원을 표본으로 추출하는 다단계 표집방법이다. 모집단에서 집단을 일차적으로 표집한 군집 간에는 동질적이고, 군집 속에 포함한 표본요소 간에는 이질적이다.

21 정답 ②

할당표집(quota sampling)은 확률표본추출방법이 아니므로 할당표집의 정확성을 평가하는 것이 어렵다. 또한 조사자의 편견이 개입될 가능성이 높다.

22 정답 ④

편의표본추출은 표본이 편중될 수 있고, 조사자의 편견이 개입될 수 있어 표본의 대표성이 떨어지고 일반화 가능성도 낮다.

23 정답 ①

조사자의 주관적 해석을 삼가는 것은 비표집오차를 줄이기 위한 방법에 해당한다.

24 정답 ③

표본크기를 결정할 때 고려하는 사항 : 모집단의 동질성, 모집단의 크기, 비용 및 시간, 조사목적, 카테고리의 수, 집단별 통계치의 필요성, 조사자의 능력, 표본추출형태, 신뢰성, 정확성 등

25 정답 ②

② 질문지는 필요한 정보의 종류, 측정방법, 분석할 내용, 분석의 기법 등을 고려한다.
① 질문지는 많은 양의 정보가 실린다고 좋은 것은 아니다.
③ 질문지는 연구자의 의도가 반영되어야 하므로 이를 숙지한 후 이에 맞는 문항을 작성하여야 한다.
④ 응답에 대한 협조요청, 주의사항 등 필요한 정보 외의 다른 요소들도 설문지에 포함시켜야 한다.

26 정답 ③

질문의 문항이 지나치게 자세한 응답을 요구하지 않아야 한다.

27 정답 ①

① **표적집단면접법(focus group interview)** : 조사자가 소수의 응답자 집단에게 특정주제에 대하여 토론하게 한 다음 필요한 정보를 알아내는 자료수집방법
② **단어연상법** : 조사자가 한 단어를 제시하고 응답자가 그 단어로부터 연상되는 단어들을 순서대로 나열하도록 하여 조사하는 방법
③ · ④ **투사법** : 특정 주제에 대해 직접적으로 질문하지 않고

단어, 문장, 이야기, 그림 등 간접적인 자극을 제공해 응답자가 자신의 신념과 감정을 이러한 자극에 자유롭게 투사하게 함으로써 진솔한 반응을 표현하게 하는 방법

28 정답 ③

③ **인과관계** : 두 변수 X, Y 중 X의 변화가 Y의 변화를 생산해 낼 경우 X와 Y의 관계
① **상관관계** : 일정한 수치로 계산되어 두 대상이 서로 관련성이 있다고 추측되는 관계
② **선후관계** : 어떤 사상 A가 일어난 뒤에 사상 B가 관측되는 관계
④ **회귀관계** : 일련의 결과들이 연쇄적으로 되풀이되는 관계

29 정답 ①

① **균형화** : 예상되는 외생변수의 영향을 동일하게 받을 수 있도록 실험집단과 통제집단을 설계하는 방법
② **상쇄** : 하나의 실험집단에 두 개 이상의 실험변수가 가해질 때 사용하는 방법
③ **제거** : 외생변수가 될 가능성이 있는 변수를 제거해 실험 상황에 개입하지 못하게 하는 방법
④ **무작위화** : 조사대상을 무작위로 추출하여 표본의 대표성을 높여 외생변수를 통제하는 방법

30 정답 ④

타당성 저해요인에는 성숙효과, 통계적 회귀, 시험효과, 역사적 요소, 피실험자 상실, 측정도구의 변화 등이 있다.
도구효과(instrumentation) : 측정자의 측정도구가 달라짐으로 인해 결과에 영향을 미치는 경우이다.

2과목 조사관리와 자료처리

31 정답 ④

응답자가 조사의 목적을 아는 경우일 때 사용해야 결과에 신뢰성이 높다.

32 정답 ③

1차 자료는 연구자가 직접 자료를 수집하였으므로 자료의 결측값, 이상값 등을 추적할 수 있다.

33 정답 ④

질문지법은 보다 넓은 범위에서 쉽게 응답자에게 접근할 수 있고, 큰 표본에도 적용이 가능하다.

34 정답 ②

폐쇄형 질문은 응답범주가 서로 배타적이어서 각 사례는 한 번만 분류되어야 한다.

35 정답 ①

우편조사는 응답률과 회수율이 낮고, 시간과 노력이 요구되며, 환경에 대한 통제가 어렵다.

36 정답 ②

전화조사는 조사속도가 빠르고 비용이 적게 든다. 광범위한 표본을 추출할 수 있고, 편견을 통제할 수 있다.

37 정답 ③

집단조사는 집단으로 조사되므로 주변 사람이 응답에 영향을 미칠 가능성이 높다.

38 정답 ②

관찰은 행위나 감정을 언어로 표현하지 못하거나 표현능력이 부족한 대상자에게 유용하다.

39 정답 ①

면접조사는 조사원이 직접 조사대상자를 방문하여 구두로 질문하고, 구두에 의한 회답을 기록하는 방법이다. 따라서 조사자의 주관이 개입될 가능성이 가장 높다.

40 정답 ②

② 면접기간 동안에도 면접원에 대한 철저한 통제가 이루어져야 한다.
① 면접지침을 작성하여 면접원들에게 배포한다.
③ 면접원 교육과정에서 이상 상황의 발생 시 대처방법을 익히도록 한다.
④ 면접원에 대한 사전교육은 면접원에 의한 편향($bias$)을 줄이고 응답자의 협력을 얻을 수 있다.

41 정답 ①

① 후광효과(halo effect) : 어떤 대상이나 사람에 대한 일반적인 견해가 그 대상이나 사람의 구체적인 특성을 평가하는데 영향을 미치는 현상이다.
② 동조효과(conformity effect) : 자신의 생각이나 다른 사람들이 어떻게 생각하는가에 따라 응답하는 현상이다.
③ 습관효과(habit effect) : 질문내용에 따라 답하는 것이 아니라 습관에 따른 응답을 말한다.
④ 체면치레효과(ego—threat effect) : 유행이나 시대에 뒤떨어진다는 말을 듣지 않기 위해 다른 답변을 하는 것을 말한다.

42 정답 ④

종속변수는 독립변수의 원인을 받아 일정하게 변화된 결과를 나타내는 기능을 하는 변수로, 독립변수보다 시간적으로 후행한다.

43 정답 ③

측정의 신뢰도는 비체계적 오차와 관련성이 크고 반비례 관계이다. 측정의 타당도는 체계적 오차와 관련성이 크고 반비례 관계이다.

44 정답 ②

매개변수(Intervening Variable)는 독립변수와 종속변수 사이의 매개자 역할을 하는 변수로 두 변수 간에 간접적인 관계를 맺도록 하는 제3의 변수이다.

45 정답 ④

© 억제변수는 두 변수가 서로 관계가 있는데도 없는 것으로 나타나게 하는 제3의 변수이다.
© 왜곡변수는 두 변수 간의 실제관계를 정반대의 관계로 나타나게 하는 제3의 변수이다.

46 정답 ①

① 개념적 정의는 어떤 개념을 보다 명확하고 정확하게 표현하기 위하여 다른 개념을 사용하여 정의한다.
② 개념적 정의는 조작적 정의를 이론적이고 추상적인 현상과 연결시켜주는 역할을 수행한다.
③ 거짓과 진실을 밝히기 위해 정의하는 것은 조작적 정의이다.
④ 측정 가능성과 직결된 정의는 조작적 정의이다.

47 정답 ②

하나의 개념이 여러 가지의 조작적 정의를 가질 수 있다. 조작적 정의는 추상적인 개념을 구체적인 경험세계와 연결시키는 과정으로 조사목적과 관련하여 실용주의적인 측면을 포함한다.

48 정답 ④

가설은 아직까지 진실 여부가 확인되지 않은 사실에 대한 진술문이므로 '모든 사람은 죽는다'는 것은 진리이기 때문에 가설이 될 수 없다.

49 정답 ②

작업(연구)가설은 경험적으로 검증할 수 있는 가설, 즉 실험이나 관찰 등으로 검증하기 위해 세운 가설로 명료해야 하고, 특정되어야 하며, 검정 가능한 것이어야 한다.

50 정답 ③

각 점수에 중첩이 없어야 하는데 50점, 60점, 70점의 점수가 모두 집단에 걸쳐 있으므로 상호배타성에 문제가 있다. 50점 이하, 51점~60점, 61점~70점, 71점 이상 등으로 집단을 구분해야 한다.

51 정답 ④

명목척도는 관찰대상의 속성에 따라 상호배타적이고 포괄적인 범주로 구분하여 수치를 부여하는 것으로 주민등록번호, 도서분류번호, 자동차번호, 성별, 종교, 혈액형, 선수들의 등번호 등이 이에 해당한다. 명목척도는 측정대상에 수치가 부여되어 있어도 계량적 의미를 가지지 아니하므로 수학적 계산을 할 수 없다.

52 정답 ③

등간척도는 측정단위 간 등간성이 유지되므로 각 대상 간의 거리나 크기를 표준화된 척도로 표시할 수 있다. 등간수준의 측정에 부여된 수치는 대상 자체가 갖는 속성의 실제값을 나타내는 것이 아니다.

53 정답 ④

지수는 두 개 이상의 항목이나 지표들을 측정한 후 각각을 합산 또는 가중치를 주어 연산하는 과정을 거친 합성 측정도구이다. 척도는 다양한 문항들이 동일한 차원을 다루는 하나의 척도를 구성하는지 보기 위하여 사용한다.

54 정답 ②

서스톤척도 : 주요 항목에 가중치를 부여한 것으로 등간척도의 일종이다. 평가를 위한 문항수와 평가자가 많아야 하므로 시간과 노력이 많이 든다. 5개, 7개, 11개 등의 등간격으로 나눈다.

55 정답 ③

의미분화척도의 작성 시 고려해야 하는 사항 : 응답자의 평가, 평가도구의 작성, 차원과 대극점의 용어 선정, 응답자 의견이나 태도에 관한 차원 선정

56 정답 ①

타당도는 측정도구가 실제로 측정하고자 하는 바를 얼마나 정확하게 측정하고 있는가에 대한 개념이다. 측정오차가 체계적인 패턴을 띠게 된다면 측정도구의 타당성에 문제가 있다고 볼 수 있다.

57 정답 ③

측정방식은 일관성을 유지해야 한다.

58 정답 ②

기준관련타당도 : 동시 타당도, 예측 타당도, 경험 타당도

59 정답 ③

서로 다른 개념을 측정했을 때 얻어진 측정치들 간의 상관관계가 낮게 형성되어야 하는 타당성은 판별타당성이다.

60 정답 ②

내적일관성의 신뢰성값을 크론바흐 알파값이라 하고 문항 간의 평균 상관관계가 높을수록 또는 문항의 수가 많을수록 크론바흐 알파값이 커진다.

3과목 통계분석과 활용

61 정답 ②

자료의 산술평균은 이상점에 크게 영향을 받으므로 이상점이 있으면 대푯값으로 적합하지 않다. 각 자료와 평균의 차를 뜻하는 편차들의 합은 0이다.

62 정답 ①

평균 $= \dfrac{20+40+60+80+100}{5} = 60$이다. 또한 자료를 오름차순으로 정리하면 20, 40, 60, 80, 100의 가운데 있는 60이 중앙값이다.

63 정답 ④

상자그림의 상자길이와 분산은 데이터의 산포도에 해당하기 때문에 관련이 있다. 상자그림은 자료에 이상점이 포함되어 있는지를 쉽게 판단할 수 있게 한다.

64 정답 ②

표준편차를 구하기 위해 평균과 분산을 구하면

① 평균 $= \dfrac{3+4+5+6+7}{5} = 5$,

분산 $= \dfrac{(3-5)^2 + (4-5)^2 + \cdots + (7-5)^2}{5} = \dfrac{10}{5}$

② 평균 $= \dfrac{3+3+5+7+7}{5} = 5$,

분산 $= \dfrac{(3-5)^2 + (3-5)^2 + \cdots + (7-5)^2}{5} = \dfrac{16}{5}$

③ 평균 $= \dfrac{3+5+5+5+7}{5} = 5$,

분산 $= \dfrac{(3-5)^2 + (5-5)^2 + \cdots + (7-5)^2}{5} = \dfrac{8}{5}$

④ 평균 $= \dfrac{5+6+7+8+9}{5} = 7$,

분산 $= \dfrac{(5-7)^2 + (6-7)^2 + \cdots + (9-7)^2}{5} = \dfrac{10}{5}$

따라서 표준편차가 가장 큰 자료는 분산이 가장 큰 ②이다.

65 정답 ①

비대칭도의 값이 0이면 좌우대칭형인 분포를 나타낸다. 0보다 크면 왼쪽으로 치우치고 오른쪽으로 꼬리를 길게 늘어뜨린 분포이고, 0보다 작으면 왼쪽으로 꼬리를 길게 늘어뜨린 분포이다.

66 정답 ②

주어진 자료에 대하여 평균, 왜도, 중앙값, 최빈값을 구하면

1. **평균** : $\dfrac{2+2+2+3+4+5}{6} = 3$

2. **중앙값** : 자료를 오름차순으로 정리하면 2, 2, 2, 3, 4, 5 이다. 자료의 개수가 6이므로 $\dfrac{n}{2} = \dfrac{6}{2} = 3$번째 값 2와 $\dfrac{n}{2}+1 = \dfrac{6}{2}+1 = 4$번째인 3의 평균 2.5가 중앙값이다.

3. **최빈값** : 2가 세 번 나오므로 2가 된다.

4. **왜도** : 최빈값 2 < 중앙값 2.5 < 평균 3이므로 왜도는 0보다 크다.

67 정답 ③

조건부 확률 $P(B|A) = \dfrac{P(A \cap B)}{P(A)}$ 를 활용하면

$P(A \cap B) = P(B|A)P(A) = \dfrac{1}{5} \times \dfrac{1}{3} = \dfrac{1}{15}$ 이다.

68 정답 ①

부품 1개를 선택할 때 기계 A에서 생산된 부품일 사건을 A, 기계 B에서 생산된 부품일 사건을 B, 생산된 부품이 불량일 사건을 X라 하면 $P(A) = 0.3$, $P(B) = 0.7$, $P(X|A) = 0.03$, $P(X|B) = 0.05$이다.

두 사건이 서로 배반이므로 합의 법칙을 이용하여 불량률을 구하면

$P(X) = P(A \cap X) + P(B \cap X)$
$\quad = P(A)P(X|A) + P(B)P(X|B)$
$\quad = (0.3 \times 0.03) + (0.7 \times 0.05)$
$\quad = 0.009 + 0.035 = 0.044$이다.

임의로 선택한 1개의 부품이 불량품일 때 이 부품이 기계 A에서 생산되었을 확률은

$P(A|X) = \dfrac{P(A \cap X)}{P(X)} = \dfrac{0.009}{0.044} ≒ 0.20 = 20\%$이다.

69 정답 ④

두 확률변수 X와 Y가 $X - Y = 1$인 경우는 $(X=2, Y=1)$, $(X=4, Y=3)$일 때이다. 따라서 $0.35 + 0.35 = 0.70$이다.

70 정답 ③

확률변수 X에 대한 표준편차를 $\sigma(X)$라 하면 새로운 변수 $Y = 5X$에 대한 표준편차는 $\sigma(Y) = \sigma(5X) = |5|\sigma(X)$이다. 따라서 어떤 변수에 5배를 한 변수의 표준편차는 원래 변수의 표준편차의 5배이다.

71 정답 ①

① 포아송분포는 일정한 단위 내에서 발생하는 사건의 수에 대응한 X에 대한 분포이다.

② 이항분포는 사건 A가 일어날 확률 P, 일어나지 않은 확률 $1-P$ 두 가지뿐인 베르누이 시행을 n번 독립적으로 시행할 때 사건 A가 일어나는 횟수 X에 대한 분포이다.

③ 초기하분포는 전체 N개 중에서 특정한 속성을 갖는 원소가 M개 포함되어 있고 그 중에서 임의로 n개의 원소를 비복원추출할 때 n개에 포함된 특정한 속성을 갖는 원소의 개수 X에 대한 분포이다.

④ 지수분포는 고장률이 아이템의 사용 기간에 영향을 받지 않는 일정한 수명 분포이다.

72 정답 ③

앞면과 뒷면 두 가지뿐인 베르누이 시행에서 세 번 던져서 앞면이 나올 수를 확률변수 X라 하면 X는 $n=3$, $p=0.4$인 이항분포 $B(3, 0.4)$를 따르며 $B(3, 0.4)$에 대한 확률질량함수는 $P(X=x)={_3}C_x(0.4)^x(1-0.4)^{3-x}(x=0, 1, 2, 3)$이다. 따라서 앞면만 정확히 1개만 나올 확률은
$$P(X=2)={_3}C_2(0.4)^2(1-0.4)^{3-2}$$
$$=3\times0.16\times0.6=0.288$$이다.

73 정답 ①

성공과 실패 두 가지뿐인 베르누이 시행에서 20번 시도 중 성공 횟수를 확률변수 X라 하면 X는 $n=20$, $p=0.5$인 이항분포 $B(20, 0.5)$을 따른다. 따라서 확률변수 X의 기댓값은 $E(X)=np=20\times0.5=10$이다.

74 정답 ③

확률변수 X가 이항분포 $B(n, p)$를 따를 때 확률변수 X의 표준편차는 $\sigma(X)=\sqrt{V(X)}=\sqrt{np(1-p)}$이다.
확률변수 X가 이항분포 $B\left(36, \frac{1}{6}\right)$을 따를 때 X의 표준편차는
$$\sigma(X)=\sqrt{V(X)}=\sqrt{36\times\frac{1}{6}\times\frac{5}{6}}=\sqrt{5}$$이다.
따라서 표준편차의 성질 $\sigma(aX+b)=|a|\sigma(X)$를 이용하면 확률변수 $Y=\sqrt{5}X+2$의 표준편차는
$$\sigma(Y)=\sigma(\sqrt{5}X+2)=|\sqrt{5}|\sigma(X)=\sqrt{5}\times\sqrt{5}=5$$이다.

75 정답 ①

$X{\sim}N(\mu, \sigma^2)$에서 $E(X)=\mu$, $V(X)=\sigma^2$이다.
새로운 변수 $Z=\frac{X-\mu}{\sigma}$의 기댓값과 분산을 구하면
$$E\left(\frac{X-\mu}{\sigma}\right)=\frac{1}{\sigma}E(X-\mu)=\frac{1}{\sigma}(\mu-\mu)=0$$
$$V\left(\frac{X-\mu}{\sigma}\right)=\frac{1}{\sigma^2}V(X-\mu)=\frac{1}{\sigma^2}V(X)=\frac{1}{\sigma^2}\sigma^2=1$$
이다. 따라서 $Z{\sim}N(0, 1)$이다.

76 정답 ③

스마트폰 제조회사의 스마트폰 수명을 확률변수 X라 하면 $X{\sim}N(36, 9^2)$이다. 무상수리가 되기를 원하는 확률은

$P(X<a)=0.05$, $P(Z<-1.645)=0.05$이므로
$$0.05=P(X<a)=P\left(\frac{X-36}{9}<\frac{a-36}{9}\right)$$
$$=P(Z<-1.645)$$이다.
따라서 $\frac{a-36}{9}=-1.645$, $a=21.195$이므로 21개월을 보증기간으로 정하면 된다.

77 정답 ②

표본평균 $\overline{X}$의 표본오차는 $\frac{\sigma}{\sqrt{n}}$이므로 $\sqrt{n}$에 반비례하고 모집단의 표준편차가 클수록 커지고, 표본크기가 클수록 작아진다.

78 정답 ①

중심극한정리에 의하여 모집단이 정규분포 $N(\mu, \sigma^2)$을 따르고 표본평균 $\overline{X}$는 정규분포 $\left(\mu, \frac{\sigma^2}{n}\right)$을 따르면 $\mu=2$백만, $\sigma^2=40$만^2, $n=100$이므로 $N(2$백만, 16)이다.

79 정답 ②

확률변수 X에 대하여 평균 $E(X)=\mu$, 분산 $V(X)=\sigma^2$, 임의의 양수 k에 대하여 체비셰프 부등식
$$P(|X-\mu|\leq k\sigma)\geq1-\frac{1}{k^2}$$이 성립한다. 확률변수 X의 평균이 0이고, 분산이 4이므로
$$P(|X-0|\leq2k)=P(|X|\leq2k)\geq1-\frac{1}{k^2}, k=2$$이다.
$P(-4\leq X\leq4)$의 범위는
$$P(|X|\leq4)=P(-4\leq X\leq4)\geq1-\frac{1}{2^2}=0.75$$이다.

80 정답 ③

일치추정량은 표본의 크기 n이 커질수록 표본으로부터 구한 추정값이 확률적으로 모수에 수렴한다는 성질이다.

81 정답 ④

신뢰구간이 100 ± 5는 동일한 추정방법으로 신뢰구간을 반복하여 추정할 경우 100회 중 95회 정도는 기대할 수 있다는 것으로 신뢰추정구간 중 하나가 100 ± 5일 수 있다는 것이다.

82 정답 ②

이 프로그램의 청취율에 대한 95% 신뢰구간은 표본의 크기 $n=100$, 표본비율 $\hat{p}=\dfrac{X}{n}=\dfrac{10}{100}=0.1$, $\alpha=0.05$이고 $z_{\frac{\alpha}{2}}=z_{0.025}=1.96$이므로

$$\left(\hat{p}-z_{0.025}\sqrt{\frac{\hat{p}(1-\hat{p})}{n}},\ \hat{p}+z_{0.025}\sqrt{\frac{\hat{p}(1-\hat{p})}{n}}\right)$$
$$=\left(0.1-1.96\times\sqrt{\frac{0.1\times0.9}{100}},\ 0.1+1.96\times\sqrt{\frac{0.1\times0.9}{100}}\right)$$
$$=(0.0412,\ 0.1588)\text{이다.}$$

83 정답 ①

신뢰수준 90%에서 추정되는 표본비율의 오차한계 $z_{\frac{\alpha}{2}}\sqrt{\dfrac{\hat{p}(1-\hat{p})}{n}}$가 연구자가 원하는 오차한계 $d=0.03$보다 작기 위해 필요한 표본의 크기를 구한다. 표본비율이 정하여지지 않은 상황에서는 표본비율 $\hat{p}=0.5$로 정한다. 표본비율 $\hat{p}=0.5$, $\alpha=0.10$로 $z_{\frac{\alpha}{2}}=z_{0.05}=1.645$에 대하여
$$1.645\sqrt{\frac{1}{2}\times\frac{1}{2}\times\frac{1}{n}}\le0.05,\ 1.645\frac{1}{2\sqrt{n}}\le0.05,$$
$$n\ge\frac{1}{4}\left(\frac{1.645}{0.05}\right)^2≒270.6$$로 최소한 271명을 조사해야 한다.

84 정답 ④

제1종 오류 : 귀무가설이 참임에도 불구하고 귀무가설을 기각하는 결론을 내리는 오류이다.

85 정답 ①

유의확률이 유의수준보다 작으면 귀무가설을 기각하므로 관측값의 유의확률이 5%일 때 유의수준 1%에서 귀무가설을 기각하지 못한다.

86 정답 ③

가설검정의 종류

모집단의 수	모평균	모분산
1개	단일표본 t-검정	카이제곱(χ^2)-검정
2개	독립표본 t-검정 대응표본 t-검정	F-검정
3개	분산분석	

모집단이 방목 전 불소농도와 방목 후 불소농도로 2개이고 방목 전 불소농도와 방목 후 불소농도의 차이가 있는지를 알아보고자 하므로 서로 대응하는 모평균에 해당한다. 따라서 검정방법은 대응표본 t-검정이다.

87 정답 ①

모비율에 대한 검정통계량은 $Z=\dfrac{\hat{p}-p_0}{\sqrt{\dfrac{p_0(1-p_0)}{n}}}$,

$\hat{p}=0.42$, $p_0=0.4$, $n=100$이다.

따라서 검정통계량의 값은 $Z_0=\dfrac{0.42-0.4}{\sqrt{\dfrac{0.4(1-0.4)}{100}}}$이다.

88 정답 ③

③ **분산분석** : 독립변수(설명변수)는 범주형 변수이고, 종속변수(반응변수)는 연속형 변수일 적합한 분석방법이다.
① **평균분석** : 한 집단 또는 두 집단 간의 연속적 자료에 대한 평균을 비교하는 가설을 검정한다.
② **교차분석** : 범주형 자료의 집단 간 비율을 비교하는 가설을 검정한다.
④ **상관분석** : 두 변수 간의 상관성 유무를 분석하기 위해 상관계수를 구한다.

89 정답 ②

② 일원배치법은 한 종류의 인자가 특성값에 미치는 영향을 조사하고자 할 때 사용하는 분석법이다.
① 여러 그룹의 평균 차이를 해석할 수 있다.
③ 인자의 처리별 반복수는 동일하지 않아도 된다.
④ 일원배치법은 반응변수에 영향을 주는 요인이 하나인 경우에 세 개 이상의 모집단 간의 모평균의 차이를 비교한다.

90 정답 ④

분산분석표

요인	제곱합	자유도	평균제곱	F-값
처리	40	5	$\dfrac{40}{5}=8$	$\dfrac{8}{4}=2$
잔차	60	15	$\dfrac{60}{15}=4$	
계	100	20		

91
정답 ①

k개의 처리에 반복수가 n으로 같은 경우 총 $k \times n$개의 측정값에 대한 분산분석표에서 자유도는 처리 $k-1$, 잔차 $(kn-1)-(k-1)=kn-k$이다. 따라서 합계는 $kn-1$ 이다.

92
정답 ②

교차분석을 위해 작성한 분할표에서 행변수의 범주가 M개, 열변수의 범주가 N개인 M형 N계열($M \times N$)이므로 카이제곱 통계량의 자유도는 $(M-1)(N-1)$이다. 행변수(없음, 1회, 2회 이상) 3, 열변수(연령) 3회이므로 $(M-1)(N-1)=(3-1)(3-1)=4$이다.

93
정답 ③

유의확률 $p-$값 < 유의수준 0.05이므로 귀무가설을 기각한다. 따라서 유의수준 0.05 하에서 연령과 생수 구매 사이에는 통계적으로 유의미한 관계가 있다.

94
정답 ②

상관계수는 공분산을 두 변수의 표준편차로 나눈 값으로, 변수들의 측정단위가 달라져도 영향을 받지 않는다.

95
정답 ③

두 확률변수 $aX+b$, $cY+d$에 대한 상관계수
$Corr(aX+b, cY+d)$는
$ac > 0$이면 $Corr(aX+b, cY+d)=Corr(X, Y)$,
$ac < 0$이면 $Corr(aX+b, cY+d)=-Corr(X, Y)$
키와 몸무게를 확률변수 X, Y라 하면 각각 $2X$, $3Y+1$이다. 따라서 $2 \times 3=6 > 0$이므로 $2X$, $3Y+1$의 상관계수는 0.6이다.

96
정답 ①

단순회귀분석에서 추정회귀직선식 $\hat{Y}=\hat{a}+\hat{\beta}X$의 기울기는
$\hat{\beta}=r_{XY}\dfrac{S_Y}{S_X}$이다. $S_X=3$, $S_Y=4$이므로
X와 Y의 상관계수는 $r_{XY}=\dfrac{3}{5}=0.6$에 대하여

기울기는 $\hat{\beta}=0.6 \times \dfrac{4}{3}=0.8$이다.

97
정답 ④

n개의 자료에 대하여 k개 독립변수 $x_i(i=1, 2, \cdots, n)$와 종속변수 y에 대한 중회귀모형 $y=\beta_0+\beta_1 x_1+\cdots+\beta_k x_k \varepsilon$ 을 고려하여 중회귀분석을 실시할 때 자유도는

요인	제공합	자유도
회귀	$SSR=\sum\limits_{i=1}^{n}(\hat{y}_i-\bar{y})^2$	k
잔차	$SSE=\sum\limits_{i=1}^{n}(y_i-\hat{y}_i)^2$	$n-k-1$
합계	$SST=\sum\limits_{i=1}^{n}(y_i-\bar{y})^2$	$n-1$

98
정답 ③

X와 Y 사이에 회귀관계가 전혀 존재하지 않아 추정회귀직선의 기울기가 $\beta_1=0$이면 $SSE=SST$이므로 결정계수도 0이다.

99
정답 ①

단순회귀분석에서 결정계수 R^2은 상관계수 r_{XY}의 곱과 같다. 따라서 $r_{XY}=\pm\sqrt{R^2}$이고 추정회귀직선의 기울기의 부호와 상관계수의 부호는 같다. 결정계수 R^2은 0.81이므로 $r_{XY}=\pm\sqrt{R^2}=\pm\sqrt{0.81}=\pm0.9$이다. 기울기의 부호 (-0.3)가 음이므로 상관계수는 -0.9이다.

100
정답 ③

회귀계수 유의성 검정에서 H_0 : 회귀계수 β는 유의하지 않는다($\beta=0$)를 검정하기 위한 검정통계량은
$t=\dfrac{b-\beta}{\sqrt{Var(b)}} \sim (n-2)$이다.
$b=0.8951$, $\beta=0$, $\sqrt{Var(b)}=0.149$
일 때 검정통계량은 $t=\dfrac{b-\beta}{\sqrt{Var(b)}}=\dfrac{0.8951-0}{0.149} \fallingdotseq 6.007$ 이다.

PART **2**
정답 및 해설

제4회
CBT
빈출 모의고사
정답 및 해설

1과목 조사방법과 설계

01	③	02	①	03	④	04	②	05	①
06	④	07	①	08	③	09	②	10	①
11	④	12	①	13	②	14	④	15	②
16	①	17	①	18	②	19	①	20	③
21	④	22	②	23	①	24	②	25	④
26	①	27	④	28	④	29	③	30	②

2과목 조사관리와 자료처리

31	①	32	③	33	①	34	②	35	④
36	③	37	②	38	③	39	④	40	②
41	③	42	①	43	④	44	②	45	④
46	①	47	③	48	②	49	④	50	②
51	②	52	①	53	②	54	④	55	①
56	③	57	①	58	②	59	③	60	②

3과목 통계분석과 활용

61	④	62	①	63	②	64	③	65	①
66	③	67	②	68	④	69	③	70	①
71	④	72	③	73	④	74	②	75	②
76	②	77	④	78	②	79	①	80	④
81	③	82	②	83	②	84	④	85	③
86	①	87	②	88	④	89	③	90	①
91	②	92	③	93	②	94	③	95	①
96	②	97	①	98	②	99	④	100	①

1과목 조사방법과 설계

01   정답 ③

과학적 지식은 지식 형성과정이 논리적이고 경험적이어야 한다.
비과학적 지식 : 전통에 의한 지식, 권위에 의한 지식, 직관에 의한 지식, 신비에 의한 지식

02   정답 ①

과학적 연구방법의 특징 : 간결성, 경험적 검증가능성(경험적 실증성), 결정론적, 객관성, 구체성, 논리성, 변화가능성(수정가능성), 반증가능성, 상호주관성, 인과성, 일반성, 재생가능성, 체계성

03   정답 ④

가치판단의 문제는 과학적 연구의 범위에 속하지 않는다.
과학적 조사연구의 목적 : 탐색, 기술(묘사), 설명, 예측, 통제, 평가

04   정답 ②

해결 가능한 연구문제가 되기 위한 조건은 연구현장에서 실증적으로 검증 가능해야 하고 관찰가능하며 연구대상이 되는 현상이 명확하게 규정되어야 한다. 기존의 이론 체계와 연관되어 있어야 할 필요는 없다.

05   정답 ①

① **생태주의적 오류** : 집합 수준의 분석단위 자료를 바탕으로 개인의 특성을 추리할 때 발생하는 오류이다.
③ **개인주의적 오류** : 개인 수준의 분석단위에서 도출된 결과를 집단 수준으로 확대 해석할 때 나타날 수 있는 오류이다.
④ **환원주의적 오류** : 어떤 현상의 원인이라고 생각되는 개념이나 변수를 지나치게 제한하거나 한 가지로 한정함으로써 지나치게 단순화시킨 결과이다.

06 정답 ④

과학적 지식이 축적되는 논리적인 과정에서 경험적인 귀납법과 분석적인 연역법은 상호보완적인 관계이다.

07 정답 ①

탐색적 연구목적
1. 사건이나 현상을 이해하기 위하여
2. 중요한 변수를 확인하고 발견하기 위하여
3. 미래연구를 위한 가설을 도출하기 위하여
4. 연구문제를 도출하거나 연구가치를 추정하기 위하여
5. 연구주제와 관련된 변수들 사이의 관계에 대한 통찰력을 얻기 위하여
6. 많은 아이디어를 생성하고 임시적 가설을 개발하기 위하여
7. 조사를 시행하기 위한 절차 또는 행위를 구체화하기 위하여
8. 여러 가지 문제와 사회 사이의 중요도에 따른 우선순위를 파악하기 위하여
9. 보다 정교한 문제와 기회를 파악하기 위하여

08 정답 ③

사례조사는 변수에 대한 관찰이 이루어지지 않으므로 반복적인 연구가 불가능하다.
사례조사의 장점
1. 조사대상이 구체적이고 상세하게 연구할 수 있다.
2. 사회현상에 대한 가치적 측면의 파악이 가능하다.
3. 탐색적 연구방법으로 사용할 수 있다.
4. 통계조사에 대한 보완적 자료를 제공한다.
5. 인간의 동기, 관심 등 가치적 측면에 대한 파악이 가능하다.
6. 개별적 상황의 특수성을 명확히 파악하는 것이 가능하다.

09 정답 ②

추세연구, 패널연구, 코호트연구, 시계열연구는 종단연구에 속한다.
단면 연구 : 횡단면 데이터, 인구 또는 대표적인 하위 집합의 데이터를 분석하는 관찰 연구 방법이다.

10 정답 ①

① **코호트 연구** : 처음 조건이 주어진 집단에 대하여 이후의 경과와 결과를 알기 위해 미래에 대해서 조사하는 방법이다.

② **패널연구** : 동일한 대상에게 동일한 현상에 대해 일정한 시간 간격을 두고 지속적으로 반복 측정하여 조사하는 연구이다.
③ **현장연구** : 실험실, 문헌연구, 비공식적 또는 비구조화된 면접을 통해 실제 생활의 상황을 연구하는 것이다.
④ **추세연구** : 광범위한 연구대상의 특정 속성을 여러 시기에 관찰, 비교하는 연구이다.

11 정답 ④

양적연구는 연구하고자 하는 대상의 속성을 양적으로 표현하고 그 관계를 통계분석을 통해 밝히는 연구이고, 질적연구는 관찰대상의 몸짓, 언어, 태도나 현상 자체에 대한 자료를 관찰이나 면접 등의 방법을 활용하여 밝히는 연구이다. 연구는 주어진 상황에 따라 연구방법을 달리하므로 어떤 것이 더 나은 방법이라고 할 수 없다.

12 정답 ①

① 근거이론 연구는 인터뷰를 포함한 관찰과 데이터를 수집하고 예측 가능한 패턴을 찾는 연구를 하며 데이터 수집과 코딩을 통한 이론을 구체화한다.
② **현상학적 연구** : 현상에 대한 본질적인 이해와 설명을 추구하는 접근법이자 연구 방법이다.
③ **민속지학적 연구** : 미디어 수용 행위가 포함된 수용자의 일상생활 구조에 대한 복합적인 이해를 추구한다.
④ **내용분석 연구** : 문헌연구 중에서도 특히 문헌자료의 양적 분석을 하는 데 많이 사용되고 있다.

13 정답 ②

비확률표본추출방법은 조사자가 주관적으로 표본을 선정하는 표본추출방법으로 표본추출오차를 구하기 어렵다. 확률표본추출방법은 추출될 확률이 알려져 있을 때 무작위로 표본을 추출하는 방법으로 조사자의 주관성을 배제할 수 있고 표집오차를 추정할 수 있다.

14 정답 ④

표본조사를 하는 이유
1. 전수조사가 불가능한 경우
2. 경비, 시간을 절감하기 위해
3. 자료수집, 집계 및 분석과정을 신속히 처리하기 위해
4. 전수조사에 비해 조사과정을 보다 잘 통제할 수 있어서

5. 많은 조사항목 포함하고 다방면의 정보획득이 가능해서
6. 비표본오차를 줄이기 위해

15 정답 ②

모집단과 표본프레임이 일치하지 않아 발생하는 오류가 표본 프레임 오류이다. 자사 마일리지 카드 소지자 명단이 표본프레임이고, 최근 1년 동안 10만 마일 이상 사용자들이 모집단이므로 모집단이 표준프레임 내에 포함되는 오류에 해당한다.

16 정답 ①

확률표본추출은 모집단의 모든 요소가 뽑힐 확률이 0이 아닌 확률을 동등하게 보장되는 것을 전제로 한다.

17 정답 ③

③ 군집표집(cluster sampling) : 모집단에서 집단을 일차적으로 표집한 다음 선정된 각 집단에서 구성원을 표본으로 추출하는 다단계 표집방법으로 표본의 대표성이 가장 크다.
① 할당표집 : 모집단의 일부로부터 할당에 의해 선택되는 모집단의 표집을 말한다.
② 판단표집 : 연구의 목적에 맞는 사례들을 연구자의 판단에 따라 선택적으로 수집하는 기법이다.
④ 편의표집 : 연구 진행에 편리하게 표본을 선택하는 것을 말한다.

18 정답 ②

② 체계적 표집(systematic sampling) : 모집단에 대한 정보를 담은 명부를 표집틀로 해서 일정한 순서에 따라 표본을 추출하는 표집 방법
① 단순무작위표집(simple random sampling) : 모집단의 각각의 요소 또는 사례들이 표본으로 선택될 가능성이 같은 확률표본추출방법
③ 유의표집(purposive sampling) : 연구자 및 전문가의 판단으로 조사의 목적과 의도에 맞는 대상을 표본으로 선정하는 방식
④ 할당표집(quota sampling) : 표본의 하위집단 분포를 의도적으로 정하여 표본을 임의로 추출하는 비확률표본추출방법

19 정답 ①

층화표집(stratified random sampling)은 층화가 잘 이루어지면 단순무작위표집, 체계적 표집보다 불필요한 자료의 분산이 줄어 시간과 비용을 절약할 수 있고 적은 표본으로 모집단을 대표할 수 있다. 하지만 층화를 위해서는 모집단에 대한 지식과 정보가 필요하므로 많은 시간과 노력이 필요하다.

20 정답 ③

③ 군집표집 : 모집단에서 집단을 일차적으로 표집한 다음 선정된 각 집단에서 구성원을 표본으로 추출하는 다단계 표집방법이다.
① 단순무작위표집 : 모집단 각각의 요소 또는 사례들이 표본으로 선택될 가능성이 같게 되는 표본 추출법이다.
② 판단표집 : 모집단 중 일부 집단만을 대상으로 표본을 추출하는 방법이다.
④ 층화표집 : 모집단을 먼저 중복되지 않도록 층으로 나눈 다음 각 층에서 표본을 추출하는 방법이다.

21 정답 ④

같은 크기의 무작위표본추출보다 적은 비용으로 표본을 추출할 수 있다.
할당표집(quota sampling)의 문제점
1. 조사자들이 조사하기 쉬운 사례들을 선택하는 경향이 있다.
2. 조사자의 편견이 개입될 여지가 충분히 있다.
3. 확률표집이 아니기 때문에 특정 할당표집의 정확성을 평가하는 것은 어렵다.
4. 무작위성을 보장하는 수단이 없으므로 결과의 일반화가 어렵다.
5. 모집단에 대한 지식이 부족하여 이론적으로 의미가 있는 관련 변수를 통제하기 어렵다.

22 정답 ②

편의표집 : 조사자가 손쉽게 이용 가능한 대상만을 선택하여 표본으로 추출하는 비확률표본추출방법이다.

23 정답 ①

표집오차에 영향을 미치는 요인에는 모집단의 특성, 응답률, 표본추출방법, 모집단의 특성, 표본의 크기, 모집단 분산의 크

기, 관심 추정량 등이다.

24 정답 ②

표본크기를 결정할 때 고려해야 할 사항 : 모집단의 동질성, 모집단의 크기, 비용 및 시간, 조사목적, 카테고리의 수, 집단별 통계치의 필요성, 조사자의 능력, 표본추출형태, 신뢰성, 정확성 등

25 정답 ④

설문지 작성의 일반적인 과정 : 예비조사 → 자료수집 방법의 결정 → 개별항목 내용 결정 → 질문형태 결정 → 개별항목 결정 → 질문순서 결정 → 설문지 초안완성 및 사전검사 → 설문지 확정 및 인쇄

26 정답 ①

질문은 세부적인 문항부터 질문하고 일반적이고 광범위한 질문은 뒤로 배열하는 것이 바람직하다.

27 정답 ④

④ **초점집단조사** : 특정 제품이나 제도 등에 관심 있는 이해당사자 중 6~12명 정도의 소수 인원을 선발하여 한 장소에 모이게 한 후 면접자의 진행 아래 조사목적과 관련된 토론을 유도하고 이 과정에서 자료를 수집하는 정성적 조사기법이다.
① **델파이조사** : 전문가의 경험적 지식을 통한 문제해결 및 미래예측을 위한 기법이다.
② **집단실험설계** : 통제집단과 실험집단을 구성하여 실험을 진행하기 위해 연구자가 계획하고 수행해야 하는 일련의 체계적 절차를 말한다.
③ **사례연구조사** : 특정한 한 대상에 대해 조사 의뢰자가 당면하고 있는 상황과 유사한 사례를 찾아내어 철저하고 깊이 있게 총체적으로 분석하는 연구를 말한다.

28 정답 ④

내적 타당도 저해요인 : 성숙효과, 통계적 회귀, 시험효과, 외부사건, 도구효과, 실험변수의 확산 또는 모방, 표본의 편중, 실험대상의 탈락, 선별요인 등

29 정답 ③

인과관계의 성립조건 : 공변관계(covariation), 시간적 선행성(temporal precedence), 비허위적 관계(lack of spuriousness)

30 정답 ②

실험집단과 통제집단 모두 산악회원이므로 표본의 편중은 아니다. 1개월 간의 실험조사는 연구결과가 다르게 나타날 수 있고, 측정수단도 변할 수 있으며 모방심리가 결과에 영향을 미칠 수 있다.

2과목 조사관리와 자료처리

31 정답 ①

개방형 질문은 표현상의 차이가 있어 응답에 대한 동일한 해석이 어렵고 응답의 일관성을 유지하기 어렵다.

32 정답 ③

2차 자료는 연구목적을 위하여 사용될 수 있는 이미 연구된 기존 자료이다. 조사목적을 달성하기 위해서는 1차 자료만으로도 가능하고, 2차 자료로만으로도 가능할 수 있다.

33 정답 ①

질문지의 형식 중 간접질문의 종류 : 투사법, 정보검사법, 단어연상법, 오류선택법, 토의완성법

34 정답 ②

다지선다형은 질문지에 3개 이상의 응답범주를 나열하여 그 중에서 선택하는 질문 유형이다.

35 정답 ④

우편조사는 설문지 발송 후 회수까지 시간과 노력이 많이 든다.

36 정답 ③

온라인조사는 온라인 통신망을 통해서 이루어지는 여러 형태의 조사방법으로 시간과 공간상의 제약이 적고 조사기간도 짧다.

37 정답 ②

참여관찰(participant observation)은 대규모 모집단에 대한 기술이 어렵고, 관찰자는 상황에 대한 통제를 할 수 없다.

38 정답 ③

③ **공개적 · 비공개적 관찰** : 관찰대상자가 관찰사실을 알고 있는지의 여부
① **직접적 · 기계적 관찰** : 관찰주체 또는 도구가 무엇인지의 여부
② **자연적 · 인위적 관찰** : 관찰이 일어나는 상황이 인공적인지의 여부
④ **체계적 · 비체계적 관찰** : 표준관찰기록양식이 사전에 결정되었는지의 여부

39 정답 ④

가구소득, 가정폭력, 성적경향 등 민감한 사안의 경우는 질문에 솔직한 답변을 기피할 수 있다. 면접법은 질문뿐 아니라 관찰도 할 수 있고, 높은 응답률과 높은 회수율을 얻을 수 있다.

40 정답 ②

면접원이 대답을 유도하거나 대답을 하는 도중 응답내용에 대해 평가적인 코멘트를 하는 것은 응답에 영향을 줄 수 있으므로 하지 않아야 한다.

41 정답 ③

③ **동조효과** : 자신의 생각이 아니라 다른 사람들이 어떻게 생각하는가에 따라 응답하는 현상이다.
① **1차 정보효과** : 귀찮거나 질문내용을 잘 모를 때 직접 기입하는 자기기입식 설문에서 맨 앞에 제시된 항목을 선택할 가능성이 높은 것을 말한다.
② **후광효과** : 어떤 대상이나 사람에 대한 일반적인 견해가 그 대상이나 사람의 구체적인 특성을 평가하는데 영향을 미치는 현상이다.
④ **최근 정보효과** : 최근에 듣거나 제공받은 정보에 더 큰 비중을 두고 응답하게 되는 경우이다.

42 정답 ①

개념은 경험적으로 직접 측정할 수 없고 개념을 경험적 수준으로 구체화하는 과정인 개념의 구체화가 필요하다.

43 정답 ④

타당성은 측정도구가 실제로 측정하고자 하는 바를 얼마나 측정하고 있는가를 나타내는 것이다.

44 정답 ②

매개변수 : 독립변수와 종속변수 사이의 매개자 역할을 하는 변수로 두 변수 간에 간접적인 관계를 맺도록 하는 제3의 변수이다. 사회적 통합은 종교와 자살률 사이에 매개하여 간접적인 관계를 맺도록 하는 제3의 변수이다.

45 정답 ④

범주형 변수(categorical variable)는 변수가 갖는 성격의 종류에 따라 별개의 범주로 구별되는 변수로 성별(남, 여), 경제상태(상, 중, 하), 인종(황인종, 흑인종, 백인종) 등이 있다.

46 정답 ①

구체적이고 정확하게 표현하고 의미를 부여한 것은 조작적 정의의 예이다.

47 정답 ③

주어진 단어가 이미 정립된 의미를 가진 다른 표현과 동의적일 때 사용되는 것은 개념적 정의이다. 조작적 정의는 지시물을 식별하는 데 사용되는 관찰 가능한 개념의 구체화로 관찰과 측정의 단계가 분명히 밝혀져 있을 때 조작적으로 정의될 수 있다.

48 　　　　　　　　　　　　　　정답 ②

가설이 기각되었다고 해서 반대되는 가설이 검증된 것이 아니며 참임을 의미하는 것도 아니다.

49 　　　　　　　　　　　　　　정답 ④

작업(연구)가설은 변수들 간에 관계가 있거나 집단들 간에 차이가 있다는 형식으로 서술한다. A와 B는 차이가 있다. A는 B와 관계가 있다. A가 ~할수록 B가 ~한다는 형식을 취한다.

50 　　　　　　　　　　　　　　정답 ②

비율측정 : 신장, 체중, 소득, 근무연수, 사망률 등

51 　　　　　　　　　　　　　　정답 ①

서열측정은 측정대상을 분류할 뿐 아니라 대상의 특수성이나 속성에 따라 각 측정대상에 상대적인 순서나 서열을 부여하는 것이다.
ⓒ 절대 영점(Absolute zero score)을 지니고 있는 척도는 비율척도이다.
ⓔ 어떤 응답자의 특성이 다른 응답자의 특성보다 몇 배가 높은지 알 수 있는 척도는 비율척도이다.

52 　　　　　　　　　　　　　　정답 ④

비율척도는 측정대상을 분류하고 각 측정대상에 순서나 서열을 결정하고 서열 간에 일정한 간격을 제시할 뿐 아니라 절대영점을 가짐으로써 비율을 결정할 수 있다.

53 　　　　　　　　　　　　　　정답 ②

등간척도를 이용한 측정방법에는 고정총합척도법, 등급법, 스타펠 척도법, 어의차이척도법 등이 있고 순위법은 서열척도를 이용한 방법이다.

54 　　　　　　　　　　　　　　정답 ④

서스톤 척도(Thurstone scale)는 주요한 항목들에 가중치를 부여한 것으로 등간척도의 일종이다. 따라서 구간 수준의 측정이 가능하다.

55 　　　　　　　　　　　　　　정답 ①

소시오메트리(sociometry)는 소시오메트릭 행렬과 소시오그램을 활용한다. 집단구성원 간의 친화와 반발을 조사하여 그 빈도와 강도에 따라 집단구조를 이해하는 척도이다.
델파이 조사방법은 적절한 해답이 알려져 있지 않거나 일정한 합의점에 도달하지 못한 문제에 대하여 다수의 전문가를 대상으로 설문조사나 우편조사로 수차에 걸쳐 피드백하면서 그들의 의견을 수렴하고 집단적 합의를 도출해 내는 조사방법이다.

56 　　　　　　　　　　　　　　정답 ③

측정오차의 발생원인 : 측정방법, 측정대상, 측정자, 측정수단, 측정환경, 측정시점 등

57 　　　　　　　　　　　　　　정답 ①

타당성은 측정도구가 실제로 측정하고자 하는 바를 얼마나 정확하게 측정하고 있는가, 측정한 값과 진정한 값과의 일치 정도에 대한 개념이다.

58 　　　　　　　　　　　　　　정답 ②

동시타당성은 새로운 측정도구를 이미 타당성이 확인된 신뢰할만한 측정도구와 비교하는 타당도이다.

59 　　　　　　　　　　　　　　정답 ③

기준타당도는 동시타당도와 예측타당도로 구분된다.

60 　　　　　　　　　　　　　　정답 ①

측정항목의 수를 늘려야 신뢰성을 높일 수 있다. 측정의 신뢰성을 높이는 방법에는 측정항목의 모호성을 제거, 조사자의 면접방식과 태도에 일관성 확보, 인정된 측정도구 이용 등이 있다.

3과목 통계분석과 활용

61　　　　　　　　　정답 ④

극단값에 의한 영향을 줄이기 위한 측도 : 중앙값(제50백분위수), 절사평균 등

62　　　　　　　　　정답 ①

자료의 위치를 나타내는 측도에는 중앙값, 사분위수, 백분위수 등이 있고 사분위범위는 산포도이다.

63　　　　　　　　　정답 ②

산포의 측도에는 산포도, 범위, 평균편차, 분산과 표준편차, 사분위수 범위, 사분위편차, 변동(변이)계수 등이 있다.

64　　　　　　　　　정답 ③

사분위수범위는 제3사분위수(Q_3)와 제1사분위수(Q_1)의 차이이다.

65　　　　　　　　　정답 ①

자료의 분포가 평균=중앙값=최빈값이면 좌우대칭이고, 평균>중앙값>최빈값이면 오른쪽으로 꼬리가 긴 분포이다. 또한 평균<중앙값<최빈값이면 왼쪽으로 꼬리가 긴 분포이다. 자료에서 평균이 중앙값보다 크므로 오른쪽으로 긴 꼬리를 갖는 비대칭분포이다.

66　　　　　　　　　정답 ③

위의 자료에서 평균, 중앙값, 범위, 왜도를 구하면

1. **평균** : $\dfrac{9+10+4+16+6+13+12}{7}=10$

2. **중앙값** : 자료를 오름차순으로 정리하면 4, 6, 9, 10, 12, 13, 16이고 자료의 개수가 7로 홀수이므로
   $\dfrac{n+1}{2}=\dfrac{7+1}{2}=4$, 그러므로 중앙값은 10이다.

3. **범위** : 최댓값과 최솟값의 차이이므로 16-4=12이다.

4. **왜도** : 왜도가 0이라면 좌우대칭인 분포인데 평균과 중앙값이 10으로 동일하므로 10을 기준으로 좌우대칭이 이루어지지 않아 왜도가 0은 아니다.

67　　　　　　　　　정답 ②

조건부 확률 $P(A|B)=\dfrac{P(A\cap B)}{P(B)}$를 활용하면

$P(A\cap B)=P(A|B)P(B)=\dfrac{2}{3}\times\dfrac{1}{2}=\dfrac{1}{3}$이다.

따라서 $P(A\cup B)=P(A)+P(B)-P(A\cap B)$
$$=\dfrac{1}{2}+\dfrac{1}{2}-\dfrac{1}{3}=\dfrac{2}{3}$$이다.

68　　　　　　　　　정답 ④

질병에 걸린 사건을 A, 걸리지 않은 사건을 A^c, 진단시약 결과 양성반응을 보인 사건을 X라 하면
$P(A)=0.02$, $P(A^c)=0.98$, $P(X|A)=0.8$,
$P(X|A^c)=0.1$이다. 두 사건이 서로 배반이므로 합의 법칙을 이용하면 양성반응을 보일 확률은

$P(X)=P(A\cap X)+P(A^c\cap X)$
$=P(A)P(X|A)+P(A^c)P(X|A^c)$
$=(0.02\times0.8)+(0.98\times0.1)$
$=0.016+0.098=0.114$

이다. 따라서 어떤 사람의 진단테스트 결과가 양성반응일 때 이 사람이 질병에 걸렸을 확률은

$P(A|X)=\dfrac{P(A\cap X)}{P(X)}=\dfrac{0.016}{0.114}=\dfrac{8}{57}$이다.

69　　　　　　　　　정답 ③

이산확률변수 X의 확률질량함수 $P(X=x_i)$는
$\sum\limits_{i=1}^{n}P(X=x_i)=1$이다.
$1=0.15+0.30+0.25+0.20+P(X=4)$,
$P(X=4)=0.10$이다.
이산확률변수 X의 기댓값 $E(X)$는
$\sum\limits_{i=1}^{n}x_i\times P(X=x_i)$이므로
$E(X)=(0\times0.15)+(1\times0.30)+(2\times0.25)+(3\times0.20)$
$\qquad+(4\times0.1)=1.800$이다.

70　　　　　　　　　정답 ①

확률변수 X에 대한 새로운 변수 $Y=-2X+3$의 표준편차 $\sigma(Y)=\sigma(aX\pm b)=|a|\sigma(X)$이므로
$S_Y=\sigma(Y)=\sigma(-2X+3)=|-2|\sigma(X)=2S_X$이다.

71
정답 ④

포아송분포는 일정한 단위 내에서 발생하는 사건의 수에 대응한 X에 대한 분포이다. 포아송분포에서 평균과 분산은 $E(X)=\lambda$, $V(X)=\lambda$로 값이 동일하므로 평균이 5이면 분산도 5이다.

72
정답 ③

정품과 불량품 두 가지뿐인 베르누이 시행에서 4개의 불량품 수를 확률변수 X라 하면 X는 $n=4$, $p=0.4$인 이항분포 $B(4, 0.4)$를 따르며 $B(4, 0.4)$에 대한 확률질량함수는
$P(X=x)={}_4C_x(0.4)^x(1-0.4)^{4-x}(x=0, 1, 2, 3, 4)$
이므로 4개가 불량품이 나올 확률은
$P(X=4)={}_4C_x(0.4)^4(1-0.4)^{4-4}=(0.4)^4\times(0.6)^0$
$=\dfrac{16}{625}$이다.

73
정답 ①

신용카드로 결제한다와 결제하지 않는다는 두 가지뿐인 베르누이 시행에서 20명의 고객 중 신용카드로 결제할 고객의 수를 확률변수 X라 하면 X는 $n=20$, $p=0.25$인 이항분포 $B(20, 0.25)$을 따르므로 확률변수 X의 기댓값은 $E(X)=np=20\times0.25=5$(명)이다.

74
정답 ②

정품과 부적합품 두 가지뿐인 베르누이 시행에서 100개의 제품 중 부적합품의 개수를 확률변수 X라 하면 X는 $n=100$, $p=0.1$ 이항분포 $B(100, 0.1)$를 따른다. X의 기댓값과 분산이 각각 $E(X)=np=100\times0.1=10$, $V(X)=np(1-p)=100\times0.1\times(1-0.1)=9$이다. $n=100$은 충분히 크므로 확률변수 X는 근사적으로 정규분포 $N(10, 3^2)$을 따르므로 10개 이상이 부적합품일 확률 $P(X\geq10)$은

$P(X\geq10)≒P\Big(\dfrac{X-10}{3}\geq\dfrac{10-10}{3}\Big)=P(Z\geq0)=0.5$
이다.

75
정답 ①

$X\sim N(\mu, \sigma^2)$에서 $E(X)=\mu$, $V(X)=\sigma^2$이다.

새로운 변수 $Z=\dfrac{X-\mu}{\sigma}$의 기댓값과 분산을 구하면
$E\Big(\dfrac{X-\mu}{\sigma}\Big)=\dfrac{1}{\sigma}E(X-\mu)=\dfrac{1}{\sigma}(\mu-\mu)=0$
$V\Big(\dfrac{X-\mu}{\sigma}\Big)=\dfrac{1}{\sigma^2}V(X-\mu)=\dfrac{1}{\sigma^2}V(X)=\dfrac{1}{\sigma^2}\sigma^2=1$
이다. 따라서 $Z\sim N(0, 1)$이다.

76
정답 ②

두 확률변수 X와 Y가 서로 독립적이고 $X\sim N(1, 1^2)$, $Y\sim N(2, 2^2)$이면 $X+Y\sim N(1+2, 1^2+2^2)=N(3, 5)$이다. 따라서 $P(X+Y\geq5)$를 표준정규분포 $N(0, 1)$로 표준화하면
$P(X+Y\geq5)=P\Big(\dfrac{X+Y-3}{\sqrt{5}}\geq\dfrac{5-3}{\sqrt{5}}\Big)=P\Big(Z\geq\dfrac{2}{\sqrt{5}}\Big)$
$P\Big(Z\leq-\dfrac{2}{\sqrt{5}}\Big)=\varPhi\Big(-\dfrac{2}{\sqrt{5}}\Big)$이다.

77
정답 ④

표준편차의 값이 상대적으로 작다는 것은 변량들이 평균값에 집중되어 있다는 것이다. 따라서 표본평균의 값이 모집단을 대표하는 값이므로 대표성이 크다.

78
정답 ③

모집단으로부터 n개의 X_1, X_2, $\cdots$, X_n을 뽑아 표본합 $X_1+X_2+\cdots+X_n$의 분포를 구하면
$E(X_1+X_2+\cdots+X_n)$
$=E(X_1)+E(X_2)+\cdots+E(X_n)=n\mu$
$V(X_1+X_2+\cdots+X_n)$
$=V(X_1)+V(X_2)+\cdots+V(X_n)=n\sigma^2$
이다. 따라서 $N(n\mu, n\sigma^2)$으로 수렴한다.

79
정답 ①

바람직한 추정량(estimator)의 선정기준 : 불편성, 효용성, 일치성, 충분성

80
정답 ④

④ 일치추정량은 표본의 크기 n이 커질수록 표본으로부터 구한 추정값이 확률적으로 모수에 수렴하는 성질이다.

① 추정량의 평균이 θ가 되는 추정량은 불편추정량이다.
② 여러 가지 추정량 중 분산이 가장 작은 추정량은 유효추 정량이다.
③ 모집단으로부터 추출한 표본의 정보를 모두 사용한 추정 량은 충분추정량이다.

81 정답 ③

모평균의 표준오차는 $SE(\overline{X}) = \dfrac{S}{\sqrt{n}}$이므로 추정하기 위하여 필요한 통계량은 표본의 표준편차 S이다.

82 정답 ②

복숭아의 선호도에 대한 95% 신뢰구간은

표본의 크기 $n = 100$, 표본비율 $\hat{p} = \dfrac{X}{n} = \dfrac{50}{100} = 0.5$,

$\alpha = 0.05$이므로 $z_{\frac{\alpha}{2}} = z_{0.025} = 1.96$에 대하여

$\left(\hat{p} - z_{0.025}\sqrt{\dfrac{\hat{p}(1-\hat{p})}{n}},\ \hat{p} + z_{0.025}\sqrt{\dfrac{\hat{p}(1-\hat{p})}{n}}\right)$

$= \left(0.5 - 1.96 \times \sqrt{\dfrac{0.5 \times 0.5}{100}},\ 0.5 + 1.96 \times \sqrt{\dfrac{0.5 \times 0.5}{100}}\right)$

$\fallingdotseq (0.40,\ 0.60)$이므로 $0.40 \leq p \leq 0.60$이다.

83 정답 ③

모평균에 대한 95% 신뢰구간의 길이는 $2 \times z_{0.025} \times \dfrac{\sigma}{\sqrt{n}}$인데 표본의 크기를 4배 증가시키면 신뢰구간의 길이는

$2 \times z_{0.025} \times \dfrac{\sigma}{\sqrt{4n}} = 2 \times z_{0.025} \times \dfrac{\sigma}{2\sqrt{n}} = \dfrac{1}{2}\left(2 \times z_{0.025} \times \dfrac{\sigma}{\sqrt{n}}\right)$

이다. 따라서 $\dfrac{1}{2}$만큼 감소한다.

84 정답 ④

제2종 오류: 대립가설이 참임에도 불구하고 귀무가설을 기 각하지 못하는 결론을 내리는 오류이다.

85 정답 ③

유의수준은 귀무가설이 참임에도 불구하고 귀무가설을 기각하는 제1종 오류를 범할 확률의 허용한계로 연구 전에 유의수준을 선택한다.

86 정답 ①

가설검정의 종류

모집단의 수	모평균	모분산
1개	단일표본 t-검정	카이제곱(χ^2)-검정
2개	독립표본 t-검정 대응표본 t-검정	F-검정
3개	분산분석	

87 정답 ②

모비율에 대한 검정통계량은 $Z = \dfrac{\hat{p} - p_0}{\sqrt{\dfrac{p_0(1-p_0)}{n}}}$.

$\hat{p} = \dfrac{81}{200} = 0.405$, $p_0 = 0.5$, $n = 200$이다.

따라서 검정통계량의 값은 $Z_0 = \dfrac{0.405 - 0.5}{\sqrt{\dfrac{0.5(1-0.5)}{200}}} \fallingdotseq -2.69$

이다.

88 정답 ④

④ **교차분석**: 범주형 자료의 집단 간 비율을 비교하는 가설을 검정한다.
① **분산분석**: 독립변수(설명변수)는 범주형 변수이고, 종속변수(반응변수)는 연속형 변수일 때 적합한 분석방법이다.
② **회귀분석**: 독립변수에 대한 종속변수의 인과성을 분석하기 위하여 함수식을 구하는 분석이다.
③ **평균분석**: 한 집단 또는 두 집단 간의 연속형 자료에 대한 평균을 비교하는 가설을 검정한다.

89 정답 ③

일원분산분석은 제곱합들의 비의 값을 F-분포를 이용하여 검정한다.

90 정답 ①

㉠ $129.5 - 42 = 87.5$

평균제곱 $= \dfrac{42}{2} = 21$, $\dfrac{87.5}{25} = 3.5$

ⓒ $\dfrac{21}{3.5}=6$

91   정답 ②

인자의 수준이 $k=3$, 반복실험의 횟수가 $n=5$이면 잔차의
자유도는 $kn-k=12$이다.

92   정답 ①

교차분석을 위해 작성한 분할표에서 행변수의 범주가 M개,
열변수의 범주가 N개인 M형 N계열($M \times N$)이므로 카이
제곱 통계량의 자유도는 $(M-1)(N-1)$이다. 행변수(남,
여) 2, 열변수(지역) 4이므로 $(M-1)(N-1)=(2-1)$
$(4-1)=3$이다.

93   정답 ②

카이제곱 동질성 검정결과 7.55, 자유도 $(3-1)(2-1)=2$,
유의수준 0.05, 임계값 $\chi^2_{0.05}(2)=5.99$이다.
이 분석에 따라 검정통계량의 값은
$\chi^2=7.55 > \chi^2_{0.05}(2)=5.99$로 귀무가설을 기각한다.
따라서 유의수준 0.05 하에서 지역에 따라 건립에 대한 찬성
률에 차이가 있다.

94   정답 ④

④ 단순회귀분석에서 결정계수의 제곱근은 두 변수의 상관계
수를 제곱한 값과 같으므로 결정계수의 제곱근은 두 변수
의 피어슨 상관계수와 같다.
①, ② 피어슨 상관계수는 두 양적변수 간의 직선(선형)관계
를 나타낸다.
③ 상관계수가 양수일 경우는 어느 한 변수가 커지면 다른
변수도 커지려는 경향이 있다.

95   정답 ①

두 확률변수 $2X+1$과 $-3Y+5$에서 $2 \times (-3)=-6 < 0$
이므로 X와 Y 사이의 상관계수와 $2X+1$과 $-3Y+5$ 사
이의 상관계수는 부호가 반대이고 절댓값은 같다.
공분산이 $Cov(X,Y)=E(XY)-E(X)E(Y)$
$=28-4 \times 10=-12$이다. 상관계수는

$p_{XY}=\dfrac{Cov(X,Y)}{\sqrt{V(X)}\sqrt{V(Y)}}=\dfrac{-12}{\sqrt{8}\sqrt{32}}=-0.75$이므로
$2X+1$과 $-3Y+5$의 상관계수는 0.75이다.

96   정답 ②

단순회귀모형 $Y_i=\beta_0+\beta_1 x_i+\varepsilon_i$의 β_1의 추정값은

$b_1=\dfrac{S_{XY}}{S_{XX}}=\dfrac{\sum\limits_{i=1}^{n}(x_i-\overline{x})(y_i-\overline{y})}{\sum\limits_{i=1}^{n}(x_i-\overline{x})^2}$이다.

$\sum\limits_{i=1}^{n}(x_i-\overline{x})(y_i-\overline{y})=-10$, $\sum\limits_{i=1}^{n}(x_i-\overline{x})^2=20$에 대한

회귀계수 $\hat{\beta}_1$의 추정값 $\dfrac{-10}{20}=-\dfrac{1}{2}$이다.

97   정답 ①

100개의 자료에 대하여 5개 독립변수 $x_i(i=1, 2, \cdots, n)$와
종속변수 y에 대한 중회귀모형 $y=\beta_0+\beta_1 x_1+\cdots+\beta_k x_k \varepsilon$
을 고려하여 중회귀분석을 실시할 때 자유도는 다음과 같다.

요인	자유도
회귀	$k=5$
잔차	$n-k-1=100-5-1=94$
합계	$n-1=100-1=99$

98   정답 ②

결정계수 R^2가 취할 수 있는 범위는 $0 \le R^2 \le 1$이다.

99   정답 ④

결정계수 R^2은 총변동 $SST=\sum\limits_{i=1}^{n}(y_i-\overline{y})^2$ 중에서
추정회귀직선에 의해서 설명되어지는 회귀제곱합
$SSR=\sum\limits_{i=1}^{n}(\hat{y}_i-\overline{y})^2$의 비율로 $R^2=\dfrac{SSR}{SST}$이다.
회귀제곱합(SSR)이 1,575.76이고 총제곱합(SST)이
1,924.90이므로 결정계수는 $R^2=\dfrac{SSR}{SST}=\dfrac{1,575.76}{1,924.90}$
$≒0.82$이다.

100   정답 ①

단순회귀계수의 유의성 검정통계량 t^2은 단순회귀모형의 유의성 검정통계량 F와 같다. 따라서 $t = \pm\sqrt{F}$ $= \pm\sqrt{4} = \pm 2$인데, 설명변수와 반응변수가 양의 상관관계를 가지므로 검정통계량은 2이다.

제5회 CBT 빈출 모의고사 정답 및 해설

1과목 조사방법과 설계

01	③	02	②	03	①	04	④	05	③
06	④	07	③	08	①	09	②	10	③
11	④	12	②	13	③	14	①	15	③
16	①	17	③	18	①	19	③	20	②
21	④	22	①	23	②	24	④	25	②
26	③	27	①	28	③	29	③	30	②

2과목 조사관리와 자료처리

31	②	32	①	33	④	34	①	35	③
36	②	37	④	38	②	39	①	40	④
41	①	42	②	43	①	44	②	45	④
46	①	47	③	48	③	49	③	50	①
51	④	52	②	53	③	54	①	55	②
56	①	57	③	58	④	59	①	60	③

3과목 통계분석과 활용

61	④	62	③	63	①	64	②	65	④
66	①	67	③	68	①	69	②	70	④
71	③	72	②	73	③	74	①	75	②
76	④	77	②	78	④	79	①	80	④
81	④	82	①	83	④	84	①	85	②
86	③	87	④	88	②	89	①	90	②
91	①	92	③	93	③	94	①	95	③
96	④	97	①	98	③	99	②	100	④

1과목 조사방법과 설계

01 　　　　　　　　　　　　　　정답 ③

분석단위 : 개인, 집단, 조직, 제도, 사회적 가공물, 사회적 생성물, 지역사회, 국가, 지방정부 등

02 　　　　　　　　　　　　　　정답 ②

인과성 : 모든 현상은 자연발생적인 것이 아니라 원인에 의해 나타난 결과이다.

03 　　　　　　　　　　　　　　정답 ①

과학적 조사연구의 목적 : 탐색, 기술(묘사), 설명, 예측, 통제, 평가

04 　　　　　　　　　　　　　　정답 ④

연구주제는 연구대상의 문제를 구체적이고 체계적으로 표현하여 가설로 발전시킬 수 있도록 구체화한 것이며 의문형으로 표현한다. 개기일식은 자연현상이므로 자연과학에서 다룰 영역이다.

05 　　　　　　　　　　　　　　정답 ③

③ 생태주의적 오류 : 집합 수준의 분석단위 자료를 바탕으로 개인의 특성을 추리할 때 발생하는 오류이다.
① 제1종 오류 : 귀무가설이 실제 옳은데도 불구하고 검정 결과가 그 가설을 기각하는 오류를 말한다.
② 제3종 오류 : 가설을 통계학적인 방법을 통해 검증하는 경우 올바로 검증하지 못할 가능성을 말한다.
④ 비체계적 오류 : 측정 중 발생하는 예측할 수 없는 오류이다.

06 　　　　　　　　　　　　　　정답 ④

④ 연역적 방법은 일반적인 사실로부터 특수한 사실을 이끌어내는 논리로 기존 이론을 확인하기 위해 사용된다.
① 연역법은 먼저 이론을 선택하고 이후 조사의 방법을 택한다.
② 과학적 지식이 축적되는 논리적인 과정에서 경험적인 귀

납법과 분석적인 연역법은 상호보완적인 관계이다.
③ 연역법과 귀납법의 선택은 조사의 목적에 따른다.

07 정답 ③

탐색적 연구목적
1. 사건이나 현상을 이해하기 위하여
2. 중요한 변수를 확인하고 발견하기 위하여
3. 미래연구를 위한 가설을 도출하기 위하여
4. 연구문제를 도출하거나 연구가치를 추정하기 위하여
5. 연구주제와 관련된 변수들 사이의 관계에 대한 통찰력을 얻기 위하여
6. 많은 아이디어를 생성하고 임시적 가설을 개발하기 위하여
7. 조사를 시행하기 위한 절차 또는 행위를 구체화하기 위하여
8. 여러 가지 문제와 사회 사이의 중요도에 따른 우선순위를 파악하기 위하여
9. 보다 정교한 문제와 기회를 파악하기 위하여

08 정답 ①

단일사례연구는 하나의 대상 또는 사례를 반복적으로 관찰하여 개입의 효과를 평가하는 반응성 연구의 하나이다.

단일사례연구의 특징
1. 단일사례연구의 1차적인 목적은 어떤 표적행동에 대한 개입의 효과성을 분석하는데 있다.
2. 하나의 대상 또는 사례를 가지고 반복적으로 관찰하여 개입의 효과를 평가한다.
3. 조사대상이 되는 사례는 개인 또는 집단이다.
4. 경향과 변화를 알 수 있도록 반복적인 관찰을 한다.
5. 반복적이고 연속적으로 자료를 수집하기 때문에 가입으로 인한 조사대상의 변화를 주기적으로 파악할 수 있다.

09 정답 ②

② **추세(trend)조사** : 어느 한 시점에서 연구대상 집단의 경향을 분석하고 시간의 경과 후에 그 경향을 다시 분석하여 비교하는 과정을 반복하면서 대상집단의 변화를 연구하는 것이다.
① **사례(case)조사** : 하나 또는 몇 개의 사례를 중심으로 분석하는 연구이다.
③ **패널(panel)조사** : 동일한 대상에게 동일한 현상에 대해 일정한 시간 간격을 두고 지속적으로 반복 측정하여 조사하는 연구이다.
④ **코호트(cohort)조사** : 특정 코호트를 연구 대상자로 선정하고 그들을 장기간 추적 관찰함으로써 시간의 흐름에 따

라 어떤 원인에 의해 어떤 결과가 나타나는지를 탐구하는 종단적 연구방법이다.

10 정답 ③

③ **코호트(Cohort)조사** : 처음 조건이 주어진 집단에 대하여 이후의 경과와 결과를 알기 위해 미래에 대해서 조사하는 방법이다.
① **횡단(Cross—sectional)조사** : 어느 한 시점에서 이루어진 관찰을 통해 얻은 자료를 바탕으로 하는 연구이다.
② **패널(Panel)조사** : 동일한 대상에게 동일한 현상에 대해 일정한 시간 간격을 두고 지속적으로 반복 측정하여 조사하는 연구이다.
④ **추세(Trend)연구** : 광범위한 연구대상의 특정 속성을 여러 시기에 관찰, 비교하는 연구이다.

11 정답 ④

④ 질적연구에서 도출되는 연구결과는 잠정적이어서 연구결과는 상황에 일반화나 표준화하기 어렵다.
① 질적연구는 연구성과나 결과보다 절차에 관심을 둔다.
② 질적연구는 관찰하는 행위 자체가 연구대상에 영향을 준다고 본다.
③ 질적연구는 조사에 필요한 절차나 단계를 엄격하게 결정하지 않는다.

12 정답 ②

혼합연구방법(mixed method)은 다양한 패러다임을 수용할 수 있고, 질적 연구결과와 양적 연구결과가 상반될 수 있어서 질적 연구결과에서 양적 연구가 시작될 수 있다.

13 정답 ④

확률적 표집방법 : 모집단을 구성하고 있는 각 요소가 표본으로 추출된 확률이 알려져 있는 표집방법으로 단순무선표집, 유층표집, 군집표집, 체계적 표집 등이 있다. 비확률적 표집은 모집단의 요소가 뽑힐 확률을 고려하지 않고 연구자의 주관적 판단에 따라 임의로 표집하는 방법으로 목적표집, 할당표집, 눈덩이 표집, 편의표집 등이 있다.

14   정답 ①

표본조사는 표본오류가 무조건 발생한다.

표본조사를 하는 이유
1. 전수조사가 불가능한 경우
2. 경비와 시간을 절감하기 위해
3. 자료수집, 집계 및 분석과정을 신속히 처리하기 위해
4. 전수조사에 비해 조사과정을 보다 잘 통제할 수 있어서
5. 많은 조사항목을 포함하고 다방면의 정보획득 가능
6. 비표본오차를 줄이기 위해

15   정답 ③

A증권사에 최근 1년 동안 가입한 고객 명단이 표본프레임이고 A증권사에 가입한 고객이 모집단이므로 표본프레임이 모집단보다 작아 표본프레임이 모집단 내에 포함되는 오류이다.

16   정답 ①

①, ③ 확률표집(probability sampling)은 조사대상이 뽑힐 확률을 미리 알기 때문에 표본의 대표성을 산출할 수 있다.
②, ④ 확률표집(probability sampling)은 연구대상이 표본으로 추출될 확률이 알려져 있을 때 무작위로 표본을 추출하는 방법이다.

17   정답 ②

확률표본추출방법 : 단순무작위표집, 체계적 표집, 층화표집, 군집표집
비확률표본추출방법 : 할당표집, 판단표집, 편의표집, 눈덩이표집, 유의표집

18   정답 ①

① **체계적 표집** : 모집단에 대한 정보를 담은 명부를 표집틀로 해서 일정한 순서에 따라 표본을 추출하는 표집 방법
② **무작위표집** : 모집단 각각의 요소 또는 사례들이 표본으로 선택될 가능성이 같은 확률표본추출방법
③ **유의표집** : 연구자 및 전문가의 판단으로 조사의 목적과 의도에 맞는 대상을 표본으로 선정하는 방식
④ **판단표집** : 모집단 중 일부 집단만을 대상으로 표본을 추출하는 방법

19   정답 ③

층화표집(stratified random sampling)은 각 층화된 부분집단의 특성을 잘 알고 있어야 이들을 비교할 수 있다. 층화표집은 층화가 잘 이루어지면 단순무작위표집, 체계적 표집보다 불필요한 자료의 분산이 줄어 시간과 비용을 절약할 수 있고 적은 표본으로 모집단을 대표할 수 있다.

20   정답 ②

군집단계의 수가 많으면 세분화 과정에서 표본오차가 발생할 가능성이 커진다.

21   정답 ④

표본추출을 위한 할당범주는 10(동)×5(연령층)×2(성별)=100개이다.

22   정답 ①

눈덩이표집 : 소규모의 응답자를 조사하고 그 응답자들을 찾아내어 면접하고 이들을 정보원으로 다른 응답자를 소개받는 절차를 반복하는 표집방법이다.

23   정답 ②

비표본오차의 원인은 조사준비과정의 오류, 자료집계의 오류, 실제조사의 오류, 자료처리과정의 오류, 조사자의 오류 등이다.

24   정답 ④

표본크기를 결정할 때 고려하는 사항 : 모집단의 동질성, 모집단의 크기, 비용 및 시간, 조사목적, 카테고리의 수, 집단별 통계치의 필요성, 조사자의 능력, 표본추출형태, 신뢰성, 정확성 등

25   정답 ②

질문지를 작성할 경우 요구되는 원칙 : 명확성, 간결성, 자세한 질문 배제, 이중적 질문 배제, 응답자에 대한 가정 배제,

규범적 응답의 배제, 가치중립성, 전문용어의 사용 자제, 응답범주의 포괄성, 응답범주의 상호배타성 등

26 　　　　　　　　　　　　　　　　　　정답 ③

질문의 문항은 세부(특수)적인 것부터 묻고 일반적인 것을 그 다음에 질문한다.

27 　　　　　　　　　　　　　　　　　　정답 ①

① **초점집단조사** : 특정 제품이나 제도 등에 관심 있는 이해당사자 중 6~12명 정도의 소수 인원을 선발하여 한 장소에 모이게 한 후 면접자의 진행 아래 조사목적과 관련된 토론을 유도하고 이 과정에서 자료를 수집하는 정성적 조사기법이다. 내용타당도를 높이는 목적으로 사용될 수 있다.
② 익명 집단의 상호작용을 통해 도출된 자료를 분석하는 것은 델파이조사이다.
③ 델파이조사는 구조(표준)화 방식으로 정보의 흐름을 제어한다.
④ 대면 집단의 상호작용을 통해 도출된 자료를 분석하는 것은 초점집단조사이다.

28 　　　　　　　　　　　　　　　　　　정답 ②

외적 타당성은 연구결과에 의해 기술된 인과관계가 실험대상 이외의 경우로 확대될 수 있는 정도를 나타내는 것으로 조사연구결과의 일반화와 관련이 있다.

29 　　　　　　　　　　　　　　　　　　정답 ③

60대 이상의 노인 가운데 무릎이 쑤신다고 하는 분들의 비율과 비가 올 확률이라는 변수 간의 관계를 확인하기 위해 두 변수에 미치는 외부의 영향력을 통제하여야 한다.

30 　　　　　　　　　　　　　　　　　　정답 ②

② 측정도구나 관찰자에 따라 측정이 달라지는 것은 도구효과로, 내적타당도를 저해하는 요소이다.
① 실험의 대한 반응성, ③ 표본의 대표성, ④ 생태적 대표성

2과목 조사관리와 자료처리

31 　　　　　　　　　　　　　　　　　　정답 ②

집단조사는 주위의 응답자들과 의논할 수 있어 왜곡된 응답을 할 가능성이 있다.

32 　　　　　　　　　　　　　　　　　　정답 ①

2차 자료는 당면한 조사문제를 평가할 수 있고 가설의 검증을 위해서도 사용할 수 있다.

33 　　　　　　　　　　　　　　　　　　정답 ④

개방형 질문(open-ended questions)을 이용하기에 적합한 경우
1. 조사자에게 표본에 대한 정보가 없는 경우
2. 예비조사, 탐색적 조사 등 문제의 핵심을 알고자 하는 경우
3. 응답자들의 지식수준이 높아 면접자의 도움 없이 독자적으로 응답할 수 있는 경우
4. 응답자에 대한 사전지식의 부족으로 응답을 예측할 수 없는 경우
5. 특정 행동에 대한 동기조성과 같은 깊이 있는 내용을 다루고자 하는 경우
6. 대규모 조사보다 조사단위의 수가 적은 경우

34 　　　　　　　　　　　　　　　　　　정답 ①

폐쇄형 질문은 응답이 간편하고 시간이 적게 소요되며 응답률이 상대적으로 높으므로 폐쇄형 질문의 수를 가능한 늘이면 설문지 회수율이 높아진다.

35 　　　　　　　　　　　　　　　　　　정답 ③

우편조사는 응답자에게 익명성에 대한 확신을 줄 수 있다. 직접 만나기 어려운 대상을 조사할 수 있고, 대상자의 주소만 알면 조사할 수 있다.

36 　　　　　　　　　　　　　　　　　　정답 ②

온라인 조사방법 : 전자우편조사(e-mail survey), 웹조사(HTML form survey), 다운로드조사(downloadable survey)

37 정답 ④

현장조사 실시의 장점 : 조사과정의 유연성, 가설도출이 가능한 인과적 연구 가능, 현장상황에 조사내용 변경 가능 등

38 정답 ③

③ **직접·간접 관찰** : 관찰시기와 행동발생시기의 일치 여부
① **직접적·기계적 관찰** : 관찰주체 또는 도구가 무엇인지의 여부
② **자연적·인위적 관찰** : 관찰이 일어나는 상황이 인공적인지의 여부
④ **체계적·비체계적 관찰** : 표준관찰기록양식이 사전에 결정되었는지의 여부

39 정답 ①

면접법은 응답자의 비언어적 행동과 주변의 상황들을 직접 관찰할 수 있고, 익명성이 낮아 민감한 사안 등 곤란한 질문에 솔직한 답변을 회피할 수 있다.

40 정답 ④

응답자의 응답내용은 그대로 기록한다. 면접원이 응답내용을 해석하고 요약하는 것은 바람직하지 않다.
면접을 시행하는 면접원의 평가기준 : 응답 성공률, 면접 소요 시간, 편향을 줄이고 응답자 협력유도 기술, 래포(rapport) 형성 능력 등

41 정답 ①

투사법(projective method) : 인간의 무의식 속에 내재되어 있는 동기, 가치, 태도 등을 알아내기 위하여 모호한 자극을 응답자에게 제시하여 반응을 알아보는 방법이다.

42 정답 ②

② **조작적 정의** : 특정한 구성개념이나 잠재변수의 값을 측정하기 위해 측정할 내용이나 측정방법을 구체적으로 정확하게 표현하고 의미를 부여한 것이다.
① **구성적 정의** : 다른 말이나 개념을 대신 사용해서 정의를 내리는 방식이다.

③ **개념화** : 모호하고 추상적인 개념을 구체적으로 정교화시키는 작업이다.
④ **패러다임** : 어떤 한 시대 사람들의 견해나 사고를 지배하고 있는 이론적 틀이나 개념의 집합체이다.

43 정답 ①

신뢰성은 측정도구가 측정하고자 하는 현상을 일관성 있게 측정하였는지를 나타내는 개념이다.

44 정답 ②

매개변수 : 독립변수와 종속변수 사이의 매개자 역할을 하는 변수로 두 변수 간에 간접적인 관계를 맺도록 하는 제3의 변수이다. 자아존중감은 사회참여와 생활만족도 사이에 매개하여 간접적인 관계를 맺도록 하는 제3의 변수이다.

45 정답 ④

양적변수는 측정한 속성값을 연산이 가능한 의미 있는 수치로 나타낼 수 있는 변수로 질적변수를 양적변수로 변환할 수 없다.

46 정답 ①

조작화 : 만들어진 변수를 측정하는 방법을 구체적으로 정하는 것이다.

47 정답 ③

조사자는 측정을 위한 조작적 정의를 세울 때 변수의 측정방법을 제시해야 하고 실험변수의 조작방법을 규정해야 한다.

48 정답 ④

좋은 가설은 검증 가능해야 하고, 입증된 결과는 일반화가 가능해야 하며, 사용된 변수는 계량화가 가능해야 한다. 가설은 표현이 간단명료하고 논리적으로 간결하여야 한다.

PART **2**

정답 및 해설

49   정답 ②

작업(연구)가설은 변수들 간에 관계가 있거나 집단들 간에 차이가 있다는 형식으로 서술한다. A와 B는 차이가 있다. A는 B와 관계가 있다. A가 ~할수록 B가 ~한다는 형식을 취한다.

50   정답 ①

① 청년실업자수 – 비율변수, ② 직업분류 – 명목변수, ③ 출산율 – 비율변수, ④ 축구선수의 등번호 – 명목변수

51   정답 ④

등간측정은 측정단위 간 등간성이 유지되므로 각 대상 간의 거리나 크기를 표준화된 척도로 표시하는 것이다.

52   정답 ③

③ 명목 수준 – 최빈값, 백분율
① 등간 수준 – 최빈값, 백분율, 중앙값, 산술평균
② 서열 수준 – 범위, 최빈값, 백분율, 중앙값
④ 비율 수준 – 표준편차, 최빈값, 백분율, 중앙값, 산술평균, 변동계수

53   정답 ④

등간척도를 이용한 측정방법에는 고정총합척도법, 등급법, 스타펠 척도법, 어의차이척도법 등이 있고 순위법은 서열척도를 이용한 방법이다.

54   정답 ①

서스톤 척도(Thurstone scale)는 주요한 항목들에 가중치를 부여한 것으로 등간척도의 일종이다.

55   정답 ②

사회성측정법은 제한된 집단 구성원 상호 간의 반응을 끌어내어 집단의 성질, 구조, 역동성, 상호작용의 관계를 분석하는 방법이다.

56   정답 ①

측정오차의 발생원인 : 측정방법, 측정대상, 측정자, 측정수단, 측정환경, 측정시점 등

57   정답 ②

타당도는 측정도구가 실제로 측정하고자 하는 바를 얼마나 정확하게 측정하고 있는가, 측정한 값과 진정한 값과의 일치 정도에 대한 개념이다.

58   정답 ④

기준관련타당도는 이미 전문가가 만들어 놓은 신뢰성과 타당성이 검증된 측정도구에 의한 측정결과를 기준으로 확인하는 방법이다.

59   정답 ①

측정하고자 하는 개념을 정확히 측정했는지를 의미하는 것은 타당성이다.

60   정답 ③

신뢰도와 타당도에 영향을 미치는 요인 : 조사도구, 조사환경, 조사대상자 등

3과목 통계분석과 활용

61   정답 ④

평균은 중심경향을 측정하기 위한 척도로 표본의 몇몇 특성값이 모평균으로부터 한 쪽 방향으로 멀리 떨어지는 현상이 발생하는 자료는 좋은 추정량이 될 수 없다.

62   정답 ③

자료의 개수 n이 짝수이면 중위수는 $\frac{n}{2}$번째와 $\frac{n}{2}+1$번째 값의 평균이다.

따라서 169와 171의 평균으로 $\frac{169+171}{2}=170$이다.

63   정답 ①

산포의 측도에는 산포도, 범위, 평균편차, 분산과 표준편차, 사분위수 범위, 사분위편차, 변동(변이)계수 등이 있다.

64   정답 ②

범위는 최댓값과 최솟값의 차이이므로 $50-20=30$이고, 사분위수 범위(IQR)는 제3사분위수(Q_3)와 제1사분위수(Q_1)의 차이이므로 $33-27=6$이다.

65   정답 ④

전국 100개 대학에서 100명씩 추출한 자료는 $100\times100=10{,}000$명으로 충분히 크기 때문에 중앙값, 평균, 최빈값이 모두 좌우대칭형일 가능성이 높다. 따라서 $a=b=c$로 표현하는 것이 적합하다.

66   정답 ①

5명의 남자 중 2명을 선택하고, 7명의 여자 중 3명을 선택하는 방법은 서로 다른 n개에서 순서에 관계없이 r개를 선택하는 경우이다. $_5C_2$와 $_7C_3$로 두 사건이 동시에 일어나므로 곱의 법칙을 이용한다.

$$_5C_2\times{_7C_3}=\frac{5\times4}{2\times1}\times\frac{7\times6\times5}{3\times2\times1}=350$$

67   정답 ③

조건부 확률 $P(B|A)=\dfrac{P(A\cap B)}{P(A)}$를 활용하면

$P(A\cap B)=P(B|A)P(A)=0.4\times0.4=0.16$이다.

따라서 $P(A|B)=\dfrac{P(A\cap B)}{P(B)}=\dfrac{0.16}{0.2}=0.8$이다.

68   정답 ①

어느 기업에서 남자일 사건을 A, 여자일 사건을 B, 왼손잡이일 사건을 X라 하면 $P(A)=0.6$, $P(B)=0.4$, $P(X|A)=0.02$, $P(X|B)=0.01$이다. 두 사건이 서로 배반이므로 합의 법칙을 이용하여 왼손잡이 사건의 확률은
$$P(X)=P(A\cap X)+P(B\cap X)$$
$$=P(A)P(X|A)+P(B)P(X|B)$$
$$=(0.6\times0.02)+(0.4\times0.01)$$
$$=0.012+0.004=0.016$$이다.

따라서 남자 비율이 60%인 어느 기업에서 왼손잡이 직원을 선택했을 때 이 직원이 남자일 확률은
$$P(A|X)=\frac{P(A\cap X)}{P(X)}=\frac{0.012}{0.016}=0.75$$

69   정답 ②

주사위 1개를 굴려 윗면에 나타날 수 있는 확률변수를 X라 하면 X의 확률분포는 다음과 같다.

X	1	2	3	4	5	6
$P(X=x)$	$\frac{1}{6}$	$\frac{1}{6}$	$\frac{1}{6}$	$\frac{1}{6}$	$\frac{1}{6}$	$\frac{1}{6}$

확률변수 X의 기댓값 $E(X)$는 $\sum_{i=1}^{n}x_i\times P(X=x_i)$이므로
$$E(X)=\left(1\times\frac{1}{6}\right)+\left(2\times\frac{1}{6}\right)+\cdots+\left(6\times\frac{1}{6}\right)=3.5$$이다.

70   정답 ④

바구니에서 공 하나를 무작위로 꺼내 나타난 숫자를 X라 하면 X의 확률분포는

X	1	2	3
$P(X=x)$	$\frac{1}{6}$	$\frac{2}{6}$	$\frac{3}{6}$

이산확률변수 X의 확률질량함수 $P(X=x)$에 대한 기댓값 $E(X)$와 분산 $V(X)$는 각각
$$E(X)=\sum_{i=1}^{n}x_i\times P(X=x_i),\ Var(X)=E(X^2)-[E(X)]^2$$
이다. 확률변수 X에 대하여
$$E(X)=\left(1\times\frac{1}{6}\right)+\left(2\times\frac{2}{6}\right)+\left(3\times\frac{3}{6}\right)=\frac{7}{3},$$
$$E(X^2)=\left(1^2\times\frac{1}{6}\right)+\left(2^2\times\frac{2}{6}\right)+\left(3^2\times\frac{3}{6}\right)=6$$이므로

분산은 $V(X)=6-\left(\dfrac{7}{3}\right)^2=\dfrac{5}{9}$이다.

따라서 새로운 변수 $Y=3X+5$의 기댓값 $E(Y)$와 분산 $Var(X)$는 $E(aX\pm b)=aE(X)\pm b$, $Var(aX\pm b)=a^2Var(X)$를 이용하면,
$$E(3X+5)=3E(X)+5=3\times\frac{7}{3}+5=12,$$
$$Var(3X+5)=(3)^2Var(X)=9\times\frac{5}{9}=5$$이다.

71　정답 ③

포아송분포는 일정한 단위 내에서 발생하는 사건의 수에 대응하는 X에 대한 분포이다. 포아송분포에서 평균과 분산은 $E(X)=\lambda$, $V(X)=\lambda$로 값이 동일하므로 평균이 6.7이면 분산도 6.7이다.

72　정답 ②

답해준다와 답주지 않는다는 두 가지뿐인 베르누이 시행에서 5명 중 3명이 답해 주는 응답자의 수를 확률변수 X라 하면 X는 $n=5$, $p=0.5$인 이항분포 $B(5, 0.5)$를 따르며 $B(5, 0.5)$에 대한 확률질량함수는
$$P(X=x)={}_5C_x(0.5)^x(1-0.5)^{5-x} \ (x=0, 1, 2, 3, 4, 5)$$
이다. 따라서 3명이 답해 줄 확률은
$$P(X=3)={}_5C_3(0.5)^3(1-0.5)^{5-3}=10\times(0.5)^3\times(0.5)^2$$
$$=0.3125$$이다.

73　정답 ③

수맥이 발견된다와 발견되지 않는다는 두 가지뿐인 베르누이 시행에서 세 지역 중 수맥이 발견될 수 있는 지역의 수를 확률변수 X라 하면 X는 $n=3$, $p=0.2$인 이항분포 $B(3, 0.2)$을 따른다. 따라서 확률변수 X의 기댓값은
$$E(X)=np=3\times0.2=0.6$$이다.

74　정답 ①

주사위를 던질 때 1의 눈이 나오거나 그 외의 눈이 나오는 두 가지뿐인 베르누이 시행에서 1의 눈을 관찰한 횟수를 확률분포 X라 하면 X는 $n=20$, $p=\dfrac{1}{6}$인 이항분포 $B\left(20, \dfrac{1}{6}\right)$를 따른다.

X의 기댓값과 분산은 각각
$$E(X)=np=20\times\frac{1}{6}=\frac{10}{3},$$
$$V(X)=np(1-p)=20\times\frac{1}{6}\times\left(1-\frac{1}{6}\right)=\left(\frac{5}{3}\right)^2$$이다.

확률변수 X는 근사적으로 정규분포 $N\left(\dfrac{10}{3}, \left(\dfrac{5}{3}\right)^2\right)$를 따른다. 따라서 $P(X\geq4)$의 근사값을 구하기 위한 연속성 수정을 고려한 근사식은 구하면
$$P(X\geq4)=P(X\geq4-0.5)$$
$$=P\left(\frac{X-\frac{10}{3}}{\frac{5}{3}}\geq\frac{(4-0.5)-\frac{10}{3}}{\frac{5}{3}}\right)=P(Z\geq0.1)$$이다.

75　정답 ②

정규분포는 평균 μ에 대하여 좌우대칭이므로 $P(X<0)=0.5$이어서 평균은 0이다.
따라서
$$P(0.5<X<1)=P(0<X<1)-P(0<X<0.5)$$
$$=0.5-P(X\geq1)-\{0.5-P(X\geq0.5)\}$$
$$=(0.5-0.16)-(0.5-0.31)=0.15$$이다.

76　정답 ④

$t-$분포는 표준정규분포처럼 0을 중심으로 좌우대칭인 종모양의 분포이지만 정규분포보다 두꺼운 꼬리를 갖고 있다. 하지만 자유도가 증가할수록 표준정규분포에 가까워져 자유도가 무한대이면 t값은 Z값과 일치한다. 따라서 $t_{0.05}(5)$값은 $t_{0.05}(10)$값보다 크다. 자유도 V에 관계없이 $Z_{0.05}<t_{0.05}(V)$이다.

77　정답 ③

모평균 추정량 $\overline{X}$의 표준편차는 $SE(\overline{X})=\dfrac{S}{\sqrt{n}}$이므로 $S=2.03$, $n=100$일 때 $SE(\overline{X})=\dfrac{2.03}{\sqrt{100}}=0.203$이다.

78　정답 ④

중심극한정리에 의하여 모집단이 정규분포 $N(\mu, \sigma^2)$을 따르고 표본평균 $\overline{X}$는 정규분포 $\left(\mu, \dfrac{\sigma^2}{n}\right)$을 따르면 $\mu=70$, $\sigma^2=5^2$, $n=1$이므로 $N(70, 5^2)$이다. 따라서 관찰값 80에 대한 표준화점수는 $\dfrac{80-70}{5}=2$이다.

79　정답 ①

① 제1종 오류 : 귀무가설이 참임에도 불구하고 귀무가설을 기각하는 결론을 내리는 오류이다.
② 제2종 오류 : 대립가설이 참임에도 불구하고 귀무가설을 기각하지 못하는 결론을 내리는 오류이다.

80　정답 ④

모평균 μ에 대한 점추정치는 표본평균 $\overline{X}$이므로 100이다.

81 정답 ④

오차한계(추정오차) d는 $z_{\frac{\alpha}{2}}\times$표준오차이다. 모비율에 대한 95% 신뢰도 수준에서 $\alpha=0.05$, $z_{\frac{\alpha}{2}}=z_{0.025}$이고, 모비율 p의 표준오차는 $SE(\hat{p})=\sqrt{\dfrac{\hat{p}(1-\hat{p})}{n}}$ 이므로 $d=\sqrt{\dfrac{\hat{p}(1-\hat{p})}{n}}$ 이다.

A도시에 거주하는 청소년들 중에서 1,200명을 임의로 추출하여 조사한 결과 96명이 흡연하므로 흡연율 p의 추정값은 $\hat{p}=\dfrac{X}{n}=\dfrac{96}{1,200}=0.08$이다. 표본크기 $n=1,200$,

표본비율 $\hat{p}=0.08$, $z_{0.025}=1.96$이므로

$$d=z_{0.025}\sqrt{\frac{\hat{p}(1-\hat{p})}{n}}=1.96\sqrt{\frac{0.08(1-0.08)}{1,200}}≒0.015$$

즉, $\hat{p}=0.08$, 오차한계$=0.015$이다.

82 정답 ①

두 모분산 σ_1^2, σ_2^2이 알려지지 않은 경우 두 집단 X_1와 X_2의 모집단 차 $\mu_1-\mu_2$에 대한 $100(1-\alpha)\%$, $\alpha=0.05$이므로 $z_{\frac{\alpha}{2}}=z_{0.025}=1.96$에 대한 95% 신뢰구간은

$$\left\{(9.26-9.41)-1.96\sqrt{\frac{0.75^2}{36}+\frac{0.86^2}{49}},\right.$$

$$\left.(9.26-9.41)+1.96\sqrt{\frac{0.75^2}{36}+\frac{0.86^2}{49}}\right\}$$ 이므로

$$-0.15\pm1.96\sqrt{\frac{0.75^2}{36}+\frac{0.86^2}{49}}$$ 이다.

83 정답 ④

신뢰수준 $100(1-\alpha)\%$에 모평균에 대한 신뢰구간의 길이는 $2\times z_{\frac{\alpha}{2}}\times\dfrac{\sigma}{\sqrt{n}}$인데 표본의 크기를 $\dfrac{1}{4}$로 줄이면

$$\frac{1}{4}\times2\times z_{\frac{\alpha}{2}}\times\frac{\sigma}{\sqrt{n}}=2\times z_{\frac{\alpha}{2}}\times\frac{\sigma}{\sqrt{16n}}$$이다.

따라서 16배로 해야 한다.

84 정답 ①

제1종 오류는 귀무가설이 참임에도 불구하고 귀무가설을 기각하는 결론을 내리는 오류이다. 유의수준은 제1종 오류를 범할 확률의 최대 허용 한계로 제1종 오류를 작게 하기 위해서는 유의수준을 작게 할 필요가 있다.

85 정답 ②

대립가설이 옳은 대도 귀무가설을 채택하여 범하게 되는 오류는 제2종 오류이다.

86 정답 ③

정규분포는 도수분포곡선이 평균값을 중앙으로 하여 좌우대칭인 종 모양을 이루는 분포이고, 분산은 변수의 흩어진 정도를 계산하는 지표이다. 모집단이 정규분포인 대표본에서 모분산의 검정은 분산에 해당한다.

87 정답 ④

모비율에 대한 검정통계량은 $Z=\dfrac{\hat{p}-p_0}{\sqrt{\dfrac{p_0(1-p_0)}{n}}}$,

$\hat{p}=\dfrac{222}{400}=0.55$, $p_0=0.5$, $n=400$이다.

따라서 검정통계량의 값은 $Z_0=\dfrac{0.55-0.5}{\sqrt{\dfrac{0.5(1-0.5)}{400}}}=2$로

유의확률은 $P(Z\geq2)$이다.

88 정답 ②

분산분석 : 독립변수(설명변수)는 범주형 변수이고, 종속변수(반응변수)는 연속형 변수일 적합한 분석방법이다. 설명변수를 인자(요인)라고 하며 인자(요인)가 가지는 값을 인자(요인)수준이라고 한다.

89 정답 ③

일원배치모형에서 $a_i=\mu_i-\mu$이므로 서로 독립이 아니다.

90 정답 ②

㉠ $1+6=7$

㉡ $\dfrac{315.54}{6}=52.59$

㉢ $\dfrac{199.34}{52.59}=3.79$

91   정답 ①

처리 수준이 k, 각 수준마다 n만큼 반복실험을 하면 $k \times n$개의 측정값에 대한 분산분석표에서 자유도는 $kn-1=47$이므로 $kn=48$이다. $kn-k=42$이므로 처리수 $k=kn-42=48-42=6$.

반복수 $n=\dfrac{48}{k}=\dfrac{48}{6}=8$이다.

92   정답 ④

교차분석을 위해 작성한 분할표에서 행변수의 범주가 M개, 열변수의 범주가 N개인 M형 N계열$(M \times N)$이므로 카이제곱 통계량의 자유도는 $(M-1)(N-1)$이다. 행변수 5, 열변수 4회이므로 $(M-1)(N-1)=(5-1)(4-1)=12$이다.

93   정답 ③

상관계수가 0이면 두 변수 사이에 선형관계가 아니라는 의미이며 한 변수의 값이 일정하거나 곡선관계 등의 경우에도 상관계수는 0이 될 수 있다.

94   정답 ②

상관계수는 공분산을 두 변수의 표준편차로 나누어 표준화시킨 값으로 변수들의 측정단위에 따라 변하지 않는다.

95   정답 ③

㉠ X와 Y가 서로 독립이면 상관계수는 0이지만, 상관계수가 0이라고 해서 두 변수가 서로 독립인 것은 아니다.

㉡ 두 확률변수 $aX+b$, $cY+d$에 대한 상관계수 $Corr(aX+b, cY+d)$는 $ac>0$이면 $Corr(aX+b, cY+d)=Corr(X, Y)$이다. $10X$, Y에서 $10 \times 1 = 10 > 0$이므로 $Corr(10X, Y)=Corr(X, Y)$이다.

㉢ 두 변수 X와 Y 간의 상관계수가 1 또는 -1에 가까울수록 기울기가 양수 또는 음수가 강하고 0에 가까울수록 직선관계가 약하다.

96   정답 ④

추정회귀직선식 $\hat{y}=b_0+b_1 x$의 기울기 b_1과 절편 b_0을 구하면

$$b_1 = \frac{S_{XY}}{S_{XX}} = \frac{\sum_{i=1}^{5}(x_i-\bar{x})(y_i-\bar{y})}{\sum_{i=1}^{5}(x_i-\bar{x})^2} = \frac{13}{10} = 1.30$$이다.

회귀계수 $\hat{\beta}_0$의 추정값 $b_0 = \bar{y}-b_1 \times \bar{x} = 7-1.3 \times 4 = 1.80$이다.

97   정답 ①

n개의 자료에 대하여 2개의 독립변수 $x_i(i=1, 2)$와 종속변수 y에 대한 중회귀모형 $y_i=\beta_0+\beta_1 x_i+\beta_2 x_{2i}+\varepsilon_i$을 고려하여 중회귀분석을 실시할 때 자유도는 다음과 같다.

요인	자유도
회귀	$k=2$
잔차	$n-k-1=n-2-1=n-3$
합계	$n-1$

그러므로 오차분산 σ^2의 자유도는 $n-3$이다.

98   정답 ③

결정계수 R^2은 총변동 $SST=\sum_{i=1}^{n}(y_i-\bar{y})^2$ 중에서 추정회귀직선에 의해서 설명되어지는 회귀제곱합 $SSR=\sum_{i=1}^{n}(\hat{y}_i-\bar{y})^2$의 비율로 $R^2=\dfrac{SSR}{SST}$이다.

99   정답 ②

결정계수 R^2은 총변동 $SST=\sum_{i=1}^{n}(y_i-\bar{y})^2$ 중에서 추정회귀직선에 의해서 설명되어지는 회귀제곱합 $SSR=\sum_{i=1}^{n}(\hat{y}_i-\bar{y})^2$의 비율로 $R^2=\dfrac{SSR}{SST}$이다. 회귀제곱합(SSR)이 541.69이고 총제곱합(SST)이 728.25이므로 결정계수는 $R^2=\dfrac{SSR}{SST}=\dfrac{541.69}{728.25}≒0.740$이다.

100   정답 ④

단순회귀계수의 유의성 검정에서 검정통계량은

$$t=\frac{b_1-\beta_1}{\sqrt{\dfrac{MSE}{S_{XX}}}}$$이므로 자유도가 $n-2$인 $t-$분포를 따른다.

제6회 CBT 빈출 모의고사 정답 및 해설

1과목 조사방법과 설계

01	②	02	③	03	④	04	①	05	③
06	②	07	④	08	①	09	②	10	③
11	④	12	②	13	④	14	③	15	②
16	②	17	①	18	②	19	③	20	④
21	②	22	①	23	③	24	②	25	④
26	①	27	③	28	③	29	②	30	①

2과목 조사관리와 자료처리

31	②	32	①	33	④	34	②	35	③
36	④	37	③	38	①	39	②	40	②
41	①	42	④	43	②	44	③	45	④
46	①	47	②	48	②	49	③	50	③
51	④	52	②	53	①	54	②	55	③
56	④	57	②	58	②	59	③	60	②

3과목 통계분석과 활용

61	②	62	①	63	③	64	④	65	③
66	①	67	②	68	③	69	③	70	②
71	③	72	②	73	①	74	③	75	①
76	②	77	④	78	②	79	①	80	④
81	③	82	②	83	④	84	③	85	①
86	④	87	②	88	③	89	①	90	②
91	①	92	③	93	④	94	②	95	④
96	①	97	②	98	④	99	③	100	②

1과목 조사방법과 설계

01 정답 ②

귀납적 논리는 반복적인 관찰을 통해 반복적인 패턴을 발견하고, 연역적 논리는 이론으로부터 가설을 설정하고 가설의 내용을 현실세계에서 관찰한 다음 관찰에서 얻은 자료가 어느 정도 가설에 부합하는가를 판단하여 채택 여부를 결정한다.

02 정답 ③

③ 과학적 연구는 연구방법과 과정이 같으면 같은 결론을 얻을 수 있어야 하는데 이를 재생가능성이라 한다.
① 반증가능성, ② 수정가능성, ④ 간결성

03 정답 ④

가치관, 윤리의식 등은 과학적 연구대상이 될 수 없다.
과학적 조사연구의 목적 : 탐색, 기술(묘사), 설명, 예측, 통제, 평가

04 정답 ①

자료를 수집하는 현장에서는 슈퍼바이저의 완성된 조사표 심사, 기본적인 정보의 일치성 점검, 조사원에 대한 슈퍼바이저의 면접지도 등이 이루어진다.

05 정답 ③

③ 생태학적 오류 : 집합 수준의 분석단위 자료를 바탕으로 개인의 특성을 추리할 때 발생하는 오류이다.
① 비체계적 오류, ④ 제1종 오류

06 정답 ②

② 연역적 접근방법은 이론으로부터 기대 또는 가설을 도출한 후 연구를 시작한다.
① 관찰을 통해 현상을 파악하는 것은 귀납적 방법이다.
③ 개별사례를 바탕으로 일반적 유형을 찾아내는 것은 귀납적 방법이다.
④ 탐색적 방법에 주로 이용하는 것은 귀납적 방법이다.

07   정답 ④

탐색적 연구를 하기 위한 방법에는 문헌연구, 델파이기법(전문가의견연구), 사례연구 등이 있다.

08   정답 ①

① 단일사례연구는 하나의 대상 또는 사례를 가지고 반복적으로 관찰하므로 일반적인 상황에 적용할 수가 없어 외적 타당도가 낮다.
②, ③ 개입효과에 대한 즉각적인 피드백이 가능하여 조사연구 과정과 실천과정이 통합될 수 있다.
④ 개인, 집단뿐만 아니라 조직, 지역사회도 연구대상이 될 수 있다.

09   정답 ②

② **패널연구** : 동일한 대상에게 동일한 현상에 대해 일정한 시간 간격을 두고 지속적으로 반복 측정하여 조사하는 연구이다.
① **횡단연구** : 어느 한 시점에서 이루어진 관찰을 통해 얻은 자료를 바탕으로 하는 연구이다.
③ **추세연구** : 어느 한 시점에서 연구대상 집단의 경향을 분석하고 시간의 경과 후에 그 경향을 다시 분석하여 비교하는 과정을 반복하면서 대상집단의 변화를 연구하는 것이다.
④ **사례연구** : 하나 또는 몇 개의 사례를 중심으로 분석하는 연구이다.

10   정답 ③

③ **동질성집단(코호트) 연구** : 처음 조건이 주어진 집단에 대하여 이후의 경과와 결과를 알기 위해 미래에 대해서 조사하는 방법이다.
① **횡단적 연구** : 어느 한 시점에서 이루어진 관찰을 통해 얻은 자료를 바탕으로 하는 연구이다.
② **패널연구** : 동일한 대상에게 동일한 현상에 대해 일정한 시간 간격을 두고 지속적으로 반복 측정하여 조사하는 연구이다.
④ **시계열 연구** : 일정한 시간 간격으로 표시된 자료의 특성을 파악하여 미래를 예측하는 연구이다.

11   정답 ④

④ 질적연구는 자료분석에 소요되는 시간이 길어 소규모 분석에 유리하다.
① 질적연구는 몸짓, 태도 등 비공식적인 언어를 사용한다.
② 질적연구는 비통제적 관찰, 심층적 · 비구조적 면접 등이 주로 활용된다.
③ 질적연구는 주관적 동기의 이해와 의미해석을 하는 현상학적 · 해석학적 입장에 기초하며 현실 인식의 주관성을 강조한다.

12   정답 ②

② **표본조사(sample survey)** : 모집단으로부터 표본을 추출하여 표본의 특성을 조사하고 모집단의 특성을 측정하는 조사 방법으로, 대규모 모집단의 특성을 기술하기에 유용하다.
① **참여관찰(participant observation)** : 관찰대상의 자연성과 유기적인 전체성을 보장하기 위하여 관찰자가 관찰대상 집단 내에 들어가서 그들 집단의 일원이 되어 공동생활에 참여하면서 시행하는 관찰이다.
③ **내용분석(contents analysis)** : 의사소통의 특성, 원인, 효과를 추론하기 위한 객관적인 조사기술이다.
④ **유사실험(quasi−experiment)** : 실험자가 직접적으로 변인들을 조작하지 못하는 실험적 상황을 가리킨다.

13   정답 ①

비확률표본추출방법 : 연구대상이 표본으로 추출될 확률이 알려져 있지 않을 때 조사자가 주관적으로 표본을 선정하는 표본추출방법으로 표본설계가 용이하고 시간과 비용을 절약할 수 있다.

14   정답 ③

표집간격은 모집단으로부터 표본을 추출할 때 추출되는 요소 간의 간격, 표본 간의 간격이다.

15   정답 ②

$$표집률 = \frac{표본의\ 크기}{모집단의\ 크기} = \frac{n}{N} = \frac{80}{200} = 0.4 = 40\%$$

16 정답 ②

확률표본추출법 : 연구대상이 표본으로 추출될 확률이 알려져 있을 때 무작위로 표본을 추출하는 방법이다.
비확률표본추출법 : 연구대상이 표본으로 추출될 확률이 알려져 있지 않을 때 조사자가 주관적으로 표본을 산정하는 방법으로 표본설계가 용이하고 시간과 비용을 절약할 수 있다.

17 정답 ①

확률표본추출방법 : 단순무작위표집, 체계적 표집, 층화표집, 군집표집
비확률표본추출방법 : 할당표집, 판단표집, 편의표집, 눈덩이표집, 유의표집

18 정답 ②

② **체계적 표집**(systematic sampling) : 모집단에 대한 정보를 담은 명부를 표집틀로 해서 일정한 순서에 따라 표본을 추출하는 표집 방법으로 선거예측조사를 위한 출구조사, 불량품 검사를 위하여 일정시간마다 뽑는 표본조사 등이 있다.
① **할당표집**(quota sampling) : 표본의 하위집단 분포를 의도적으로 정하여 표본을 임의로 추출하는 비확률표본추출방법이다.
③ **단순무작위표집**(simple random sampling) : 모집단의 각각의 요소 또는 사례들이 표본으로 선택될 가능성이 같은 확률표본추출방법이다.
④ **층화표집**(stratified random sampling) : 모집단을 중복되지 않도록 몇 개의 층으로 나눈 후 각 층으로부터 단순무작위표본추출을 하는 방법이다.

19 정답 ③

층화표집(stratified random sampling)은 층화가 잘 이루어지면 단순무작위표집, 체계적 표집보다 불필요한 자료의 분산이 줄어 시간과 비용을 절약할 수 있고 적은 표본으로 모집단을 대표할 수 있다.

20 정답 ①

군집표집(cluster sampling)은 동일한 크기의 표본일 경우 단순무작위표집이나 층화표집보다 표집오차가 크므로 통계적 효율성이 낮다.

21 정답 ②

표본추출을 위한 할당범주는 3(학년)×2(성별)×4(계열별)=24개이다.

22 정답 ①

눈덩이표본추출(Snowball Sampling)은 소규모의 응답자를 조사하고 그 응답자들을 찾아내어 면접하고 이들을 정보원으로 다른 응답자를 소개받는 절차를 반복하는 표집방법으로 도박중독자, 알코올중독자, 불법 체류자들을 찾아내어 면접할 때 유용하다.

23 정답 ③

③ 불포함 오류는 표본조사를 할 때 표본체계가 완전하지 않아서 발생하는 오류이다.
① 관찰과정에서 응답자나 조사자 자체의 특성에서 생기는 오류와 양자 간의 상호관계에서 생기는 오류는 조사현장에서의 오류이다.
② 표본추출과정에서 일부가 연결이 되지 않거나 응답을 거부했을 때 생기는 오류는 무응답의 오류이다.
④ 기록된 설문지나 면접지가 분석을 위하여 처리되는 과정에서 틀려지는 오류는 자료처리상의 오류이다.

24 정답 ②

ⓒ 동일한 표집오차를 가정한다면 분석변수가 많을수록 표본크기는 커져야 한다.

25 정답 ④

질문지를 작성할 경우 개별질문 내용을 결정할 때 고려해야 할 사항에는 목적과 범위에 맞추어 질문 항목을 작성하여야 한다. 응답 결과가 예측되는 질문은 하지 않아야 한다.

26 정답 ①

① **여과질문** : 어떤 질문을 하고 나면 다음 질문이 필요한지의 여부를 판별할 수 있도록 일련의 관련 질문들을 배열하는 질문이다.
② **탐사질문** : 알려지지 않은 사물이나 사실을 조사하기 위한

PART **2**

질문이다.

③ **유도질문** : 은연중에 답변을 이끌어내기 위해 던지는 질문
이다.

④ **열린질문** : 내담자 자신의 생각과 감정 등을 자신의 방식
대로 자유롭게 말할 수 있도록 도와주는 질문이다.

---

27 정답 ③

초점집단연구

1. 장점
   ㉠ 참여관찰에 비해 비교적 적은 비용으로 빨리 할 수 있
   어 연구수행에 용이하다.
   ㉡ 연구주제를 탐색해보고 가설을 만들어 낼 수 있다.
   ㉢ 집단 상호작용에서 자료를 수집할 수 있다.
2. 단점
   ㉠ 연구환경이 인위적이고 자연스럽지 못하다.
   ㉡ 연구자의 통제가 약하고 집단 구성원들의 시각이 강조
   된다.
   ㉢ 자료가 개인 구성원들의 실제적인 생각과 행동을 반영
   하는지를 알 수 없다.

---

28 정답 ④

㉠ **타당도** : 연구자가 측정하고자 하는 것을 측정도구가 실제
로 정확하게 또는 적합하게 측정하는지에 관한 정도
㉡ **내적타당도** : 연구 결과로 한 변수가 다른 변수의 원인인
지 아닌지를 정확하게 기술하고 있다는 확신의 정도
㉢ **외적타당도** : 실험결과를 어느 정도 일반화할 수 있느냐에
대한 것
㉣ 내적타당도를 높이면 외적타당도가 낮아지고 외적타당도
를 높이면 내적타당도가 낮아진다.

---

29 정답 ②

인과관계의 성립조건 : 공변관계(상관관계), 시간적 선행성,
비허위적 관계(외생변수의 통제)

---

30 정답 ①

순수실험설계(true experimental design)의 특징 : 실험대
상의 무작위화, 독립변수의 조작, 외생변수의 통제

2과목 조사관리와 자료처리

31 정답 ②

참여관찰은 관찰자가 연구대상 집단 내부에 직접 참여하여
구성원과 하나가 되어 연구대상자들을 관찰하는 유형으로 자
연스러운 상태에서 현상을 파악할 수 있기 때문에 미묘한 어
감 차이, 시간상의 변화 등 심층 차원을 이해할 수 있다. 대규
모 집단에 대한 기술이 어렵다.

---

32 정답 ①

연구자가 직접 응답자에게 질문해서 얻은 자료는 1차 자료이다.
2차 자료 : 각종 통계자료, 간행물, 기업에서 수집한 자료, 상
업용 자료 등

---

33 정답 ④

개방형 질문은 자유응답형 질문으로 응답의 형태를 가하지
않고 자유롭게 표현할 수 있는 질문으로, 조사자에게 표본에
대한 정보가 없는 경우에도 이용할 수 있다.

---

34 정답 ②

서베이조사는 일정 시점에서 다른 특성을 지닌 집단들 사이
의 차이점을 측정하는 방법이다. 추세조사, 코호트조사, 패널
조사는 표본을 일정한 시간 차이를 두고 반복하여 측정하는
방법이다.

---

35 정답 ③

**우편조사를 할 경우 취지문이나 질문지 표지에 반드시 포함
되어야 할 사항** : 조사기관, 조사자의 연락처, 지원기관, 조사
목적, 조사의 중요성, 비밀유지보장 등

---

36 정답 ④

온라인조사는 컴퓨터 사용자만 조사할 수 있으므로 특정 연
령층이나 성별에 따른 편중된 응답이 도출될 수 있어 표본의
대표성 확보가 어렵다.

37 정답 ③

오류를 줄이기 위한 방안 : 객관적인 관찰도구 사용, 보다 큰 단위의 관찰, 관찰기간 짧게, 관찰단위 명세화, 혼란요인 통제, 관찰기술 향상, 다수의 관찰자가 관찰 등

38 정답 ①

직접관찰과 간접관찰은 관찰시기가 행동발생과 일치하는지의 여부에 따라 나누어진다.

39 정답 ②

대인 면접조사는 질문지가 주어지는 것이 아니라 면접원이 응답자에게 질문을 읽어주고 응답자의 응답을 면접원이 기입하므로 질문을 유연하게 할 수 있다. 응답률은 높으나 시간과 비용이 많이 든다.

40 정답 ②

면접원은 응답자의 응답내용을 그대로 기술하고 개방형 질문의 경우에도 응답내용을 해석하고 요약하여 기록하지 않도록 한다. 면접 도중에 바로 기입하고 면접조사를 진행한 이후 최종응답을 기록하지 않아야 한다.

41 정답 ①

투사법(projective method) : 인간의 무의식 속에 내재되어 있는 동기, 가치, 태도 등을 알아내기 위하여 모호한 자극을 응답자에게 제시하여 반응을 알아보는 방법이다.

42 정답 ④

가설은 서로 다른 두 변수 이상의 구성개념이나 변수 간의 관련성 및 영향관계에 관해 진술한 문장으로 다른 가설이나 이론과 독립적이어야 할 필요는 없다.

43 정답 ②

복수양식법(parallel-forms method)은 대등한 두 가지 형태의 측정도구를 이용하여 동일한 대상을 동시에 측정한 뒤 두 측정값의 상관관계를 비교하는 방법이다.

44 정답 ③

- ㉠ **매개변수** : 독립변수와 종속변수 사이의 매개자 역할을 하는 변수로 두 변수 간에 간접적인 관계를 맺도록 하는 제3의 변수이다.
- ㉡ **조절변수** : 독립변수와 종속변수 사이의 관계에 대한 강도나 방향에 미치는 제3의 변수이다.

45 정답 ④

질적변수는 성별, 종교, 직업, 학력 등을 나타내는 변수로 질적변수에서 양적변수로의 변환은 거의 불가능하다. 양적변수는 양적변수를 질적변수로 변환할 수 있고 등간척도와 비율척도로 측정되는 변수이다. 몸무게나 키는 연속변수이고 스마트폰의 판매대수는 이산변수이다.

46 정답 ①

① 사회현상을 보편적 언어로 정의하는 과정은 개념화이다.
② 개념의 조작화는 실증주의 패러다임에서 강조한다.
③ 추상적 개념을 구체적인 경험세계와 연결시킨다.
④ 추상적 개념을 수량화하여 측정 가능하도록 한다.

47 정답 ②

개념을 경험적 수준으로 구체화하는 과정 : 개념 선정 → 개념적 정의 → 조작적 정의 → 변수의 측정

48 정답 ②

② 가설은 반드시 검증 가능한 형태로 진술되어야 한다.
① 동일 연구 분야의 다른 가설이나 이론과 연관이 있어야 한다.
③ 가설은 관찰이나 측정이 가능해야 한다.
④ 연구문제에 대해 구체적이고 가능하여야 한다.

49 정답 ③

학문은 독창성, 이론적인 의의, 경험적 검증가능성, 목적의 명

확성 등이 있어야 한다. 범위는 한정되어야 한다.

50 　　　　정답 ②

㉠ **서열측정** : 측정대상에 할당된 범주들 사이에 일정한 서열이 존재하는 것으로 크다, 적다 등으로 나타낸다.
㉡ **비율측정** ; 측정에 사용되는 숫자 혹은 범주가 절대적 혹은 자연적이며 0을 가진다.

51 　　　　정답 ④

등간척도는 측정단위 간 등간성이 유지되므로 각 대상 간의 거리나 크기를 표준화된 척도로 표시한다.

52 　　　　정답 ②

② 서열측정 – 범위, 최빈값, 백분율, 중앙값, 순위상관관계, 비모수통계검증
① 명목측정 – 최빈값, 백분율
③ 등간측정 – 최빈값, 백분율, 중앙값, 산술평균
④ 비율측정 – 표준편차, 최빈값, 백분율, 중앙값, 산술평균, 변동계수

53 　　　　정답 ①

평정척도의 구성 시 고려사항
1. 응답범주들이 상호 배타적이어야 한다.
2. 응답범주들이 응답 가능한 상황을 모두 포함하고 있어야 한다.
3. 찬반의 응답범주 수가 균형을 이루어야 한다.
4. 응답범주들이 논리적 연관성을 가지고 있어야 한다.
5. 평정될 각 요인의 정도나 수준이 명백해야 하며 모든 평정자에게 동일한 의미가 전달되어야 한다.
6. 모든 관찰자가 쉽게 관찰할 수 있는 특성으로 구성되어야 한다.

54 　　　　정답 ②

보가더스 척도(Bogardus Scale) : 인종, 사회계급과 같은 여러 가지 형태의 사회집단에 대한 사회적 거리를 측정하기 위한 척도

55 　　　　정답 ③

요인분석은 다수의 상호 연관된 변수나 문항들을 보다 제한된 수의 차원이나 공통요인으로 분류하는 통계분석기법이다. 항목들 간의 상관관계를 산출하여 상관관계가 높은 것끼리 하나의 요인으로 묶고 요인별로 상호독립성을 유지하도록 하는 것이다.

56 　　　　정답 ④

측정대상들의 측정오류는 사회경제적 특성, 개인적 성향, 편견 등에서 발생한다. 무작위적 오류는 표본추출과 관계없이 발생하는 오류를 말한다.

57 　　　　정답 ②

타당성은 측정도구가 실제로 측정하고자 하는 바를 얼마나 정확하게 측정하고 있는가, 측정한 값과 진정한 값과의 일치정도에 대한 개념이다.

58 　　　　정답 ③

개념타당성은 측정값 자체보다는 측정하고자 하는 속성에 초점을 맞춘 타당성으로 측정하고자 하는 이론적인 개념이 측정도구에 의해서 실제로 적절하게 측정되었는지 평가한다. 개념이 추상적일수록 개념타당성을 확보하기 어렵다.

59 　　　　정답 ③

어떤 측정수단을 같은 연구자가 두 번 이상 사용하거나 둘 이상의 서로 다른 연구자들이 사용한다고 할 때 측정결과가 동일하고 안정되게 나오면 신뢰성이 높다고 한다. 따라서 결과가 상이하게 나타난 것은 신뢰성에 문제가 있다.

60 　　　　정답 ②

문항 간 상관관계가 유사할 경우에 측정항목수를 늘려서 측정값이 실제값에 가까워지도록 하여 신뢰도를 높여야 한다.

3과목 통계분석과 활용

61 정답 ②

수강생들의 총점은 $(30 \times 80) + (20 \times 70) = 3,800$점이다.

수강생이 50명이므로 $\dfrac{3,800}{50} = 76$점이다.

62 정답 ①

기존 점수에 기본점수 10점을 더해 주면 평균과 중앙값이 각각 10점씩 평행이동하게 된다. 따라서 중앙값은 $45 + 10 = 55$점이고, 평균은 $54 + 10 = 64$점이다.

63 정답 ③

자료에서 중앙값, 표본평균, 최빈값, 범위를 구하면

1. **중앙값** : 자료를 오름차순으로 정리하면 20, 40, 41, 54, 54, 55, 58, 59, 75, 81, 81이므로 중앙값은 55이다.
2. **표본평균** :
   $$\dfrac{58 + 54 + 54 + 81 + 75 + 55 + 41 + 40 + 20 + 81 + 59}{11} \fallingdotseq 56$$
3. **최빈값** : 54와 81이 두 번 있으므로 최빈값은 54, 81이다.
4. **범위** : 최댓값과 최빈값의 차이이므로 $81 - 20 = 61$이다.

64 정답 ④

자료의 개수가 20개 짝수로 중위수는 10번째 값 40과 11번째 값 42의 평균이므로 41이 된다. 사분위 범위는 제3사분위수 - 제1사분위수이다. 제1사분위수는 첫 번째 자료부터 열번째 자료까지의 중위수와 같다. $n = 10$이므로 $\dfrac{n}{2} = \dfrac{10}{2} = 5$번째 값 37과 $\dfrac{n}{2} + 1 = 6$번째의 값 39의 평균 38이 중위수이며 전체 자료의 25% 위치의 값이다. 제3사분위수는 11번째 자료부터 20번째 자료까지의 중위수와 같다. 5번째 값 45와 6번째 값 45의 평균 45가 중위수가 된다. 따라서 사분위 범위는 $45 - 38 = 7$이다.

65 정답 ③

자료의 분포가 평균=중앙값=최빈값이면 좌우대칭이고, 평균>중앙값>최빈값이면 오른쪽으로 꼬리가 긴 분포이며, 평균<중앙값<최빈값이면 왼쪽으로 꼬리가 긴 분포이다.

66 정답 ①

구분되지 않는 n개의 공을 서로 다른 r개의 바구니에 넣는데 모든 바구니에 최소한 1개 이상의 공이 들어가야 하므로 각 바구니에 1개의 공을 넣고 $(n - r)$개의 공을 서로 다른 각 바구니에 넣는 방법의 수를 구한다.

$${}_r H_{n-r} = {}_{r+n-r-1} C_{n-r} = {}_{n-1} C_{n-r} = {}_{n-1} C_{n-1-(n-r)} = {}_{n-1} C_{r-1}$$

따라서 $\dbinom{n-1}{r-1}$이다.

67 정답 ②

특별교육을 이수하는 사건을 A, 취업하는 사건을 B라 하면 특별교육을 이수한 사람이 취업할 확률은 $P(B|A)$로

$$P(B|A) = \dfrac{P(A \cap B)}{P(A)}$$이다.

따라서 확률은 $\dfrac{\frac{250}{1000}}{\frac{500}{1000}} = 0.5 = 50\%$이다.

68 정답 ④

거래되는 그림 1개를 선택할 때 진품일 사건을 A, 위조품 그림일 사건을 B, 진품이라고 감정한 그림일 사건을 X라 하면 $P(A) = 0.8$, $P(B) = 0.2$, $P(X|A) = 0.85$, $P(X|B) = 0.15$

이다. 두 사건이 서로 배반이므로 합의 법칙을 이용하여 진품이라고 감정한 그림일 확률은

$$\begin{aligned} P(X) &= P(A \cap X) + P(B \cap X) \\ &= P(A)P(X|A) + P(B)P(X|B) \\ &= (0.8 \times 0.85) + (0.2 \times 0.15) = 0.68 + 0.03 = 0.71 \end{aligned}$$

이다. 따라서 한 고객이 진품이라고 감정한 그림을 구입했을 때 구입한 그림이 진품일 확률은

$$P(A|X) = \dfrac{P(A \cap X)}{P(X)} = \dfrac{0.68}{0.71} \fallingdotseq 0.96$$이다.

69 정답 ③

500원짜리 동전을 세 번 던져 뒷면이 나올 횟수를 X, 100원짜리 동전을 두 번 던져 뒷면이 나올 횟수를 Y라고 하면 각각 $X \sim B\left(3, \dfrac{1}{2}\right)$, $Y \sim B\left(2, \dfrac{1}{2}\right)$의 이항분포를 따른다.

$E(500X + 100Y)$를 구하면 $E(X) = X \sim B(n, p) = np$에서 $E(500X + 100Y) = 500E(X) + 100E(Y)$

$$= 500 \times 3 \times \dfrac{1}{2} + 100 \times 2 \times \dfrac{1}{2} = 750 + 100 = 850$$원

70 정답 ②

연속확률변수 X에 대한 확률은 적분을 이용하여 구하는 데 먼저 전체 확률이 1임을 이용하여 상수 k값을 구한다.
$x \geq 0$일 때 $|x| = x$이고, $x < 0$일 때 $|x| = -x$이므로 전체 확률은

$$1 = \int_{-2}^{0}\left(\frac{1}{4}x+k\right)dx + \int_{0}^{2}\left(-\frac{1}{4}x+k\right)dx$$

$$= \left[\frac{1}{8}x^2+kx\right]_{-2}^{0} + \left[-\frac{1}{8}x^2+kx\right]_{0}^{2} = 4k-1$$

$1 = 4k-1$, $k = \frac{1}{2}$이므로

$f(x) = -\frac{1}{4}|x| + \frac{1}{2}$에 대해 $P(|X|>1)$는

$$P(|X|>1) = \int_{-2}^{-1}\left(\frac{1}{4}x+\frac{1}{2}\right)dx + \int_{1}^{2}\left(-\frac{1}{4}x+\frac{1}{2}\right)dx$$

$$= \left[\frac{1}{8}x^2+\frac{1}{2}x\right]_{-2}^{-1} + \left[-\frac{1}{8}x^2+\frac{1}{2}x\right]_{1}^{2} = \frac{1}{4}$$이다.

71 정답 ③

불량품이 5개 포함된 20개의 제품 중 임의로 3개의 제품을 구매하였을 때, 구매한 제품 중에 포함되어 있는 불량품의 개수 X의 분포는 다음과 같다.

X	0	1	2	3
$P(X=x_i)$	$\frac{91}{228}$	$\frac{105}{228}$	$\frac{30}{228}$	$\frac{2}{228}$

따라서 확률분포가 왼쪽으로 치우친 것을 알 수 있다.

72 정답 ②

적합품과 부적합품 두 가지뿐인 베르누이 시행에서 10개의 제품 중 부적합품 수를 확률변수 X라 하면 X는 $n=10$, $p=0.01$인 이항분포 $B(10, 0.01)$에 대한 확률질량함수는
$P(X=x) = {}_{10}C_x(0.01)^x(1-0.01)^{10-x}$ $(x=0, 1, 2, \cdots, 10)$이다. 따라서 판매된 한 상자가 반품되려면 10개 중에 부적합품이 2개이어야 하므로 판매된 한 상자가 반품될 확률은
$P(X \geq 2) = 1 - P(X<2)$
$= 1 - P(X=0) - P(X=1)$
$= 1 - {}_{10}C_0(0.01)^0(1-0.01)^{10-0} - {}_{10}C_1(0.01)^1(1-0.01)^{10-1}$
$= 1 - 1\times(0.01)^0(0.99)^{10} - 10\times(0.01)^1(0.99)^9$
$\fallingdotseq 0.004 \fallingdotseq 0.4\%$이다.

73 정답 ①

적합품과 부적합품 두 가지뿐인 베르누이 시행에서 한 박스에 들어있는 20개의 제품 중 부적합품의 개수를 확률변수 X라 하면 X는 $n=20$, $p=0.05$인 이항분포 $B(20, 0.05)$을 따른다. 따라서 확률변수 X의 기댓값은 $E(X) = np = 20 \times 0.05 = 1$이다. 10개의 박스를 구입했을 때 기대되는 부적합품의 총개수는 $10E(X) = (10\times1) = 10$개이다.

74 정답 ③

정규분포는 평균 μ를 중심으로 좌우대칭인 종모양의 분포로 평균 μ와 표준편차 σ에 의해 모양이 결정된다.

75 정답 ①

$X \sim N(100, 10^2)$에 대하여 $P(X \geq 110)$를 표준정규분포 $N(0, 1)$로 표준화하면 Z는 표준정규분포를 따르는 확률변수이므로

$$P(X \geq 110) = P\left(\frac{X-100}{10} \geq \frac{110-100}{10}\right) = P(Z \geq 1)$$

이다. 정규분포는 평균 0을 기준으로 좌우대칭이므로 $P(Z \geq 1) = P(Z \leq -1)$이다.

76 정답 ②

카이제곱 분포의 확률밀도함수는 왼쪽으로 치우쳐져 있고 오른쪽으로 꼬리가 긴 모양의 분포이다.

77 정답 ④

표본평균 $\overline{X}$의 표준편차는 $SE(\overline{X}) = \frac{\sigma}{\sqrt{n}}$이므로
$\sigma = 4$, $n = 100$일 때 $SE(\overline{X}) = \frac{4}{\sqrt{100}} = 0.4(\text{kg})$이다.

78 정답 ②

중심극한정리에 의하여 모집단이 정규분포 $N(\mu, \sigma^2)$을 따르고 표본평균 $\overline{X}$는 정규분포 $\left(\mu, \frac{\sigma^2}{n}\right)$을 따르면 $\mu=10$, $\sigma^2=4$, $n=100$이므로 $N(10, 0.2^2)$이다.

따라서

$P(\overline{X}<10.33)=P\left(\dfrac{X-10}{0.2}<\dfrac{10.33-10}{0.2}\right)=P(Z<1.65)$
$=1-0.05=0.95$이다.

79 정답 ①

바람직한 추정량(estimator)의 선정기준 : 불편성, 효용성, 일치성, 충분성

80 정답 ④

모평균 μ인 점추정량의 표본평균 $\overline{X}=\dfrac{1}{n}\sum_{i=1}^{n}X_i$이므로
추정치는 $\overline{X}=\dfrac{9+10+13+13+14+15+17+21+22}{9}$
$≒14.9$이다.

81 정답 ③

오차한계(추정오차) d는 $z_{\frac{\alpha}{2}}\times$표준오차로 모비율에 대한 95% 신뢰도 수준에서 $\alpha=0.05$, $z_{\frac{\alpha}{2}}=z_{0.025}$이고,
모비율 p의 표준오차는 $SE(\hat{p})=\sqrt{\dfrac{\hat{p}(1-\hat{p})}{n}}$이므로
$d=\sqrt{\dfrac{\hat{p}(1-\hat{p})}{n}}$이다. 표본비율이 알려지지 않은 경우는
0.5로 정하여 계산하므로 오차한계는
$d=z_{0.025}\sqrt{\dfrac{1}{2}\times\dfrac{1}{2}\times\dfrac{1}{n}}$을 활용한다.

1. $n=400$일 때
   오차한계$=1.96\sqrt{\dfrac{1}{2}\times\dfrac{1}{2}\times\dfrac{1}{400}}=1.96\times\dfrac{1}{2}\times\dfrac{1}{20}$
   $=0.049$
2. $n=1,600$일 때
   오차한계$=1.96\sqrt{\dfrac{1}{2}\times\dfrac{1}{2}\times\dfrac{1}{1600}}=1.96\times\dfrac{1}{2}\times\dfrac{1}{40}$
   $=0.0245$

따라서 추정오차$=0.049-0.0245=0.0245=2.45\%$ 감소했다.

82 정답 ②

두 모비율의 차 p_1-p_2의 $100(1-\alpha)\%$ 신뢰구간은
$\left((\hat{p}_1-\hat{p}_2)-z_{\frac{\alpha}{2}}\sqrt{\dfrac{\hat{p}_1(1-\hat{p}_1)}{n_1}+\dfrac{\hat{p}_2(1-\hat{p}_2)}{n_2}},\right.$
$\left.(\hat{p}_1-\hat{p}_2)+z_{\frac{\alpha}{2}}\sqrt{\dfrac{\hat{p}_1(1-\hat{p}_1)}{n_1}+\dfrac{\hat{p}_2(1-\hat{p}_2)}{n_2}}\right)$이다.

각각의 표본비율 $\hat{p}_1=0.44$, $\hat{p}_2=0.08$, 표본의 크기
$n_1=600$, $n_2=200$, $\alpha=0.05$, $z_{\frac{\alpha}{2}}=z_{0.025}=1.96$에 대하여
95% 신뢰구간은
$\left\{(0.44-0.08)-1.96\sqrt{\dfrac{0.44\times0.56}{600}+\dfrac{0.08\times0.92}{200}},\right.$
$\left.(0.44-0.08)+1.96\sqrt{\dfrac{0.44\times0.56}{600}+\dfrac{0.08\times0.92}{200}}\right\}$
$≒(0.36-0.05, 0.36+0.05)$이므로 $0.36≒0.05$이다.

83 정답 ③

모표준편차가 σ일 때 표본평균 $\overline{X}$의 표본오차는
$SE(\overline{X})=\dfrac{\sigma}{\sqrt{n}}$로 $n=10$에서 표준오차는
$SE(\overline{X})=\dfrac{\sigma}{2\sqrt{10}}=\dfrac{\sigma}{\sqrt{4\times10}}=\dfrac{\sigma}{\sqrt{40}}$이다.

표본의 크기가 $n=40$이어야 하므로 $40-10=30$을 더 추출해야 한다.

84 정답 ④

제1종 오류와 제2종 오류를 범할 확률을 각각 α와 β라 표기한다. α와 β는 반비례관계이므로 동시에 줄일 수 없다.

85 정답 ③

기존의 취업 교육 프로그램을 이수한 사람의 취업률 p는 0.7에 대하여 새로운 교육 프로그램이 취업률을 높인다고 주장할 때 귀무가설(H_0)과 대립가설(H_1)은 $H_0 : P=0.7$, $H_1 : P>0.7$이다. 귀무가설은 등호($=$)로 표시하고 대립가설은 $\neq$, $<$, $>$로 표시한다.

86 정답 ④

$F-$분포는 두 표본의 분산을 비교하는 데 많이 이용되는 분포이다.

87 정답 ②

모비율에 대한 검정통계량은 $Z=\dfrac{\hat{p}-p_0}{\sqrt{\dfrac{p_0(1-p_0)}{n}}}$.

$\hat{p}=0.56$, $p_0=0.5$, $n=100$이다.

따라서 검정통계량의 값은 $Z_0 = \dfrac{0.56-0.5}{\sqrt{\dfrac{0.5(1-0.5)}{100}}} = 1.2$이다.

단측검정이므로 유의수준 5%에서 기각역 $Z > z_{0.05} = 1.64$이고 $1.2 < 1.64$로 귀무가설을 기각할 수 없다. 따라서 찬성률이 국민의 과반수 이상이라 할 수 없다.

88 　　　　　　　　　　　　　　　정답 ④

분산분석 : 독립변수(설명변수)는 범주형 변수이고, 종속변수(반응변수)는 연속형 변수일 때 적합한 분석방법으로, 특정값의 산포를 총제곱합으로 나타내고 이 총제곱합을 실험과 관련된 요인마다 제곱합으로 분해하여 오차에 비해 특히 큰 영향을 주는 요인이 무엇인지를 찾아낸다.

89 　　　　　　　　　　　　　　　정답 ①

일원분산분석의 모집단 모형은 관측값 Y_{ij},
총평균 μ, i번째 처리효과 $a_i = \mu_i - \mu$, 오차항 ε_{ij}에 대하여
$Y_{ij} = \mu + a_i + \varepsilon_{ij}$ $(i=1, \cdots, k, j=1, 2, \cdots, n)$이다.

90 　　　　　　　　　　　　　　　정답 ②

전체 자료의 개수는 15이고, 총합의 자유도는 14이다.

요인	제곱합	자유도	평균제곱	F-통계량
처리	52.0	2	$\dfrac{52}{2}=26$	$\dfrac{26}{5}=5.2$
오차	60.0	$14-2=12$	$\dfrac{60}{12}=5$	
계	112	14		

91 　　　　　　　　　　　　　　　정답 ①

세 가지 공법이므로 처리수준은 3이다. 따라서 처리제곱합 자유도는 $V_T = 3-1 = 2$이다. 측정값은 $5+6+7=18$이고, 총합의 자유도는 $18-1=17$이다. 총제곱합 $SST=100$, 잔차제곱합 $SSE=65$이므로
$SS_T = SST - SSE = 100 - 65 = 35$이다.

92 　　　　　　　　　　　　　　　정답 ③

질적자료인 명목척도나 서열척도의 성격을 가진 변수를 분석하는 통계분석방법이 교차분석(카이제곱 검정)이다. 카이제곱 적합도 검정에서 자유도는 N개의 범주에 대하여 $N-1$이며 4개 학년이 범주로 자유도는 $4-1=3$이다.

93 　　　　　　　　　　　　　　　정답 ④

회귀분석은 최소제곱법을 이용하여 최적의 직선식을 구한다.

94 　　　　　　　　　　　　　　　정답 ②

편상관계수는 다른 변수들의 상관관계를 통제하고 순수하게 두 변수 간의 상관관계를 나타내는 척도이다.

95 　　　　　　　　　　　　　　　정답 ④

표본상관계수 r를 이용하여 $H_0 : p=0$을 검정하고자 할 때 시용되는 검정통계량은
$$t = \frac{r-0}{SE(r)} = \frac{r-0}{\sqrt{\dfrac{1-r^2}{n-2}}} = \sqrt{n-2}\,\frac{r}{\sqrt{1-r^2}}$$이고
자유도가 $n-2$이다.

96 　　　　　　　　　　　　　　　정답 ①

단순회귀모형 $y_i = a + \beta x_i + \varepsilon_i$ $(i=1, 2, 3, \cdots, n)$에 대한 추정회귀직선 $\hat{y}=a+bx$의 최소제곱추정값 a와 b를 구하면

추정값 $b = \dfrac{S_{XY}}{S_{XX}} = \dfrac{\sum\limits_{i=1}^{n}(x_i-\overline{x})(y_i-\overline{y})}{\sum\limits_{i=1}^{n}(x_i-\overline{x})^2} = \dfrac{-3,500}{2,000}$
$= -1.75$,

추정값 $a = \overline{y} - b \times \overline{x} = 100 - (-1.75) \times 50 = 187.50$이다.

97 　　　　　　　　　　　　　　　정답 ②

분산분석표의 요인에 회귀와 잔차가 나와 있으므로 회귀분석을 위한 분산분석표로 회귀제곱합의 자유도 4는 중회귀모형에서 독립변수의 수를 의미하므로 독립변수가 4개인 중회귀모형의 분산분석표이다.

98 정답 ④

단순회귀분석에서 결정계수 R^2은 상관계수 r_{XY}의 제곱과 같다.

99 정답 ③

결정계수 R^2은 총변동 $SST = \sum_{i=1}^{n}(y_i - \bar{y})^2$ 중에서 추정회귀직선에 의해서 설명되어지는 회귀제곱합 $SSR = \sum_{i=1}^{n}(\hat{y}_i - \bar{y})^2$의 비율로 $R^2 = \dfrac{SSR}{SST}$이다.

회귀제곱합(SSR)이 $240 - 60 = 180$이고
총제곱합(SST)이 240이므로

결정계수는 $R^2 = \dfrac{SSR}{SST} = \dfrac{SST - SSE}{SST} = \dfrac{180}{240} = 0.750$이다.

100 정답 ②

단순회귀계수의 유의성 검정에서 검정통계량은

$t = \dfrac{b_1 - \beta_1}{\sqrt{\dfrac{MSE}{S_{XX}}}}$이므로 자유도가 $n-2$인 $t-$분포를 따른다.

표본의 크기는 $n = 10$에 대하여 자유도는 $n - 2 = 10 - 2 = 8$이다.

PART **2**

정답 및 해설

▌ 1과목 조사방법과 설계

01	②	02	①	03	③	04	②	05	④
06	①	07	③	08	②	09	④	10	③
11	③	12	④	13	①	14	②	15	③
16	②	17	①	18	②	19	④	20	①
21	③	22	②	23	④	24	①	25	④
26	③	27	①	28	④	29	①	30	④

▌ 2과목 조사관리와 자료처리

31	③	32	④	33	①	34	②	35	④
36	①	37	②	38	③	39	④	40	①
41	④	42	②	43	①	44	③	45	②
46	①	47	③	48	④	49	②	50	③
51	①	52	②	53	②	54	③	55	①
56	④	57	②	58	②	59	①	60	②

▌ 3과목 통계분석과 활용

61	③	62	②	63	④	64	①	65	②
66	①	67	②	68	①	69	③	70	②
71	④	72	③	73	①	74	③	75	①
76	②	77	④	78	②	79	③	80	④
81	②	82	④	83	①	84	④	85	①
86	②	87	②	88	③	89	②	90	④
91	②	92	②	93	②	94	③	95	④
96	②	97	①	98	②	99	③	100	③

1과목 조사방법과 설계

01 　　　　　　　　　　　　　　　　정답 ②

ⓒ 동년배집단(cohort)조사는 유사한 특성을 공유하는 사람들로 시간이 지남에 따라 어떻게 변화하는지를 조사한다.
ⓔ 탐색적 조사는 연구조사설계를 확정하기 이전에 연구방법을 발견하고 변수를 규명하고 가설을 도출하고자 예비적으로 실시하는 연구방법이다.
ⓐ 연구목적에 따른 조사에는 탐색적 조사, 기술적 조사, 설명적 조사가 있다.
ⓑ 2차 자료 분석연구는 기존 자료로부터 연구에 필요한 자료를 도출해 내는 방법으로 비관여적 연구방법에 해당한다.

02 　　　　　　　　　　　　　　　　정답 ①

① 간결성은 최소한의 변수를 이용하여 최대한의 설명을 할 수 있어야 한다.
② 논리성, ③ 인과성, ④ 체계성

03 　　　　　　　　　　　　　　　　정답 ③

탐색(exploration) : 새로운 정보를 알아내거나 감추어진 사실을 찾는 것으로 사건이나 현상의 논리적이고 지속적인 패턴을 찾는 것이다. 단일사례설계를 통하여 운동이 체중 감소에 미치는 효과를 검증하는 연구는 설명에 해당한다.

04 　　　　　　　　　　　　　　　　정답 ②

② 자료분석단계(Data analysis stage) : 전체적인 자료가 정리되고 보완되면 미리 정한 분석방법에 따라 자료를 분석하고 결과를 해석한다. 수집한 자료를 편집, 정정, 보완하거나 필요에 따라서 삭제한다.
① 문제설정단계(Problem statement stage) : 연구문제를 분명히 인식하고 논리적으로 선정하는 단계이다.
③ 자료수집단계(Data collection stage) : 실험을 통한 자료수집과 면접, 설문조사, 관찰, 현장조사, 기존문서 등을 통하여 자료를 수집하는 단계이다.
④ 예비검사단계(Pilot test stage) : 자료수집방법에 따라 예비적으로 자료를 검사하는 단계이다.

05 정답 ④

④ **생태학적 오류** : 집합 수준의 분석단위 자료를 바탕으로 개인의 특성을 추리할 때 발생하는 오류이다.
① **무작위 오류** : 체계상 문제를 일으킬 수 있는 바람직하지 못한 인간의 행동 오류 가운데 해야 할 일을 하지 않아서 생기는 오류이다.
② **체계적 오류** : 척도 자체가 잘못되어서 발생하는 오류이다.
③ **환원주의 오류** : 넓은 범위의 인간의 사회적 행위를 이해하는 데 필요한 변수 또는 개념의 종류를 지나치게 한정시킴으로써 발생하는 오류이다.

06 정답 ①

① 마지막 단계에서 가설과 관찰결과를 비교하는 것은 연역적 방법이다.
② 귀납법은 특수한 사실을 전제로 하여 일반적 원리를 도출해낸다.
③ 관찰된 사실로부터 증명하기 위하여 통계적 분석이 요구된다.
④ 관찰된 사실로부터 공통적인 것을 발견하고 객관적인 수준에서 증명하는 것이다.

07 정답 ③

탐색적 연구를 하기 위한 방법에는 문헌연구, 델파이기법(전문가의견연구), 사례연구 등이 있다.

08 정답 ②

② 기술적 연구는 사건 현상의 빈도, 비율, 수준, 관계 등을 통하여 연구의 답을 구하기 때문에 연구의 반복이 있다.
① 기술적 연구는 설명적 조사에 대한 기초자료를 제공한다.
③ 패널연구도 기술적 연구의 한 부분에 속한다.
④ 기술적 연구는 표준화된 문항을 사용하여 측정의 일관성을 확보할 수 있다.

09 정답 ④

패널연구에서 최초 패널을 잘못 구성하면 장기간에 걸쳐 수정이 불가능하다. 패널연구는 특정 조사대상자들을 반복적으로 실시하는 조사방법이다.

10 정답 ③

③ **코호트 연구** : 처음 조건이 주어진 집단에 대하여 이후의 경과와 결과를 알기 위해 미래에 대해서 조사하는 방법이다.
① **횡단적 연구** : 어느 한 시점에서 이루어진 관찰을 통해 얻은 자료를 바탕으로 하는 연구이다.
② **서베이 리서치** : 일정한 대상이나 집단에 직접·간접으로 인터뷰하여 시장 정보를 입수하는 연구 방법이다.
④ **시계열 연구** : 일정한 시간 간격으로 표시된 자료의 특성을 파악하여 미래를 예측하는 연구이다.

11 정답 ③

ⓛ 질적연구방법은 선 조사, 후 이론의 방법을 활용하는 귀납적 과정에 기초한다.
질적연구방법의 특징
1. 비공식적 언어를 사용한다.
2. 정보의 심층적 의미를 파악할 수 있다.
3. 심층규명을 할 수 있다.
4. 상호작용의 과정에 관심을 둔다.
5. 현장 중심의 사고를 할 수 있다.

12 정답 ④

④ **서베이(survey)조사** : 특정 시점에 다른 특성을 지닌 집단들 사이의 차이를 측정하는 조사방법이다.
① **패널(panel)조사** : 동일한 대상에게 동일한 현상에 대해 일정한 시간 간격을 두고 지속적으로 반복 측정하여 조사하는 연구이다.
② **추세(trend)조사** : 어느 한 시점에서 연구대상 집단의 경향을 분석하고 시간의 경과 후에 그 경향을 다시 분석하여 비교하는 과정을 반복하면서 대상집단의 변화를 연구하는 것이다.
③ **코호트(cohort)조사** : 특정 코호트를 연구 대상자로 선정하고 그들을 장기간 추적 관찰함으로써 시간의 흐름에 따라 어떤 원인에 의해 어떤 결과가 나타나는지를 탐구하는 종단적 연구방법이다.

13 정답 ①

표본추출과정 : 모집단의 확정 → 표집틀의 선정 → 표본추출 방법의 결정 → 표본크기의 결정 → 표본추출의 실행

14 정답 ②

모수는 모집단에서 어떤 변수가 가지고 있는 특성을 요약한 수치이다.

15 정답 ③

③ **표집분포** : 모집단에서 표집한 표본집단들로 표집분포를 만드는 것으로, 실제로 무수한 표집을 하지는 않지만 했다고 가정하고 만들어진 분포이다.
① **표본분포** : 표본을 n개의 확률변수의 조합으로 볼 때 통계량의 확률분포를 뜻한다.
② **모집단분포** : 데이터 처리에 사용되는 모든 모집단을 도시하였을 때 나타나는 분포이다.

16 정답 ②

확률표본추출법은 연구대상이 표본으로 추출될 확률이 알려져 있을 때 무작위로 표본을 추출하는 방법이다.
비확률표본추출법은 연구대상이 표본으로 추출될 확률이 알려져 있지 않을 때 조사자가 주관적으로 표본을 산정하는 방법으로, 표본설계가 용이하고 시간과 비용을 절약할 수 있다.

17 정답 ①

단순무작위표본추출법은 확률표본추출방법으로 모집단 전체 구성요소를 파악한 다음 개별요소에 대하여 일련번호를 부여하고 난수표를 이용하여 필요한 수의 표본을 추출하는 방법이다.

18 정답 ②

② **계통표본추출**(systematic sampling) : 모집단에 대한 정보를 담은 명부를 표집틀로 해서 일정한 순서에 따라 표본을 추출하는 표집 방법으로 선거예측조사를 위한 출구조사, 불량품 검사를 위하여 일정시간마다 뽑는 표본조사 등이 이에 해당한다.
① **편의표본추출**(convenience sampling) : 조사자가 손쉽게 이용 가능한 대상만을 선택하여 표본으로 추출하는 방법이다.
③ **층화표본추출**(stratified sampling) : 모집단을 중복되지 않도록 몇 개의 층으로 나눈 후 각 층으로부터 단순무작위표본추출을 하는 방법이다.

④ **눈덩이표본추출**(snowball sampling) : 소규모의 응답자를 조사하고 그 응답자를 통해 비슷한 속성을 가진 다른 응답자를 소개받는 방법이다.

19 정답 ④

④ **층화표집**(stratified random sampling) : 모집단을 중복되지 않도록 몇 개의 층으로 나눈 후 각 층으로부터 단순무작위표본추출을 하는 방법이다.
① **계통표집**(systematic sampling) : 표집과정에서 일정한 간격을 두고 연구대상을 추출하는 표집방법이다.
② **눈덩이표집**(snowball sampling) : 실험 참가자를 뽑는 비확률표집 기법을 말한다.
③ **판단표집**(judgemental sampling) : 연구의 목적에 맞는 사례들을 연구자의 판단에 따라 선택적으로 수집하는 기법이다.

20 정답 ①

군집표집(cluster sampling)은 동일한 크기의 표본일 경우 단순무작위표집이나 층화표집보다 표집오차가 크다.

21 정답 ③

표본추출을 위한 할당범주는 3(학년)×2(성별)×5(과목)=30개이다.

22 정답 ②

눈덩이표본추출(Snowball Sampling)은 소규모의 응답자들을 찾아내어 면접하고 이들을 정보원으로 다른 응답자를 소개받는 절차를 반복하는 표집방법으로 도박중독자, 알코올중독자, 불법체류자들을 찾아내어 면접할 때 유용하다.

23 정답 ④

비표본추출오차는 전수조사, 표본조사 모두 발생할 수 있다.

24 정답 ①

표본의 크기＝2(2종류의 소득)×2(2종류의 학력)×5(5가지 사례)＝20

25 정답 ④

질문지를 작성할 경우 요구되는 원칙 : 명확성, 간결성, 자세한 질문 배제, 이중적 질문 배제, 응답자에 대한 가정 배제, 규범적 응답의 배제, 가치중립성, 전문용어의 사용 자제, 응답범주의 포괄성, 응답범주의 상호배타성 등

26 정답 ③

설문지의 지시문에 들어갈 내용 : 연구제목, 인사말, 조사기관 및 조사자 신분, 연구목적, 응답이유, 응답자 비밀보장 및 익명성 보장, 협조요청 등

27 정답 ①

심층면접법(in-depth interview)은 특정 개인이나 소수의 대상자와 진행하는 상세한 면접이다. 연구자가 면접 대상자의 생각, 느낌, 경험 등에 대해 깊이 있게 탐색할 수 있게 해주며, 주제에 대한 이해를 심화시키고 다양한 관점을 발견할 수 있다.

28 정답 ④

④ 솔로몬 4개 집단설계는 통제집단 사전사후설계와 통제집단 사후실험설계의 결합 형태로 가장 이상적인 설계유형이다.
① 통제집단 사전－사후설계의 경우 시험효과를 제거하기 쉽고 외생변수의 통제가 가장 용이하다.
② 순수실험설계는 학문적 연구에서 주로 활용된다.
③ 통제집단 사후실험설계는 사전검사를 실시하지 않는다.

29 정답 ①

허위적 상관은 독립변수와 종속변수 사이의 상관관계 또는 인과관계는 제3의 변수에 의해 만들어진 것일 수 있다는 것으로 대인관계와 알코올 섭취 간의 관계에 대한 연구와 같이 사회현상을 연구하는 것은 개방시스템을 전제로 한다. 인과관계에 대하여 결과를 발생시키는 원인이 여러 가지 있을 수 있으므로 조사자는 두 변수 사이에 공변관계가 허위관계가 아님을 증명할 수 있어야 한다.

30 정답 ④

통제집단 사전－사후측정 설계는 실험집단과 통제집단의 동질성을 확보할 수 있으며 시험효과를 제거하기 쉽고 외생변수의 통제가 가장 용이하다.

2과목 조사관리와 자료처리

31 정답 ③

체계적 · 비체계적 관찰은 표준관찰기록양식이 사전에 결정되었는지의 체계화 정도에 따라 나누어진다.

32 정답 ④

2차 자료 : 각종 통계자료, 간행물, 기업에서 수집한 자료, 상업용 자료 등

33 정답 ①

개방형 질문은 자유응답형 질문으로 응답의 형태를 가하지 않고 자유롭게 표현할 수 있는 질문으로 조사자에게 표본에 대한 정보가 없는 경우에 이용할 수 있다. 응답의 형태가 자유롭기 때문에 자료처리를 위한 코딩이나 편집처리가 복잡하고 번거로울 수 있다.

34 정답 ②

전화조사는 전화조사자가 응답자의 질문에 대한 답을 직접 기록하는 방법이다. 자기기입식 조사방법은 응답자가 직접 설문지에 응답사항을 기입하는 방법이다.

35 정답 ④

우편조사의 응답률에 영향을 미치는 주요요인 : 연구목적과 중요성, 동기부여 제공, 응답자의 익명성과 비밀보장, 질문지

의 양식과 우송방법, 협조요청, 상품권 등 인센티브, 연구주관
기관과 지원단체의 성격 등

36 정답 ①

온라인조사는 컴퓨터 사용자만 조사할 수 있으므로 특정 연
령층이나 성별에 따른 편중된 응답이 도출될 수 있어 표본의
대표성 확보가 어렵다.

37 정답 ②

관찰은 관찰자가 연구 집단 내부에 직접 참여하여 관찰하는
방법이므로, 의사소통능력이 없는 대상자에게도 활용할 수
있다.

38 정답 ③

③ 퓨필로미터(pupilometer) : 어떠한 자극을 보여주고 피관
찰자의 눈동자 크기를 측정하는 것으로 적외선 동공검사
기이다.
① 오디미터(audimeter) : TV 시청률을 조사하기 위한 자동
장치이다.
② 사이코갈바노미터(psychogalvanometer) : 심리적 변화
에 의해 관찰대상자의 생체적 변화를 측정한다.
④ 아이 카메라(eye camera) : 관찰대상자의 눈동자가 어떠
한 순서로 대상을 보고 어떤 부분에서 오랫동안 머무는지
를 추적하여 응답자의 반응을 측정한다.

39 정답 ④

표준화면접은 조사표를 만들어서 면접상황에 구애됨이 없이
모든 응답자에게 동일한 질문과 순서 등에 따라 면접을 수행
하는 방법으로 정확하고 체계적인 자료를 얻고자 할 때 가장
적절하다.

40 정답 ①

사생활 침해를 느끼거나 면접 자체의 두려움, 면접원에 대한
반감, 긴 면접시간 등이 있을 경우 면접조사에 응하고 싶은
동기는 사라진다.

41 정답 ④

투사법은 인간의 무의식 속에 내재되어 있는 동기, 가치, 태
도 등을 알아보기 위하여 모호한 자극을 응답자에게 제시하
여 반응을 알아보는 방법으로 비체계적─비공개적 의사소통
방법이다. 이에는 주제통각검사, 로르샤흐잉크반점검사, 역할
행동검사, 만화완성검사, 단어연상검사, 문장완성검사 등이
있다. 역할행동법은 교육 참가자에게 특정 상황에 대한 바람
직한 행동을 제시한 후 교육 참가자가 해당 행동을 모방하도
록 훈련시키는 기법이다.

42 정답 ②

학문적 기준 : 독창성, 이론적 의의, 경험적 검증가능성

43 정답 ①

측정도구에 포함된 내용이 측정하고자 하는 내용을 대표할
수 있도록 하면 대표성의 신뢰성이 손상된다.

44 정답 ③

선행변수는 인과관계에서 독립변수에 앞서면서 독립변수에
유효한 영향력을 행사하는 제3의 변수이다.

45 정답 ②

연속변수(continuous variable)는 양적변수 중에서 어떤 구간
내에서 취할 수 있는 값이 무한히 많은 변수로 거리, 신장, 체
중, 소득, 거주기간 등이 이에 해당한다. 인종은 3가지 변수만
취할 수 있다.

46 정답 ①

① 사회현상을 보편적 언어로 정의하는 과정은 개념화이다.
② 개념의 조작화는 실증주의 패러다임에서 강조한다.
③ 추상적 개념을 구체적인 경험세계와 연결시킨다.
④ 추상적 개념을 수량화하여 측정 가능하도록 한다.

47　　　　　　　　　　　정답 ③

조작적 정의는 구체적으로 정확하게 표현하고 의미를 부여하는 것이다. 빈곤을 물질적인 결핍 상태로 정의하는 것은 어느 정도가 물질적인 결핍 상태인지 구체적인 정확성이 결여되어 있으므로 조작적 정의의 예로 적절하지 않다.

48　　　　　　　　　　　정답 ④

가설의 형태는 A이면 B이다. 만약 A라면 B이다. A와 B는 관련이 있다. A할수록 B하다는 형식이어야 한다. ④는 A할수록 B하다는 형식이다.

49　　　　　　　　　　　정답 ②

② 측정(measurement) : 어떤 사건이나 대상이 지니고 있는 경험적 속성에 대해 미리 정해놓은 규칙에 따라 수량화하는 것이다.
① 척도(scale) : 사회 조사, 마케팅 조사 등을 위해 측정 대상을 일정한 규칙에 따라 계량하게 도와주는 일종의 측정 도구이다.
③ 변수(variable) : 변하는 값을 나타내는 기호이다.
④ 지표(indicator) : 추상적인 개념을 대표하고 그 개념에 관련되는 지수나 척도를 말한다.

50　　　　　　　　　　　정답 ③

명목척도 구성을 위한 측정범주들에 대한 기본 원칙은 배타성, 포괄성, 논리적 연관성 등이다.

51　　　　　　　　　　　정답 ①

비율척도 : 측정대상을 분류하고 각 측정대상에 순서나 서열을 결정하고 서열 간에 일정한 간격을 제시할 뿐 아니라 절대영점을 가짐으로써 비율을 결정한다. 비율척도에는 신장, 체중, 소득, 투표율, 빈곤율, 출산율 등이 있다. 온도는 등간척도이다.

52　　　　　　　　　　　정답 ③

비율측정은 수치상 가감승제와 같은 모든 산술적인 사칙연산과 모든 통계값의 산출이 가능하며 가장 많은 정보를 제공해 준다.

53　　　　　　　　　　　정답 ②

② 리커트척도 : 각 문항별 응답점수의 총합을 측정한다는 가정에 근거하여 전체 문항의 총점 또는 평균을 계산하는 척도이다.
① 서스톤척도 : 어떤 사실에 대하여 가장 비우호적인 태도와 가장 우호적인 태도를 나타내는 양극단을 구분하여 등간적으로 수치를 부여하는 척도이다.
③ 거트만척도 : 태도의 강도에 대한 연속적 증가유형을 측정하고자 하는 척도이다.
④ 의미분화척도 : 일직선으로 도표화된 척도의 양극단에 서로 상반되는 형용사를 배열하여 양극단 사이에서 해당 속성을 평가하는 척도이다.

54　　　　　　　　　　　정답 ③

보가더스(Bogardus)의 사회적 거리척도는 적용 범위가 넓고 예비조사에 적합한 면이 있으며, 집단 상호간의 거리를 측정하는 데 유용하고, 집단뿐 아니라 개인 또는 추상적인 가치에 관해서도 적용할 수 있다.

55　　　　　　　　　　　정답 ①

체계적 오차는 측정의 타당성과 관련이 있으며 비체계적 오차는 측정의 신뢰성과 관련이 있다.

56　　　　　　　　　　　정답 ④

체계적 오차(systematic error)는 사회경제적 특성, 개인적 성향, 편견 등에 의해 오차가 발생하는 것이다.

57　　　　　　　　　　　정답 ②

크론바흐 알파값은 신뢰성 측정값에 해당한다. 문항 간의 평균 상관계수가 높을수록 또는 문항의 수가 많을수록 크론바흐 알파값은 커진다.

58　　　　　　　　　　　정답 ③

개념타당성 : 이해타당성, 집중타당성, 판별타당성

59 정답 ①

측정의 신뢰성(Reliability)은 반복가능성, 안정성, 일관성, 동일성, 예측가능성 등의 개념과 관련이 있다.

60 정답 ②

㉠ **타당성** : 측정도구가 실제로 측정하고자 하는 바를 얼마나 정확하게 측정하고 있는가이다.

㉡ **신뢰성** : 측정도구가 측정하고자 하는 현상을 일관성 있게 측정하였는지에 관한 내용이다.

3과목 통계분석과 활용

61 정답 ③

$$가중평균 = \frac{w_1 x_1 + w_2 x_2 + \cdots + w_n x_n}{w_1 + w_2 + \cdots + w_n}$$
$$= \frac{(70 \times 0.3) + (80 \times 0.3) + (90 \times 0.4)}{0.3 + 0.3 + 0.4} = 81$$

62 정답 ②

줄기-잎 그림에서 자료의 십의 자리는 줄기이고, 잎은 일의 자리수이다. 십의 자리에 5인 자료는 50, 53, 54이므로 빈칸에 들어갈 잎은 0, 3, 4이다. 자료의 개수가 17로 홀수이므로 중앙값은 $\frac{n+1}{2} = \frac{17+1}{2} = 9$이다. 즉, 중앙값은 크기 순으로 정리된 줄기-잎 그림에서 9번째 값인 50이다.

63 정답 ④

분산은 관측값에서 관측값들의 평균값을 뺀 값의 제곱의 합을 자료의 개수로 나눈 값이다. 평균, 중앙값, 표준편차는 관측치의 단위와 같다.

64 정답 ①

변동계수는 여러 집단의 분산을 평균을 고려하여 상대적으로 비교할 때 사용되는 상대적인 산포의 측도이며, 측정단위가 서로 다르거나 집단 간에 평균의 차이가 큰 산포를 비교하는 데 적합하다.

65 정답 ②

비대칭도의 부호는 관측값 분포의 긴 쪽 꼬리 방향을 나타낸다.

1. **왜도=0** : 정규분포와 같이 긴 쪽 꼬리 방향을 나타낸다.
2. **왜도>0** : 왼쪽으로 치우치고 오른쪽으로 꼬리를 길게 늘어뜨린 분포이다.
3. **왜도<0** : 오른쪽으로 치우치고 왼쪽으로 꼬리를 길게 늘어뜨린 분포이다.

66 정답 ①

항아리에서 임의로 구슬 3개를 꺼내는 경우의 수는 서로 다른 10개의 구슬에서 순서를 생각하지 않고 3개를 선택하는 경우로 $_{10}C_3 = \frac{10 \times 9 \times 8}{3 \times 2 \times 1} = 120$이다. 흰 구슬 2개가 나오는 경우의 수는 $_2C_2 = 1$이고, 검은 구슬 1개가 나올 경우의 수는 $_5C_1 = 5$이다. 두 사건이 동시에 일어나는 경우의 수는 곱의 법칙에 따라 $_2C_2 \times _5C_1 = 5$이다. 따라서 임의로 구슬 3개를 꺼낼 때, 흰 구슬 2개와 검은 구슬 1개가 나올 확률은 $\frac{5}{120} = \frac{1}{24}$이다.

67 정답 ②

명상학 과목에서 합격점수를 받을 사건을 A, 통계학에서 합격점수를 받을 사건을 B라 하면

$P(A) = \frac{2}{3}$, $P(A \cap B) = \frac{1}{2}$이다.

명상학에 합격했음을 알고 있을 때 통계학에서 합격점수를 받았을 확률은 $P(B|A) = \frac{P(A \cap B)}{P(A)}$이므로

확률은 $\dfrac{\frac{1}{2}}{\frac{2}{3}} = \frac{3}{4} = 0.75 = 75\%$이다.

68 정답 ①

스마트폰이 A기계에서 생산된 사건을 A, B기계에서 생산된 사건을 B, C기계에서 생산된 사건을 C, 불량품일 사건을 X라 하면

$P(A \cap X) = P(A)P(X|A) = 0.5 \times 0.05 = 0.025$
$P(B \cap X) = P(B)P(X|B) = 0.3 \times 0.03 = 0.009$
$P(C \cap X) = P(C)P(X|C) = 0.2 \times 0.02 = 0.004$

이다.

세 사건이 서로 배반이므로 합의 법칙을 이용하여 불량품일 확률을 구하면

$P(X)=P(A\cap X)+P(B\cap X)+P(C\cap X)=0.038$
이다. 따라서 생산된 스마트폰 하나가 불량품일 때 기계 A에서 생산되었을 확률은

$$P(A\,|\,X)=\frac{P(A\cap X)}{P(X)}=\frac{0.025}{0.038}≒0.66이다.$$

69 정답 ③

주사위를 던져 나온 숫자에 10,000원을 곱한 상금을 X라 하면 X의 확률분포는 다음과 같다.

상금	20,000	40,000	60,000
$P(X=x)$	$\frac{1}{3}$	$\frac{1}{3}$	$\frac{1}{3}$

확률변수 X의 기댓값 $E(X)=\sum_{i=1}^{n}x_i\times P(x_i)$이므로
$E(X)=\frac{1}{3}(20,000+40,000+60,000)=40,000(원)이다.$

70 정답 ②

연속확률변수 X에 대한 확률은 적분을 이용하여 구하는데 먼저 전체 확률이 1임을 이용하여 k값을 구한다.
전체 확률을 구하면
$$1=\int_0^1(kx-kx^2)dx=\left[\frac{kx^2}{2}-\frac{kx^3}{3}\right]_0^1=\frac{k}{6}.\ \frac{k}{6}=1,\ k=6$$
이다.
연속확률변수 X의 기댓값은
$E(X)=\int_{-\infty}^{\infty}x\times f(x)dx$이므로
$$E(X)=\int_0^1 x\times 6x(1-x)dx=\int_0^1(6x^2-6x^3)dx$$
$$=\left[\frac{6x^3}{3}-\frac{6x^4}{4}\right]_0^1=\frac{1}{2}이다.$$

71 정답 ④

이항분포는 사건 A가 일어날 확률 P, 일어나지 않은 확률 $1-P$의 두 가지뿐인 베르누이 시행을 n번 독립적으로 시행할 때 사건 A가 일어나는 횟수 X에 대한 분포이다.

72 정답 ③

명중한다와 명중하지 않는다는 두 가지뿐인 베르누이 시행에서 n번의 시도 중에서 명중한 수를 확률변수 X라 하면

$X=n,\ p=\frac{3}{4}$인 이항분포 $B\left(n,\frac{3}{4}\right)$를 따르며 $B\left(n,\frac{3}{4}\right)$에 대한 확률질량함수는
$$P(X=x)={}_nC_x\left(\frac{3}{4}\right)^x\left(1-\frac{3}{4}\right)^{n-x}\ (0,1,2,\cdots,10)이다.$$
이 사수가 1개의 주사위를 던져 1 또는 2의 눈이 나와 목표물을 두 번 쏜 결과 한 번만 명중할 확률은
$n=2$인 $B\left(2,\frac{3}{4}\right)$이므로 $\frac{1}{3}\times{}_2C_1\left(\frac{3}{4}\right)^1\left(\frac{1}{4}\right)^{2-1}=\frac{1}{8}이다.$
이외의 눈이 나와 목표물을 세 번 쏜 결과 한 번만 명중할 확률은 $n=3$인 $B\left(3,\frac{3}{4}\right)$에 의해
$\frac{2}{3}\times{}_3C_1\left(\frac{3}{4}\right)^1\left(\frac{1}{4}\right)^{3-1}=\frac{3}{32}이다.$
따라서 1개의 주사위를 한 번 던져서 이에 따라 목표물을 쏠 때 한 번만 명중할 확률은 $\frac{1}{8}+\frac{3}{32}=\frac{7}{32}이다.$

73 정답 ①

정품과 불량품 두 가지뿐인 베르누이 시행에서 7개의 제품 중 불량품 수를 확률변수 Y라 하면 Y는 $n=7,\ p=0.2$인 이항분포 $B(7,0.2)$을 따르므로 확률변수 Y의 분산은 $E(Y)=np(1-p)=7\times0.2\times(1-0.2)=1.120이다.$

74 정답 ③

표준편차(분산) σ값이 커질수록 평균 μ근처의 확률은 작아지고 꼬리부분의 확률이 커져 꼬리부분이 두껍고 길어진다. 정규분포는 평균 μ에 대하여 좌우대칭인 종 모양의 분포이다.

75 정답 ①

$X\sim N(5,2^2)$에 대하여 $P(4<X<6)$를 표준정규분포 $N(0,1)$로 표준화하면
$$P(4<X<6)=P\left(\frac{4-5}{2}<\frac{X-5}{2}<\frac{6-5}{2}\right)$$
$$=P\left(-\frac{1}{2}<Z<\frac{1}{2}\right)$$
$$=2\times P(0<Z<0.5)$$
$$=2\times(0.6915-0.5)=0.3830이다.$$

76 정답 ②

확률변수 X가 자유도 (a,b)인 $F(a,b)$를 따른다면

확률변수 $Y = \dfrac{1}{X}$ 는 $F(b, a)$를 따른다.

77
정답 ④

표본평균 $\overline{X}$의 표준편차는 $SE(\overline{X}) = \dfrac{\sigma}{\sqrt{n}}$이므로

$\sigma = 10$, $n = 160$일 때 표준편차를 각각 구하면

$\dfrac{\sigma}{\sqrt{10}}$과 $\dfrac{\sigma}{\sqrt{160}} = \dfrac{\sigma}{4\sqrt{10}} = \dfrac{1}{4} \dfrac{\sigma}{\sqrt{10}}$이므로 표본의 크기가

10에서 160으로 증가하면 표준오차는 $\dfrac{1}{4}$이다.

78
정답 ②

중심극한정리에 의하여 모집단이 정규분포 $N(\mu, \sigma^2)$을

따르고 표본평균 $\overline{X}$는 정규분포 $N\left(\mu, \dfrac{\sigma^2}{n}\right)$을 따르면

$\mu = 240$, $\sigma^2 = 8^2$, $n = 25$이므로 $N\left(240, \left(\dfrac{8}{5}\right)^2\right)$이다.

평균무게가 $242g$ 이하일 확률은

$P(\overline{X} \le 242) = P\left(\dfrac{\overline{X} - 240}{\frac{8}{5}} \le \dfrac{242 - 240}{\frac{8}{5}}\right) = P\left(Z \le \dfrac{5}{4}\right)$

이다.

79
정답 ③

불편 추정량 중에서 표본분포의 표준오차가 더 작은 추정량이 더 효율이라고 한다. 중위수가 평균보다 중앙에 위치하기 때문에 더욱 효율성이 있다고 하지 않는다.

80
정답 ④

모평균에 대한 점추정량은 표본평균이 $\dfrac{1}{n}\sum\limits_{i=1}^{n} x_1$으로

찬성이면 0, 반대면 1로 편집하므로 찬성에 대한 점추정량의 값을 구하기 위해 $1 - x_1$에 대한 표본평균을 구하면

$\dfrac{1}{n}\sum\limits_{i=1}^{n}(1 - x_1)$이다.

81
정답 ②

모표본편차가 알려져 있어 $Z-$분포에 따른 90% 신뢰도 구간을 구하면 표본평균 $\overline{X} = 10$, 모표준편차 $\sigma = 4$, 표본의 크기 $n = 25$, $\sigma = 0.1$이므로 $z_{\frac{\alpha}{2}} = z_{0.05} = 1.645$에 대하여 모평균에 대한 80% 신뢰구간은

$\left(\overline{X} - z_{0.05}\dfrac{\sigma}{\sqrt{n}},\ \overline{X} + z_{0.05}\dfrac{\sigma}{\sqrt{n}}\right)$
$= \left(10 - 1.645 \times \dfrac{4}{5},\ 10 + 1.645 \times \dfrac{4}{5}\right) = (8.68,\ 11.32)$이다.

82
정답 ④

두 모비율의 차 $p_1 - p_2$의 $100(1-\alpha)\%$의 신뢰구간은

$\left(\hat{p}_1 - \hat{p}_2 - z_{\frac{\alpha}{2}}\sqrt{\dfrac{\hat{p}_1(1-\hat{p}_1)}{n_1} + \dfrac{\hat{p}_2(1-\hat{p}_2)}{n_2}}\right),$

$\left(\hat{p}_1 - \hat{p}_2 + z_{\frac{\alpha}{2}}\sqrt{\dfrac{\hat{p}_1(1-\hat{p}_1)}{n_1} + \dfrac{\hat{p}_2(1-\hat{p}_2)}{n_2}}\right)$이다.

각각의 표본비율 $\hat{p}_1 = \dfrac{26}{37}$, $\hat{p}_2 = \dfrac{23}{40}$, 표본의 크기

$n_1 = 37$, $n_2 = 40$, $\alpha = 0.05$, $z_{\frac{\alpha}{2}} = z_{0.025} = 1.96$에 대하여 95% 신뢰구간은

$\Bigg\{\left(\dfrac{26}{37} - \dfrac{23}{40}\right) - 1.96\sqrt{\dfrac{\frac{26}{37} \times \frac{11}{37}}{37} + \dfrac{\frac{23}{40} \times \frac{17}{40}}{40}},$

$\left(\dfrac{26}{37} - \dfrac{23}{40}\right) + 1.96\sqrt{\dfrac{\frac{26}{37} \times \frac{11}{37}}{37} + \dfrac{\frac{23}{40} \times \frac{17}{40}}{40}}\Bigg\}$

$= (0.128 - 1.96\sqrt{0.0117},\ 0.128 + 1.96\sqrt{0.0117})$이므로
$0.128 \pm 1.96\sqrt{0.0117}$이다.

83
정답 ①

① 유의수준 : 귀무가설이 참임에도 불구하고 귀무가설을 기각하는 제1종 오류를 범할 확률의 최대 허용한계이다.
② 대립가설 : 표본에 근거한 강력한 증거에 의하여 입증하고자 하는 가설이다.
③ 검정통계량 : 검정의 기준을 결정하는데 사용되는 통계량이다.
④ 귀무가설 : 대립가설과 반대되는 가설로, 처음부터 버릴 것을 예상하는 가설이다.

84
정답 ④

검정력은 대립가설이 사실일 때 귀무가설을 기각할 확률이다. 유의수준은 귀무가설이 참임에도 불구하고 귀무가설을 기각하는 오류를 범할 확률의 최대 허용한계이다.

85
정답 ①

기존의 해열제는 해열효과가 지속되는 시간이 평균 30분이고 표준편차는 5분에 대하여 새로운 해열제를 개발하는데 개

발팀은 이 해열제의 해열효과가 30분이라 할 때 귀무가설 (H_0)과 대립가설(H_1)은 $H_0 : P = 30$, $H_1 : P > 30$이다. 귀무가설은 등호($=$)로 표시하고 대립가설은 $\neq$, $<$, $>$로 표시한다.

---

86 정답 ②

$F-$검정은 두 표본의 분산을 비교하는 데 많이 이용되는 검정이다. 두 개의 정규집단으로부터 추출한 독립된 확률표본에 기초하여 두 모집단의 분산비율에 대한 가설을 검정할 때 $F-$검정을 한다.

---

87 정답 ③

두 표본분산에 대한 공통분산은

$S_p^2 = \dfrac{(n_1-1)S_1^2 + (n_2-1)S_2^2}{n_1 + n_2 - 2}$이다. 두 독립된 표본 각각의 표본분산과 표본의 수가 $S_1^2 = 10$, $S_2^2 = 15$, $n_1 = 11$, $n_2 = 16$이다. 따라서 공통분산은

$S_p^2 = \dfrac{(11-1) \times 10 + (16-1) \times 15}{11 + 16 - 2} = 13$이다.

---

88 정답 ③

관측값에 영향을 주는 독립변수는 명목척도, 서열척도이고, 종속변수는 등간척도나 비율척도이다.
분산분석 : 분산값들을 이용해서 3개 이상의 모집단의 모평균 차이를 검정하는 통계분석방법이지만 두 집단 간 평균 차이를 검정할 때에도 사용 가능하다.

---

89 정답 ②

일원분산분석 모형에서 오차항에 대한 가정 : 정규성, 독립성, 등분산성

---

90 정답 ④

4개 도시에서 각각 10명씩 조사하므로 자료의 개수는 40이고, 총합의 자유도는 $40-1=39$이다. 4개 도시에서 조사하므로 처리의 자유도는 $4-1=3$이며, 오차의 자유도는 $39-3=36$이다. 따라서 ㉠ 3, ㉢ $4,900-2,100=2,800$, ㉣ 36,

ⓐ $3+36=39$, ㉡ $\dfrac{2,100}{3}=700$, ㉤ $\dfrac{2,800}{36}=77.8$, ㉥ $\dfrac{700}{77.8}≒90$이다.

---

91 정답 ②

분산분석에서 3개의 처리 사이의 평균 차를 동시에 검정하기 위한 귀무가설(H_0)과 대립가설(H_1)은
$H_0 : \mu_1 = \mu_2 = \mu_3$
$H_1 :$ 모든 μ_i가 같은 것은 아니다. $i = 1, 2, 3$

---

92 정답 ④

독립성 검정의 기대도수는
$\hat{E}_{ij} = \dfrac{(각\ 행의\ 부변합) \times (각\ 열의\ 주변합)}{총합} = \dfrac{T_{i\cdot} \times T_{\cdot i}}{n}$
이다.

---

93 정답 ①

두 변수의 선형관계의 밀접성 정도를 나타내는 것은 상관계수이다.

---

94 정답 ③

산점도에서 관찰해야 하는 자료 : 이상점의 존재 여부, 자료의 군집형태 여부, 선형 및 비선형관계의 여부, 자료의 층화 여부 등

---

95 정답 ④

단순회귀분석은 독립변수가 1개일 때 독립변수와 종속변수 간의 선형관계를 분석하는 것으로 연속형 독립변수가 연속형 종속변수에 미치는 영향을 분석한다. 독립변수인 스마트폰, 종속변수인 사용연수와 스마트폰 가격과의 관계를 분석하는 방법이다.

---

96 정답 ②

회귀모형 $y = \alpha + \beta x_i + \varepsilon_i$ ($i = 1, 2, 3, \cdots, n$)의 경우

β의 최소제곱추정량은 $b = \dfrac{\sum x_i y_i - n\overline{x}\,\overline{y}}{\sum x_i^2 - n\overline{x}^2}$이므로

$\overline{x} = \dfrac{\sum\limits_{i=1}^{10} x_i}{10} = 3.9$, $\overline{y} = \dfrac{\sum\limits_{i=1}^{10} y_i}{10} = 3.51$, $\sum\limits_{i=1}^{10} x_i y_i = 152.7$,

$\sum\limits_{i=1}^{10} x_i^2 = 193$에 대한 회귀계수의 추정값 b는

$b = \dfrac{\sum\limits_{i=1}^{10} x_i y_i - 10\overline{x}\,\overline{y}}{\sum\limits_{i=1}^{10} x_i^2 - 10\overline{x}^2} = \dfrac{152.7 - 10 \times 3.9 \times 3.51}{193 - 10 \times 3.9^2} \fallingdotseq 0.387$

이다.

---

97 정답 ①

분산분석표를 작성하면 다음과 같다.

요인	제곱합	자유도	평균제곱	F값
인자	66	1	66	$\dfrac{66}{22} = 3$
잔차	220	$11 - 1 = 10$	$\dfrac{220}{10} = 22$	

---

98 정답 ②

결정계수 R^2은 총변동 $SST = \sum\limits_{i=1}^{n} (y_i - \overline{y})^2$ 중에서 추정회귀직선에 의해서 설명되어지는 회귀제곱합 $SSR = \sum\limits_{i=1}^{n} (\hat{y}_i - \overline{y})^2$의 비율로 $R^2 = \dfrac{SSR}{SST}$이다.

---

99 정답 ③

결정계수 R^2은 총변동 $SST = \sum\limits_{i=1}^{n} (y_i - \overline{y})^2$ 중에서 추정회귀직선에 의해서 설명되어지는 회귀제곱합 $SSR = \sum\limits_{i=1}^{n} (\hat{y}_i - \overline{y})^2$의 비율로 $R^2 = \dfrac{SSR}{SST}$이다.
회귀제곱합(SSR)은 150이고,
총제곱합(SST)이 $50 + 150 = 200$이므로
결정계수는 $R^2 = \dfrac{SSR}{SST} = \dfrac{150}{200} = 0.75$이다.

---

100 정답 ③

단순회귀모형 $Y_i = \beta_0 + \beta_1 X_i + \varepsilon_i \ (i = 1, 2, 3, \cdots, n)$에서 β_0는 X_i가 0일 경우에 반응변수의 반응량을 나타낸다.

제8회
CBT
빈출 모의고사
정답 및 해설

1과목 조사방법과 설계

01	④	02	①	03	③	04	④	05	①
06	②	07	④	08	③	09	②	10	①
11	②	12	①	13	④	14	②	15	③
16	④	17	②	18	④	19	①	20	①
21	②	22	④	23	①	24	④	25	④
26	②	27	④	28	④	29	②	30	③

2과목 조사관리와 자료처리

31	②	32	①	33	④	34	③	35	②
36	④	37	③	38	④	39	①	40	④
41	②	42	①	43	④	44	②	45	④
46	②	47	③	48	①	49	③	50	③
51	②	52	④	53	①	54	②	55	①
56	③	57	①	58	④	59	④	60	③

3과목 통계분석과 활용

61	①	62	④	63	②	64	①	65	④
66	③	67	②	68	①	69	③	70	④
71	①	72	④	73	③	74	②	75	④
76	③	77	④	78	②	79	③	80	①
81	②	82	④	83	③	84	④	85	①
86	②	87	④	88	③	89	④	90	①
91	①	92	④	93	②	94	①	95	④
96	①	97	③	98	②	99	①	100	②

1과목 조사방법과 설계

01   정답 ④

과학적 방법은 지식이나 원리를 발견하기 위해 자료를 수집하고 가설을 설정하며, 나아가 그 가설을 경험적인 활동을 통해 검증해 가는 객관적이고 정밀하며 체계적인 접근 방법이다.

02   정답 ①

① 상호주관성 : 다른 목적, 시각, 주관을 가지더라도 동일한 방식을 전개하면 동일한 해석 또는 설명에 도달할 수 있다는 것이다.
② 재생가능성 : 일정한 절차와 방법을 되풀이 했을 때 누구나 동일한 결론에 도달할 수 있어야 한다.
③ 경험적 실증성 : 경험적이고 실제적으로 검증이 가능해야 한다.
④ 반증 가능성 : 검증하려는 가설이 실험이나 관찰에 의해서 반증될 수 있어야 한다.

03   정답 ③

조사문제를 해결하기 위한 연구절차 : ⓒ 문제의 인식과 정의 → ⓛ 연구설계의 기획 → ⑤ 자료수집 → ⑩ 결과 분석 및 해석 → ⓔ 보고서 작성

04   정답 ④

직관에 의한 지식형성의 오류 : 부정확한 관찰, 지나친 일반화, 선택적 관찰, 자기중심적 현상 이해, 고정관념 등

05   정답 ①

① 생태주의적 오류 : 집합 수준의 분석단위 자료를 바탕으로 개인의 특성을 추리할 때 발생하는 오류이다.
② 비체계적 오류 : 측정 중 발생하는 예측할 수 없는 오류이다.
③ 환원주의적 오류 : 어떤 현상의 원인이라고 생각되는 개념이나 변수를 지나치게 제한하거나 한 가지로 한정함으로써 지나치게 단순화시킨 결과이다.
④ 개인주의적 오류 : 개인 수준의 분석단위에서 도출된 결과를 집단 수준으로 확대 해석할 때 나타날 수 있는 오류이다.

06 정답 ②

② **귀납적 방법** : 개별적인 사례를 바탕으로 일반적인 원리를 찾아내는 방법이다.
① **연역적 방법** : 일반적인 사실로부터 특수한 사실을 이끌어 내는 논리이다.
③ **참여관찰법** : 연구하려는 지역이나 집단의 한 구성원이 되어 직접 활동에 참여하면서 자료를 수집하여 분석하는 방법이다.
④ **질문지법** : 특정 집단에 어떤 주제에 대한 의견을 묻고 그 통계를 내는 것을 말한다.

07 정답 ④

문헌연구는 해당 연구주제에 대한 과거 관련 연구의 결과를 학습할 수 있고 그로부터 새로운 아이디어를 얻을 수 있으며 최근의 연구동향도 파악할 수 있다.

08 정답 ③

특정현상으로 야기된 원인과 결과를 밝혀 정확히 기술하는 것은 설명적 연구이다. 기술적(descriptive) 연구는 사건이나 현상에 대한 탐구와 명료화를 주목적으로 하고, 행정실무자와 정책분석가들이 기본적인 연구도구로 사용한다.

09 정답 ②

패널조사에서 최초 패널을 잘못 구성하면 장기간에 걸쳐 수정이 불가능하다. 패널조사는 동일한 대상에게 동일한 현상에 대한 일정한 시간 간격을 두고 지속적으로 반복 측정하는 조사로 측정기간 동안 패널이 이탈될 수 있고, 조사대상자의 태도 및 행동변화에 대한 분석이 가능하다.

10 정답 ①

① 추세연구는 종단연구에 속한다.
횡단연구(cross-sectional study)는 어느 한 시점에서 이루어진 관찰을 통해 얻은 자료를 바탕으로 하는 연구로 인구센서스 조사, 주택총조사 등이 이에 해당한다.

11 정답 ②

질적방법은 몸짓, 언어, 태도나 현장 자체에 대한 자료를 관찰이나 면접 등의 방법을 활용하므로 자료의 표준화를 도모하기 어렵다.
질적연구방법의 특징
1. 비공식적 언어를 사용한다.
2. 정보의 심층적 의미를 파악할 수 있다.
3. 심층규명을 할 수 있다.
4. 상호작용의 과정에 관심을 둔다.
5. 현장 중심의 사고를 할 수 있다.

12 정답 ①

서베이 조사는 모집단으로부터 추출된 표본을 대상으로 설문지나 면접을 통하여 사회현상에 관한 자료를 수집하고 분석하는 연구이다. 센서스는 추세연구에 해당하고, 서베이 조사에는 면접조사, 전화조사, 우편조사, 집단설문조사, 온라인조사 등이 있다.

13 정답 ④

비확률표집오차는 표본추출 이외의 과정에서 발생하는 오차로 표본추출오차를 제외한 나머지 오차이다. 비확률표집오차가 줄어들어도 표집오차는 줄어들지 않는다.

14 정답 ②

② 표본추출요소는 자료가 수집되는 대상의 단위이다.
① 분석단위와 관찰단위는 반드시 일치하는 것은 아니다.
③ 표본추출단위는 표집과정에서 각 단계에서의 표집대상이고, 표본이 실제 추출되는 연구대상 목록은 표집틀이다.
④ 통계치는 통계량에 표본의 구체적인 값을 대입하여 얻은 수치이다.

15 정답 ③

표본추출과정 : 모집단의 확정 → 표본프레임의 선정 → 표본추출방법의 결정 → 표본크기의 결정 → 표본추출

16 정답 ④

확률표본추출방법은 여러 가지 통계적인 기법을 통하여 모집단의 일반화가 가능하고, 비확률표본추출방법은 일반화를 하지 않는 민속학이나 참여관찰 등에 주로 사용된다.

17 정답 ②

② 모집단을 가장 잘 대표하는 표본추출방법은 군집추출방법이다.
① 난수표, 추첨법, 컴퓨터를 이용한 난수의 추출방법 등을 이용할 수 있다.
③ 모집단의 모든 개체가 표본으로 추출될 확률이 같다.
④ 모집단의 구성요소를 정확히 파악하여 표집틀을 작성하여야 한다.

18 정답 ③

③ 계통표본추출(systematic sampling) : 모집단에 대한 정보를 담은 명부를 표집틀로 해서 일정한 순서에 따라 표본을 추출하는 표집 방법으로 선거예측조사를 위한 출구조사, 불량품 검사를 위하여 일정시간마다 뽑는 표본조사 등이 있다.
① 층화표본추출(stratified sampling) : 모집단을 중복되지 않도록 몇 개의 층으로 나눈 후 각 층으로부터 단순무작위표본추출을 하는 방법이다.
② 편의표본추출(convenience sampling) : 조사자가 손쉽게 이용 가능한 대상만을 선택하여 표본으로 추출하는 방법이다.
④ 눈덩이표본추출(snowball sampling) : 소규모의 응답자를 조사하고 그 응답자를 통해 비슷한 속성을 가진 다른 응답자를 소개받는 방법이다.

19 정답 ①

① 층화표집(stratified random sampling) : 모집단을 중복되지 않도록 몇 개의 층으로 나눈 후 각 층으로부터 단순무작위표본추출을 하는 방법이다.
② 계통표집(systematic sampling) : 표집과정에서 일정한 간격을 두고 연구대상을 추출하는 표집방법이다.
③ 군집표집(cluster sampling) : 모집단에서 집단을 일차적으로 표집한 다음 선정된 각 집단에서 구성원을 표본으로 추출하는 다단계 표집방법이다.
④ 판단표집(judgemental sampling) : 연구의 목적에 맞는 사례들을 연구자의 판단에 따라 선택적으로 수집하는 기법이다.

20 정답 ①

① 층화표집은 동질적 대상의 표본 수를 줄이더라도 표본의 대표성을 높일 수 있으므로 모든 부분집단에서 표본을 선정할 수 있다.
②, ③ 군집표집은 모집단을 여러 가지 이질적인 구성요소를 포함하는 여러 개의 군집 또는 집단으로 구분한 후 군집을 표집단위 한다.
④ 층화표집은 집단 간 이질성이 존재하는 경우 무작위표집보다 정확하게 모집단을 대표하는 표본을 추출할 수 있다.

21 정답 ②

판단표집 : 조사문제를 잘 알고 있거나 모집단의 의견을 효과적으로 반영할 수 있을 것으로 판단되는 특정집단을 표본으로 선정하여 조사하는 방법으로 전문지식을 가진 표본을 임의로 산정하는 경우가 이에 해당한다.

22 정답 ②

눈덩이표본추출(Snowball Sampling)은 소규모의 응답자를 조사하고 그 응답자들을 찾아내어 면접하고 이들을 정보원으로 다른 응답자를 소개받는 절차를 반복하는 표집방법으로 도박중독자, 알코올중독자, 불법체류자들을 찾아내어 면접할 때 유용하다.

23 정답 ①

허용오차가 작을수록 표본의 크기가 커야 한다.

24 정답 ②

설문지 작성의 일반적인 과정 : 예비조사 → 자료수집방법 결정 → 개별항목 내용 결정 → 질문형태 결정 → 개별항목 결정 → 질문순서 결정 → 설문지 초안완성 및 사전검사 → 설문지 확정 및 인쇄

25   정답 ④

편견이나 부정적인 질문은 되도록 피하여야 한다.
질문지를 작성할 경우 요구되는 원칙 : 명확성, 간결성, 자세한 질문 배제, 이중적 질문 배제, 응답자에 대한 가정 배제, 규범적 응답의 배제, 가치중립성, 전문용어의 사용 자제, 응답범주의 포괄성, 응답범주의 상호배타성 등

26   정답 ②

사전검사(Pre-test)는 질문지 초안에 예상하지 못했던 오류를 찾아 수정하여 질문지의 완성도를 높이기 위한 것이다.

27   정답 ③

심층면접법(in-depth interview)은 특정 개인이나 소수의 대상자와 진행하는 상세한 면접이다. 연구자가 면접 대상자의 생각, 느낌, 경험 등에 대해 깊이 있게 탐색할 수 있게 해주며, 주제에 대한 이해를 심화시키고 다양한 관점을 발견할 수 있다.

28   정답 ①

유사실험설계 : 비동일 통제집단설계, 단순시계열설계, 복수시계열설계

29   정답 ②

② **성숙효과 :** 실험기간 중 독립변수의 변화가 아닌 피실험자의 심리적·연구통계적 특성의 변화가 종속변수에 영향을 미치는 경우
① **실험대상의 탈락 :** 조사기간 중 특정 실험대상의 일탈로 인해 결과에 영향을 미치는 경우
③ **외부사건 :** 연구기간 동안 천재지변이나 예상치 못한 사건과 같은 우연적 사건이 일어난 경우
④ **선발요인 :** 연구자가 실험집단과 통제집단을 선발할 때 편견을 가지고 선발해 결과에 영향을 미치는 경우

30   정답 ③

ⓔ 솔로몬 연구설계는 통제집단 사전-사후검사설계를 결합한 형태로 가장 이상적인 설계유형이다.

ⓐ, ⓑ 4개의 집단으로 구성하고 2개 집단은 사전검사를 실시하고, 2개의 집단은 사전검사를 실시하지 않는다.
ⓒ 모두 사후측정을 하여 사후측정에서의 차이점이 독립변수에 의한 것인지 사전측정에 의한 것인지 비교한다.

2과목 조사관리와 자료처리

31   정답 ②

② **완전참여자 :** 관찰자의 신분을 밝히지 않은 채 집단의 완전한 성원이 되어 자연스럽게 일어나는 사회적 과정에 참여하는 관찰자
① **완전관찰자 :** 관찰자의 신분을 밝히지 않은 채 연구대상자들의 활동에는 전혀 참여하지 않고 관찰만 하는 관찰자
③ **참여자로서의 관찰자 :** 관찰자의 신분을 밝히고 연구대상자들의 활동공간에 들어가 심층적으로 관찰하는 관찰자
④ **관찰자로서의 참여자 :** 관찰자의 신분을 밝히고 연구대상자들의 활동공간에 자연스럽게 참여하는 관찰자

32   정답 ①

2차 문헌자료를 활용할 때 주의해야 할 사항에는 자료의 편향성, 자료 간의 일관성 부재, 불완전한 정보의 한계 등이 있다.

33   정답 ④

개방형 질문은 자유응답형 질문으로 응답의 형태를 가하지 않고 자유롭게 표현할 수 있는 질문으로, 조사자에게 표본에 대한 정보가 없는 경우에도 이용할 수 있다. 응답의 형태가 자유롭기 때문에 자료처리를 위한 코딩이나 편집처리가 복잡하고 번거로울 수 있다.

34   정답 ③

면접 설문조사는 시간과 비용이 많이 드는 조사방법으로 익명성이 낮고 민감한 사안에는 솔직한 답변을 기피할 수 있다.

35   정답 ②

전화조사는 조사속도가 빠르고 비용이 적게 들며 지역에 제한을 받지 않고 광범위한 표본을 추출할 수 있다. 질문의 내

용이 어렵고 길어질수록 응답률이 떨어질 수 있다.

36 　　　　　　　　　　　　　　　정답 ④

온라인조사는 컴퓨터 사용자만 조사할 수 있으므로 특정 연령층이나 성별에 따른 편중된 응답이 도출될 수 있어 표본의 대표성 확보가 어렵다.

37 　　　　　　　　　　　　　　　정답 ③

관찰방법은 피관찰자의 철학이나 세계관 등이 반영될 수 있다. 관찰방법은 직접적이고 자연적이며, 비언어적 자료수집 방법이다.

38 　　　　　　　　　　　　　　　정답 ②

참여관찰은 관찰자가 연구대상 집단 내부에 직접 참여하여 구성원의 하나가 되어 그들과 함께 생활하거나 활동하면서 연구대상자들을 관찰한다. 완전참여자는 관찰자의 신분을 밝히지 않은 채 집단의 완전한 구성원이 되어 자연스럽게 일어나는 사회적 과정에 참여한다.

39 　　　　　　　　　　　　　　　정답 ①

새로운 사실, 아이디어의 발견가능성이 높은 방법은 비표준화 면접이다. 표준화 면접은 정확하고 체계적인 자료를 얻고자 할 때 정보의 비교, 신뢰성, 면접원의 개입 가능성 적음 등의 장점이 있다.

40 　　　　　　　　　　　　　　　정답 ④

부호화 작업은 면접조사에서 얻은 자료를 코딩하거나 처리하기 위한 것이다. 완성된 질문지를 구성하고 면접원을 지도하여 조사의 질을 높인다.

41 　　　　　　　　　　　　　　　정답 ②

내용분석은 대표적인 문헌연구로서 의사소통의 내용이 적혀 있는 기록물을 연구대상으로 하는 비개입적 연구이다. 자료가 방대한 경우 모집단 내에서 표본을 추출하여 분석할 수 있다.

42 　　　　　　　　　　　　　　　정답 ①

① 측정 : 사람, 사건, 상태, 대상에게 미리 정해놓은 일정한 규칙에 따라서 숫자를 부여하는 것이다.
② 가설 : 어떤 사실을 설명하거나 어떤 이론 체계를 연역하기 위하여 설정한 가정이다.
③ 개념 : 한 무리의 개개의 것에서 공통적인 성질을 빼내어 새로 만든 관념이다.
④ 척도 : 측정하려고 하는 심리적 특성에 대해 정보를 제공하는 서로 관련 있는 문항이나 진술을 모아 놓은 것이다.

43 　　　　　　　　　　　　　　　정답 ③

변수는 측정할 관측대상의 속성이나 특성이 변하는 자료이다. 따라서 여성의 성별은 변하지 않는 자료이므로 변수가 될 수 없다.

44 　　　　　　　　　　　　　　　정답 ②

억제변수는 독립변수와 종속변수가 서로 관계가 있는데도 관계가 없는 것으로 나타나게 하는 제3의 변수이다.

45 　　　　　　　　　　　　　　　정답 ④

등간척도 · 비율척도는 양적변수에 해당한다. 연속변수(continuous variable)는 양적변수 중에서 어떤 구간 내에서 취할 수 있는 값이 무한히 많은 변수로 거리, 신장, 체중, 소득, 거주기간 등이다. 이산변수는 값과 값 사이가 서로 분리되어 있고 정수값으로 구성된다.

46 　　　　　　　　　　　　　　　정답 ②

지표는 추상적인 개념을 대표하고 그 개념에 관련되는 지수나 척도를 말한다.

47 　　　　　　　　　　　　　　　정답 ③

조작적 정의는 추상적인 개념들을 경험적 지표로 구체화한 것으로 사전을 참고하여 비행을 명확히 정의한 다음 비행 관련 척도를 탐색한 후에 정의한다.

48 　　　　　정답 ①

가설은 진실된 값이 참일 수도 있고 거짓일 수도 있는 문장이고, 항상 참이거나 항상 거짓인 문장은 가설이 될 수 없다. ②, ③은 항상 거짓이고, ④는 항상 참이다.

49 　　　　　정답 ③

측정은 추상적·이론적 개념을 경험적으로 관찰 가능한 것으로 바꾸어 놓는 과정으로 이론을 경험적으로 검증해주는 수단이다.

50 　　　　　정답 ③

명목척도는 관찰대상의 속성에 따라 상호배타적이고 포괄적인 범주로 구분하여 수치를 부여하는 것으로 주민등록번호, 도서분류번호, 자동차번호, 성별, 선수들의 등번호 등이 이에 해당한다.

51 　　　　　정답 ②

비율측정 : 측정대상을 분류하고 각 측정대상에 순서나 서열을 결정하고 서열 간에 일정한 간격을 제시할 뿐 아니라 절대영점을 가짐으로써 비율을 결정한다.

52 　　　　　정답 ④

실업률은 비율측정에 해당하므로 수치상 가감승제와 같은 모든 산술적인 사칙연산과 모든 통계값의 산출이 가능하며 가장 많은 정보를 제공해준다.

53 　　　　　정답 ①

리커트척도 : 각 문항별 응답점수의 총합을 측정하고자 하는 개념을 대표한다는 가정에 근거하여 전체 문항의 총점 또는 평균을 계산하는 척도로 총화평정척도라고도 한다.

54 　　　　　정답 ②

② 커트만척도는 두 개 이상의 변수를 동시에 측정하는 다차원적인 척도로 사용할 수 없다.

① 거트만척도(Guttman Scale)는 합성측정의 유형 중 하나로 척도도식법 또는 누적척도라고도 한다.
③ 재생가능성을 통해 척도의 질을 판단한다.
④ 일단 자료가 수집된 이후에 구성될 수 있으며 측정에 동원된 개별항목 자체에 서열성을 부여한다.

55 　　　　　정답 ①

체계적 오차는 측정의 타당성과 관련이 있으며 비체계적 오차는 측정의 신뢰성과 관련이 있다.

56 　　　　　정답 ③

성인에 대한 검사도구를 청소년에게 적용하면 성인과 청소년의 문화적 차이로 인하여 오류가 발생할 수 있다.

57 　　　　　정답 ①

① **내용타당성** : 조사자가 설계한 측정도구가 측정하려는 개념이나 속성을 제대로 대표하고 있는지의 여부를 확인한다.
② **기준관련타당성** : 이미 전문가가 만들어 놓은 신뢰성과 타당성이 검증된 측정도구에 의한 측정결과를 기준으로 확인한다.
③ **개념타당성** : 측정하고자 하는 이론적인 개념이 측정도구에 의해서 실제로 적절하게 측정되었는가를 확인한다.
④ **예측타당성** : 테스트 측정 시점의 성적이 개인의 장래 성취수준을 어느 정도 예측할 수 있는가에 의존한다.

58 　　　　　정답 ②

동시 타당도는 기준관련타당성과 관련된 개념이다. 요인분석, 다중속성-다중측정 방법 등은 타당성을 통계적으로 검증할 수 있는 과학적이고 객관적인 방법으로 개념타당성과 관련이 있다.

59 　　　　　정답 ④

신뢰성은 과학적 연구의 요건 중 반복가능성과 관련이 있다.

60
정답 ③

항상 실제와 다르게 나타났기 때문에 타당도는 낮고, 항상 일정하게 나타났기 때문에 신뢰도는 높다.

3과목 통계분석과 활용

61
정답 ①

① **기하평균** : 관측된 n개의 자료 $x_1, x_2, \cdots x_n$의 곱에 대한 n의 제곱근이다.
② **산술평균** : 관측된 n개의 자료 $x_1, x_2, \cdots x_n$의 총합 $\sum_{i=1}^{n} x_i$를 자료의 개수 n으로 나눈 값이다.
③ **절사평균** : 산술평균이 이상값에 민감하게 반응하는 것을 보정하여 평균을 내는 방법이다.
④ **가중평균** : 중요도, 영향도에 따라 가중치를 주어 평균을 산출하는 측도이다.

62
정답 ③

최빈수는 주어진 값 중에서 가장 많은 빈도수가 많이 나오는 값으로 55%인 7m 줄자가 이에 해당한다.

63
정답 ②

분산은 관측값들의 평균값을 뺀 값의 제곱의 합을 자료의 개수로 나눈 값이다.

64
정답 ①

표준편차는 항상 0이므로 평균의 값에 따라 변동계수가 0 이하의 값을 가질 수 있다.

65
정답 ④

④ 비대칭성이 강한 경우 평균보다 중앙값을 대푯값으로 사용하는 것이 더 바람직하다.
① 오른쪽 꼬리가 긴 분포에서는 중앙값이 평균보다 작다.
② 왼쪽 꼬리가 긴 분포에서는 평균<중앙값<최빈값 순이다.
③ 왜도가 0보다 큰 경우 중앙값은 최빈값보다 크다.

66
정답 ③

10개의 USB 중 4개를 선택하는 경우의 수는 $_{10}C_4$이다. 이 경우 정품 4개, 불량품이 1개가 포함될 확률은 정품 8개 중 3개를 선택하고 불량품 3개 중 1개를 선택하는 확률과 같다. 정품 8개 중 3개를 선택할 확률은 $_8C_3$, 불량품 2개 중 1개를 선택하는 경우의 수는 $_2C_1$이다. 이 두 사건이 동시에 일어나는 경우의 수는 곱의 법칙에 의해 $_8C_3 \times _2C_1$이므로 확률은

$$\frac{_8C_3 \times _2C_1}{_{10}C_4} = \frac{\frac{8 \times 7 \times 6}{3 \times 2 \times 1} \times 2}{\frac{10 \times 9 \times 8 \times 7}{4 \times 3 \times 2 \times 1}} \fallingdotseq 0.53$$

67
정답 ②

심리학에 합격할 사건을 A, 영어에 합격할 사건을 B라 하면 $P(A) = 0.5$, $P(B) = 0.6$이다. 두 과목 모두 합격할 확률이 15%이므로 심리학에 합격한 학생이 영어에도 합격했을 확률은 $P(B|A) = \dfrac{P(A \cap B)}{P(A)}$로 구하는 확률은 $\dfrac{0.15}{0.5} = 0.3 = 30\%$이다.

68
정답 ①

임의로 선택한 상자가 A일 사건을 A, B일 사건을 B, C일 사건을 C, 임의로 1개의 상자를 선택하여 공 1개를 꺼냈을 때 노란공이 나올 사건을 X라 하면

$$P(A \cap X) = P(A)P(X|A) = \frac{1}{3} \times \frac{1}{6} = \frac{1}{18}$$
$$P(B \cap X) = P(B)P(X|B) = \frac{1}{3} \times \frac{3}{6} = \frac{3}{18}$$
$$P(C \cap X) = P(C)P(X|C) = \frac{1}{3} \times \frac{2}{6} = \frac{2}{18}$$

세 사건이 서로 배반이므로 합의 법칙을 이용하여 노란공이 나올 확률을 구하면

$$P(X) = P(A \cap X) + P(B \cap X) + P(C \cap X)$$
$$= \frac{1}{18} + \frac{3}{18} + \frac{2}{18} = \frac{1}{3}$$

임의로 1개의 상자를 선택하여 공 1개를 꺼냈을 때 노란공이 나왔다면 그 공이 B상자에서 나왔을 확률은

$$P(B|X) = \frac{P(B \cap X)}{P(X)} = \frac{\frac{3}{18}}{\frac{1}{3}} = \frac{1}{2}$$이다.

PART 2

69
정답 ③

동전을 3회 던지는 실험에서 뒷면이 나오는 횟수를 X라 하면 X의 확률분포는 다음과 같다.

X	0	1	2	3
$P(X=x)$	$\frac{1}{8}$	$\frac{3}{8}$	$\frac{3}{8}$	$\frac{1}{8}$

확률변수 X의 기댓값은

$E(Y)=E[(X-1)(X-1)]=E(X^2-2X+1)$
$\qquad =E(X^2)-2E(X)+1$

$E(X)=\left(0\times\frac{1}{8}\right)+\left(1\times\frac{3}{8}\right)+\left(2\times\frac{3}{8}\right)+\left(3\times\frac{1}{8}\right)=\frac{3}{2}$

$E(X^2)=\left(0^2\times\frac{1}{8}\right)+\left(1^2\times\frac{3}{8}\right)+\left(2^2\times\frac{3}{8}\right)+\left(3^2\times\frac{1}{8}\right)=3$

따라서 $E(Y)=3-2\times\frac{3}{2}+1=1$이다.

70
정답 ④

연속확률변수 X의 확률누적분포함수 $F(x)$에 대한 미분은 확률밀도함수 $f(x)$이므로 $F(x)=x$에 대한 확률밀도함수는 $F'(x)=f(x)=1$로 연속확률변수 X에 대한 확률밀도함수 $f(x)$에 대한 기댓값은 $E(X)=\int_{-\infty}^{\infty}xf(x)dx$ 구간이므로 구간 $[0, 1]$에서 연속확률변수 X의 평균은

$E(X)=\int_0^1 xdx=\left[\frac{1}{2}x^2\right]_0^1=\frac{1}{2}$이다.

71
정답 ①

정답과 오답 두 가지뿐인 베르누이 시행에서 10문제 중 정답을 맞힌 개수를 확률변수 X라 하면 X는 $n=10$이고, 확률이 $p=0.25$인 이항분포 $B(10, 0.25)$를 따른다.

72
정답 ②

B그룹과 그 외 그룹 두 가지뿐인 베르누이 시행에서 4명의 고객 중 B그룹에 속하는 고객의 수를 확률변수 X라 하면 X는 $n=4$, $p=0.5$인 이항분포 $B(4, 0.5)$를 따르며 $B(4, 0.5)$에 대한 확률질량함수는
$P(X=x)={}_4C_x(1-0.5)^{4-x}$ $(x=0, 1, 2, 3, 4)$이고 3명만이 B그룹에 속할 확률은
$P(X=3)={}_4C_3(0.5)^3(1-0.5)^{4-3}$
$\qquad\qquad =4\times(0.5)^3\times(0.5)^1=0.25$
이다.

73
정답 ③

응답하거나와 응답하지 않는 두 가지뿐인 베르누이 시행에서 1,000명 중 응답자의 수를 확률변수 X라 하면 X는 $n=1,000$, $p=0.4$인 이항분포 $B(1,000, 0.4)$를 따르므로 확률변수 X의 기댓값과 분산은
$E(X)=np=1,000\times0.4=400$
$E(X)=np(1-p)=1,000\times0.4\times(1-0.4)=240$이다.

74
정답 ②

정규분포는 평균을 중심으로 1σ, 2σ, 3σ 구간 내에 포함될 확률은 0.6826, 0.9544, 0.9974로 2σ(표준편차) 구간 내에 포함될 확률은 약 95%이다.

75
정답 ④

투자자 A가 구성한 포트폴리오의 기대수익률을 확률변수 X라 하면 $X\sim N(15, 3^2)$이다. $P(X\leq15)$를 표준정규분포 $N(0, 1)$로 표준화하면

$P(X\leq15)=P\left(\frac{X-15}{3}\leq\frac{15-15}{5}\right)=P(Z\leq0)=0.5$
이다.

76
정답 ③

정규모집단 $N(\mu, \sigma^2)$으로부터 추출한 크기 n의 임의표본에 근거한 $\frac{(n-1)S^2}{\sigma^2}$은 자유도가 $n-1$인 카이제곱분포를 따른다.

77
정답 ④

표본크기가 3인 자료 X_1, X_2, X_3의 평균이
$\overline{X}=\frac{X_1+X_2+X_3}{3}=10$이므로 $X_1+X_2+X_3=30$이다.
관측값 10을 추가한 평균은 $\frac{X_1+X_2+X_3+10}{4}=\frac{30+10}{4}$
$=100$이다. 또한 X_1, X_2, X_3의 분산이
$S^2=\frac{(X_1-10)^2+(X_2-10)^2+(X_3-10)^2}{2}=100$이므로
$(X_1-10)^2+(X_2-10)^2+(X_3-10)^2=200$이다.
관측값 10을 추가한 분산은

$$\frac{(X_1-10)^2+(X_2-10)^2+(X_3-10)^2+(10-10)^2}{3}$$
$$=\frac{200}{3}\text{이다.}$$

78 정답 ②

중심극한정리에 의하여 모집단이 정규분포 $N(\mu,\sigma^2)$을 따르고 표본평균 $\overline{X}$는 정규분포 $\left(\mu,\dfrac{\sigma^2}{n}\right)$을 따르면 $\mu=5$, $\sigma^2=0.6^2$, $n=9$이므로 $N(5,0.6^2)$이다.
따라서 평균수명이 4.6년 이하일 확률은
$$P(\overline{X}\le4.6)=P\left(Z<\frac{4.6-5}{0.2}\right)=P(Z<-2)$$
$$=\frac{1}{2}P(|Z|>2)=\frac{0.046}{2}=0.023\text{이다.}$$

79 정답 ③

모분산의 불편추정량은 표본분산이지만 모표본편차의 불편 추정량이 표본표준편차는 아니다. 표본표준편차는 모표준편 차의 편의추정량이다.

80 정답 ①

모비율 p에 대한 점추정량은 표본비율 $\hat{p}=\dfrac{X}{n}$으로 100명을 조사한 결과 60명이 다친 것으로 나타났으므로
$$\hat{p}=\frac{X}{n}=\frac{60}{100}=0.6\text{이다.}$$

81 정답 ②

모집단의 모표준편차가 알려져 있지 않으므로 표본의 크기가 $n=64(\ge30)$로 충분히 크다. 표본표준편차를 이용한 $Z-$분포에 따른 신뢰구간을 구하면 모표본편차가 알려져 있어 $Z-$분포에 따른 90% 신뢰도 구간을 구하면 표본평균 $\overline{X}=30$, 표본표준편차 $S=5$, 표본의 크기 $n=64$, $\sigma=0.05$이므로 $z_{\frac{\sigma}{2}}=z_{0.025}=1.96$에 대하여 모평균에 대한 95% 신뢰구간은
$$\left(\overline{X}-z_{0.025}\frac{S}{\sqrt{n}},\ \overline{X}+z_{0.025}\frac{S}{\sqrt{n}}\right)$$
$$=\left(30-1.96\times\frac{5}{\sqrt{64}},\ 30+1.96\times\frac{5}{\sqrt{64}}\right)$$
$$\doteqdot(28.8,\ 31.2)\text{이다.}$$

82 정답 ④

σ^2이 알려져 있는 경우 모평균 μ에 대한 $100(1-\alpha)\%$ 신뢰구간을 구하면 표본평균의 허용오차는 $z_{\frac{\alpha}{2}}\dfrac{\sigma}{\sqrt{n}}$이므로 원하는 오차한계 d와 비교하면 $z_{\frac{\alpha}{2}}\dfrac{\sigma}{\sqrt{n}}\le d$, $n\ge\left(\dfrac{z_{\frac{\alpha}{2}}\sigma}{d}\right)^2$이다.
표본의 크기를 계산하려고 할 때 필요한 정보는 $z_{\frac{\alpha}{2}}$, 모집단의 표준편차 σ, 표본평균의 허용오차 d이다.

83 정답 ③

유의수준 : 귀무가설이 참임에도 불구하고 귀무가설을 기각하는 제1종 오류를 범할 확률의 최대 허용한계이다. 유의수준 α검정법은 제1종 오류를 범할 확률이 α 이하인 검정 방법을 말한다.

84 정답 ④

검정력은 대립가설이 참일 때 귀무가설을 기각시킬 옳은 결정의 확률이다.

85 정답 ①

기존 사무직과 생산직 월급여의 차이가 없다는 주장에 대하여 사무직과 생산직 월급여의 차이가 있다는 주장을 할 때 귀무가설(H_0)과 대립가설(H_1)은
$H_0 : \mu_1=\mu_2$(사무직과 생산직 월급여의 차이가 없다는 것)
$H_0 : \mu_1\neq\mu_2$(사무직과 생산직 월급여의 차이가 있다는 것)
귀무가설은 등호($=$)로 표시하고 대립가설은 $\neq$, $<$, $>$로 표시한다.

86 정답 ②

모분산이 알려지지 않은 소표본인 경우의 가설검정에서 검정통계량은 $t=\dfrac{\overline{X}-\mu_0}{\dfrac{S}{\sqrt{n}}}$이다.

$\overline{X}=9$, $\mu_0=10$, $S=2.5$, $n=25$이다.

따라서 검정통계량의 값은 $t_0=\dfrac{9-10}{\dfrac{2.5}{\sqrt{25}}}=-2$이다.

87 정답 ④

두 표본분산에 대한 공통분산은
$S_p^2 = \dfrac{(n_1-1)S_1^2 + (n_2-1)S_2^2}{n_1+n_2-2}$이다.

두 독립된 표본 각각의 표본분산과 표본의 수가
$S_1^2 = 300$, $S_2^2 = 370$, $n_1 = 10$, $n_2 = 20$이다.

따라서 공통분산은
$S_p^2 = \dfrac{(10-1)\times 300 + (20-1)\times 370}{10+20-2} = 347.5$이다.

88 정답 ③

분산분석은 $F-$분포 통계량을 이용하여 가설검정을 한다. 다수의 집단을 비교할 때 두 집단끼리 짝을 지어 $t-$검정을 사용할 수 있지만 제1종 오류가 증가하게 되므로 분산분석을 이용한다.

89 정답 ②

오차항 ε_{ij}의 가정

1. ε_{ij}의 기댓값은 0이다.
2. ε_{ij}의 분포는 정규분포를 따른다.
3. ε_{ij}의 분산은 어떤 i, j에 대하여 일정하다.
4. 임의의 ε_{ij}와 $\varepsilon_{i'j'}$는 서로 독립이다.

90 정답 ①

$F-$값 $= \dfrac{\text{집단 간 평균제곱}}{\text{집단 내 평균제곱}} = \dfrac{25}{50} = 0.5$

91 정답 ①

귀무가설 H_0을 유의수준 0.05에서 $F-$검정한 결과 $p-$값 < 0.05이면 귀무가설을 기각할 수 있다. $0.07 > 0.05$로 귀무가설을 기각할 수 없고 귀무가설에 따라 I개 그룹의 평균이 모두 같다.

92 정답 ②

행변수가 M개의 범주, 열변수가 N개의 범주를 갖는 분할표에서 독립성을 위한 검정통계량은

$\sum\limits_{i=1}^{M} \sum\limits_{i=1}^{N} \dfrac{(O_{ij} - \hat{E}_{ij})^2}{\hat{E}_{ij}}$이다.

93 정답 ①

두 변수 X와 Y의 산포의 정도를 나타내는 것은 공분산이고, 상관계수 r_{XY}는 두 변수 X와 Y 간의 직선(선형)관계의 밀접성을 나타낸다.

94 정답 ②

자료 A는 강한 음의 상관계수로 -0.93, 자료 B는 양의 상관계수로 0.70, 자료 C는 약한 양의 상관계수로 0.20이다.

95 정답 ④

회귀모형의 유의성 검정에서 검정통계량은 $F-$검정을 사용하고, 회귀계수의 유의성 검정에서 검정통계량은 $t-$검정을 사용한다.

96 정답 ①

추정량 b의 분산$-$공분산 행렬 $Var(b)$는
$Var(b) = (X'X)^{-1}\sigma^2$이다.

97 정답 ③

n개의 자료에 대하여 3개의 독립변수와 종속변수 y에 대한 중회귀모형을 고려하여 중회귀분석을 실시한 결과 분산분석표를 구하면 다음과 같다.

요인	제곱합	자유도	평균제곱
회귀	$\sum\limits_{i=1}^{n}(\hat{y}_i - \bar{y})^2 = 110$	$k=3$	$\dfrac{110}{3} \fallingdotseq 36.7$
잔차 (오차)	$\sum\limits_{i=1}^{n}(y_i - \hat{y}_i)^2 = 1,100$	$\begin{aligned}&n-k-1\\&=100-3-1\\&=96\end{aligned}$	$\dfrac{1,100}{96} \fallingdotseq 11.46$
합계	$\sum\limits_{i=1}^{n}(\hat{y}_i - \bar{y})^2 = 1,210$	$\begin{aligned}&n-1\\&=100-1\\&=99\end{aligned}$	

98 정답 ②

② 결정계수 R^2은 회귀직선에 의해 종속변수가 설명되어지는 정도로, 설명변수를 통한 반응변수에 대한 설명력을 나타낸다.
① 결정계수는 $0 \leq R^2 \leq 1$의 값을 가진다.
③ 결정계수의 제곱은 상관계수와 같다.
④ 독립변수가 추가될 때 결정계수는 증가하는 경향이 있다.

99 정답 ①

결정계수 R^2은 총변동 $SST = \sum_{i=1}^{n}(y_i - \bar{y})^2$ 중에서 추정회귀직선에 의해 설명되어지는 회귀제곱합 $SSR = \sum_{i=1}^{n}(\hat{y}_i - \bar{y})^2$의 비율로 $R^2 = \dfrac{SSR}{SST}$이다.

회귀제곱합(SSR)이 300이고, 오차제곱합(SSE)이 200, 총제곱합(SST)이 $200 + 300 = 500$이므로 결정계수는 $R^2 = \dfrac{SSR}{SST} = \dfrac{300}{500} = 0.6$이다.

100 정답 ②

단순회귀모형 $Y_i = \beta_0 + \beta_1 x_i + \varepsilon_i,\ \varepsilon_i(\sigma,\ \sigma^2)$에서 x는 독립변수, Y는 종속변수로 독립변수 x가 종속변수 Y의 기댓값 $\hat{y}$가 직선관계인 모형이다.

PART **2**

정답 및 해설

제9회
CBT
빈출 모의고사
정답 및 해설

1과목 조사방법과 설계

01	②	02	①	03	③	04	①	05	②
06	④	07	③	08	①	09	②	10	③
11	④	12	①	13	②	14	④	15	①
16	③	17	②	18	④	19	①	20	②
21	②	22	②	23	②	24	①	25	④
26	①	27	④	28	②	29	③	30	②

2과목 조사관리와 자료처리

31	①	32	②	33	②	34	①	35	②
36	④	37	②	38	①	39	③	40	④
41	①	42	②	43	②	44	①	45	②
46	②	47	②	48	②	49	①	50	②
51	③	52	②	53	②	54	④	55	②
56	①	57	③	58	②	59	④	60	①

3과목 통계분석과 활용

61	①	62	②	63	④	64	③	65	③
66	①	67	③	68	④	69	②	70	②
71	④	72	③	73	②	74	④	75	①
76	③	77	②	78	②	79	③	80	②
81	②	82	④	83	②	84	①	85	④
86	③	87	①	88	②	89	④	90	①
91	②	92	②	93	②	94	③	95	③
96	①	97	②	98	③	99	④	100	②

1과목 조사방법과 설계

01   정답 ②

과학적 조사는 객관적이고 일반화가 가능해야 한다. 따라서 개인의 윤리적 갈등은 과학적 조사가 필요하지 않다.

과학적 조사의 특징
1. 논리적이어야 한다.
2. 객관적이어야 한다.
3. 상호주관적이어야 한다.
4. 경험적으로 입증 가능해야 한다.
5. 재생 가능해야 한다.
6. 일반화가 가능해야 한다.
7. 수정이 가능해야 한다.

02   정답 ①

① **인과성** : 모든 현상과 결과에는 그것을 결정하는 원인이 반드시 존재해야 한다.
② **구체성** : 연구자가 사용하고자 하는 개념이 무엇인지 정확히 정의해야 한다.
③ **객관성** : 표준화된 도구, 절차 등을 통하여 누구나 납득할 수 있는 결과를 이끌고 주관적인 편견이나 판단을 배제해야 한다.
④ **간결성** : 최소한의 변수를 이용하여 최대한의 설명을 할 수 있어야 한다.

03   정답 ③

사회조사연구의 과정 : 연구문제 인식 → 연구주제 선정 → 기존정보 수집 및 문헌고찰 → 연구방법 설계 → 자료수집 → 자료분석 및 해석 → 보고서 작성

04   정답 ①

분석단위에는 개인, 집단, 프로그램, 지역사회, 국가, 사회적 가공품(생성물) 등이 있는데, 1970년부터 현재까지 고용주가 게재한 구인광고의 내용과 강조점이 어떻게 변화하였는지 파악하는 것은 프로그램에 해당한다.

05   정답 ②

② **생태주의적 오류** : 집합 수준의 분석단위 자료를 바탕으로

개인의 특성을 추리할 때 발생하는 오류이다.
① 환원주의적 오류 : 어떤 현상의 원인이라고 생각되는 개념이나 변수를 지나치게 제한하거나 한 가지로 한정함으로써 지나치게 단순화시킨 결과이다.
③ 개인주의적 오류 : 개인 수준의 분석단위에서 도출된 결과를 집단 수준으로 확대 해석할 때 나타날 수 있는 오류이다.
④ 체계적 오류 : 척도 자체가 잘못되어서 발생하는 오류이다.

06 　　　　　정답 ④

축적된 자료를 토대로 특정된 사실관계를 파악하여 미래를 예측하는 것은 설명적 연구이다. 기술적 연구는 연구대상이 되는 특정 현상의 특징이나 진행과정 또는 관계를 조사 · 분석하여 그 결과를 비교 · 해석하고 사실대로 기술하는 연구이다.

07 　　　　　정답 ③

③ 델파이(delphi) 조사 : 어떠한 문제에 관하여 전문가들의 견해를 유도하고 종합하여 집단적 판단으로 정리하는 조사기법이다.
① 패널 조사(panel research) : 동일한 대상에게 동일한 현상에 대해 일정한 시간 간격을 두고 지속적으로 반복 측정하는 연구이다.
② 코호트(cohort) 조사 : 시간의 변화에 따른 특정 하위모집단의 변화를 관찰하는 연구이다.
④ 추세(trend) 조사 : 광범위한 연구대상을 일정기간 여러 번 관찰하여 얻은 자료를 이용하여 연구한다.

08 　　　　　정답 ①

설명적 연구는 변수가 둘 또는 그 이상이 많으며 변수 간의 시간적 선행성이 중요한 조건이다.

09 　　　　　정답 ②

② 패널조사 : 동일한 대상에게 동일한 현상에 대해 일정한 시간 간격을 두고 지속적으로 반복 측정하여 조사하는 연구이다.
① 추세조사 : 어느 한 시점에서 연구대상 집단의 경향을 분석하고 시간의 경과 후에 그 경향을 다시 분석하여 비교하는 과정을 반복하면서 대상집단의 변화를 연구하는 것이다.

③ 탐색적 조사 : 특정 내용에 대한 특정 계층의 의견을 알아보기 위한 조사이다.
④ 횡단적 조사 : 어느 한 시점에서 이루어진 관찰을 통하여 얻은 자료를 바탕으로 하는 연구이다.

10 　　　　　정답 ③

횡단조사(cross-sectional study)는 어느 한 시점에서 이루어진 관찰을 통해 얻은 자료를 바탕으로 하는 연구로 인구센서스 조사, 주택총조사 등이 이에 해당한다. 비용이 적게 들고 검사효과로 인하여 왜곡될 가능성이 낮으며 사생활 침해가 적은 것이 특징이다.

11 　　　　　정답 ④

질적연구는 연구참여자와 연구자 사이에 상호작용을 통하여 연구가 진행되므로 가치 지향적이고 편견이 개입될 수 있다.

12 　　　　　정답 ①

참여관찰법은 연구하려는 지역이나 집단의 한 구성원이 되어 직접 활동에 참여하면서 자료를 수집하여 분석하는 방법이므로 소규모 집단에만 가능하지만, 조사연구는 대규모 모집단의 특성을 기술할 수 있다.

13 　　　　　정답 ②

표본크기 결정 시 고려사항
1. 모집단이 이질적일수록 표본크기는 커야 한다.
2. 허용오차가 작을수록 표본크기는 커야 한다.
3. 모집단의 규모가 작을수록 표본크기는 커야 한다.
4. 추정값에 대한 높은 신뢰수준이 요구될수록 표본의 크기는 커야 한다.
5. 사용하고자 하는 변수의 수가 많을수록 표본크기는 커야 한다.
6. 조사하고자 하는 변수의 분산값이 클수록 표본크기는 커야 한다.
7. 독립변수의 범주의 수가 세분화될수록 표본크기는 커야 한다.

14 　　　　　정답 ④

④ **모집단(Population)** : 모든 요소의 총체로서 조사자의 표본을 통하여 발견한 사실을 토대로 하여 일반화하고자 하는 궁극적인 대상이다.

① **표본추출단위(Sampling Unit)** : 표집과정의 각 단계에서의 표집대상이다.

② **표본추출분포(Sampling Interval)** : 모집단으로부터 표본을 추출할 때 추출되는 요소 간의 분포, 표본 간의 분포이다.

③ **표본추출 프레임(Sampling Frame)** : 표본추출을 위한 모집단의 구성요소나 표본추출단위가 수록된 목록이다.

---

15 정답 ①

표본추출과정 : 모집단의 확정 → 표본프레임의 선정 → 표본추출방법의 결정 → 표본크기의 결정 → 표본추출

---

16 정답 ③

확률표본추출법은 조사자의 주관성을 배제할 수 있고 표집오차를 추정할 수 있으며, 비확률표본추출법은 표본오차의 추정이 불가능하다.

---

17 정답 ②

단순무작위표집은 모집단의 모든 개체가 표본으로 추출될 확률이 같으므로 구성요소가 바로 표집단위가 된다. 표집 시 보편적인 방법은 난수표를 사용하는 것이다.

---

18 정답 ④

체계적 표집(systematic sampling)의 첫 번째 요소는 무작위로 선정한 후 목록의 매번 k번째 요소를 표본으로 선정하는 표집방법이다.

---

19 정답 ①

비례층화표집 : 각 층이 정하는 비례에 따라 각 층의 크기를 할당하여 표본을 추출하는 방법이다.

불비례층화표집 : 확률표준추출의 논리를 적용하면서 필요에 따라 표집률을 달리하여 표본을 추출하는 방법이다.

---

20 정답 ③

③ 층화무작위표본추출법은 층화가 표본추출단위이고, 군집표본추출법은 군집이 표본추출단위이다.

①, ② 층화무작위표본추출법과 군집표본추출법은 확률표본추출법으로 모집단의 모든 요소가 추출될 확률이 동일하다.

④ 군집표본추출법은 여러 개의 군집으로 구분한 후 군집을 표집단위로 한다.

---

21 정답 ④

판단표집 : 조사문제를 잘 알고 있거나 모집단의 의견을 효과적으로 반영할 수 있을 것으로 판단되는 특정집단을 표본으로 선정하여 조사하는 방법으로 전문지식을 가진 표본을 임의로 산정하는 경우가 이에 해당한다.

---

22 정답 ②

표본의 크기가 같을 경우 표집오차는 집락표집＞단순무작위표집＞층화표집의 순이다. 따라서 집락표집의 오차가 크다.

---

23 정답 ③

부분집단별 분석이 필요한 경우에는 표본의 수를 늘려서 표본오차의 크기를 줄여야 한다.

---

24 정답 ①

민감한 질문은 후반부에 배치하는 것이 좋다. 세부적인 문항부터 질문하고 일반적이고 광범위한 질문은 후반부로 배치한다.

---

25 정답 ④

이중적 질문은 배제해야 한다.

질문지를 작성할 경우 요구되는 원칙 : 명확성, 간결성, 자세한 질문 배제, 이중적 질문 배제, 응답자에 대한 가정 배제, 규범적 응답의 배제, 가치중립성, 전문용어의 사용 자제, 응답범주의 포괄성, 응답범주의 상호배타성 등

26 정답 ①

연구하려는 문제의 핵심적인 요소가 무엇인지 확인하는 것은 예비검사이다.

사전검사(pre-test)에서 점검할 사항
1. 설문조사에 시간이 얼마나 걸리는지 확인한다.
2. 설문 항목이 이해하기 어려운지 확인한다.
3. 응답에 일관성이 있는지, 응답이 한쪽으로 치우치지 않는지, 무응답 및 기타응답이 많은 경우를 확인한다.
4. 질문 순서가 바뀌었을 때 응답에 실질적 변화가 일어나는지 확인한다.

27 정답 ④

면접도중 응답내용에 대한 평가적인 코멘트를 하지 않아야 한다. 조사 대상자와 직접적이고 심층적으로 이루어지는 면접이므로, 면접원의 진행 능력이 중요하다.

28 정답 ②

실험설계는 조작적 상황을 활용한 실험집단과 아무런 조치도 취하지 않은 통제집단으로 나누어 비교하므로 조작적 상황을 최대한 활용한다. 실험의 검증력을 극대화 시키고자 하는 시도이며 실험의 내적 타당도를 확보하기 위한 노력이다.

29 정답 ③

③ **성숙효과(maturation effect)** : 실험기간 중 독립변수의 변화가 아닌 피실험자의 심리적·연구통계적 특성의 변화가 종속변수에 영향을 미치는 경우로 사회복지서비스가 노인들의 신체적 능력을 키우는데 전혀 효과가 없었다는 것이다.
① **외부사건(history)** : 연구기간 동안 천재지변이나 예상치 못한 사건과 같은 우연적 사건이 일어난 경우이다.
② **시험효과(testing effect)** : 측정이 반복되면서 얻어지는 학습효과이다.
④ **도구효과(instrumentation)** : 측정자의 측정도구가 달라짐으로 인하여 결과에 영향을 미치는 경우이다.

30 정답 ②

유사실험설계 : 비동일 통제집단설계, 단순시계열설계, 복수시계열설계, 단일집단 반복실험설계, 동류집단설계

2과목 조사관리와 자료처리

31 정답 ①

면접조사는 면접자의 비언어적 행동과 주변의 상황들을 직접 관찰할 수 있다. 응답률이 비교적 높고 잘못된 표기를 방지할 수 있으며 신뢰성 있는 답을 얻을 수 있다.

32 정답 ②

실험자료수집은 가설을 세우고 실험집단과 통제집단으로 구분하여 개입 전후를 비교하는 것으로 개입을 제공하기 전 사전심사를 통하여 종속변수를 측정할 수 있다.

33 정답 ②

사생활과 관련된 민감한 질문은 폐쇄형 질문에 적합하고, 개방형 질문은 응답이 자유로우나 자료처리에 많은 시간과 노력이 든다.

34 정답 ①

① 면접설문조사는 같은 조건하에서 다른 방법에 비하여 높은 응답률을 얻을 수 있으므로 응답이 누락되는 결측치를 최소화할 수 있다.
② 자료입력이 불편하다.
③ 시간과 비용이 많이 든다.
④ 개방형 질문에 유리하다.

35 정답 ②

② 전화조사는 빠른 시간 안에 개략적인 여론과 신속한 정보를 확인하는데 가장 적합한 조사방법이다.
① 면접조사, ③ 온라인 조사, ④ 우편조사

36 정답 ④

이메일을 활용한 온라인 조사의 장점 : 신속성, 저렴한 비용, 면접원 편향 통제, 추가질문 가능, 개인화된 질문과 자료제공 용이, 설문응답과 동시에 코딩 가능, 단시간에 많은 응답자 조사가능 등

37   정답 ②

관찰결과의 해석에 대한 객관성 확보가 어렵다. 선택적으로 관찰하게 되는 등 관찰자의 주관성 개입을 방지할 수 없다.

38   정답 ①

완전참여자는 관찰자의 신분을 밝히지 않은 채 집단의 완전한 구성원이 되어 자연스럽게 일어나는 사회적 과정에 참여한다. 객관성을 유지하기 어려우며 윤리적 · 과학적 문제가 발생할 수 있다. 신분을 밝히지 않은 상태이므로 그들에게 영향을 미칠 수 있다.

39   정답 ③

구조화면접은 조사표를 만들어서 면접상황에 구애됨이 없이 모든 응답자에게 동일한 질문과 순서 등에 따라 면접을 수행하는 방법으로 자율성이 거의 없다.

40   정답 ④

④ 라포(rapport) : 상담이나 교육을 위한 전제로 신뢰와 친근감으로 이루어진 인간관계이다.
① 조작화(operationalization) : 어떤 일을 사실인 듯이 꾸며 만드는 것이다.
② 사회화(socialization) : 한 개인이 사회적 상호 작용을 통하여 사회적 행동을 학습해 가는 과정이다.
③ 개념화(conceptualization) : 모호하고 추상적인 개념을 구체적으로 정교화 시키는 작업이다.

41   정답 ①

내용분석은 대표적인 문헌연구로서 의사소통의 내용이 적혀있는 기록물을 연구대상으로 하는 비개입적 연구이다. 내용분석은 비관여적이므로 조사자가 조사대상에 영향을 미치지 않는다.

42   정답 ④

④ 측정치 간의 유의미한 비율계산이 가능한 것은 비율측정이다.
① 비율측정은 절대영점을 가짐으로써 비율을 결정할 수 있다.

② 등간측정은 서열 간의 간격이 일정하도록 크기의 정도를 제시한다.
③ 서열측정과 등간측정은 순서나 서열을 결정한다.

43   정답 ②

독립변수는 원인의 변수를, 종속변수는 결과변수를 말한다.

44   정답 ①

억제변수는 독립변수와 종속변수가 서로 관계가 있는데도 관계가 없는 것으로 나타나게 하는 제3의 변수로 연령은 억제변수에 해당한다.

45   정답 ③

사실과 사실 간의 관계에 논리의 연관성을 부여하는 것은 이론에 해당한다. 개념은 관찰된 현상의 특정한 측면을 설명하는 추상적인 관념을 표현한 것이다.

46   정답 ②

조작적 정의는 특정한 구성개념이나 잠재변수의 값을 측정하기 위하여 측정한 내용이나 측정방법을 구체적으로 정확하게 표현하고 의미를 부여한 것이다.

47   정답 ④

조작적 정의가 필요한 이유는 개념을 가시적이고 경험적으로 표현하기 위한 것이다. 조작인 정의가 추상적인 개념을 구체적인 경험세계로 연결시키기 때문이다.

48   정답 ③

가설은 수식이나 숫자로 바꾸어 통계적으로 분석이 가능해야 한다.

49   정답 ①

측정은 이론을 구성하는 개념들을 현실세계에서 관찰이 가능한 자료와 연결해줌으로써 조사대상의 속성을 조작적 개념으로 전환시켜 준다.

50　정답 ②

명목척도는 관찰대상의 속성에 따라 상호배타적이고 포괄적인 범주로 구분하여 수치를 부여하는 것으로 주민등록번호, 도서분류번호, 자동차번호, 성별, 종교, 혈액형, 선수들의 등번호 등이 이에 해당한다.

51　정답 ③

비율척도 : 측정대상을 분류하고 각 측정대상에 순서나 서열을 결정하고 서열 간에 일정한 간격을 제시할 뿐 아니라 절대영점을 가짐으로써 비율을 결정한다. 비율척도에는 신장, 체중, 소득, 투표율, 빈곤율, 출산율 등이 있다. 온도는 등간척도이다.

52　정답 ④

측정은 명목수준의 측정, 서열수준의 측정, 등간수준의 측정, 비율수준의 측정으로 분류하며 비율측정＞등간측정＞서열측정＞명목측정의 순으로 제공되는 정보의 양이 많다.

53　정답 ①

① 리커트(Likert) 척도는 각 문항의 가중치를 다르게 부여할 수 있다.
② 척도검수에 대한 신뢰성을 검토하기 위해 반분법을 이용할 수 있다.
③ 사용하기 쉽고 직관적인 이해가 가능하기 때문에 사회조사에서 널리 사용된다.
④ 척도가 단일 차원을 측정하고 있는가를 검토하기 위하여 인자분석을 사용하기도 한다.

54　정답 ④

④ 거트만 척도(guttman scale)는 척도를 구성하는 과정에서 질문문항들이 단일차원을 이루는지 검증할 수 있는 척도이다.
① **의미분화 척도** : 개념에 함축된 의미를 평가하기 위해 고안한 척도이다.

② **보가더스 척도** : 소수민족, 사회계급 등에 대한 사회적, 심리적 거리감의 정도를 나타낸다.
③ **리커트 척도** : 응답자가 제시된 문장에 대해 얼마나 동의하는지를 답변하도록 한다.

55　정답 ③

무작위(비체계)적 오차 : 측정대상에 의한 오차, 측정과정에 대한 오차, 측정수단에 의한 오차, 측정자에 의한 오차 등이 있다.

56　정답 ①

타당도는 측정도구가 실제로 측정하고자 하는 바를 얼마나 정확하게 측정하고 있는가에 대한 개념이다. 측정도구가 얼마나 일관성 있게 측정하였는가를 말해주는 개념은 신뢰도이다.

57　정답 ③

③ 내용타당도는 측정항목이 조사자가 의도한 내용대로 실제로 측정하고 있는지를 확인한다. 따라서 내용타당도는 조사자의 주관적 해석과 판단에 의해 결정되기 쉽다.
① 측정도구의 타당성을 경험적으로 평가하는 것은 개념타당도이다.
② 타당성의 통계적 유의성을 평가하는 것은 기준관련타당성이다.
④ 다른 측정결과와 비교하여 관련성 정도를 파악하는 것은 판별타당성이다.

58　정답 ②

측정도구의 측정치와 기준이 되는 측정도구의 측정치와의 상관관계를 나타내는 것은 기준관련타당성이다. 구성(개념)타당도는 측정하고자 하는 이론적인 개념이 측정도구에 의해서 실제로 적절하게 측정되었는지를 확인하는 것이다.

59　정답 ④

④ 신뢰도 계수는 실제값의 분산에 대한 참값의 분산의 비율로 나타낸다.
① 오차분산이 크면 클수록 그 측정의 신뢰도는 낮아진다.

② 신뢰도 계수는 0과 1사이를 움직인다.
③ 신뢰도에 관한 오차는 비체계적 오차를 말한다.

60 정답 ①

신뢰도는 일관성 또는 안정성에 관한 것이고, 타당도는 정확성 또는 측정하고자 하는 개념의 본질에 관한 것이다. 일관성이 높다고 정확성이 높은 것이 아니다.

3과목 통계분석과 활용

61 정답 ①

시간적으로 계속하여 변하는 변량, 속도, 상품시세 등의 대푯값으로 조화평균을 이용한다. 조화평균은

$$\frac{1}{\frac{1}{n}\left(\frac{1}{x_1}+\frac{1}{x_2}+\cdots+\frac{1}{x_n}\right)}=\frac{1}{\frac{1}{2}\left(\frac{1}{60}+\frac{1}{70}\right)}\doteqdot 64.6(\text{km})$$

62 정답 ②

최빈값은 질적자료의 대푯값으로 가장 적절하다. 주어진 변수 중에서 질적변수는 혈액형이므로, 최빈값을 대푯값으로 사용할 때 적합한 변수는 혈액형이다.

63 정답 ④

표준편차는 분산의 제곱근으로 항상 0 또는 양수이다.

64 정답 ③

변이계수$=\dfrac{\text{표준편차}}{\text{평균}}=\dfrac{4}{40}=0.1=10\%$

65 정답 ③

피어슨의 비대칭도 : 평균 $\overline{X}$, 최빈값 Mo, 중앙값 Me 사이에 다음의 관계식이 성립한다.

$$p\fallingdotseq\frac{\overline{X}-Mo}{S}\fallingdotseq\frac{3(\overline{X}-Me)}{S}$$

따라서 대푯값 간에 $\overline{X}-Mo\fallingdotseq 3(\overline{X}-Me)$의 관계식이 성립한다.

66 정답 ①

철수의 필통에서 형광펜 한 자루를 꺼낼 사건을 A, 영희의 필통에서 형광펜 한 자루를 꺼낼 사건을 B라 할 때 임의의 한 필통을 선택할 확률은 $\dfrac{1}{2}$이다.
따라서

$$P(A)=\frac{1}{2}\times\frac{4}{7}=\frac{2}{7},\ P(B)=\frac{1}{2}\times\frac{3}{7}=\frac{3}{14}\text{이다.}$$

두 사건은 배반사건이므로 $P(A\cup B)=P(A)+P(B)$이다. 따라서 임의로 선택한 한 필통에서 펜 한 자루를 꺼낼 때 그 펜이 형광펜일 확률은 $\dfrac{2}{7}+\dfrac{3}{14}=\dfrac{1}{2}$이다.

67 정답 ③

대학졸업자일 사건을 A라 하면 $P(A)=0.4$, 주식투자자일 사건을 B라 하면 $P(B)=0.3$, 주식투자를 하는 성인 중 대학졸업자일 확률은 $P(A|B)=0.7$이다. 대학을 졸업하였고 주식투자를 할 확률은 $P(A\cap B)=P(B)P(A|B)=0.3\times 0.7=0.21$이다. 대학은 졸업하였으나 주식투자를 하지 않을 확률은 $P(A\cap B^c)=P(A-B)=P(A)-P(A\cap B)=0.4-0.21=0.19=19\%$이다.

68 정답 ④

5개의 서로 다른 종류의 물건에서 3개를 복원 추출하는 경우 첫째, 둘째, 셋째 모두 5개 중 하나를 선택하므로 경우의 수는 $5^3=125$가지이다. ③의 경우 모두 붉은색일 확률은

$$\frac{{_2C_2}\times{_3C_0}}{{_5C_2}}=\frac{1}{\frac{5\times 4}{2\times 1}}=\frac{1}{10}\text{이다.}$$

69 정답 ②

이산확률변수 X의 확률질량함수 $P(X=x)$에 대하여 평균 $E(X)$와 분산 $V(X)$는

$$E(X)=\sum_{i=1}^{n}x_i\times P(X=x_i),\ Var(X)=E(X^2)-[E(X)]^2$$

이므로 확률변수는

$E(X)=(0\times 0.2)+(1\times 0.6)+(2\times 0.2)=1.0$,
$E(X^2)=(0^2\times 0.2)+(1^2\times 0.6)+(2^2\times 0.2)=1.4$이다.
구하는 분산은 $V(X)=1.4-1^2=0.40$이다.

70 정답 ②

정규분포의 표준편차 σ는 분산 σ^2의 음이 아닌 제곱근이므로 음의 값을 가질 수 없다.

71 정답 ④

이항분포는 사건 A가 일어날 확률 P, 일어나지 않을 확률 $1-P$의 두 가지뿐인 베르누이 시행을 n번 독립적으로 시행할 때 사건 A가 일어나는 횟수 X에 대한 분포이다.

72 정답 ③

이항분포는 사건 A가 일어날 확률 p, 일어나지 않을 확률 $1-p$의 두 가지뿐인 베르누이 시행을 n번 독립적으로 시행할 때 사건 A가 일어나는 횟수 X에 대한 분포로 기호 $B(n,p)$로 나타낸다. 따라서 X가 취할 수 있는 가능한 값은 0부터 n까지다.

73 정답 ②

정품과 불량품 두 가지뿐인 베르누이 시행에서 20개의 스마트폰 중 불량품의 개수를 확률변수 X라 하면 X는 $n=20$, $p=0.1$인 이항분포 $B(20, 0.1)$을 따르므로 확률변수 X의 기댓값과 분산은 $E(X)=np=20\times0.1=2.0$
$E(X)=np(1-p)=20\times0.1\times(1-0.1)=1.8$이다.

74 정답 ④

정규분포는 평균을 중심으로 1σ, 2σ, 3σ 구간 내에 포함될 확률은 0.6826, 0.9544, 0.9974로 1σ(표준편차) 구간 내에 포함될 확률은 약 68%이다.

75 정답 ①

50대 여자 키를 확률변수 X라 하면 $X \sim N(160, 10^2)$이다. $P(X\geq175)$를 표준정규분포 $N(0, 1)$로 표준화하면

$$P(X\geq175)=P\left(\frac{X-160}{10}\geq\frac{175-160}{10}\right)$$

$$P(Z\geq1.5)=1-P(Z<1.5)=1-0.9332=0.0668$$이다.

76 정답 ③

평균분포 $\overline{X}$는 표본의 크기가 커짐에 따라 점근적으로 $E(\overline{X})=\mu$, $V(\overline{X})=\frac{\sigma^2}{n}$이다. n이 충분히 클 때 $\overline{X}$의 근사분포는 $N\left(\mu, \frac{\sigma^2}{n}\right)$이고, $\frac{\overline{X}-\mu}{\frac{\sigma}{\sqrt{n}}}$의 근사분포는 $N(0, 1)$이다.

77 정답 ④

중심극한정리는 모집단이 정규분포 $N(\mu, \sigma^2)$을 따르면 표본평균 $\overline{X}$는 정규분포 $N\left(\mu, \frac{\sigma^2}{n}\right)$을 따른다. 표본의 크기 n이 충분히 크면 모집단의 정규분포가 아니더라도 표본평균 $\overline{X}$는 근사적으로 정규분포 $N\left(\mu, \frac{\sigma^2}{n}\right)$를 따른다.

78 정답 ②

중심극한정리에 의하여 모집단이 정규분포 $N(\mu, \sigma^2)$을 따르고 표본평균 $\overline{X}$는 정규분포 $N\left(\mu, \frac{\sigma^2}{n}\right)$을 따르면 $\mu=800$, $\sigma^2=40^2$, $n=64$이므로 $N(800, 5^2)$이다. 표본의 평균수명 시간이 790.2시간 미만일 확률은

$$P(\overline{X}<790.2)=P\left(\frac{\overline{X}-800}{5}<\frac{790.2-800}{5}\right)$$
$$=P(Z<-1.96)=P(Z>1.96)$$이다.
$z_{0.025}=1.96$이므로 $P(Z>1.96)=0.025$이다.

79 정답 ③

불편성은 모수에 대한 추정량의 평균이 모수가 되는 추정량이 좋은 추정량이 된다는 성질이다.

80 정답 ①

모비율 p에 대한 점추정량은 표본비율 $\hat{p}=\frac{X}{n}$이다. 1,000명을 조사한 결과 300명이 안경을 착용한 것으로 나타났으므로 $\hat{p}=\frac{X}{n}=\frac{300}{1,000}=0.3$이다.

PART **2**

정답 및 해설

81 정답 ②

표본의 변동계수 c는 표본표준편차 S를 표본평균 $\overline{Y}$로 나눈 값이다. $c=\dfrac{S}{\overline{Y}}$이므로 표본표준편차는 $S=c\times\overline{Y}$이다.

표본평균 $\overline{Y}$, 표본표준편차는 $S=c\times\overline{Y}$, 표본의 크기는 n, $\sigma=0.05$이므로 $z_{\frac{\alpha}{2}}=z_{0.025}=1.96$에 대하여 모평균에 대한 95%의 신뢰구간은

$$\left(\overline{Y}-z_{0.025}\frac{S}{\sqrt{n}},\ \overline{Y}+z_{0.025}\frac{S}{\sqrt{n}}\right)$$

$$=\left(\overline{Y}-1.96\frac{c\times\overline{Y}}{\sqrt{n}},\ \overline{Y}+1.96\frac{c\times\overline{Y}}{\sqrt{n}}\right)$$이다.

따라서 $\overline{Y}\left(1\pm\dfrac{1.96c}{\sqrt{n}}\right)$이다.

82 정답 ④

모분산 σ^2이 알려지지 않은 경우 표본표준편차 S를 이용하면 신뢰수준 90%에서 추정되는 표본평균의 오차한계가

$z_{\frac{\alpha}{2}}\dfrac{S}{\sqrt{100}}=z_{0.05}\dfrac{S}{\sqrt{100}}=3$을 만족하므로 $z_{0.05}S=30$이다.

오차한계가 원하는 오차한계 $d=1.5$를 넘지 않기 위해 필요한 표본 크기를 구하면 $z_{0.05}\dfrac{S}{\sqrt{n}}\le1.5$, $n\ge\left(\dfrac{z_{0.05}S}{1.5}\right)^2=400$이다. 따라서 최소 400 이상이어야 한다.

83 정답 ③

유의확률은 검정통계량의 값을 관측하였을 때 이에 따라 귀무가설을 기각할 수 있는 최소의 유의수준이다. 따라서 유의확률이 유의수준보다 작으면 귀무가설을 기각한다.

84 정답 ①

검정력 함수는 귀무가설을 기각하는 확률을 모수의 함수로 나타낸 것이다.

85 정답 ④

대통령 후보 A에 대한 30대 지지율 p_1과 40대 지지율 p_2의 차이 p_1-p_2는 6.6%이라는 의견에 대해 지지율이 줄어들었다고 주장하려고 할 때 귀무가설(H_0)과 대립가설(H_1)은

$H_0 : p_1-p_2=0.066$

$H_1 : p_1-p_2<0.066$

귀무가설은 등호($=$)로 표시하고 대립가설은 $\ne$, $<$, $>$로 표시한다.

86 정답 ③

모분산이 알려지지 않은 소표본인 경우의 가설검정에서 검정 통계량은 $t=\dfrac{\overline{X}-\mu_0}{\dfrac{S}{\sqrt{n}}}$이다.

$\overline{X}=49$, $\mu_0=50$, $S=0.6$, $n=10$이므로

검정통계량은 $t_0=\dfrac{49-50}{\dfrac{0.6}{\sqrt{10}}}$이다.

87 정답 ①

분산이 동일하면 동일하지 않은 경우보다 표준오차가 작아진다. 검정통계량과 표준오차는 반비례관계로 표준오차가 작아지면 검정통계량은 커진다. 따라서 두 모집단의 분산이 같은 경우에는 귀무가설을 기각할 확률이 커짐에 따라 평균차이가 존재한다.

88 정답 ②

비교하려는 처리집단이 k개 있으면 처리에 의한 자유도는 $k-1$이 된다.

89 정답 ④

$H_0 :$ 각 집단의 평균은 동일하다.

$H_1 :$ 모든 μ_i가 같은 것은 아니다. 적어도 한 쌍 이상의 평균이 다르다.

90 정답 ①

위의 자료를 정리하면 처리수준 4, 측정값 24, 총제곱합 1,200, 총자유도 23, 처리제곱합 640이다. 분산분석표로 정리하면 다음과 같다.

요인	제곱합	자유도	평균제곱	F−값
처리	640	3	$\dfrac{640}{3}=213.3$	$\dfrac{213.3}{28}≒7.6$
오차	560	20	$\dfrac{560}{20}=28$	
계	1,200	23		

91 정답 ③

총 관측자료수 $N-1=1420$이므로 $N=1430$이다.

92 정답 ②

적합도 검정은 동전이 공정한가를 검정하기 위해서 실시하는데 총표본의 개수 n, 각 범주의 예상확률이 p_i일 때 적합도 검정에서 기대도수는 $E_i=n\times p_i=20\times\dfrac{1}{2}=10$이다.
검정통계량의 값은

$$\sum_{i=1}^{2}\frac{(O_i-E_i)^2}{E_i}=\frac{(15-10)^2}{10}+\frac{(5-10)^2}{10}=50$$이다.

93 정답 ④

상관계수의 범위는 −1에서 1이고, 상관계수의 절댓값이 1에서 가까울수록 직선관계가 강하며 0에 가까울수록 직선관계가 약함을 의미한다.

94 정답 ①

두 확률변수 X와 Y의 상관계수는 $\dfrac{Cov(X,Y)}{\sqrt{V(X)}\sqrt{V(Y)}}$로 분산 $V(X)=16$, $V(Y)=25$와 공분산 $Cov(X,Y)=-10$에 대한

상관계수는 $\dfrac{Cov(X,Y)}{\sqrt{V(X)}\sqrt{V(Y)}}=\dfrac{-10}{\sqrt{16}\sqrt{25}}=\dfrac{-10}{4\times5}=-0.5$ 이다.

95 정답 ③

상관계수가 1이면 기울기가 양수인 직선 위에 모든 자료가 있다는 것을 의미하며 완전한 상관관계에 있다고 할 수 있다.

또한 상관계수가 −1이면 기울기가 음수인 직선 위에 모든 자료가 있다는 것을 의미하며 완전한 상관관계에 있다고 할 수 있다. 0에 가까우면 상관이 없는 것으로 볼 수 있다.

96 정답 ①

① 잔차(residual)는 표본집단에서 회귀식을 얻었을 때 그 회귀식을 통해 얻은 예측값과 실제 관측값의 차이를 의미한다.
② 오차(error)는 모집단으로부터 추정한 회귀식으로부터 얻은 예측값과 실제 관측값의 차이이다.
③ 편차(deviation)는 관측치가 평균으로부터 떨어져 있는 정도, 즉 평균과 관측치와의 차이를 의미한다.
④ 거리(distance)는 두 점 간의 최단의 길이를 말한다.

97 정답 ②

22개 자료이므로 회귀 자유도 1, 잔차 자유도는 20이 되므로 분산 σ^2의 불편추정값은 $\dfrac{4,000}{20}=200$이다.

98 정답 ③

단순회귀모형 $Y_i=\beta_0+\beta_1 x_i+\varepsilon_i$ $(i=1, 2, \cdots, n)$에서 결정계수 R^2은 상관계수 r_{XY}의 제곱과 같다.

99 정답 ④

단순회귀모형에서 결정계수 R^2은 두 변수의 상관계수를 제곱한 것이므로 결정계수의 제곱근 $\pm\sqrt{R^2}$은 반응변수와 설명변수의 상관계수와 같다. 추정회귀직선의 기울기 부호는 상관계수의 부호와 같다. 결정계수와 상관계수를 구하면

$$R^2=1-\frac{SSE}{SST}=1-\frac{246.72}{2514.50}$$에서 $R≒\pm0.95$이다. 추정회귀직선의 기울기가 음수이므로 상관계수는 −0.95이다.

100 정답 ②

다중회귀모형을 설정할 경우 범주형 자료인 독립변수를 가변수로 변환하여 다중회귀분석을 한다. 범주가 k개인 변수에 대하여 $k-1$개의 가변수를 사용한다. 연봉에 미치는 영향인 학력(고졸이하, 대졸, 대학원이상)과 성별(남, 여)에 대한 가변수는 $3-1=2$, $2-1=1$로 총 3개이다.

PART 2
정답 및 해설

1과목 조사방법과 설계

01	②	02	③	03	④	04	②	05	①
06	②	07	③	08	④	09	①	10	③
11	②	12	③	13	④	14	②	15	①
16	③	17	②	18	②	19	④	20	①
21	③	22	④	23	②	24	②	25	④
26	①	27	②	28	②	29	③	30	①

2과목 조사관리와 자료처리

31	②	32	④	33	③	34	①	35	②
36	④	37	③	38	①	39	②	40	④
41	③	42	①	43	④	44	①	45	②
46	④	47	①	48	②	49	③	50	②
51	④	52	②	53	②	54	①	55	③
56	②	57	③	58	①	59	④	60	②

3과목 통계분석과 활용

61	④	62	②	63	①	64	④	65	③
66	④	67	②	68	④	69	②	70	③
71	④	72	③	73	④	74	①	75	②
76	①	77	④	78	④	79	③	80	④
81	①	82	③	83	①	84	④	85	②
86	①	87	②	88	②	89	②	90	④
91	①	92	③	93	②	94	①	95	②
96	③	97	②	98	①	99	④	100	②

1과목 조사방법과 설계

01   정답 ②

과학적 연구과정 : 이론 → 가설 → 관찰 및 검증 → 경험적 일반화

02   정답 ③

③ 패러다임(paradigm) : 어떤 한 시대 사람들의 견해나 사고를 지배하고 있는 이론적 틀이나 개념의 집합체
① 법칙(law) : 모든 사물과 현상의 원인과 결과 사이에 내재하는 보편적 · 필연적인 불변의 관계
② 명제(proposition) : 참이거나 거짓인 진릿값을 갖는 것
④ 공리(axioms) : 다른 명제를 증명하는 데 전제가 되는 원리

03   정답 ④

사회조사연구의 과정 : 연구문제 인식 → 연구주제 선정 → 기존정보 수집 및 문헌고찰 → 연구방법 설계 → 자료수집 → 자료분석 및 해석 → 보고서 작성

04   정답 ②

가구는 한 집에서 기거하는 사람들로 구성된 단위로 가족 구성원 간 종교의 동질성을 분석하는 것은 가구에 대한 분석이다. 분석단위에는 개인, 집단, 프로그램, 지역사회, 국가, 사회적 가공품(생성물) 등이 있다.

05   정답 ①

① 개인주의적 오류 : 개인 수준의 분석단위에서 도출된 결과를 집단 수준으로 확대 해석할 때 나타날 수 있는 오류이다.
② 원자 오류 : 개별 단위들에 대한 조사 결과를 근거로 상위의 집단 단위에 대한 추론을 시도하는 것이다.
③ 생태주의적 오류 : 집합 수준의 분석단위 자료를 바탕으로 개인의 특성을 추리할 때 발생하는 오류이다.
④ 환원주의적 오류 : 어떤 현상의 원인이라고 생각되는 개념이나 변수를 지나치게 제한하거나 한 가지로 한정함으로써 지나치게 단순화시킨 결과이다.

06 정답 ②

사례조사연구는 특정한 사례인 개인, 프로그램, 의사결정, 조직, 사건 등에 대하여 기술하고 탐구하면서 집중적으로 연구한다.

07 정답 ③

사례조사는 조사의 범위를 한 지역 또는 특정 대상에 국한시켜 연구하고자 하는 현상의 대표성을 유지한 채 결과를 도출하는 조사이다.

08 정답 ④

기술적 조사는 사건이나 현상의 빈도, 비율, 수준, 관계 등에 대한 단순 통계적인 자료를 수집하여 연구문제에 답을 구하므로 잡지의 구독률, 구독자 연령대, 구독과 소득의 관련성은 모두 조사의 주제에 해당한다.

09 정답 ①

① **패널조사** : 동일한 대상에게 동일한 현상에 대해 일정한 시간 간격을 두고 지속적으로 반복 측정하여 조사하는 연구이다.
② **파일럿조사** : 대규모의 본 조사에 앞서서 행하는 예비적인 소규모 조사이다.
③ **델파이조사** : 전문가의 경험적 지식을 통한 문제해결 및 미래예측을 위한 기법이다.
④ **집단면접조사** : 소수의 응답자와 집중적인 대화를 통하여 정보를 찾아내는 면접조사이다.

10 정답 ③

③ **횡단조사(cross-sectional study)** : 어느 한 시점에서 이루어진 관찰을 통해 얻은 자료를 바탕으로 하는 연구로 인구센서스 조사, 주택총조사 등이 이에 해당한다. 비용이 적게 들고 검사효과로 인하여 왜곡될 가능성이 낮으며 사생활 침해가 적은 것이 특징이다.
① **시계열 조사** : 일정한 시간 간격으로 표시된 자료의 특성을 파악하여 미래를 예측하는 연구이다.
② **패널조사** : 동일한 대상에게 동일한 현상에 대해 일정한 시간 간격을 두고 지속적으로 반복 측정하여 조사하는 연구이다.

④ **코호트(cohort)조사** : 처음 조건이 주어진 집단에 대하여 이후의 경과와 결과를 알기 위해 미래에 대해서 조사하는 방법이다.

11 정답 ②

질적연구는 도출되는 연구결과가 잠정적이라는 특성을 가지므로 조사결과를 폭넓은 상황에 일반화 또는 표준화가 불리하다.
질적연구방법의 특징
1. 비공식적 언어를 사용한다.
2. 정보의 심층적 의미를 파악할 수 있다.
3. 심층규명을 할 수 있다.
4. 상호작용의 과정에 관심을 둔다.
5. 현장 중심의 사고를 할 수 있다.

12 정답 ③

③ **실험법** : 연구 대상을 실험 집단과 통제 집단으로 각각 나눈 뒤, 통제 집단에는 조작을 가하지 않고 실험 집단에는 일정한 조작을 하여 독립변수가 실험 집단에 미치는 영향을 통제 집단과 비교하여 측정함으로써 자료를 수집하는 방법이다.
① **문헌연구법** : 사회·문화 현상을 연구하기 위한 자료 수집 방법의 하나로, 기존에 존재하고 있는 문헌자료를 통해 필요한 정보를 수집하는 방법이다.
② **사례연구법** : 하나 또는 몇 개의 사례를 중심으로 분석하는 연구이다.
④ **질문조사법** : 사람들의 의견을 조사하기 위해 연구자가 작성한 일련의 질문사항에 대해 피험자가 대답을 기술하도록 한 조사 방법이다.

13 정답 ①

확률표본추출은 모집단의 모든 요소가 뽑힐 확률이 0이 아닌 확률을 동등하게 가짐을 전제로 한다.

14 정답 ②

② **모수(parameter)** : 모집단에서 어떤 변수가 가지는 특성을 요약한 수치
① **표본(sample)** : 모집단 중 연구대상으로 추출된 일부집단
③ **통계치(statistics)** : 통계량에 표본의 구체적인 값을 대입

하여 얻은 수치
④ **표집틀(sampling frame)** : 표본추출을 위한 모집단의 구성요소나 표본추출단위가 수록된 목록

15 정답 ①

표본추출과정 : 모집단의 확정 → 표본프레임의 선정 → 표본추출방법의 결정 → 표본크기의 결정 → 표본추출

16 정답 ③

비확률표본추출은 표본설계가 용이하고 시간과 비용을 절약할 수 있어 사회조사에 널리 사용된다.

17 정답 ②

단순무작위표집은 모집단에 대한 정확한 정의와 완전한 표집틀을 구성할 수 있을 때 사용하는 방법으로 중산층에 대한 개념 정의가 먼저 있어야 이 방법을 사용할 수 있다.

18 정답 ①

계통표집은 체계적 표집, 체계적 추출법(systematic sampling)이라고도 하며, 첫 번째 요소는 무작위로 선정한 후 목록의 매번 k번째 요소를 표본으로 선정하는 표집방법이다. 모집단의 크기를 원하는 표본의 크기로 나누어 k를 계산한다. 여기서 k는 표집간격이라고 불린다. 표집간격(sampling interval)은 표본에 추출되는 요소들 사이의 표준 거리이다. 모집단의 크기를 표본의 크기로 나눈 것으로, 위의 예에서는 표집간격이 50이 되며, 매 50번째 요소들을 표본에 포함시킨다.

19 정답 ④

가중표집 : 너무 규모가 작은 소집단의 경우 모집단의 비율과 동일한 비율로 표본추출을 하면 표본에서 그 특성을 충분히 파악하기 어렵기 때문에 더 많이 추출되도록 하는 표집방법이다.

20 정답 ②

군집표집의 경우 각 집락이 모집단의 성격을 충분히 반영할수록 잘 추정하게 되므로 각 집락이 모집단의 축소판일수록 추정의 효율이 높아진다.

21 정답 ③

판단표집(judgment sampling)은 모집단이 커질수록 조사자가 표본에 대한 정보를 얻기 어렵다. 조사문제를 잘 알고 있거나 모집단의 의견을 효과적으로 반영할 수 있을 것으로 판단되는 특정집단을 표본으로 선정하여 조사하는 비확률표본추출법에 해당한다.

22 정답 ④

표본의 크기가 같을 경우 표집오차는 집락표집 > 단순무작위표집 > 층화표집의 순이다. 따라서 층화표집의 오차가 가장 적다.

23 정답 ①

① 변수의 수가 증가할수록 표본크기는 커야 한다.
② 변수의 분산값이 클수록 표본크기는 커야 한다.
③ 소요되는 비용과 시간에 따라 표본크기를 결정하게 된다.
④ 분석변수의 범주의 수가 세분화될수록 표본크기는 커야 한다.

24 정답 ②

질문지를 작성할 경우 요구되는 원칙 : 명확성, 간결성, 자세한 질문 배제, 이중적 질문 배제, 응답자에 대한 가정 배제, 규범적 응답의 배제, 가치중립성, 전문용어의 사용 자제, 응답범주의 포괄성, 응답범주의 상호배타성 등

25 정답 ④

응답할 수 있는 항목이 포괄적이지 않다. 가정, 시민단체, 언론 등이 제시되지 않았다.

26 　　　　　　　　　　　　　　　정답 ①

예비조사에서 사용하기에 가장 적합한 질문은 개방형 질문으로 특정 연구에 대한 사전 지식이 부족하거나 연구에 포함될 요점과 요소가 무엇인지를 수집할 수 있다.

27 　　　　　　　　　　　　　　　정답 ②

심층 인터뷰조사는 특정 개인이나 소수의 대상자와 진행하는 상세한 면접으로 면접원에 의해 발생하는 편향(bias)이 크게 나타날 수 있는 조사이다.

28 　　　　　　　　　　　　　　　정답 ①

실험설계의 전제조건 : 실험대상의 무작위화, 독립변수의 조작, 외생변수의 통제

29 　　　　　　　　　　　　　　　정답 ③

통계적 회귀 : 최초의 측정에서 양 극단적인 측정값을 보인 사례들은 이후에 재측정하면 평균값으로 회귀하여 처음과 같은 극단적인 측정값을 나타낼 확률이 줄어드는 경우이다.

30 　　　　　　　　　　　　　　　정답 ①

단일집단 사후측정설계는 연구자가 임의로 선정한 단일집단을 대상으로 실험처치를 한 후 종속변수의 특성을 검사하여 결과를 평가한다. 가설검증을 위한 근거가 충분하지 않고 처치 전후의 인과관계를 규명하는데 취약한 설계이다.

2과목　조사관리와 자료처리

31 　　　　　　　　　　　　　　　정답 ②

캐어묻기 : 정확한 정답을 유도하거나 응답이 지엽적으로 흐르는 것을 막기 위해 하는 추가 질문

32 　　　　　　　　　　　　　　　정답 ④

④ 면접조사는 다른 조사에 비해 래포(Rapport)의 형성이 용

이하다.
① 인터넷조사는 우편조사에 비하여 비용이 적게 든다.
② 전화조사는 면접조사에 비해서 시간이 적게 소요된다.
③ 인터넷조사는 다른 조사에 비해 시각 보조자료의 활용이 풍부하다.

33 　　　　　　　　　　　　　　　정답 ③

개방형 질문은 응답의 형태는 제약을 가하지 않으나 응답자의 어문능력에 따라 이용에 제약이 따른다.

34 　　　　　　　　　　　　　　　정답 ①

면접설문조사는 복잡한 질문지를 사용할 수 있고, 민감하지 않은 질문에 보다 신뢰성 있는 응답을 얻을 수 있다.

35 　　　　　　　　　　　　　　　정답 ②

응답자가 선정된 표본인지를 확인하기가 어려워 표본의 대표성 확보가 쉽지 않다.

36 　　　　　　　　　　　　　　　정답 ④

인터넷 서베이 조사는 지역적인 문제, 시간적인 문제가 발생하지 않는다.
인터넷 서베이 조사의 장점 : 신속성, 저렴한 비용, 면접원 편향 통제, 추가질문 가능, 개인화된 질문과 자료제공 용이, 설문응답과 동시에 코딩 가능, 단시간에 많은 응답자 조사가능 등

37 　　　　　　　　　　　　　　　정답 ③

관찰조사방법은 환경변수를 완벽하게 통제할 수 없다. 관찰 대상자가 관찰사실을 아는 경우 평소 행동과 다르게 행동하는 조사반응성으로 인하여 왜곡이 있을 수 있다.

38 　　　　　　　　　　　　　　　정답 ①

완전참여자는 관찰자의 신분을 밝히지 않은 채 집단의 완전한 구성원이 되어 자연스럽게 일어나는 사회적 과정에 참여한다. 객관성을 유지하기 어려우며 윤리적·과학적 문제가 발생할 수 있다.

PART **2**

정답 및 해설

39 정답 ②

표준화된 면접조사는 조사표에 담긴 질문내용을 벗어나는 질문을 해서는 안 되며 면접원의 가치와 생각 및 의도도 전달해서는 안 된다.

40 정답 ④

④ 프로빙(probing) : 정확한 응답을 유도하거나 응답이 지엽적으로 흐르는 것을 막기 위해 추가 질문을 행하는 것이다.
① 라포(rapport) : 상담이나 교육을 위한 전제로 신뢰와 친근감으로 이루어진 인간관계이다.
② 심층면접(in-depth interview) : 면접원이 조사 대상자 한 사람을 대상으로 특정 제품이나 주제에 대해 깊이 있는 의견을 청취하는 조사 방법이다.
③ 투사법(projective method) : 응답자가 그들 이외의 사람 또는 목적물에 대하여 그들의 행동 · 욕구 · 가치 · 의견 · 태도 등을 가능한 무의식적으로 반영하도록 하여 그 결과를 측정하는 방법이다.

41 정답 ③

③ 양적인 정보와 질적인 정보 모두 분석의 대상이다.
① 자료가 방대한 경우 모집단 내에서 표본을 추출하여 분석할 수 있다.
② 조사의 일부를 다시 분석하는 것이 다른 조사방법보다 수월하다.
④ 시간과 비용 측면에서 경제적이다.

42 정답 ①

척도의 중요한 속성은 연속성이다. 척도는 일종의 측정도구 또는 계량화를 위한 도구이다.

43 정답 ④

④ 독립변수는 실험설계에서 있어서 연구자에 의하여 사전에 조작되는 변수로 인과관계를 추론하기 위해서 서로 다른 값을 갖도록 처치를 하는 변수이다.
① 외생변수는 조사자의 의도에 상관없이 종속변수에 직접적인 영향을 미치는 독립변수 이외의 모든 변수이다.
② 종속변수는 인과관계에서 다른 변수로부터 영향을 받는 변수이다.
③ 조절변수는 독립변수와 종속변수 사이의 관계에 대한 강도나 방향에 영향을 미치는 제3의 변수이다.

44 정답 ①

두 변수 간의 관계를 보다 정확하게 이해할 수 있도록 밝혀주는 역할을 하는 검정요인에는 구성변수, 선행변수, 매개변수가 있다.

45 정답 ②

개념은 조사자에 따라 정의가 달라질 수 있으므로 가치중립적이지 않다.

46 정답 ④

조작적 정의는 개념을 경험적 수준으로 구체화하는 과정으로 개념의 구체화를 위해서 필요하다.

47 정답 ①

과학적인 지식을 증진시키는 가장 효과적인 수단은 가설이다. 이론은 개념들 간의 연관성에 대한 현상을 설명하고, 구체적인 변수들 간의 관계에 대한 체계적 견해를 제시한다.

48 정답 ②

가설은 동의어가 반복적이지 않아야 한다.

49 정답 ③

측정으로부터 얻은 정보를 통계적으로 분석하며 측정의 수준에 따라 통계기법을 선택하여 적용한다. 명목수준, 서열수준, 등간수준, 비율수준에 따라 통계기법을 선택하여 적용한다.

50 정답 ②

명목척도는 측정대상을 유사성과 상이성에 따라 분류하고 구분된 각 집단 또는 카테고리에 숫자나 부호 또는 명칭을 부여하는 것으로, 이공계열학생 유무라는 변수를 척도로 검정하는 것은 명목척도이다.

51 정답 ④

비율척도 : 측정대상을 분류하고 각 측정대상에 순서나 서열을 결정하고 서열 간에 일정한 간격을 제시할 뿐 아니라 절대영점을 가짐으로써 비율을 결정한다. 비율척도에는 신장, 체중, 소득, 투표율, 빈곤율, 출산율 등이 있다. 국가의 영토 크기는 서열척도에 해당한다.

52 정답 ②

실제로 특정대상의 속성과 1대1 대응의 관계를 맺으면서 대상의 속성을 양적표현으로 전환한다.

53 정답 ④

리커트(Likert) 척도의 장점
1. 각 문항은 측정하고자 하는 개념의 속성에 대해 동일한 기여를 한다.
2. 각 문항의 가중치를 다르게 부여할 수 있다.
3. 한 항목에 대한 응답의 범위에 따라 측정의 정밀성을 확보할 수 있다.
4. 적은 문항으로도 높은 타당도를 얻을 수 있어서 매우 경제적이다.
5. 응답 카테고리가 명백하게 서열화되어 응답자에게 혼란을 주지 않는다.

54 정답 ①

의미분화 척도는 일직선으로 도표화된 척도의 양극단에 서로 상반되는 형용사를 배열하여 양극단 사이에서 해당 속성을 평가하는 척도이다. 조사대상에 대한 프로파일 분석에 유용하게 사용할 수 있고 양적판단법으로 다변량분석에 적용이 용이하도록 자료를 얻을 수 있게 해준다.

55 정답 ③

비체계적 오류는 측정대상, 측정과정, 측정수단, 측정자 등에서 우연적이며 가변적인 일시적 형편에 의해 측정결과에 영향을 미치는 오차이다.

56 정답 ②

같은 대상의 속성을 반복적으로 측정할 때 같은 측정 결과를 가져올 수 있는 정도는 신뢰도이다.

57 정답 ④

측정도구를 반복하여 측정하고 그 관계를 알아보는 것은 재검사법이다.

58 정답 ①

수렴원리는 동일한 개념을 서로 다른 측정도구를 사용해서 측정한 결과값 간의 상관관계를 가져야 한다는 것이다.

59 정답 ④

신뢰도 측정방법 : 재검사법, 복수양식법, 반분법, 내적일관성법 등

60 정답 ②

내적 타당도는 조사자의 주관적 해석과 판단에 의해 타당성이 결정되기 쉬워 오류나 착오가 개입될 여지가 많다.

3과목 통계분석과 활용

61 정답 ④

평균은 중앙값보다 극단적인 관측값에 의해 영향을 받는 정도가 심하기 때문에 대푯값으로 평균 대신 중앙값을 사용한다.

62 정답 ②

출퇴근하는 교통수단은 모두 질적자료이다. 히스토그램은 도수분포표의 각 계급의 양 끝 값을 가로축에 표시하고 그 계급의 도수를 세로축에 표시하여 직사각형 모양으로 나타낸 그래프로 양적자료를 나타내기에 적합하다.

63 정답 ①

분산은 관측값들의 평균값을 뺀 값의 제곱의 합을 자료의 개수로 나눈 값이다. 따라서 음수가 될 수 없고 0 또는 양수이다.

64 정답 ④

변이계수 $=\dfrac{표준편차}{평균}$ 이다.

남자직원 임금의 변동계수 $=\dfrac{표준편차}{평균}=\dfrac{40}{200}=0.2=20\%$

여자직원의 변동계수 $=\dfrac{표준편차}{평균}=\dfrac{30}{150}=0.2=20\%$ 이다.

따라서 남자직원과 여자직원의 임금산포가 같다.

65 정답 ③

비대칭계수의 값이 양의 값이므로 오른쪽으로 꼬리를 늘어뜨린 분포를 나타낸다.

1. $p=0 : \overline{X}=Mo$ 이므로 대칭분포를 이룬다.
2. $p>0 : \overline{X}>Mo$ 이므로 오른쪽으로 꼬리를 늘어뜨린 분포를 나타낸다.
3. $p<0 : \overline{X}<Mo$ 이므로 왼쪽으로 꼬리를 늘어뜨린 분포를 나타낸다.

66 정답 ④

한 개의 동전을 던질 때 앞면이 나올 확률은 $\dfrac{1}{2}$ 이고 각 사건은 독립이므로 모두 앞면이 나올 확률은 $\left(\dfrac{1}{2}\right)^3$ 이다. 따라서 3개의 동전을 던졌을 때 적어도 뒷면이 하나 이상 나올 확률은 $1-\left(\dfrac{1}{2}\right)^3=\dfrac{7}{8}$ 이다.

67 정답 ②

A 라인에서 생산된 제품일 사건을 A 라 하면 $P(A)=0.4$, B 라인에서 생산된 제품일 사건을 B 라 하면 $P(B)=0.6$, $P(X|A)=0.01$, $P(X|B)=0.02$ 이다. 두 사건이 서로 배반이므로 불량품일 확률은

$$P(X)=P(A\cap X)+P(B\cap X)$$
$$=P(A)P(X|A)+P(B)P(X|B)$$
$$=(0.4\times0.01)+(0.6\times0.02)$$
$$=0.004+0.012=0.016=1.6\% 이다.$$

68 정답 ④

A, B, C 가 서로 독립이기 위한 조건
1. $P(A\cap B)=P(A)P(B)$
2. $P(A\cap C)=P(A)P(C)$
3. $P(B\cap C)=P(B)P(C)$
4. $P(A\cap B\cap C)=P(A)P(B)P(C)$

69 정답 ②

4의 눈이 세 개인 주사위를 던져 나오는 눈의 수를 X 라 하면 X 의 확률분포는 다음과 같다.

X	1	2	3	4
$P(X=x)$	$\frac{1}{6}$	$\frac{1}{6}$	$\frac{1}{6}$	$\frac{1}{2}$

이산확률변수 X 의 확률질량함수 $P(X=x)$ 에 대하여 평균 $E(X)$ 와 분산 $V(X)$ 는

$$E(X)=\sum_{i=1}^{n}x_i\times P(X=x_i),\ Var(X)=E(X^2)-[E(X)]^2$$

이므로 확률변수는

$$E(X)=\left(1\times\dfrac{1}{6}\right)+\left(2\times\dfrac{1}{6}\right)+\left(3\times\dfrac{1}{6}\right)+\left(4\times\dfrac{1}{2}\right)=3,$$
$$E(X^2)=\left(1^2\times\dfrac{1}{6}\right)+\left(2^2\times\dfrac{1}{6}\right)+\left(3^2\times\dfrac{1}{6}\right)+\left(4^2\times\dfrac{1}{2}\right)=\dfrac{31}{3}$$

이다.

따라서 구하는 분산은 $V(X)=\dfrac{31}{3}-3^2=\dfrac{4}{3}$ 이다.

70 정답 ③

눈의 수가 3이 나타날 때까지 주사위를 던지는 성공확률이 p 인 독립시행을 반복할 때 단 한 번 얻을 때까지의 실험이다. 주사위를 던진 횟수 X 에 대한 분포는 $p=\dfrac{1}{6}$ 인 기하분포이다. 따라서 확률변수 X 의 기댓값은

$$E(X)=\dfrac{1}{p}=\dfrac{1}{\frac{1}{6}}=6 이다.$$

71 정답 ④

①, ④ $p=\dfrac{1}{2}$이면 왜도는 $\dfrac{1-2\times\dfrac{1}{2}}{\sqrt{n\times\dfrac{1}{2}\times\left(1-\dfrac{1}{2}\right)}}=0$이고 좌우대칭인 분포이다.

② $p=\dfrac{3}{4}$이면 $\dfrac{1-2\times\dfrac{3}{4}}{\sqrt{n\times\dfrac{3}{4}\times\left(1-\dfrac{3}{4}\right)}}<0$이므로 왜도는 음수$(-)$인 분포이다.

③ $p=\dfrac{1}{4}$이면 $\dfrac{1-2\times\dfrac{1}{4}}{\sqrt{n\times\dfrac{1}{4}\times\left(1-\dfrac{1}{4}\right)}}>0$이므로 왜도는 양수$(+)$인 분포이다.

72 정답 ③

이항분포는 사건 A가 일어날 확률 p, 일어나지 않을 확률 $1-p$의 두 가지뿐인 베르누이 시행을 n번 독립적으로 시행할 때 사건 A가 일어나는 횟수 X에 대한 분포로 기호 $B(n, p)$로 나타낸다. 따라서 각 시행은 독립적이다.

73 정답 ④

앞면과 뒷면 두 가지뿐인 베르누이 시행에서 10번 중 앞면이 나오는 횟수를 확률변수 X라 하면 X는 $n=10$, $p=0.5$인 이항분포 $B(10, 0.5)$을 따르므로 확률변수 X의 기댓값은
$E(X)=np=10\times0.5=5.0$이고
$V(X)=np(1-p)=10\times0.5\times(1-0.5)=2.5$이다.

74 정답 ①

정규분포는 기댓값(평균)을 중심으로 좌우대칭인 종모양의 곡선이다. $P(X<10)=0.5$이면 X의 기댓값은 10이다.

75 정답 ②

사회조사분석사 2급 필기 시험 응시생의 통계학 성적을 확률변수 X라 하면 $X\sim N(70, 10^2)$이다. $P(50<X<90)$를 표준정규분포 $N(0, 1)$로 표준화하면
$P(50<X<90)=P\left(\dfrac{50-70}{10}<Z<\dfrac{90-70}{10}\right)$
$=P(-2<Z<2)=2\times(0<Z<2)$

$=2\times(0.9772-0.5)=0.9544$이므로 성적이 50점에서 90점 사이의 응시자는 $500\times0.9544=477.2≒477$명이다.

76 정답 ①

표본평균 $\overline{X}$의 분포는 모집단의 확률분포와 동일한 분포를 따르지 않고, 표본평균 $\overline{X}$는 표본의 크기가 커짐에 따라 점근적으로 $E(\overline{X})=\mu$, $V(\overline{X})=\dfrac{\sigma^2}{n}$이고, n이 충분히 클 때 $\overline{X}$의 근사분포는 $N\left(\mu, \dfrac{\sigma^2}{n}\right)$이다.

77 정답 ②

ⓒ 모집단의 분포에 관계없이 표본평균 $\overline{X}$는 표본의 크기가 커짐에 따라 근사적으로 평균이 μ이고 분산은 $\dfrac{\sigma^2}{n}$인 정규분포를 따른다.
ⓐ 표본의 크기가 충분히 큰 경우 모집단의 분포의 형태에 관계없이 성립한다.
ⓑ 모집단의 분포는 연속형, 이상형 모두 가능하다.

78 정답 ④

중심극한정리에 의하여 모집단이 정규분포 $N(\mu, \sigma^2)$을 따르고 표본평균 $\overline{X}$는 정규분포 $N\left(\mu, \dfrac{\sigma^2}{n}\right)$을 따르면 $\mu=12$, $\sigma^2=2^2$이므로 $N\left(12, \dfrac{2^2}{n}\right)$이다.
$P(10<\overline{X}<14)=0.9975$이므로
$P(10<\overline{X}<14)=P\left(\dfrac{10-12}{\dfrac{2}{\sqrt{n}}}<\dfrac{\overline{X}-12}{\dfrac{2}{\sqrt{n}}}<\dfrac{14-12}{\dfrac{2}{\sqrt{n}}}\right)$
$=P(-\sqrt{n}<Z<\sqrt{n})=0.9975$
$=P(-3<Z<3)$이므로 $\sqrt{n}=3$이다. 따라서 9개의 표본을 뽑은 것이다.

79 정답 ③

불편성은 모수에 대한 추정량의 평균이 모수가 되는 추정량이 좋은 추정량이 된다는 성질이다.
$E\left(\dfrac{X_1+X_2+X_3}{3-1}\right)=\dfrac{1}{2}E(X_1+X_2+X_3)$
$=\dfrac{1}{2}\times E(X_1)+E(X_2)+E(X_3)$
$=\dfrac{1}{2}(\mu+\mu+\mu)=\dfrac{1}{2}\times3\mu=\dfrac{3}{2}\mu$

PART 2
정답 및 해설

① $E(X_2)=\mu$

② $E\left(\dfrac{X_1+X_2}{2}\right)=\dfrac{2\mu}{2}=\mu$

③ $E\left(\dfrac{X_1+2X_2+X_3}{3+1}\right)=\dfrac{\mu+2\mu+\mu}{4}=\mu$

80 　　　　　　　　　　　　　　　　정답 ②

미지의 모수에 대한 불편추정량 중 표준오차가 더 작은 추정량이 모수를 더 정확히 추정한다. 모평균 μ의 표준오차는 $\dfrac{\sigma}{\sqrt{n}}$ 또는 $\dfrac{S}{\sqrt{n}}$이며, $n=100$보다 $n=1,000$인 경우에 표준오차가 더 작아 모평균 μ를 더 정확히 추정할 수 있다.

81 　　　　　　　　　　　　　　　　정답 ①

표본의 변동계수 c는 표본표준편차 S를 표본평균 $\overline{X}$로 나눈 값 $c=\dfrac{S}{\overline{X}}$이고 표본표준편차는 $S=c\times\overline{X}$이다.

표본평균이 $\overline{X}=3$, 변동계수가 $c=0.4$,
표본표준편차는 $S=1.2$, 표본의 크기 1, $\alpha=0.05$이므로
$z_{\frac{\alpha}{2}}=z_{0.025}=1.96$에 대하여 모평균에 대한 95%의 신뢰구간
은 $\left(3-z_{0.025}\dfrac{1.2}{\sqrt{1}}, 3+z_{0.025}\dfrac{1.2}{\sqrt{1}}\right)$

$=(3-1.96\times1.2, 3+1.96\times1.2)$

$=(0.648, 5.352)$이므로 $0.648\sim5.352$명이다.

82 　　　　　　　　　　　　　　　　정답 ③

신뢰수준 95%에서 추정되는 표본비율의 오차한계 $z_{\frac{\alpha}{2}}\sqrt{\dfrac{\hat{p}(1-\hat{p})}{n}}$이 연구자가 원하는 오차한계 $d=0.04$보다 작기 위해 필요한 표본의 크기를 구한다.

표본비율 $\hat{p}=0.4$, $\alpha=0.05$이므로 $z_{\frac{\alpha}{2}}=z_{0.025}=1.96$,

$1.96\sqrt{\dfrac{0.4(1-0.4)}{n}}\leq0.04$, $n\geq0.4\times(1-0.4)\times\left(\dfrac{1.96}{0.04}\right)^2$

$=576.24$이다. 따라서 표본의 최소 크기는 577개이다.

83 　　　　　　　　　　　　　　　　정답 ①

유의확률은 검정통계량의 값을 관측하였을 때 이에 따라 귀무가설을 기각할 수 있는 최소의 유의수준이다. 따라서 유의확률이 유의수준보다 작으면 귀무가설을 기각한다.

84 　　　　　　　　　　　　　　　　정답 ④

대립가설은 표본에 근거한 강력한 증거에 의하여 입증하고자 하는 가설로 조사자가 지지하고 싶어하는 가설이다.

85 　　　　　　　　　　　　　　　　정답 ②

검정통계량이 $\dfrac{\overline{X}-\mu}{\dfrac{S}{\sqrt{n}}}$인 가설검정은 모분산 σ^2이 알려지지 않은 경우로 대표본이면 $Z-$분포를 이용하고 소표본이면 자유도가 $n-1$인 $t-$분포를 이용한다.

86 　　　　　　　　　　　　　　　　정답 ①

모분산이 알려진 경우 가설검정에서 검정통계량은 $Z=\dfrac{\overline{X}-\mu_0}{\dfrac{\sigma}{\sqrt{n}}}$이다. $X=19$, $\mu_0=20$, $\sigma=3$, $n=36$이므로 검정통계량의 값은 $Z=\dfrac{19-20}{\dfrac{3}{\sqrt{36}}}=-2$이다.

87 　　　　　　　　　　　　　　　　정답 ②

②는 $F-$분포를 이용한 $F-$검정을 활용하고, 나머지 셋은 $t-$분포를 이용한 $t-$검정을 활용한다.

88 　　　　　　　　　　　　　　　　정답 ③

㉠ 분산분석은 모집단의 모평균 차이를 비교하는 분석이다.
㉢ 검정통계량은 특성값의 산포를 총제곱합으로 나타낸다.

89 　　　　　　　　　　　　　　　　정답 ②

귀무가설 $\mu_1=\mu_2=\cdots=\mu_k$에서 $\alpha_i=\mu_i-\mu$이므로
$H_0: \overline{\alpha}_1=\overline{\alpha}_2=\cdots=\overline{\alpha}_k=0$이다.

90 　　　　　　　　　　　　　　　　정답 ④

k개의 집단과 총 N개의 측정값에 대한 분산분석표에서 자

유도는 다음과 같다.

요인	자유도
집단 간	$k-1$
집단 내	$N-k$
계	$N-1$

집단 내 제곱합의 자유도는 (자료의 총개수$-$집단의 개수) 이다.

91 정답 ①

① 카이제곱 적합도 검정은 특정 표본의 관측도수가 예상한 확률분포와 같은지를 검정한다.
② 카이제곱 동질성 검정은 두 개 이상의 범주형 자료가 동일한 분포를 갖는 모집단에서 추출된 것인지를 검정한다.
③ 카이제곱 독립성 검정은 두 범주형 자료가 서로 연관성이 있는지 또는 서로 독립적인지를 검정한다.

92 정답 ②

서로 다른 3가지 포장형태(A, B, C)의 선호도를 검정하기 위해서 실시하는데 총표본의 개수 n, 각 범주의 예상확률이 p_i일 때 적합도 검정에서 기대도수는

$E_i = n \times p_i = 90 \times \frac{1}{3} = 30$이다.

$\sum_{i=1}^{2} \frac{(O_i - E_i)^2}{E_i} = \frac{(23-30)^2}{30} + \frac{(36-30)^2}{30} + \frac{(31-30)^2}{30}$ ≒ 2.87이다.

93 정답 ④

상관계수는 두 변수의 직선(선형)관계의 밀접성 정도를 나타내는 척도이고 이차곡선관계를 나타내지 않는다.

94 정답 ①

상관계수는 두 변수의 직선관계의 밀접성 정도를 나타내는 척도로, 두 확률변수 X와 Y 간에 기울기가 양수인 일차직선 $Y = a + bX(b>0)$이면 양의 상관관계를 의미하므로 $p_{XY} = 1$이다. $b < 0$이면 -1이다.

95 정답 ②

오차항 ε_i의 기본가정 : 정규성, 등분산성, 독립성

96 정답 ③

단순회귀모형에서 잔차 $e_i = y_i - \hat{y}_i (i = 1, 2, \cdots, n)$는 다음 특성을 만족해야 한다.
1. $E(e_i) = 0$ 잔차들의 평균 0
2. $\sum_{i=1}^{n} e_i = 0$ 잔차들의 합 0
3. $\sum_{i=1}^{n} x_i e_i = 0$ 잔차들의 독립변수에 대한 가중합 0
4. $\sum_{i=1}^{n} \hat{y}_i e_i = 0$ 잔차들의 예측값에 대한 가중합 0

97 정답 ②

단순선형회귀모형 오차들의 분산 $Var(e_i) = \sigma^2 (1, 2, \cdots, n)$의 불편추정량은

$$\hat{\sigma}^2 = MSE = \frac{SSE}{n-2} = \frac{\sum_{i=1}^{n}(y_i - \hat{y}_i)^2}{n-2}$$이다.

98 정답 ③

결정계수 R^2은 총변동 $SST = \sum_{i=1}^{n}(y_i - \overline{y})^2$ 중에서 추정회귀직선에 의해서 설명되어지는 회귀제곱합 $SSR = \sum_{i=1}^{n}(\hat{y}_i - \overline{y})^2$의 비율로 $R^2 = \frac{SSR}{SST}$이다.

따라서 $\dfrac{\text{회귀제곱합}}{\text{총제곱합}} = \dfrac{\sum(\hat{Y}_i - \overline{Y})^2}{\sum(Y_i - \overline{Y})^2} = 1 - \dfrac{\sum(\hat{Y}_i - \hat{Y})^2}{\sum(Y_i - \overline{Y})^2}$
이다.

99 정답 ④

10개의 자료에 대해 1개의 독립변수 x와 종속변수 y에 대한 단순회귀모형 $y_i = \beta_0 + \beta_1 x_i + \varepsilon_i$을 고려하여 회귀분석을 실시할 때 분산분석표는 다음과 같다.

요인	자유도	제곱합	평균제곱	F$-$값
회귀	1	9.9	$\frac{9.9}{1} = 9.9$	$\frac{9.9}{4.125} = 2.4$
오차	8	33.0	$\frac{33}{8} = 4.125$	
계	9	42.9		

PART 2

정답 및 해설

따라서 $R^2 = \dfrac{9.9}{42.9} \fallingdotseq 0.23$

100 정답 ②

다중회귀모형을 설정할 경우 범주형 자료인 독립변수를 가변수로 변화하여 다중회귀분석을 한다. 범주가 k개인 변수에 대하여 $k-1$개의 가변수를 사용한다. 연봉에 미치는 영향인 학력(중졸, 고졸, 대졸)에 대한 가변수는 $3-1=2$, 근속년수 1개와 총 3개이다.